中国民主发展丛书

主编：房　宁　执行主编：周少来

民主社会的理论建构

周少来◎著

中国社会科学出版社

图书在版编目（CIP）数据

民主社会的理论建构／周少来著 . —北京：中国社会科学出版社，2017.5
（中国民主发展丛书）
ISBN 978 - 7 - 5203 - 0353 - 8

Ⅰ.①民…　Ⅱ.①周…　Ⅲ.①民主—研究
Ⅳ.①D082

中国版本图书馆 CIP 数据核字（2017）第 082313 号

出 版 人	赵剑英
责任编辑	王　茵　马　明
责任校对	石春梅
责任印制	王　超

出　　　版	中国社会科学出版社
社　　　址	北京鼓楼西大街甲 158 号
邮　　　编	100720
网　　　址	http://www.csspw.cn
发 行 部	010 - 84083685
门 市 部	010 - 84029450
经　　　销	新华书店及其他书店

印　　　刷	北京君升印刷有限公司
装　　　订	廊坊市广阳区广增装订厂
版　　　次	2017 年 5 月第 1 版
印　　　次	2017 年 5 月第 1 次印刷

开　　　本	710 × 1000　1/16
印　　　张	23.25
插　　　页	2
字　　　数	381 千字
定　　　价	96.00 元

凡购买中国社会科学出版社图书，如有质量问题请与本社营销中心联系调换
电话：010 - 84083683

《中国民主发展丛书》编委会

总序　构建中国特色民主发展理论

伟大的时代需要伟大的理论，中国特色的现代化实践呼唤和催生中国特色的民主发展理论。

新中国成立后特别是改革开放以来，历经一次次艰难探索和实践创新，中国的工业化、现代化建设终于取得了历史性突破，中国正在步入以工业化、城市化为主要特征的全面小康社会。在这一进程中，中国的社会结构、利益关系、生活方式、思想文化等都处于巨大的变动之中，并深刻地影响着中国的政治制度与体制，从根本上推动着中国的政治发展。一方面，经济社会的持续发展，在客观上对政治制度与体制提出了新的要求；另一方面，政治制度与体制，通过不断的改革，适应着经济社会发展的需要，并成为经济社会发展的必要保障。

中国迎来了实现全面建成小康和中华民族复兴的伟大时代。崛起的中国需要世界眼光、需要发展战略，崛起的中国同样需要智力支持、需要新的知识创新。正是时代与国家的需求，为包括政治学在内的社会科学提供了前所未有的巨大动力，同时也呼唤着中国政治学者加快构建有中国特色的民主发展理论。

理论探索：一代有一代之胜

不同的时代有不同的学问，从内容到方法都会有所区别。改革开放以来，中国政治学得到了恢复和发展，政治学界陆续介绍了大量西方政治学说，也对马克思主义政治理论和中国传统政治思想作了很多研究整理工作，这些都给政治学研究提供了丰富的滋养。然而，现在的问题是，中国政治学界在各式各样的理论面前，没有自己的经验系统，缺乏足够的判断和鉴别能力。因此，与西方政治学尤其是几十年前美国学者所做的一样，中国的政治学也要经历一个"经验主义"阶段，即以实证研究、经验性研究为主，系统研究总结本土社会实践和经验的发展时期。这也就是说，当代政治学者应当深入开展调查研究，全面系统深入地了解国情，更加注重现实问题的认识与解决。只有以调研、个案为基础，从点滴做起，像拼图一样，拼出一张中国政治发展的"地图"，中国特色民主发展理论的构建才有可能实现。

对于如何从经验层面推进中国本土政治学的研究，我们的体会是要注重"两个层次"和"一个视野"。其中，"两个层次"指的是顶层的政治实践和基层的政治实践，"一个视野"指的是政治研究的国际比较。顶层政治一般是指一国的意识形态、基本政治制度和政治发展战略，也就是我们常说的理论、路线、方针和政策，这里最核心的就是研究中国特色社会主义民主政治发展道路。对于普通政治研究者来说，研究顶层政治面临难以避免的障碍，存在社会学里所讲的"到场"问题。在无法"到场"的情况下，我们研究顶层政治主要是通过对重大政治事件的观察分析和对重要政治文献的文本解读、语言分析，以此帮助理解和认识中国政治的宏观发展。相比顶层政治，基层政治研究比较容易"到场"。政治学者可以通过现场观察、深度访谈、问卷调查等研究方法，对某些具有典型意义的基层政治实践进行全景式的扫描和分析，进行社会发展、政治进程的"场景再现"，这对于我们了解某一政治实践的具体发生机制、运行过程都十分有益。同时，由于在中国政治场景中，基层政治很大程度上能够映射出国家层面的政治问题，因此，基层政治研究做好了，也有助于我们加深对顶层政治的认识与理解。

此外，我们正在走中国特色社会主义发展道路，但这并不意味着中国的一切都是独有的，中国的发展需要参考和借鉴世界其他国家的经验教训，比较政治研究可以为更好地理解中国政治提供有益启示。毕竟，中国的事情有时在中国还真看不清，走出国门看看却能获得很多启发。

实践创新：为有源头活水来

政治科学本质上是经验科学，它有理论但不是空洞的，是从调查研究、从经验总结中逐渐升华而来的，一定走过"实践—经验—理论"的全过程，非此就谈不上理论创新。因此，中国特色民主发展理论的构建，必然要以改革开放以来的丰富实践经验为基础，进行系统的研究和总结，同时参照分析与我国历史起点相近、发展环境相似的那些国家和地区的政治发展进程。如果舍弃了这一"源头活水"，那么就不可能产生真正为中国所需要的、反映时代精神的政治理论。

作为中国社会科学院唯一专职政治学研究的学术机构，政治学研究所历来高度重视本土政治学的建构工作，尤其是重视研究提炼中国特色民主发展理论。近十多年来，紧紧围绕这一主题，政治学研究所密切跟踪中国民主政治的发展进程，不断总结来自顶层和基层的政治实践经验，对中国的民主政治理论进行了深入探索，可以说在决策咨询和学术成果产出等多个方面都作出了一定的成绩。

在关注顶层政治实践方面，政治学研究所充分利用落实中央交办任务的有利契机，总结中国民主政治建设经验，不断强化咨政建言意识，通过高质量的对策研究成果，积极服务于党和政府决策。比如，2004—2005年，受国务院新闻办公室委托，专门组织研究力量，在大量专题调研基础上，广泛听取中央和国务院各部委意见，完成《中国的民主政治建设》白皮书的撰写工作，提出了衡量民主的客观标准，即"关键要看最广大人民的意愿是否得到了充分反映，最广大人民当家作主的权利是否得到了充分实现，最广大人民的合法权益是否得到了充分保障"。此外，按照中央要求，分别于2005—2006年、2007—2008年组织撰写了有关"中国民主政治重大理论研究""政治学领域重大理论问题研究"等主题的系列文章，进一步深入总结我国政治发展进程中的民主创新经验。

在跟踪基层政治实践方面，政治学研究所倡导经验性研究方式，提出"行万里路、读万卷书"，大力提倡深入生活、深入基层、深入干部群众开展调查研究，全面系统了解国情、党情、民情、世情，关注重大现实问题的解决，不断总结实践经验，进一步推进理论探索和学术研究。例如，政治学研究所以2006年参加院重大调研"科学发展观在浙江的实践"为契机，在接下来的几年时间里，以浙江为样本，建立了一个省市县镇四级层面上的国情认知模式，开展了持续性、多层次的调查研究。2008—2009年，政治学研究所又参加了中组部交办的"中国国家吏治改革的目标与途径研究"重大调研项目，先后在中央部委和全国18个省市自治区开展了调研活动，对我国政治体制的关键部分即党政领导体制和干部选拔制度进行了比较系统的调查研究。2013年以来，政治学研究所牵头进行了

"公民政治参与度调查""政治认同与政治稳定问题调查""中国人民主观的经验性调查"等多项全国范围的大规模调查，为总结我国社会主义民主政治建设经验提供了大量的基础性数据。另外，自我院哲学社会科学创新工程实施以来，政治学研究所加大实地调查研究力度，调研密度、频次、人数、时长等不断提高，全所科研人员由此对地方层面的治理实践有了更切身、更准确的认识和把握。

在借鉴国外政治发展经验方面，政治学研究所注重对工业化时代以来的各国政治发展状况与进程的调研。自 2008 年起，政治学研究所牵头成立"亚洲政治发展比较研究"课题组，在六年多的时间里，完成了对韩国、日本、印度尼西亚、泰国、新加坡、伊朗、越南、菲律宾、印度以及我国台湾地区政治发展经验的比较研究，基本理清了亚洲主要国家工业化过程中政治发展的内在规律，初步完成了对这些国家政治转型的动力学研究。目前，正在考虑将这项研究延伸到欧美等地区，希望对全世界 20 个左右不同类型的国家进行系统考察研究，深入探索工业化、现代化条件下的政治状况与政治发展规律等问题。

正是由于扎扎实实的调研带来了宝贵的"源头活水"，政治学研究所的科研产出得以显著提升，对中国政治发展进程的思考不断走向深入和成熟，近几年来陆续出版了《民主的中国经验》、《中国的民主道路》、《自由 威权 多元——东亚政治发展研究报告》、《民主与发展——亚洲工业化时代的民主政治研究》、《东亚民主生成的历史逻辑》、《中国政治参与报告》（2013—2016）《中国基层治理发展报告》（2015—2016）等一系列著作，为构建中国特色民主发展理论打下了坚实基础。

未来构建：吾将上下而求索

西方谚语有云，罗马城不是一天建成的。政治理论的构建，也不可能毕其功于一役。未来前路漫漫，政治学研究所将继续深入探究中国特色社会主义民主政治，有序推进中国特色民主发展理论的构建工作。

回顾改革开放近四十年来的政治发展历程，可以将中国特色社会主义民主政治建设的主要内容，归结为党内民主、人大民主、协商民主、基层民主和治理民主等五个方面。这其中，"党内民主是党的生命"已经成为全党共识，党内民主的核心内容是尊重党员主体地位，保障党员的民主权利，将党员的知情权、参与权、选举权、监督权落到实处。人大民主事关人民主权的制度落实，是广大人民参与国家权力和公共决策的根本渠道，是最重要、最主要的民主实现形式，同时也是未来我国民主发展的根本任务。协商民主是符合中国国情的民主实现形式，能够比较有效地克服选举民主的一些缺陷，广泛、多层、制度化的协商民主创新，将极大地提升中国民主的品质和内涵。基层民主直接关系到广大人民群众的切身政治权利，是发展社会主义民主政治的基础性工程，一直以来也是我国民主政治建设的重中之重。治理民主以治理为核心，在治理中吸纳公民参与，在公民参与中提升治理品质，其实践形式具有条件性和多样性，目的是在公共生活的各个领域实现民主的价值。

从上述五个方面出发，在以往国内外大量调研和不断思考基础上，我们考虑正式推出"中国民主发展丛书"。丛书涉及的主题包括但不限于：民主社会的理论构建、中国的协商民主与国家治理、地方政府创新与民主治理、基层民主与乡村社会治理、基层民主与社会组织参与等等。

我们完全有理由相信，从本土政治学研究的基础性工作做起，从全面观察和厘清当代中国政治发展的基本事实入手，不断探索民主发展的经验和规律，逐步深化对中国民主发展的认识和理解，继续推进中国特色的民主发展实践，中国特色民主发展理论终会呈现在世界面前。

房　宁

2017 年 3 月

自序　民主社会如何可能？

民主，源于文明需要，是生存和生活的需要。人类经过几千年血与火的权力争夺和探索，摸索出一整套从民主理念到民主制度，再到民主生活的政治文明规则，这便是现代民主体系。

这是人类政治智慧的千年结晶，你可以批评、质疑，甚至挑剔她的缺陷和困境，但在发明替代性的政体方案之前，我们需要尊重民主。

民主，源于"人为"的建构和遵守，而非源于自发或"本能"。人类作为社会性的群居动物，结伴而行，守望相助，需要不断重复的合作和博弈，那么合作者之间的权力关系该如何安排呢？

除非你以暴力或权威为后盾，强制性地命令合作者，否则你就得和他不断反复地协商、妥协你们之间的意见和利益分歧。这便是民主的最初场域，协商、妥协愈广愈深，民主就愈广愈深。众人之事，众人共同决定与执行，这也许是"民主"的原初含义。

按其动物天性，弱肉强食，恃强凌弱，才为"自然"。"人人皆为便衣皇帝"，出于人性"幽暗"，人人从根子上喜欢"独断"和"独裁"。所以，人类政治发展史上，有太多的君主专制、寡头统治和个人独裁，人类为此付出了大得无以计算的生命代价和政治成本、社会成本。

经过无数次暴力革命和流血牺牲的惨痛教训，人类在政治变迁的暗道中摸索前行，什么是更为文明和有序的政治管理规则，什么是更符合人性和更尊重人权的政治文明秩序呢？

迫于人们之间的利益和权力冲突而又要"文明"地加以解决，"数人头"代替"砍人头"，"可以不流血地推翻政府"，[①] 可以和平与平等地解

---

① ［英］卡尔·波普尔：《猜想与反驳——科学知识的增长》，傅季重等译，上海译文出版社1986年版，第500页。

决人们之间的权力诉求和利益纠纷，而不至于使人类政治共同体"鱼死网破"，人类理智、智慧地建构起"民主"，并被迫遵守起"民主规则"。

这是人类在政治领域创造的最大的"政治艺术"。民主，也许不是因为其能够给最大多数人带来"最大幸福"而可爱，而是其能够给最大多数人带来"最小罪恶"而必需。

在现代政治文明运作中，"民主是绞杀革命的最好武器"，[①] 民主也是协调意见和利益分歧的最佳机制。

除非"江湖骗子"，谁人相信包治百病的"灵丹妙药"？对于"民主"来说亦然，"民主能解决发展中一切问题"这一命题，无论是其支持者还是反对者，都需要好好反思一下其论说的动机是什么，又是否偏执。

推行民主，不一定能刺激经济发展，不一定能遏制腐败滥权，不一定能促进公平正义，更与工程师计算的"效率"和"效益"无关，那么，"民主"有何用？

民主是文明的"权力规则"，大到国家，中到组织，小到家庭，凡是涉及人们之间的意见和利益纠纷，除非暴力与强制，若要心平气和、理智有序地解决分歧，你就得运用某种"民主规则和程序"。

当然，只要你真心真意、诚心诚意地推行"民主"，这便是与"流血"和"暴力"相区别的原则问题，至于"民主"的实现方式，可以因地、因时、因事地相宜运用："鼓掌通过""举手表决""平等票决""协商妥协"，甚至是"随机抽签、抓阄"等，都可以各适其宜，只要其过程不存在强制威胁、贿选贿赂、操纵控制。

只要让"人民民主"，给人民以切实的"民主权利"，人民就可以发挥无穷的智慧，探索出无限的"民主实现方式"。

人民是否有切实可行、操作有效的法治化"民主权利"，是"真民主"与"伪民主""半民主"相区别的制度性标准。

把民主归结为"一人一票"，是无可救药的"简单化"，支持者认为是"民主的标志"，反对者认为是"混乱之源"。一人一票的普选，虽说可能是比"协商""举手"和"抽签"更易规范和操作的程序，更能公正地表达投票人意志，但也存在强人操控、金钱贿买、激化分歧等众多缺陷。其实，民主是比"一人一票"远为复杂和"纠结"的制度系统和生

---

① 赵鼎新：《民主的限制》，中信出版社 2012 年版，第 221 页。

活方式。

自民族国家政治共同体规模中的近代民主萌发以来,经过几百年不断地修补与完善,现代民主体系已发展成一个制度互强、功能互补的宪政民主的系统体系。民主离不开公民权利、宪政制约、舆论监督和法治保障,从政治民主、经济民主到社会民主,民主领域不断开拓,民主品质不断提升,民主不但关涉权力交接、权力监督和决策参与、利益协调等,也正日益扩展成为人们之间的交际模式和生活方式。

从民主的生成到民主的巩固,是一个艰难复杂的"民主化"过程,是一步步走过来的,虽然步伐有时快有时慢,有时曲折,甚至倒退。但从最初的民主观念的萌发或接受到政治权力运行规则的设计,再到公民民主权利的行使,都有一个民主规则的准守、民主惯例的形成到民主生活的成熟的漫长过程。

这是一个从外在规范到内在习惯、从被迫接受到自觉服从、从政治权力到社会生活逐渐扩展和深化的艰难历程。一个"民主共同体",与其说是"民主政府""民主国家",不如说是"民主社会"。

民主社会,不仅仅只有"一人一票",更有自由的权利、平等的保护、公正的要求、公众的监督和法治的保障。从政治、经济到社会、文化,从家庭、社团到政府、国家,公共权力和公共生活都得服从民主的规则和法治的要求。这便是开放多元、诉求多样的现代社会的文明生活秩序。

理想往往是高远而美好的,而现实更多是残酷而无奈的。回顾东亚各国和地区的民主化历程,从日本的"民主起飞",到韩国和中国台湾地区的"紧追其后",再到泰国、菲律宾和印尼的"蹒跚而行",东亚"民主雁阵"悄然形成,是历史的必然还是人为的必需?

伴随着西方列强殖民扩张的隆隆炮声,从古老封闭的王国迷梦中惊醒的东亚各国,被世界文明的大潮强行拽入了现代化的轨道。从殖民化、工业化到民主化,东亚各国的现代化进程艰难而曲折。但无论付出多少流血牺牲、付出多少代价成本,其间多少人奋身拼杀、遭到暗杀和屠杀,多少人被监禁、监控,各国人民似乎百折不挠、殊途同归地走向"民主化",为什么?

180年前,托克维尔似乎找到了"根源",这便是"身份平等"这个

"源发性事实"①：身份平等的逐渐发展，是事所必至，天意使然。这便是民主化潮流不可阻挡的根本原因。在现代开放国家，再高傲或强势的人也不敢公开宣称自己比别人"身份高贵"，再顽固强权的国家也不敢公开攻击"人民主权"。

在现代社会，权利平等是不证自明的道德权利，具有天然的道德优势，人人平等参与公共权力与公共事务，便具有道德正当性和现实合理性。并且，人人平等参与、人人平等协商、人人平等决策，是保护每个人意志和利益的根本途径。但在现代的大型民族国家，民主是直接民主与间接民主、选举民主与协商民主、政治民主与社会民主的结构互撑和功能互补。

民主生活，是一个必然性问题，民主化只是一个时间性问题。东亚各国由于其不同的历史背景、发展阶段和现实任务，以各自不同的方式、不同的路径和不同的成本走向了民主化之路。自然，民主化之后的民主制度体系和民主模式也各有不同。

民主生成之难，难在民主观念更多的是一个外来理念，在后发民主国家要有一个接受、消化和内在化的过程；难在后发现代化国家最为紧迫的任务是稳定政局、发展经济和改善民生；难在民主选举的激励机制往往与民族和解、社会和谐存在紧张关系；难在民主文化和公民素质需要一个较长的培育和生成过程；难在从民主理念、民主权利到民主制度、民主生活有一个漫长的发育链条和生成环节。

民主生成之易，易在民主生成与经济发展水平并没有必然联系，穷人也可在一定程度上搞民主；易在民主可以是在民族国家规模中的"大幅民主"，也可以是在家庭、社团和"单位"中的"小幅民主"；易在高文化素质的人中可以搞民主，低文化素质的人中也可以搞民主，只要每个人知道自己的意见和利益是什么；易在只要统治者和民众具有足够的智慧和勇气，并有效地协调和合作。

限制民主生成的客观条件，可以列举无数，饿着肚子的民主起码是低层次的民主。但民主的积极人为建构更为重要，需要威权统治者的智慧和宽容，需要人民民主要求的自觉和抗争。

---

① [法]马南：《民主的本性——托克维尔的政治哲学》，崇明、倪玉珍译，华夏出版社2011年版，第58页。

　　民主不是自然的，也不是自发的，民主生成于统治者与人民的智慧与协调，民主生成的基本规律是，威权统治者越是富于政治智慧，越是善于妥协协商，越是顾及国家政治现代化的必然趋势，越是容易主动主导民主化进程；反对派和民众越是理智和理性，越是采取非暴力和合作的态度，越是容易推动推进民主化；当然，威权统治者与反对派及民众，在民主化的方向、目标和战略、策略上，越是合作协调、越是趋同一致，民主化进程就越有序和顺利。

　　每个人都知道自己的意见和利益，凡是和你相关的公共权力与公共事务，允许你参与相关的决策制定和执行过程，并使你的意见和利益在相关的过程中得到平等的尊重和保护，这一过程便是"民主"。在越来越广的范围、越来越高的层次，启动和深化这一过程，即是"民主化"。

　　所以，民主生成并不难，从每个人的身边做起，从家庭、社区、单位做起，从社团、政府、国家做起。

　　让民众在民主中学会民主，让政府在民主中必须民主，让国家在民主中习惯民主。民主之树，生根、开花、结果，这才是"根"在人民中的民主，"活"在实践中的民主。

　　"民之所欲，天必从之。"

　　从"民之主"到"民主之"，一字之转化，民主化生成！

　　其间何难，其间何易！

　　但无论多么艰难与曲折，民主的生成及巩固，才能真正达成公民有尊严、政府有威信、国家有希望。

目 录

第一编

民主生成的理论建构

民主化转型的结构性分析架构
——以东亚民主化转型为知识背景

民主是人类政治生活的理想，是人类主体自由的体现，是相对于公共权力独断的一种公共权力共享方式。民主化则是从公共权力独断状态到公共权力共享状态的转型，是一场深刻的政治革命和社会革命，非人类社会的自然演进所能达成，需要在一定社会基础之上的社会主体的抗争和争取，涉及复杂的社会客观条件和主观努力。从人类民主生成的历史，特别是东亚国家和地区民主化发生的进程来看，要对民主化转型过程进行深入的了解和把握，至少涉及以下的要素和过程。本文拟提出一个民主化转型的结构性分析架构，以期对民主化转型过程有一个准确和完整的了解，提供规律性的认识和借鉴。

一　结构与条件

民主化是在一定的历史条件和社会基础上发生的公共权力运作方式和公共生活方式的根本性变革，社会结构和社会条件制约着民主化发生的社会基础和社会空间，也影响着民主化过程的具体特征和民主生成后的具体形态。

（一）社会结构

一定的生产方式和社会发育程度决定着一定的社会结构样态，社会结构是社会文明程度的反映，也决定着民主化转型时的社会资源分布状况和阶级阶层分化状况。社会结构不同说明社会发育程度和现代化程度不同，也说明民主化的初始社会基础和条件不同。如现代化理论所着重研究的经济体制、经济结构、产业结构、阶级阶层结构、工业化和城市化水平、教育水平、中产阶级状况、人均 GDP 和人均收入状况，等等。现代化理论通过统计资料所发现的"经济发展水平与民主化存在正相关关系",只是与统计数量上的"现象"相关,只是一种"可能性"说明,而无法说明经济发展通过什么样的机制和中介而促进了民主化转型和民主发生。民主化并非经济发展的自然产物,经济发展和社会发育只是促成了社会结构的变化并为民主化的发生提供了一定的社会条件。

(二)社会条件

社会条件是指与民主化转型过程相关的民主化运动中的相关主体可资利用的资源条件和制度条件,既包括民主化支持者的社会条件,也包括民主化反对者的社会条件。民主化转型非自然生成,也非权力独占者自觉让渡或推动,而是在一定的社会结构基础上的民主化推动者和民主化反对者的实力较量和博弈过程。因为民主化意味着公共权力从独占到共享的转型,现有权力执掌者的主流如果坚决反对民主化,就意味着民主化进程更为艰难、曲折甚至延迟。掌权者掌握着更为庞大和雄厚的资源条件和制度条件,在民主化进程中更为主动和强势,有庞大的国营经济基础,有压倒性的暴力强制性力量,有现成的组织动员体系和制度平台,但民主化启动时,政权反对者或民主化推动者一定也是具备了广泛的社会基础和社会条件的,如广大的中小型私有经济的支持,庞大的中产阶级的拥护,自由民主理念先进者的大学生的参与,还有持续不断的工人、农民和学生参加的街头抗议运动。此外,在独裁或威权时期存在的局部和边缘化的民主机制,也为反对派提供了扩张民主空间和强化民主制度的制度条件和制度机会,如韩国在威权时期存在的议会选举,为反对派人士当选国会议员扩大政治影响提供了制度条件;中国台湾在威权时期存在的地方选举为"党外"人士参与地方政治、推动民主扩展提供了制度机会。

社会的资源条件和制度条件决定着民主化反对者和民主化推动者各自的实力和动员能力,也决定着对民主化运动进行镇压或容忍的成本和收益,当容忍成本小于镇压成本或镇压成本过于重大甚至根本无法镇压时,就是民主化运动开启之时。

二　主体与组织

社会结构和社会条件只是提供了民主化的基础和条件,只是民主化的一种"可能性"，要把这种"可能性"转化为"现实性"，非有人类主体的抗争和努力不可。民主化并非自然而然的社会变迁，更多的是人类主观努力的结果，这就涉及什么人和什么组织参与了民主化的进程。

（一）主体

主体是指民主化进程的参与者，既包括民主化的反对者，也包括民主化的促进者，还包括大量的民主化运动的旁观者和享有投票权的民主化成果享有者。

民主化的反对者更多地来自现有权力独享的受益者和既得利益者，也包括民主意识未觉醒而担心自身生活受到影响的部分民众。权力独享的民主化反对者如果过于强大和强硬，民主化进程就可能难以起始或命运多舛。在其中具有强大威权、现有权力的最高执掌者对民主化的态度甚为重要，起初最高威权者也许对民主化心存疑虑，担心自身政权的崩溃，但在强大的民主化压力下，随着镇压成本的急剧加大，最高威权者也许会转变理念，压制住政权内部的保守派和强硬派，转而被迫支持或主导民主化进程。反对民主化的民众如果过于庞大或实力雄厚，就说明民主化的民众基础还没有成熟、民主化还没有民意基础，民主化也难以起始，即使民主制度急促建立也往往难以持续和巩固。

民主化的支持者，既包括现政权外部的民主化支持者，也包括现政权内部民主化的支持者。政权外部支持者，包括在现有威权体制下其自身的理念和利益无法完全满足的民众，更重要的是指民主化运动的领袖和领导群体，他们或出于对民主的价值信念，或出于个人的政治抱负和利益，其民主的观念和行为直接影响着民主化运动的展开方式和进程，也影响着民主化民众运动的动员方式和组织方式。此外民主化领袖与政权内部民主化支持者的互动博弈、谈判妥协的方式和能力更对民主化进程有着直接的决定性影响。政权内部支持者，在民主化力量弱小之时，往往处于"蛰伏"状态，在民主化勃兴之时和民主化压力增大之时，出于民主信念或个人政治利益，往往转变成民主化的支持者。政权内部民主化支持者的力量强弱，往往决定着政权对民主是镇压还是容忍的态度，最高威权者如果坚决支持民主化，民主化开明派如果战胜民主化保守派，现政权可能会主导民主化进程，其过程也可能更为顺畅和快速。

民主化旁观者的多少，反映了民主化运动的民众基础和民意状况，也反映了民主意识和民主动员的水平和程度。如果绝大多数公民对民主化抱有"无所谓"的态度，民主化运动就难成气候。如果多数公民不分阶层、职业、收入、宗教和文化而纷纷踊跃加入民主化运动的各种抗争运动之中，威权体制的镇压成本就会急剧增加。民主化的旁观者在民主化开启之时也许无所影响，但在民主化转型之后，"搭便车"式地成为民主化后民主权利的享有者，在民主后第一次选举中和在其后民主的巩固中，旁观者的投票取向就能决定是执政党继续掌权还是反对党上台，民主化起初的旁观者也许就成为民主化进程的被动或主动的参与者。

（二）组织

组织是个体力量的整合体系和动员体系，对个体力量有放大和扩展效应。成员少而组织化程度高的小群体，往往在意志和利益实现方面胜过大而松散的群体。所以组织化程度和组织力量对民主化的支持者和反对者来说都是关键的决定因素，也是研究民主化进程必须关注的一个核心变量。

民主化支持者的组织体系往往有一个从小到大、从边缘到中心、从非法到合法、从高层到基层的发展壮大过程，其组织体系完善状况和组织能力是其组织领导能力和动员民众能力的反映，其发展过程影响着民主化的议题和进程，也是民主化程度的标志。从初期的办报办杂志、健全学生民主组织，到后期的支持"党外"选举和组建反对党，再到推动"普选"和成为执政党，反映了民主力量成长的过程，也是政权内外民主化支持者组织协调和组织分化组合的过程。

由于往往是现有权力独享的受益者，特别是现有政权的执掌者反对民主化，所以民主化反对者的组织体系往往是现成的、既有的、从高层到基层全面覆盖的，既和公共权力密切相关，也和公共资源密切勾连。但随着最高威权者的去世或下台，政权内部的组织体系往往在争夺权力中会发生撕裂和分裂，政权内部的非主流派也往往从原来的组织体系中分裂出去，成立新的反对现政权的组织。这种分裂出去的组织，和体制外的反对派组织也许不同，但在反对现政权、削弱现政权方面是一致的。现有政权组织体系的分裂是现政权的大敌，从此，民主化反对者的组织体系也就会发生从强大到收缩、从强控制到弱控制、从执政党到在野党的变化过程。韩国和中国台湾地区的民主化运动中反对者和支持者双方组织体系的变化就是一个佐证。

主体因素决定着民主化参与者的数量和质量，组织因素决定着主体因素力量发挥的方式和程度，在高度现代化和组织化的社会生活中，组织因素对主体因素有着重大的放大和扩张效应。民主化的过程最终是主体因素和组织因素的博弈过程，组织体系对民主化双方主体因素、资源条件和制度条件的效用和实力较量更为根本和重要。

三　事件和过程

在一定的社会结构和社会条件下，民主化的主体通过其组织体系进行着互动博弈推动着民主化的进程，这其中发生各式各样的民主化事件和过程，民主化事件是民主化主体和组织力量的体现和较量，标志着民主化进程的关键环节和互动纽带，民主化事件的整体构成了民主化的过程，民主化过程展示了民主化的特征和民主化的规律。所以事件和过程是民主化研究的动态核心要素和变量。

（一）事件

民主化事件标志着民主化进程的关键环节和转折点，研究民主化事件对民主化转型研究具有标识性意义。事件是民主化支持者、反对者、旁观者互动博弈的行动和活动，既包括民主化支持者发动的体制外的街头抗议、非法活动，也包括民主化支持者参加的体制内的选举活动和合法活动，还包括掌权者进行的镇压行为、妥协行为和政权内主动或被动进行的宪法和选举改革行为。其中绝大部分事件是民主化支持者和反对者实力较量和谈判妥协的过程。如中国台湾地区的民主化事件就包括20世纪60年代的"雷震事件"、1977年的"中坜事件"、1979年的"美丽岛事件"、1986年的民进党成立、1987年的"解禁"、20世纪90年代李登辉时代的一系列修宪活动、2000年的民进党上台执政、2008年国民党的重新执政，等等。民主化事件标志着威权制度的瓦解和民主制度的健全，以及民主生活方式的逐步建构。

（二）过程

民主化事件的连接和整体构成整个的民主化过程，过程中体现的各方力量互动和作用机制，以及威权制度的解构和民主制度的重建，体现着民主化过程的地域特征和发生机制。如掌权者主导的"变革"过程、反对派主导的"置换"过程、掌权者和反对派谈判妥协联合推动的"转移"过程，都体现了不同的民主化过程的机制和特征。民主化转型研究中最重要的是揭示转型的机制性特征和规律，以期为后进民主化国家提供经验和借鉴。如韩国的民主化过程表现出更多的街头抗争和暴力冲突的特征，折射出掌权者对民主化事件的应对态度和策略；而中国台湾的民主化过程更多地通过"选举机制"和"政党互动"来推动而很少带有暴力色彩。对民主化规律性的认识更多的是对民主化过程中所揭示的特征和通则的认识，涉及民主化各方的民主理念、民主战略和民主策略。

四　制度与生活方式

民主化转型涉及民主观念的普及、民主价值的认同，更为根本的是民主制度的建构和民主生活方式的实现。民主制度的建构标志着民主化转型的展开，民主生活方式的实现标志着民主的巩固和持续。

（一）制度

民主化从根本的意义上是威权制度的解构和民主制度的建构，涉及制度过渡中的制度衔接和制度替换，防止"制度真空"和保证平稳过渡是一项复杂而重大的挑战，涉及从一党体制到多党竞争体制、从任命制或间接选举到直接普选、从禁止"结社"到结社组党自由、从媒体管制到新闻自由等制度的建立和完善。威权制度的和平退场和民主制度的有效运行是民主化转型成功与否的关键，这需要民主化各方力量在制度创新、制度替换和制度运作中有足够的理性和耐心，需要对民主制度和法治原则的真诚尊重和切实践行，需要广大民众对民主法治的认同和支持，而这就必须养成民主法治文化、达成民主生活方式。

（二）生活方式

民主制度的建立对民主化转型具有标志性意义，但对民主化的成功更为根本的是民主生活方式的健全。要研究完整的民主化进程，不仅要研究标志性的"普选"和民主制度，还要研究基础性和长远性的民主观念的普及、民主文化的形成、公民素质的提升等民主生活方式方面。当人们把民主价值视为"理所当然"、民主程序成为唯一获取和运作公共权力的方式、民主生活成为"自然习惯"的时候，就说明民主化转型真正完成、民主制度持续巩固、民主社会健全稳定。这需要足够的时间来完成对民主法治的文化转型和文化认同，需要民主法治之根深深地扎在本土文化传统和每位公民的心中。

权力独断更符合人之本能，权力共享更需要人之理性。由于民主化转型是一项十分复杂、人们为之努力的政治革命和社会工程，"全景式"过程描述很难做到，也容易陷入"枝节"问题而难以把握"关键"。本文提出的"四对关系、八个要素"是研究民主化转型的一个结构性分析架构，是一种组织材料和揭示规律的方式，希望这一分析架构能对研究民主化转型，特别是东亚的民主化转型有所助益。

如何研究东亚民主的历史演进?

——分析架构和问题意识的探析

  当世界历史的文明之船驶入近代,在工业化和现代化大潮掀起的狂涛巨浪中,处于封闭自足状态的东亚各国纷纷被强制性或不自觉地裹挟其中,一路艰难前行,经历了从半殖民化或殖民化,到现代化、民主化的血泪历程之后,东亚各国的经济现代化取得了令人瞩目的巨大成就,各国经济发展的过程、特征及其共性模式也得到了充分的研究和比较。

  而作为现代化内容组成和目标之一的政治现代化,及其对各国政治现代化过程与特征的研究,则呈现出更为复杂多样、观点纷呈的情景,个中缘由既与各国的政治历史传统、殖民化程度、经济社会发展水平和政党成熟状况等客观性因素紧密相关,也与研究者的价值立场、知识视角及其对政治现代化、民主化的认同和理解等主观性因素紧密勾连。这便造成了对东亚民主发展进程和民主化状况研究中立场多样、观点纷呈和判断各异,由此也影响着东亚民主进程理论研究上的深化和发展政策上的建议。

  如何解读和比较东亚各国的民主演进?解读和比较的分析架构如何确立?各国有可供比较的相似性或共同性因素吗?从中能够分析和比较出通则性、规律性的认识吗?从东亚民主进程的研究中提升出的理论性问题有哪些?能够阐明东亚民主生成的历史逻辑吗?以上的研究架构和问题意识,便是本文提出的基本背景和解析思路。

一 问题的缘起和研究视角

  民主理念包含哪些原则要素和制度构件,各种类型的民主是通过怎样的制度机制实现的,一直是我长期关注和思考的研究主题,但限于主客观研究条件的约束,只能侧重于学理性思辨和架构性制度安排,而少有对各国各种类型民主发展历程的实证性考察和思考。

一个难得的学术机遇使我陷于长久的学术迷思之中。2008 年年底，我有幸参加了由房宁先生主持的"东亚政治发展研究"课题组。由此进入了深入认识和研究东亚民主实际演进历程的学术氛围，原先有关民主和民主化的抽象性理论原则和认识，也在不断有关东亚民主研究的资料研读和实地调研中逐渐形象和具体起来。

"东亚政治发展研究"课题的研究对象是日本、韩国、中国台湾地区、泰国、新加坡和印度尼西亚，这"五国一区"包括了东亚地区现代化和民主化发展的典型模式和基本样态。经过现有文献研究和国别专题报告、实地调查研究和历史当事人访谈、各国分报告撰写和总报告研讨三个阶段，历时两年多时间，课题组在实证和比较研究的基础上，对"五国一区"的政治发展进程和规律有了一些突破性认识。

如"五国一区"政治发展的阶段性：从第二次世界大战后自由民主体制下的追求自由年代到威权体制下的实现工业化年代，再到多元体制下的竞争性民主年代。又如对自由民主体制向威权体制转变的原因、威权体制存在和发展的条件、威权体制向多元体制转变的动力和条件、东亚政治发展紧紧围绕东亚各国民族发展和现代化的主题等，都提出了新的认识和解读，丰富了人们对东亚各国现代化和民主化进程的历史解读与理论剖析。

课题组在深入研究的基础上，特别是对东亚政治发展和民主进程有了更深一步的理论性阐释，在政治体系结构问题上，课题组认为，宪政体制、权力结构和利益结构的互动调适，决定着一个国家政治体系的实质性质和过程特征，也决定着各国民主进程的过程、结构和特征。在政治发展规律问题上，课题组认为，权力结构变化体现为权力分散与权力集中的机制性循环规律，这是适应不同国家不同发展阶段的发展主题和历史条件的应对性要求。而各国政治发展和民主进程的路径和特征，则是各国历史起点、外部影响、经济社会条件、政体规模和国民性文化等综合性作用的结果。①

经过两年多的课题组整个研究中的案头研究、实地调研和研讨撰写的艰苦过程，我逐渐熟悉了东亚各国的现代化进程与民主发展的文献资料和

————————

① 对于"东亚政治发展研究"课题组的整个过程及取得的结论性认识，课题组有系统性的总结和归纳，详情参见房宁等《自由、威权、多元——东亚政治发展研究报告》，社会科学文献出版社 2011 年版，"绪论""结语"。

研究现状，特别是亲身对韩国、中国台湾地区、印度尼西亚、新加坡和菲律宾等国家和地区的实地考察和调研，使自己的一些理论性想法和研究思路更加明晰。

东亚各国的现代化启动，是在什么样的历史条件下开启和起航的？各国对直接面临的西方列强半殖民化和殖民化威胁，各自做出了怎样的应对与变革？在与殖民当局的抗争中民族国家的政治建构是如何产生的？推动各国不同历史阶段变迁和政治发展的主体及动力是什么？各国的政治发展和民主演进是否能够适用统一的路径分析架构来解读？本文的研究是在"东亚政治发展研究"大课题已经取得的认识基础上，进一步细化政治发展和民主化的动力机制分析，特别突出和解剖了各国政党互动的中介性动力机制，并以此作为解析和研究东亚民主进程的机制核心。在深入分析和解读了东亚各国近代以来以现代化为核心的政治发展历程后，对东亚各国民主生成的历史逻辑进行了尝试性理论阐释，以期对东亚民主的生成和演进有一个体系性的架构理解。

二　研究对象的确定

研究对象的确定，隐含着作者自觉或不自觉的价值性预设和前提，这是无法避免的，也是研究的起点和基础。

"东亚政治发展研究"大课题的研究对象，确定为日本、韩国、中国台湾地区、泰国、新加坡、印度尼西亚。选取这"五国一区"，主要是参照中国政治发展的问题意识和"五国一区"相似的经济现代化阶段与政治发展进程。特别是其中相似的工业化和现代化这一发展核心主题，以及由现代化发展所促发和要求的政治发展和民主转型。本文的研究则在以上"五国一区"以外再加上马来西亚和菲律宾。研究范围上稍微有所扩大，是为了使问题范围和比较的基础更为广阔、问题差异更为明显。

在东亚包括从东北亚到东南亚的广阔地域中，有众多的国家和地区，这是一个复杂而多样化的地区，其中经济和社会发育程度参差不齐、民族关系错综复杂、宗教信念多种多样，意识形态也明显分歧。① 为什么我们

---

① 参见李路曲《东亚模式与价值重构——比较政治分析》，人民出版社 2002 年版，第 1—7 页。

选择了以上的"七国一区"作为研究对象，"七国一区"中又有哪些相似性和共同性因素可以作为研究和比较的基础呢？

第一，相似的半殖民化或殖民化危机和挑战所激起的现代化起航，相似的遭遇促发成相似的命运。相似的遭遇而引发的策略不同的应对机制和制度变革，决定了现代化启动之后不同的发展路径和发展结果，反映了不同国家和地区的不同传统政治制度及其应变能力。

第二，现代民族国家独立之后，"七国一区"有着相似的政治制度三大发展阶段：从竞争性体制到非竞争性体制，再到竞争性体制。虽然各国的政治发展进程和民主成熟程度互有差异，从稳定民主政体的日本，到新兴民主政体的韩国、中国台湾、泰国、印度尼西亚、菲律宾，再到半民主政体的马来西亚、新加坡，各国在政治制度的竞争性和民主性程度上有所差别，但三大阶段政治制度发展路径的相似和差异，同样反映了各国不同的经济社会发展状况和政治力量博弈对比情况。

第三，对应于三大阶段政治制度发展路径，各国有着相似的政党及政党制度的发展路径，同样存在竞争性政党制度、非竞争性政党制度再到竞争性政党制度三个相似而互有差异的阶段。政党力量的博弈及其互动规则和制度，构成了政治发展和民主进程的动力机制和核心特征，从对政党及其制度的分析中可以看出各国政治运作的组织化和稳定化程度，以及政党在组织体系、资源集聚和民众动员等方面的相似或差异。

第四，"七国一区"从其半殖民化或殖民化，到现代化、民主化的整个过程中，都实行资本主义的基本政治和经济制度，这是进行比较分析的大背景中基础性制度相似点，这也决定了"七国一区"在不同历史时期与西方大国的亲资本主义关系和与社会主义国家的疏远或敌对关系。所以"七国一区"的现代化和民主化，在不同时期和不同的程度上，都受到国际上西方列强或直接或间接的制度性影响。

以上的考虑基点，说明我们的研究是以"政党及其制度变迁"为分析核心的比较研究，而不是以文化或宗教因素为基点来选择研究对象的，同时，资本主义的基本制度架构，也排除了把中国、越南等社会主义国家作为研究对象。还有，研究对象中的相似性和差异性同样可以反映出问题，相似性中可能因为有共同的原因，差异性中可能反映出共同原因的存在与否及程度大小，差异性与相似性是互为映照和对比的。所以，差异性也应该受到同样的关注，它同样能够反映出政治制度变迁和政党力量博弈的不同样态。

三　分阶段、分类型比较

东亚民主的演变，是隐含在东亚现代化历史进程的逻辑之中的，是在东亚从半殖民化、殖民化到现代化、民主化的大的历史进程中生发和生成的。要深刻理解东亚民主的演进及其逻辑，就必须深刻理解东亚从近代到现代的现代化演进及其逻辑。

本文的"七国一区"民主演进研究，时间跨度从 16 世纪初的殖民化时代，到 21 世纪初的民主化时代，横跨 400 多年的东亚变迁历史，其中涉及从政治传统、民族构成、宗教文化、国家规模到经济、社会发育程度各不相同的多样国家形态。"大历史、长跨度"对于比较研究造成了诸多知识理解上客观的限制，所以，"分阶段、分类型"比较便是接近研究对象实质和揭明问题的必要方法。只有在较短历史阶段中的相似国家形态时期，制度变迁和政党博弈的相似和差异状况分析，才能使民主演进中的问题及其原因的比较更加凸显。具体的分析架构如下。

一是分阶段的历史架构。把"七国一区"从近代到现代的大历史进程，依据殖民化、现代化到民主化的大历史脉络，从政党及其制度的竞争性体制、非竞争性体制再到竞争性体制的制度变迁中轴视角，具体划分为四个历史阶段：被迫上路的现代化—多党冲突的民主初试时期——党优位的威权发展时期—多党轮替的民主转型时期。在不同的历史时期各国面临着不同的发展境遇、制度结构和政党力量对比，因而形成不同时期的国家制度形态和民主演进状况。

二是分类型的比较分析。在不同的历史阶段中，又根据制度变迁路径和政党结构状况，再把不同的国家分为不同的类型，同一类型之中的国家具有更多的相似性，从而更为鲜明地突出类型特征和不同类型之间的差异。如在"被迫上路的现代化"时期，再分为两个子阶段：第一是半边缘化和边缘化阶段，其中有国家形态完整下的半边缘化、国家衰败化和殖民化、国家形态不完整下的殖民化；第二是殖民危机下的国家形态建构，其中有国家形态下的维新变法、殖民全权主义的掠夺体制、殖民统治下的民族抗争。在"多党冲突的民主初试时期"，再分为三种类型：君主立宪制下的多党冲突、民族国家分裂下的多党冲突、民族国家建构中的多党冲突。在"一党优位的威权发展时期"，再分为三种类型：君主立宪制下的一党优位发展体制、军政主导下的威权发展体制、一党主导下的威权发展体制。在"多党轮替的民主转型时期"，则再分为君主立宪下的多党轮替、威权移转中的多党轮替、威权崩溃后的多党轮替。

同时，分类型的比较分析并不是固定不变的，如马来西亚和新加坡，在"多党冲突的民主初试时期"和印度尼西亚、菲律宾是同一个类型，属于"民族国家建构中的多党冲突"；而在"多党轮替的民主转型时期"，印度尼西亚、菲律宾属于"威权崩溃后的多党轮替"，而马来西亚和新加坡则属于未发生明显民主转型的"半民主体制"。分析类型的细分和调整，是为了更为明显地突出该阶段、该类型的特征，并与其他类型明显区别开来，是为了更深入地揭示路径特征和演变规律。

四　政党中轴分析

现代政治区别于传统的个人政治、寡头政治和小宗派政治，是公开合法的政党政治。政党是人类政治文明发展中现代化的产物，政党制度是现代政治运行的支柱性制度。政党作为现代政治运行的动力机制和组织化制度，是公民利益和公共意志的代表性组织，其体制性角色和职能体现在集中、整合、表达、引导和沟通等政治过程和作用中。[①]

从近代以来的世界现代化进程来看，在现代民主的建立和运行中，政党的作用更为关键和根本，其中执政党与反对党的互动博弈更是现代民主政治过程中的基本场景和动力机制。因为"现代民主是一种有组织、有规则地竞争国家权力的政治，而政党正是实现权力竞争的组织性和规则性的主要机制"[②]。所以，要研究一个国家的民主生成和演进的过程，离不开研究该国以"政党为中轴"的政治权力配置及其博弈过程。

在东亚民主的演进中，同样能看到政党与民主发展紧密相关的政党职能的"中轴原理"：执政党与反对党的互动博弈，反映了各自所能动员的组织力量、物资资源和民众力量的大小强弱，也体现和标志着政党制度的

---

①　参见［意］G. 萨托利《政党与政党体制》，王明进译，商务印书馆 2006 年版，第56—81 页。

②　李剑鸣主编：《世界历史上的民主与民主化》，上海三联书店 2011 年版，第40 页。

稳定性和民主发展的程度，政党因此成为组织整合和资源凝聚的"组织化中轴"。所以，我们的研究在"分阶段、分类型"历史分析架构下，在每个阶段和历史类型中，以每个国家政治发展中的政党互动和博弈为中轴展开，论述经济发展、社会结构、阶层分化、利益集团和公民社会时，也是以其能否对政党博弈施加影响为主线，以此来关注和突出东亚民主生成的政党动力和制度性标志。这种"政党中轴分析"的视角和方法主要体现在以下几点。

第一，大的历史分阶段特征，是以政党及其制度的状况为分段标志的。依据竞争性政党体制、非竞争性政党体制再到竞争性体制的基本"政党中轴"架构，在半殖民化和殖民化时期，关注现代性国家因素的引进和民族性政党的萌芽和生成、民族性政党的组织发展和壮大、领导和整合了民族国家独立和统一的力量。在多党冲突的民主初试时期，关注西方式民主制度和要素的引进，导致多党竞争和冲突的加剧，进而影响到经济和社会的稳定和发展，从而为维权体制的引入奠定了社会和民意基础。在一党优位的威权发展时期，关注经济和社会发展的压力，促成了从多党竞争性制度到一党优位威权型制度的发展，威权型政党和发展体制促进了现代化的发展，也为民主化的转型积累了社会经济基础。在多党轮替的民主转型时期，则关注威权型体制的僵化和低效，长期压制和排斥公民政治参与的要求和行动，以及由此为反对党和民众运动提供的契机和动力，在执政党与反对党的互动博弈和协商谈判中，各国进入了不同路径和制度结构的民主转型时期。

第二，执政党与反对党的博弈，构成了各个时期组织资源、物资资源和民众力量集聚的"中轴主线"。从殖民化到工业化和现代化，只是构成了东亚民主生成的大的历史场景和社会历史条件，真正在第一线推动政治演变和民主生成的能动性力量则是政党及其政治参与者。而作为政治参与者的个人，在现代政治运作中，其利益和权力要求，如果要得以组织化表达，也更多地甚至必须通过政党这一"组织化中介"。所以，经济发展、阶层分化和教育普及等发展性成果，都要通过与执政党和反对党的直接或间接的组织关联，通过"政党中介"这一组织渠道而对政治发展进程起到作用。执政党可以动员和集中各种组织和资源，特别是动用国家和政府的体制内组织和资源，用以巩固执政党的地位和压制反对党的活动。同样的，反对党也可以动员和集中各种组织和资源，特别是民间经济资源和公民社会的力量来反抗执政党的压制，推翻执政党的统治。执政党与反对党在各自的组织资源、物资资源和人力资源的支持下，形成了执政党与反对党互动博弈的制约和平衡机制。反对党的地位合法与否、力量大小，以及是否可以和平和合法地替换执政党，在东亚民主的演进中体现了民主生成发展的状况。

第三，政党及其制度的状况和稳定性，也反映和代表着政治发展和民主演进的状况和稳定性。"无政党国家即保守国家，反政党国家即反动国家。"① 政党状况构成政治发展文明程度的制度性标志，东亚国家政治发展从竞争性体制到非竞争性体制，再到竞争性体制，集中表现在政党制度上的从多党冲突到一党威权，再到多党轮替的政党演进主线。同时这一政党演进主线的变化，也反映了历史阶段、经济发展和政治稳定等条件的不同，甚至反映了世界格局的紧张或缓和。在东亚民主的历史生成中，各种民主因素或体制的引进、孕育、生长，甚至混乱、冲突、窒息，直到民主化的转型与民主成熟等，都和各国政党及其制度的生成、发育和成熟息息相关。东亚民主的未来也与各国多党竞争体系的稳定和制度化成熟状况密切相关。

当然，在现代化和民主化的历史演进中，执政党和反对党都不可能是"铁板一块"，其在不同的发展时期也隐含着不同的内部分歧和派系斗争。如执政党内的保守派和改革派、反对党阵营中的激进派和温和派，还有两者中不乏其人的各种机会主义者，各个政党内部的权力博弈和派系争斗，都在影响着执政党和反对党的力量和作用。特别是在民主转型的动荡时期，在各种民众抗议运动的激励和刺激下，执政党和反对党各自内部的分裂、分化和重组，都对民主转型的时机和制度建构取向有着重大的决定性影响。但不管怎样，执政党与反对党各自内部的分歧和分化，也都是围绕着掌握"政党权力"这一"政党中轴"的政治力量博弈的主线而展开的，这也就凸显了政党及其制度对政治发展和民主演进的直接决定性作用。

五　拟揭示的理论性问题

分阶段、分类型的比较和政党中轴分析，只是为了使民主演进的历史

---

① ［美］塞缪尔·P.亨廷顿：《变化社会中的政治秩序》，王冠华等译，生活·读书·新知三联书店1988年版，第376页。

进程更具历史深度，同时使民主生成的逻辑凸显。但历史进程所要求的
"发展逻辑"和政治进程所要求的"民主逻辑"也始终处于阶段性的紧张
和纠结之中，如何使"发展"促进的物质性力量和"民主"要求的价值
性追求相互促进和相互增强，这是本文研究拟揭示、阐释的学理性目标。
经过对东亚"七国一区"民主生成的历史逻辑的梳理和分析，我们能否
对以下问题有更进一步的解读或揭明？

第一，东亚的"后发型民主"相对于西方的"原生型民主"有什么
不同的发生条件、生成路径和过程特征？这是否决定了我们的研究该从什
么样的视角和切入点来梳理和研究东亚各国民主的发生和成长过程？在西
方列强殖民化威胁的严重压力和挑战下，东亚各国有自主选择自己现代化
或民主化道路的权利和机遇吗？

第二，现代化或民主化有唯一的生成路径或"单一道路"吗？东亚
国家能够移植或重复西方发达国家的现代化或民主化道路吗？有"普适"
的民主标准和制度模式吗？各国民主之所以能够或有资格被称为"民
主"，是否存在根本性或"最低底线要求"的民主原则和核心要素？

第三，现代化目标包括政治现代化内涵吗？政治现代化在面临巨大的
经济社会发展重任的发展中国家，首要解决的是什么问题？政治现代化必
然意味着民主化吗？民主是政治发展的唯一价值目标吗？民主与秩序、效
率等发展性目标存在什么样的紧张或协调关系？

第四，民主是在历史演进中生发和生成的，民主逻辑和发展逻辑必然
处于冲突和紧张关系之中吗？民主逻辑必须服从于发展逻辑和更大的历史
逻辑？如果民主逻辑服从于历史逻辑，民主价值还是目标性价值吗？民主
岂不成了历史发展的手段？

第五，民主的生成和成熟必须具备一定的社会历史条件吗？民主是经
济社会发展的自然结果还是更具有主体建构性的人为建构？民主需要什么
样的经济社会条件？民主必须由什么样的主体推动和自觉建构？

第六，能否从东亚民主化的转型中看出，执政党与反对党的战略互动
和策略选择对民主转型的时机和制度性路径有着决定性的影响？为什么政
党及其互动博弈发挥了"中轴性中介"作用？社会组织、民间资源和公
民个体是如何通过与"政党中介"的关联而对民主化的生成发挥了作用？

第七，民主的运作和成熟与政党及其制度的稳定性密切相关，在东亚
民主的生成进程中，各国政党及其制度体系具体发挥着什么样的功能和作

用？"政党中轴"的作用机制与各国的政治发展和民主生成有着怎样的紧密关联？

第八，民主转型之后，民主的巩固成熟和民主生活方式的形成，需要什么样的经济和社会条件呢？公民社会的生成和成长在民主的巩固成熟中发挥着什么样的功能？

第九，在东亚各国现代化的历史大潮中，东亚各国民主生成的时机、条件、路径、制度体系、成熟度都各不相同，学理上能够说有统一模式的"东亚民主"吗？那是否存在"最低底线要求"的民主原则和制度要素呢？

第十，通过东亚各国的现代化进程和民主生成的长时段历史性梳理研究，从一个发展中大国的政治发展视角，我们能得出什么样的历史性启示和借鉴？在经济社会结构发生了深刻的历史性变革，当代中国日益开放和多元的时代条件下，中国未来的民主化进程该如何取得突破和深化呢？

……

以上只是笔者初步的理论设问和探求目标，其实每个人还可以按照自己的知识视角和价值取向提出更多、更深刻的设问和目标。再美好的设想，关键在于落地实现，理论研究同样如此。心有所想，力有不逮，本主题研究问题的广阔和深邃，非笔者一人不自量力所能够完成，好在有众多国别政治发展史专家的成果积累和热情指导。在前辈和好友成果的基础上，我将奋力为之，至于结果，方家自有评说。

中国的改革开放和现代化事业进入了深化发展的关键时期，民主政治的发展更是我们不懈追求的目标。具有相似现代化历程和背景的东亚各国和地区的民主演进，为我们提供了已有的前车可鉴的经验和教训，哪些经验值得吸收、哪些教训值得汲取，以使中国的民主发展更加顺畅、更少走弯路，这是值得我们深入思考和探究的重大问题。

东亚民主生成的历史逻辑
——一个理论性阐释架构

历史总有无数的曲折与磨难，东亚民主的生成同样坎坷而艰难。多少人为之奋斗，多少人为之落难，多少人为之牺牲。但无论经历多少挫折和波澜，奔向民主化的历史大潮总是滚滚向前，不可阻挡、不可逆转。

从最早的殖民化冲击下的被动应对和变革图存，中间经反殖民主义的民族抗争和民族国家的独立，通过多年不懈的工业化和现代化的强力推进，民主化转型在东亚各国渐次展开并一路蜿蜒前行。从外来强加的殖民化到内在要求的民主化，从不情愿的被动应对到自觉的主动变革，从单一目标的民族独立到全面现代化的国家富强，民主已成为东亚各国人民自觉自愿的主动追求，民主已扎根于东亚社会的民情土壤并开花结果。东亚民主社会的生成给了我们太多的研究资源和理论启迪。

沿着东亚民主生成的历史脉络，参照西方民主生成的"原生型"路径，从一个发展中国家"变革图强"的现代化发展视角，我们试图以东亚民主生成的历史事实和现实材料为依据，对我们在本研究开始时的设问和问题给予尝试性回答，以期勾勒出一个对东亚民主生成有所解读的理论性阐释架构。

一 东亚民主是"后发型民主"，有着自身独特的生成条件和路径特征

民主作为一种政治统治形式，源自古希腊的城邦政治形态，其公民直接参与公共事务的理念与公民参与的制度实现机制，给予人类民主追求的永恒典范和不竭激励。

近代民族国家架构下的民主形态，源于英、美、法等西方主要国家，

是在近代资产阶级革命以后逐渐发展和完善起来的，其间伴随着西方各国的工业化和现代化的推进，并逐渐培育和壮大起来作为民主运行社会基础的公民社会。

英国虽然在 1688 年"光荣革命"后确立了"议会主权"，但直到 1832 年之前，由于有关财产资格的限制，有选举权的人只占到成年人总数的约 5%。1832 年的选举改革使中产阶级获得了选举权，1867 年的改革使城市工人获得了选举权，1884 年的改革使农村工人获得了选举权。1918 年英国才初步确认了普选制原则，使 21 岁以上的男子和 30 岁以上且大学毕业的妇女大致有了选举权。1928 年的选举制度改革使 21 岁以上的男女公民大致有了平等的选举权。直到 1948 年废除一个选民有两票以上投票权的所谓"复票制"，英国民主的成熟经历了 260 多年的漫长发育和成熟完善。①

美国的现代国家建构和民主演进同样艰难，从 1776 年签署的《独立宣言》开始，到 1783 年的《邦联条例》和 1789 年的《联邦宪法》，其后，民主宪政架构还经受了 1861—1865 年美国内战的严峻考验，直到 1970 年通过的选举法修正案才在各州全部废除对黑人的"文化考试"和对新移民的"优良品行"的测试制度，平等的民主权利才最终得以普遍实现。②

而法国的民主演进更为艰难曲折，从 1789 年疾风暴雨式的大革命以后，法国政治进程陷于革命与复辟的反复较量、共和制与君主制的轮番交替之中，通过"进两步退一步"的曲折方式，经历了两个帝国和五个共和国的制度轮替，直到 1958 年以后第五共和国的民主宪政体制才得以稳固下来。以英、美、法为代表的所谓"原生型"民主，是在工业化和现代化进程中逐渐健全民主制度和实现平等原则的，其公民权利、政治权利和社会权利的落实，则分别是在 18 世纪、19 世纪和 20 世纪分阶段逐步实现的。③ 所以，"原生型"民主是分步实现、逐渐完善的，有相对充裕

---

① 参见［俄］弗拉季斯拉夫·伊诺泽姆采夫主编《民主与现代化——有关 21 世纪挑战的争论》，徐向梅等译，中央编译出版社 2011 年版，第 35 页；应克复等《西方民主史》，中国社会科学出版社 1997 年版，第 555—556 页。

② 参见［英］迈克尔·曼《社会权力的来源》第 2 卷上，陈海宏等译，上海世纪出版集团 2007 年版，第 169—180 页。

③ 参见郭忠华、刘训练编《公民身份与社会阶级》，江苏人民出版社 2007 年版，第 144 页。

的时间把各种经济、政治和社会矛盾分阶段、分步骤来解决，使民主化的总成本分散为各个历史阶段的较小成本，民主化引起的制度裂变和社会冲击分阶段出现，从而使执政者和民众都较容易接受民主化的成本和代价。民主化过程相对平稳和非暴力，公民社会和公民素质的发育成熟也是在一个较长的现代化过程中逐步实现的。

　　而东亚民主生成的条件和路径是在完全不同的时代背景和历史条件下展开的。具有了典型的"后发型"民主化的过程特征，其时间紧凑、被动匆忙和矛盾并发等限制性因素，使民主化过程更加跌宕起伏、艰难曲折。

　　从开启时间上，最早在殖民化危机下引进西方现代国家制度和政治因素的日本和泰国，也是在 1868 年以后才开始其现代化进程的。日本在其后开始"维新变革"，引进现代政治管理的制度和技术，1889 年才制定出《大日本帝国宪法》。而在 1868 年的泰国，拉玛五世朱拉隆功继承王位，直到 1873 年亲政以后才迫不得已开始改革尝试，此后现代国家管理的制度和机构设置才被引入泰国。而此时的东亚其他国家，还处在遭受殖民侵略和占领的殖民化扭曲状态。真正由民族国家自主建构和推动的民主制度尝试，还需要等到第二次世界大战后民族国家独立以后。这些国家在民主开启时间上滞后，其时世界历史的格局和趋势已经没有给东亚各国民主建构留有太多的时间和空间了。

　　从民主体系的建构"模型"上，也是以参照西方为"原型"和"典范"的。现代民族国家形态下的"民主"发源和成熟于西方，东亚各国在殖民化的危机下被迫打开国门向外界学习，更多的是希望学习和"复制"西方船坚炮利的器物技术，以图自存自强。现代国家的管理制度和机构设置只是不自觉地被引入或被殖民当局强行施加的。而后来的民主国家制度体系的整体性建构，更多的是在西方列强的直接影响和操纵下被强制性"移植"的。日本 1889 年制定的宪法是在比较了英国和德国的宪政制度后，主要"取经"德国而制定的，而 1947 年的"和平宪法"则是在美国占领当局主导下制定的。韩国独立后的民主架构设计受美国主导，印度尼西亚独立后的民主架构设计由荷兰主导，新加坡和马来西亚的民主架构设计受到英国主导，菲律宾独立后实行的宪法则是 1935 年在美国主导下制定的"美式宪法"。当东亚各国在被动或主动中"建构"和"学习"民主宪政的制度体系时，已在世界上无可奈何地处于一种尴尬地位，不但民族国家自身的孱弱已使自己没有了多少主动性，而且此时除了"前行很远"的"西方民主"之外，世界也没有其他的"民主模式"可供学习和参照。东亚民主起步之初，由于命定的殖民化或殖民地历史的决定性影响，就已深深地受到西方列强或宗主国的政治力量和民主模式的影响，难以摆脱"后发模拟"的"原始基因"。

从历史阶段和现代化任务上，"后发型民主"也只有在符合现代化发展逻辑后才能发育启程，"民主"不可能从一开始或一直占有主导型价值的地位。西方国家长达二三百年的现代化进程和民主化演进，在东亚各国被世界大势强制性"压缩"到几十年的时间之内。东亚各国独立后，面临着经济发展、社会稳定和民族国家建构等繁多而百废待兴的紧迫任务，其并发性和严峻的生存危机，使得东亚各国不可能把"民主"建设放到首位。匆忙之中引进的西方式多元民主低效混乱，更使"民主"价值受到普遍的质疑甚至漠视，这是导致后来威权主义发展体制盛行的根本原因。东亚现代化进程中发展逻辑和民主逻辑的紧张关系由此产生，"经济发展第一"成了各国普遍的要求。民主建设只能在有助于发展和服务于现代化建设时，才可能被谨慎推行。"民主"成了现代化的"工具"和"手段"。

由殖民化—现代化—民主化的历史逻辑所决定，东亚各国民族国家独立后，先经济发展，后社会变迁，再民主转型，成为东亚各国现代化进程的普遍逻辑顺序。现代化的"发展逻辑"占据压倒一切或主导性的地位，"民主逻辑"只有"融入"和"并入"现代化发展逻辑，才有萌发和成长的空间和条件，这是东亚民主生成的最基本历史脉络。

二　东亚民主有着多样化的生成路径和制度模式，但具有共同的基本民主原则和制度要素

普遍性和特殊性，也即共性和个性，是万物皆具有的基本属性面相，"民主"也不例外。由于各国具有自己的国情条件和发展脉络，民主的生成路径和制度模式也各不相同，对西方"原生型民主"来说如此，对东亚各国"后发型民主"来说也如此。

民主是人类政治文明发展的历史性产物，自然与其产生和发展的历史条件紧密相关。现代民族国家形态的民主，在西方主要大国的缘起和演

变，也和各自的革命程度、社会结构及政治势力状况有着复杂的因果联系。

源于17世纪40年代资产阶级革命的英国民主样态，在君主贵族势力与新兴资产阶级的力量较量与平衡中，演化出保留"君主立宪制"架构的议会内阁制，并主要以两大党制作为政治表达和政治动力机制。在其后的民主演进中，在保持"君主立宪制"不变的架构下，通过不断地持续改良和制度变革，逐渐扩大公民的政治参与和民主制度体系的完善。

作为英国殖民地的美国，其政治思想和制度体系自然受到宗主国的影响，但经过1775年以后的美国独立革命，美国的政治制度体系更多地体现了"人为建构"的特征和多种政治力量的妥协平衡。美国的民主有了"成文宪法"宪政架构下的总统共和制，"三权分立"的制衡原则得到更充分的体现，也主要以两大党制作为政治表达和政治动力机制。

而源于1789年法国大革命的法国民主化历程，则更为曲折艰难且成本高昂，法国既没有像美国那样借助于一次革命而确立民主共和的架构，也没有像英国那样以渐进改良的方式把传统政治转化为现代民主政治。法国是在革命与复辟、共和制与君主制轮番较量中，"以进两步退一步"的曲折方式，一路跌宕而艰难地走向民主化的。[①] 法国在经历了"五次"共和国的政治设计后，最终在第五共和国的架构下，建立起"半总统制"的民主制度体系，其政治表达和运转机制则依靠其多党制的制度支撑。

所以，从现代性民主起源的"原生民主"的主要形态看，西方主要国家的民主生成路径和制度模式也是特点各异的。现代民主政治形态，从西方主要国家一路传播开来以后，经历几次民主化大潮的洗礼之后，在世界五大洲各个地域和各种文化宗教中播种扎根，更是展示了各具本土特色和文化特征的民主生成路径和制度模式。这其中也包括曾经深受西方殖民主义影响或作为其殖民地的东亚各国。

日本在受到殖民主义威胁后，自1868年明治维新后变法图强，从根本政治制度上做出一系列变革，1889年制定出以德国宪法为蓝本的"大日本帝国宪法"，建立起"二元制君主立宪制"的政治架构。但是其后日本国内军国主义势力兴起，君主立宪制下的议会内阁制运作遭到摧毁。第

---

① 参见李剑鸣主编《世界历史上的民主与民主化》，上海三联书店2011年版，第37—38页。

二次世界大战后，在美国占领当局的主导下，"和平宪法"建立起君主"虚位"的君主立宪制下的议会内阁制民主架构，经过第二次世界大战后短暂的多党冲突的民主混乱时期之后，在 1955 年至 1993 年长达 38 年的自民党一党独大的威权型体制之后，走向了多党轮替的民主转型时期。

泰国是在英国和法国的殖民势力较量的平衡夹缝中，经过 1932 年的军事政变建立起了君主立宪制的民主架构。但多党制维系的民主体系架构，由于缺乏牢固的社会基础和稳定政党支持，长期处于被军人政变所颠覆和被军人政权所替代的间隙运行状态。经过 1992 年的民主运动后，文人民主政权似乎占据主导地位并稳定运行，但其中还是出现了 2006 年的军人政变推翻民选政府的事件，泰国的多党民主还得在军人干政的阴影下一路艰难前行。

日本在韩国的殖民统治客观上遗留了一些现代国家的行政因素，第二次世界大战后在美国的主导下，韩国建立起了多党体系支撑的总统共和制，经过李承晚和张勉时期的多党民主混乱时期，1961 年朴正熙的军事政变结束了多党民主实验。朴正熙的军事威权体制在国家主导的强制性发展之中，给反对党的存活留有少许空间并促发了政治多元化的社会基础。经过 1987 年的民主化运动，韩国多党体系支撑的总统共和制民主架构，才得以成型运转并趋于成熟巩固。

印度尼西亚独立后多党制支撑的总统共和制，则受到荷兰殖民政府的决定性影响，经过苏加诺领导下的多党混乱竞争和"有领导民主"的过渡，1965 年之后的苏哈托军人集团夺得政权。苏哈托"新秩序"时期的威权发展体制，在大力推动经济发展的同时，也在催生着政治变革的各种促进力量。在 1998 年的政治社会动荡的狂潮中，印度尼西亚快速地走向了民主转型的快车道，多党制支撑的总统制民主架构再度运行。

菲律宾是在 1935 年美国人制定的宪法架构下走向独立，并开始其"美国模式"的两党制总统共和制运行的，中间经 1965—1986 年马科斯的威权与独裁统治后，在 1986 年一场疾风暴雨般的"人民力量"运动之后，多党制支撑的总统共和制，在经济基础薄弱和传统"庇护制关系"强大的的环境中艰难起航。

而在英国殖民政府影响下，马来西亚和新加坡的议会内阁制政府，在经历了第二次世界大战后多党冲突的短暂民主实验期混乱后，各自由"巫统"和人民行动党一党独大式执掌政权，"半民主、半威权"的发展型体制长期保持稳定并有效运行。

中国台湾，从1945年光复以后，直到1987年"戒严"解除，一直处于"两蒋"的威权统治之下，这一时期，台湾经济高速发展，社会结构也发生了深刻变化。李登辉主政时期，经过了六次"修宪"活动，台湾基本政治架构确立了"总统直选"的"半总统制"体制。经过激烈曲折的"朝野之争"，2000年发生第一次政党轮替，2008年出现第二次政党轮替。台湾的民主化进程在政治社会乱象中艰难前行。从以上可以看出，东亚各国和地区的民主生成路径和制度模式，同样互有差异。

不论是西方的"原生型民主"，还是东亚的"后发型民主"，由于不同的生成渊源和路径条件，各自形成了具有本土特征的民主模式和制度体系。民主的实现方式和制度样态的特殊性得以体现，这正是世界政治文明中民主生活丰富多彩的体现和保障。但多样性和特殊性并不能否定共同性和普遍性，各国"民主"之所以能够被称为或有资格被称为"民主"，应该具有共同和普遍的基本特征，否则容易滑到民主相对主义，甚至民主虚无主义的泥潭。

我们可以看看美国著名政治学家威亚尔达对各式民主应该普遍具有的核心原则的概括：一是定期、公平、带有竞争性的选举；二是基本的公民权利和政治权利；三是一定程度的多元主义和平等；四是军事力量服从文人权威；五是公共资金和项目上的诚实与透明。这些被威亚尔达视为民主的核心原则要求和最低限度的标准。①

威亚尔达对基本民主原则的概括，是对熊彼特、达尔、亨廷顿和萨托利等人民主思想的进一步总结，核心的原则要求和制度要素也是一致的，是"西方中心主义"的，是从西方主要国家民主经验和制度特征出发来概括和归纳的最低限度的原则和标准。但也覆盖和涵括了后发民主化国家的最基本的民主原则和制度性标准，同样也是对东亚各国民主化转型后民主体系基本原则和制度性标准的概括和总结，具有普遍的制度意义。而民主化，则是指朝向民主路程的政治变迁，此种政治变迁过程的特征，随着时间的推移和民主化程度的提高意味着：从低责任政府到高责任政府，从低度竞争选举（或不存在）发展到更自由公平的竞争选举，从严厉限制

---

① 参见［美］霍华德·威亚尔达主编《民主与民主化研究》，榕远译，北京大学出版社2004年版，第177页。

自由权利发展到适度保护公民和政治权利，市民社会中则从薄弱自主的社团（或不存在）发展到更自主更多数的社团。[①] 这是普遍适用的民主和民主化的基本原则要求和制度特征。

从东亚"七国一区"民主转型的路径特征和制度模式来考察，东亚民主也体现了一些共同的民主原则和制度要素：一是国家权力的开放，允许各政党通过公平竞争的普选赢得政权；二是各政党依法公开建立并运作，平等对公共权力和公共事务施加影响；三是基本公民权利与政治权利的法律保障，言论自由和媒体自由的有效落实；四是公民社会的成长壮大，公民组织和社会团体合法公开运作。

东亚民主的以上制度特征构成了民主化转型的标志，其民主体制的稳定成熟和制度化程度也是其民主巩固的标志。

三　东亚政治现代化内在地要求民主化，但民主并不是政治发展的唯一价值目标

在西方列强殖民化冲击和殖民地屈辱历史的刺激下，独立后的东亚各国奋起直追，开始了民族国家现代化的后发进程。东亚各国的现代化，一是以西方原发现代化国家为参照目标和"原型"的，这是由无可奈何的世界现代化演进的历史缘起和递进格局所决定的；二是现代化也是经济、社会和政治以及包括人的现代化的全面现代化。但并不是所有的"美好"都能同时实现，经济现代化与政治现代化、发展与民主、自由与秩序等的矛盾和纠结，也使东亚各国的现代化进程同样面临着艰难的"价值次序"的先后选择。

第一，东亚后发现代化的历史逻辑要求的首要政治价值是稳定和秩序，这是一切现代化起步和推进的政治前提和政治保障。也就是说政治现代化的逻辑服从的是整体现代化推进的历史逻辑，在独立后贫瘠和混乱基础上开动的东亚现代化进程，更是应该把解决人民生存问题和保证民族国家统一作为重中之重的问题。也即政治现代化的问题首先必须服从经济发展和国家统一。政治现代化推进并不具有价值优先。

---

① 参见 David Potter，David Goldblatt，Margaret Kiloh，Paul Lewis《最新民主化的历程》，王谦等译，（台北）韦伯文化国际出版有限公司 2003 年版，第 10 页。

第二，从政治现代化的内容上来看，政治现代化是指传统的政治体系向现代的政治体系转型和转变的整个过程，既包括传统政治价值和政治文化的现代化，也包括传统政治管理的制度、方法和技术的现代化。这意味着从传统的以等级、特权和专制为核心的价值和制度，向现代的以自由、平等、民主和法治为核心的价值和制度的转变。① 但由于东亚后发国家现代化的历史逻辑，要求政治现代化服从和服务于经济现代化，政治发展的价值选择首先是稳定和秩序，这便是亨廷顿所说的："首要的问题不是自由，而是建立一个合法的公共秩序。"② 甚至为了"经济发展第一"和维护民族国家统一，不惜一切代价地强制性维护"稳定压倒一切"。

第三，东亚各国的历史演进事实是，在民族国家独立后，东亚各国别无选择，甚至不由自主地"选择"了西方式的多党竞争支撑的多元民主体制。为了夺取政权或影响政策，不惜政党之间恶斗和动员民众卷入的多党纷争的竞争性选举，成为政治纷争的引爆器和社会动荡的角逐场，缺乏坚实社会基础和制度支撑的多党竞争民主，并没有给东亚各国提供"首要"的稳定和秩序，进而影响和延滞了经济发展和国家治理。这便是东亚各国经过多党冲突的民主初试期以后，普遍进入"威权主义发展体制"的历史根源。经济发展和国家统一的紧迫需要，使强制性威权体制有了一定历史阶段的必要性和合理性。东亚现代化进程曲折艰难，东亚民主化的实现还需要等待历史脚步通过的"威权过渡"的"弯道"。

第四，稳定、秩序和效率首先受到后发东亚各国的重视，但并不等于东亚各国人民不需要自己的民主和自由，更不等于东亚各国国情和文化不适合于民主和自由。经过"历史辩证法"的"威权拐弯"之后，进入20世纪80年代以来，东亚各国的快速经济发展引发了深刻的社会结构变化、阶层分化、中产阶级壮大和教育普及，利益多元和自由开放的现代社会日益形成。"自由民主"也从自西方完全"舶来"的理念和制度，慢慢地发展到在东方的大地上适应性地扎根开花，从而越来越成为东亚各国人民自觉和自主的普遍要求。而这一切都在催生着政治民主化的历史性变革。从1986年的菲律宾，到1987年的韩国和中国台湾，再到1992年的泰国、

---

① 参见施雪华《政治现代化比较研究》，武汉大学出版社2006年版，第12页。

② ［美］塞缪尔·P. 亨廷顿：《变化社会中的政治秩序》，王冠华等译，生活·读书·新知三联书店1988年版，第7页。

1993 年的日本、1998 年的印度尼西亚，民主化转型的大潮在东亚依次展开，东亚的"民主雁阵"初现形态。民主作为政治现代化的内在构成和价值目标，并作为现代国家治理的有效形式，再次得到东亚各国人民的真诚追求和自觉认同。因为，在现今的全球化开放时代，民主反映了东亚政治文明发展的客观必然趋势，体现了东亚人民的内在政治要求。

四　东亚现代化历史逻辑要求发展逻辑与民主 逻辑、手段性民主和价值性民主协调共进

正如马克思毕生所追求的，人类社会的终极目标应是"自由人的联合体"，是每个人的自由而全面的发展。就此而言，人的自由和幸福应是最高和最终的价值目标。一切的人类社会创造和"人为产品"，相对于人的自由和幸福的终极目的来说，都是人为建构的手段和工具，这其中自然包括了人类的政治发明，包括国家、政府、政党和其他的社会制度，资本主义社会形态和社会主义社会形态，也不过是实现人类最高自由和幸福的手段而已。

但人是自然而内在的社会性主体，是一种群居性理性存在。个体与个体之间自由的关联和易发冲突，也使个体性与集体性构成了人类社会中最基本的关系，两者之间的紧张和冲突也是永恒困扰人类智慧的结构性问题。对东亚各国来说，其被强制性打开国门后遭受的殖民威胁和殖民占领，刻骨铭心的殖民化屈辱刺激和催生了本土的民族主义和民族国家意识。民族解放和国家独立，在此一世界现代化脉络和国际政治格局中，成为压倒性的集体奋斗目标，民族国家独立后的集体性生存和经济发展也成为首要的价值选择和目标追求。

所以，东亚各国在国家独立、现代化自觉启动之后，经过一段多党竞争民主的混乱冲突教训之后，强烈的民族国家生存和现代化发展意识，使发展逻辑压倒了民主逻辑。而发展逻辑更多地要求社会的稳定和秩序，更多地要求集中国家权力和整合社会资源，更多地要求集体性的团结和协作。发展逻辑的紧迫性和首要性，要求在国家的强力主导下通过紧密的"政商联盟"和"对外开放"政策，而实现快速的战略性现代化发展。这便是东亚"发展型国家"所体现的"独裁发展"的逻辑。用埃文斯的语言来说就是，"典型的发展型国家乃是一个触角深入社会但又能保持其整

体性的怪兽"①。而民主逻辑更多地要求自由平等、自主选择,更多地要求政治参与、自由表达,更多地要求政治多元、政党竞争。发展逻辑要求的集权、秩序和效率,与民主逻辑要求的自由、平等和参与,在"发展和稳定压倒一切"的东亚各国现代化初始时期,更多地构成了结构性的矛盾和冲突关系,而不是协调和互促的关系。发展逻辑压倒民主逻辑的同时,自然地"民主"也就成了发展的"手段"。这时的"民主"只有在有利于经济发展或有利于吸纳同化政治参与而维护威权体制的时候,才可能得到威权统治者的"认可"或"松绑"。在"发展型国家"的全局性现代化战略格局中,东亚各国的"民主"也只能是"发展型民主",也即服务和围绕发展"核心"的民主。因此,民主的手段性和工具性彰显,民主的价值性和目的性"让位"而退居幕后。

但在威权发展后催生的利益多元和诉求冲突,成为东亚各国普遍的事实和结构性问题的时候,与自由、平等紧密相连的民主治理方式便历史性地走向前台。当多元利益的纠纷和冲突普遍而正常,当暴力性、压制性利益解决方式成本不断增大而不再可行,"民主的制度和过程把相互竞争的利益纳入以言辞争胜的竞技场,并提供了能为争论的所有参加者所尊重的妥协方式,从而将分歧或争执会迸发成武装冲突或对抗的危险减至最小"②。这便是20世纪80年代以后,东亚各国民主转型发生的历史背景和历史合理性,因为民主逻辑适应了东亚现代化推进中的历史性需要,成为多元而开放的现代社会的政治治理方式,也是多元社会中民众普遍能够认同和接受,同时也能自主参与其中的政治治理形式。

其实,正如对于人的幸福而言,"吃饭"与"自由"同等重要一样,对于历史发展来说,发展逻辑与民主逻辑也同样重要。在现代化的不同历史阶段中,发展逻辑与民主逻辑的"先后选择",只是出于现代化历史逻辑的残酷而做出的无奈选择。在东亚民主转型后国家治理的"民主平台"上,发展逻辑与民主逻辑、手段性民主与价值性民主的矛盾和紧张还会一再出现。但随着各国现代化发展的进一步繁荣和民主巩固的进一步成熟,

① Peter Evens, Embedded Autonomy: States and Industrial Transformation, Princeton: Princeton University Press, 1995, p. 59;[美]禹真恩编:《发展型国家》,曹海军译,吉林出版集团有限责任公司2008年版,第18页。

② [埃及]布特罗斯·布特罗斯—加利:《联合国与民主化》,载刘军宁编《民主与民主化》,商务印书馆1999年版,第310页。

两对关系的紧张和矛盾，也许会在人类"治理智慧"的进步中，更进一步地趋于协调共进。

五　民主的生成需要一定的社会基础性条件，但更需要政治主体的主动努力建构

现代民族国家形态下的民主体系，是人类政治文明发展一定历史阶段的产物，涉及更大地域、更多人口的政治管理和国家治理，是一个需要各种社会条件和系列制度加以支持的政治系统，因此，民主的生成和运作需要一定的社会基础条件的支撑和保障。

从世界各国具体民主生成过程来考察，各国民主初创时期的经济发展水平、社会阶层结构和政治力量对比等情况，都千差万别、各不相同，所以很难得出一个明确和统一的民主生成的社会条件清单和具体标准。单从"经济发展和民主"的关系来说，1960 年李普塞特首先提出了一个基本的通则性论述。李普塞特通过将欧洲国家、北美国家和澳洲国家、拉美国家的民主程度与该国的财富状况、工业化指数、城市化指数和教育指数进行了比较研究，从中发现，相较于专制国家，民主国家具有更高的社会经济发展水平。因此，李普塞特提出一个相关性通则："一个国家越富裕，它准许民主的可能性越多。"[①] 李普塞特开创性研究的发表，引发了大量的关于民主与经济发展的实证性研究。1989 年世界银行发现，人均收入在 6010—21330 美元的 24 个"高收入"国家中，除去 3 个石油输出国的非民主国家，在其余的 21 个国家中，除了新加坡外，都是民主国家。亨廷顿甚至认为，在 20 世纪 70 年代中期时，人均国民生产总值在 1000—3000 美元的国家，处于"政治过渡带"，最有可能向民主化过渡。[②]

虽然众多的实证性研究揭示了，在经济发展与民主之间确实存在着一种相当紧密的"关联"，但这种"关联"只是统计学意义上的"现象关联"，只是描述了一种"趋势陈述"（tendency statements），而非"绝对的

---

① ［美］西摩·马丁·李普塞特：《政治人——政治的社会基础》，张绍宗译，上海人民出版社 1997 年版，第 27 页。

② 参见［美］塞缪尔·P. 亨廷顿《变化社会中的政治秩序》，王冠华等译，生活·读书·新知三联书店 1988 年版，第 69—72 页。

规则",更不是规律性的"因果关系"(causation)。① 既不能得出经济发展就一定能够导致民主化的结论,也无法具体说明在经济富裕的哪一个水平上就必然导致民主化。

其实,正如"国家"是一个人为的"艺术作品"一样,"民主"也是一个人为的"艺术作品"。经济发展及其带来的社会结构的变迁、民主自由意识的增长、中产阶级的壮大等,只是为民主生发提供了社会基础和"可能性",但如何把"可能性"转化为"现实性",更为关键的还在于政治主体的自觉自主的主观行动。拉斯托更是在研究"向民主的过渡"中发现,采纳民主规则永远是政治精英有意识的决定,一个国家绝不可能仅凭"一阵子心不在焉"的活动就"自然"确定了民主体制。② 所以说,民主体制的确立,并不是经济社会发展后"自然而然"产生的必然结果,而是在民众抗争、政党互动和精英主导等合力的推动下"人为"建立的。

就西方民主发生的过程来说,在对欧洲民主从 1650—2000 年长时段的历史性系统研究之后,蒂利发现,1650 年之后的欧洲,一切通向民主政治体的主要历史道路,都包含了旷日持久的抗争,民主源于民主抗争,并且动员和重塑着民众抗争。蒂利甚至认为,民主偶然产生于政治斗争的"中途",而不是历史悠久的性格倾向或长期宪政革新的产物,是"有意斗争的无意结果"。③

从对东亚各国民主从孕育到生发的整个过程的长时段梳理中,我们也可看出,东亚各国的民主生成过程中,也是充满着不断的主体抗争,甚至流血牺牲。日本从 19 世纪 70 年代的"自由民权运动",到 1912 年之后的"大正民主"时代,再到 1945 年之后的多党纷争,直到 1993 年的自民党政权的下台,期间激荡着政党及其民众抗争对民主体制建构的不断推动。在韩国 1960 年李承晚政权垮台、1980 年的"首尔之春"和 1987 年的"六月抗争"中,更能看到反对党及其民众抗争对民主化进程的直接推动,期间不断发生有暴力冲突和流血牺牲。1986 年菲律宾反对党领导的

---

① [美]霍华德·威亚尔达:《比较政治学导论:概念与过程》,娄亚译,北京大学出版社 2005 年版,第 11—17 页。

② Dankwart Rustow, "Transitions to Democracy", *Comparative Politics*, Vol. 2, 1970, pp. 337–363. Quoted David Potter et al. Democratization, pp. 13–14.

③ [美]查尔斯·蒂利:《欧洲的抗争与民主(1650—2000)》,陈周旺等译,上海人民出版社 2008 年版,第 9、27 页。

"人民力量"运动的大规模普遍抗争，直接冲垮了马科斯的独裁统治，开启了民主转型之门。印度尼西亚的苏哈托威权体制，也是在1998年反对党及其民众大规模的冲击下解体并走向民主化之路的，其间甚至发生了令人发指的人道灾难。而进入2010年，在国际货币基金组织公布的世界各国人均GDP排名中，新加坡以人均42653美元高居第15位，但经济的繁荣和社会的富裕，并没有"自然而然"地演化出人们所期待的"民主化转型"。

贫穷不可能长久支撑"民主"，但发展也不能自然导致"民主"。长期的经济发展和社会变迁，提供了民众抗争和反对党活动的社会基础和条件。通过组织资源、物资资源和主体资源的支持和整合，反对党及其民众争取民主化的运动有了更大空间和更大的能量。在反对党和民众抗争的不断冲击和强大压力下，执政当局已切实意识到对普遍民主化要求的镇压成本已无限增加，威权体制的维系已不再可能，革命性变革已势不可当。因此，历史跨进了民主化的门槛，在执政党与反对党直接的策略互动和协商妥协中，民主化生成在各方政治主体自觉的努力推动下变成了现实。

六　执政党与反对党的战略互动和理性选择，对民主转型的时机和路径有着决定性的影响

民主转型既然是发生在一定的经济社会基础之上和一定的政治背景之中，是政治主体人为推动和建构的结果，那么是谁在历史的大变局中扭转乾坤？是什么样的政治主体在起着直接和重要的决定性作用呢？

以大学生、城市中产阶级、工人、农民为主体的大规模民众抗争运动，往往以与自身利益直接相关的经济社会问题为爆发点，间接性地推动政治变迁和间歇性地参与民主化进程。民众抗议为反对党的社会动员和能量集聚提供了强大的社会支持基础和制度变革压力，但民众力量的组织化程度和抗议运动的主题提升，更多的是通过"政党中介"这一途径，集中并作用于民主转型过程之中的。

一般来说，利益集团和社会团体、非政府组织等组织化团体，更多地关注自身组织的利益和非政治化目标，在政治变革之中，它们可以为民众抗议运动提供组织支持和资源支持，同样也可以给政党组织提供组织、资金和人员的支持和补充。但其政治目标并不明确或其政治主张并没有系统

的论述，其政治愿望的表达也是更多地通过自己所支持的政党组织作为"政治中介"。特别是在急剧变革的民主转型时期，有关政体选择及其民主宪政架构的设计和建构问题上，组织化团体的政治意志也是通过自己所支持的政党组织来表达和实现的。

民主转型和民主制度建构的直接推动者，在政体革命性变革的历史纷纭中，自然落在了组织化程度更高、政治主张更明确的各个政党身上。按照通常的划分，执政的威权集团内部可以分为强硬派（保守派）、改革派，反对派内部可以分为激进派、温和派。当然双方都存在不少的机会主义投机分子，但投机分子要想在民主转型中发挥作用，也往往要加入一定的派别阵营中去，以便利用政治派别的组织化力量。从政治立场和政治主张来分析，执政阵营中的强硬派一般是现有体制的既得利益者，坚决不愿与反对派谈判和妥协，顽固维护过时的威权体制，甚至不惜诉诸武力镇压，强力打击要求民主的反对派和民众；执政阵营中的改革派对威权体制的认知更为开明和理性，更愿意在与反对派及其民众的对话协商中推进既有体制的改革和转变。反对阵营中的激进派也往往不愿与威权体制妥协，甚至坚决主张发动街头抗争直至武装暴力来推翻威权独裁体制；而反对阵营中的温和派一般更为现实理性并愿意做出一定的妥协让步，不愿在民主转型中让社会和民众付出太大的成本和牺牲，主张在与当权者的对话和协商的基础上，非暴力平稳地推动体制转型。

从理论上来说，民主化转型进程中，最为关键的三对互动关系是政府与反对派之间的互动、执政联盟中改革派与强硬派之间的互动、反对派阵营中温和派与激进派之间的互动。在环境各异的政治大变局中，不同的力量对比关系和策略互动，直接决定着民主进程的时机、过程和未来的制度建构。

按照亚当·普沃斯基的民主转型理论，如果执政联盟中的改革派同强硬派结盟，而反对派阵营中的温和派同激进派结盟，执政集团与反对集团两大阵营分隔对垒，双方势必拼个你死我活。如果改革派同温和派结盟，而温和派也愿意同改革派结盟，那结果就是"有保证的民主"。同时，政治变革中不对称的结盟也是有可能的：如果温和派同激进派结盟，而改革派又同温和派结盟时，由于激进—温和联盟，改革派只能接受"无保证的民主"。当改革派同强硬派结盟，温和派又与改革派结盟时，温和派只有接受一定程度的"自由化"，而威权体制在做出让步后仍旧能保持下来。普沃斯基认为，对错综复杂的民主化转型过渡来说，最好的状态是改革派同温和派主动结成"民主化同盟"，并努力主导整个民主转型进程，[①]以便保证民主化转型过程的平稳顺利，并尽可能地减少不得不支付的政治和社会成本。

　　亨廷顿则按照不同的互动策略和民主转型的过程特征，把民主化转型过程分为三种类型：在"变革"过程中，执政联盟中的改革派和保守派之间的互动最为重要，如果改革派比保守派强大，变革才有可能发生。如果政府比反对派强大，如果温和派比激进派强大，变革才会发生。随着变革的深入，反对派中的温和派常常会与执政联盟合作，而反对民主化的保守集团则会退出执政联盟，这是执政者主导的转型过程。在"置换"过程中，政府与反对派之间、温和派与激进派之间的互动最为重要，反对派最终会比政府更强大，而且温和派也会比激进派更强大，执政联盟的分裂导致威权体制分崩垮台，反对派置换掉政府而主导民主化进程。在"移转"过程中，核心的互动是改革派与温和派之间的互动，而且二者都能够支配各自内部的反民主化团体，由于二者的势均力敌，改革派与温和派主动合作，相互协商妥协、分享权力，联手推动民主化转型过程的变迁和"移转"。[②]

　　在已发生的东亚各国的民主转型中，我们同样也可以看到，执政联盟与反对派联盟的策略互动对民主转型的决定性影响。日本在第二次世界大战后即建立了法律形式上的多党民主体制，执政党与在野党的分化组合，推动了在第二次世界大战后初期的多党纷争和自民党一党独大体制的形成，同样执政党和在野党的多次分化重组，促成了1993年自民党长期执政的第一次终结，"多党轮替"从法律形式上转为现实政治生活中的正常状态。可以说，日本的政治转型，是在稳定立宪民主架构下通过平稳和渐变的方式而和平实现的，并没有发生制度完全重构意义上的革命型转型。泰国的民主化进程则更为艰难曲折，是在军事政变后军人政权主导下或间歇期中，分为多阶段、多次序而分步实现的，军人支持的政党与在野党的力量对比，影响和决定了泰国民主化进程的节奏和特征；而能否得到军人

---

　　① 参见［美］亚当·普沃斯基《民主与市场——东欧与拉丁美洲的政治经济改革》，包雅钧等译，北京大学出版社2005年版，第49页。

　　② 参见［美］塞缪尔·P.亨廷顿《第三波——20世纪后期民主化浪潮》，刘军宁译，上海三联书店1998年版，第153—154页。

的支持，也是泰国各个政党能否执政和主导政治变迁的决定性因素。韩国的政治变迁则一直处于执政党与反对党的冲突和紧张之中，反对党长期的坚持不懈和依靠发动民众抗议，一直对威权体制构成强大冲击和挑战。在韩国1987年6月民主转型的关键时刻，执政党中以卢泰愚为首的少壮派改革势力最终战胜了以全斗焕为首的强硬保守派，并在多次与金泳三和金大中领导的反对派力量的协商谈判中，共同合作确定了韩国民主转型的阶段步骤和民主的制度设计。中国台湾地区的民主转型，则是在1986年民进党突然成立对国民党政权构成强大挑战的压力下，蒋经国用自己的无上权威压制住了国民党中的强硬派后开启的，国民党对民进党的容忍和让步，使民进党得以逐步发展壮大。其后李登辉在排挤了国民党中"非主流派"的挑战后，逐步主导了台湾的民主化进程，并在与民进党的策略互动和实力博弈中，最终实现了总统直选和政党轮替。印度尼西亚和菲律宾是在反对派和民众大规模抗议浪潮的直接冲击下，威权体制内部分裂突然崩溃后，由反对派"置换"威权集团而实现民主转型的。

从东亚各国的民主转型中不难看出，执政阵营中的改革派越是强大、主动和自信，并能在与反对派的协商合作中主导整个转型进程，而不造成大规模的社会抗议和权力真空，其转型过程就越平稳顺利，民主体制也能在其后较快和较好地运行。反之，威权集团内部腐朽不堪，威权体制分崩离析，社会民众积怨深厚，则执政阵营更易分裂，社会抗争更趋暴烈，整个转型过程更加动荡冲突，政治和社会成本代价高昂，其后的民主体制也较难稳定下来并有效运行。这两种案例在中国台湾与菲律宾的转型过程对比中最为明显。

七　民主转型后，民主体系的运转和巩固依赖于政党及其制度的稳定和健全

从对众多后发民主化国家政治转型的比较分析中，可以得出的规律是，各个转型国家政党的组织化程度和策略互动在推动民主转型中最为关键，同样在民主体系建立后，政党及其制度的稳定和健全也是决定民主体系有效运转并走向巩固成熟的制度关键。

全球化背景中，后发现代化进程的推进，意味着现代社会结构的萌发形成并日益开放和多元，各个阶层公民的政治参与意识和政治诉求会被不

断地激发出来。民主转型大门的开启，更是为转型后的政治参与提供了更为广阔的领域，并伴随着宪政法律保护的更为自由的参与空间。广大民众长期被压抑的参与意识和自由主张，在初建的多元民主的宪政体制下，变成了突然释放出来的井喷式参与需求，加上"党禁"解严后多党林立和多党纷争的竞争性政治局面的激励性和动员性机制，都对民主化后的政治制度造成"参与超载"的强大负荷和压力，时刻考验着民主化后社会的政治制度化能力。而现代政治的组织化运作，决定了政治性"组织"是通向政治权力之路，也是政治稳定的基础。"组织政治参与扩大的首要制度保证就是政党及政党体系。在政治参与水平尚低时就形成适当政党组织的国家，很有可能会在扩大政治参与的道路上稳步前进，而那些在现代化过程之中政党建立晚了一些的国家，政治参与的前程就不会平坦。"[1] 亨廷顿的判断不仅适用于民主化之前的现代化过程，同样适用于民主转型之后的民主化过程。

民主转型之后，有法律保障的民主性政党及其制度的强大和稳定，其政治功能和民主化作用可以体现在以下方面：一是可以用组织化、制度化的政党代表和表达机制，来日常性地同化、吸纳和集民主化后激增的公民参与，使公民的政治参与更为规范和有序，并有效及时地反映到政治输入系统中，使公民的利益和要求在公共政治中得以高效表达和体现，以此来减少公民的无序参与、街头抗议和暴力冲突的可能性，保证民主体系不受非法和混乱的冲击和干扰。二是政党的强大和稳定，可以稳定有效地促进政府稳定和政局稳定，减少因政党频繁分化重组而导致的政府混乱和解体，使持续性的法律和政策的制定有了稳定的政府中枢。三是有强大政党支持的民主政府，在持续性地制定和执行有效法律和政策的基础上，才能使民主体系的治理能力得以充分体现，才能使民主体系展现比威权独裁体制更高的活力和效率，从而使民主政府和民主制度体系得到公民普遍的认可和支持。民主体系的合法性和正当性，在政治稳定和社会繁荣中不断地扎根社会，民主逐渐成为公民的政治生活方式和社会行为习惯。

从东亚民主转型后的民主体系运作中，可以体现出民主巩固与政党体系的紧密关系。在日本，由于民主宪政规则的长期深入人心，以及各政党

① ［美］塞缪尔·P. 亨廷顿：《变化社会中的政治秩序》，王冠华等译，生活·读书·新知三联书店 1988 年版，第 367 页。

的自觉严格遵守，在1993年多党轮替后，虽然由于执政党和在野党不断地分化重组，导致首相和内阁的频繁更换，甚至出现"十年九相"的政治局面，但各个政党的政治功能仍能有效发挥，政党制度虽有变革但仍能保持相对稳定，因此，并没有太大地影响日本政局的政治稳定和社会秩序。而泰国由于军事政变和文人政权的交替循环，而且军人政权长期处于主导地位，各个政党一直处于软弱而分散的依附性状态，加之不断的政党分化与重组，泰国一直很难形成强大的政党形态及其政党制度。1998年他信领导成立的"泰爱泰党"在取得政权并成为一党独大的执政党后快速形成的强大政治能量，时刻冲击和威胁着泰王、军事集团和传统政治力量的各自权威和利益格局，因此，也难逃在军事政变后被强行解散的命运，泰国政党的命运也在左右着泰国民主化的进程和命运。韩国在1987年民主化后，在多党政治势力的分化重组中，逐步平稳形成了大国家党与民主党"保革对立"的稳定政党格局，两大党在民主竞选基础上的和平轮流执政，基本保证了韩国民主化进程的顺利推进和趋于成熟。中国台湾与韩国的政党演化进程类似，1986年民进党成立，及其后的"党禁"解严后，出现了多党竞争的过渡性政治局面。2000年民进党取得政权实现第一次政党轮替后，亲民党和新党等弱小的政党逐渐被边缘化，甚至被泡沫化后，基本形成了国民党与民进党"蓝、绿"对立的两大党格局。2008年国民党再次夺回政权实现第二次政党轮替后，台湾的民主化进程在政党制度稳定的基础上趋于常态化成熟。而印度尼西亚在1998年急促的民主化后，在种族和宗教等社会结构多样化的基础上，形成了"碎片化"的多党林立的不稳定政党格局，直接影响了民主转型中的政治进程和稳定。2004年以后，苏西洛领导的民主党的崛起和强大，给印度尼西亚的政治变革带来了稳定之源，2009年苏西洛民主党的再次执政也许会为印度尼西亚的民主治理和民主巩固提供政党制度的保证。菲律宾自1986年快速民主化运动之后，一直处于"个人化"政党制度的困扰之中，各个政党完全跟随领袖个人的兴衰沉浮而起伏聚散，加上地方豪族势力的根深蒂固和"庇护制关系"的盛行无忌，强大的政党和稳定的政党体系始终难以形成，给菲律宾的民主化进程带来持久的考验和冲击。

与以上所有情况形成鲜明对照的是，新加坡和马来西亚自20世纪60年代以来，由于一直保持着稳定而强大的执政党垄断政权，一党独大的政党体系持续有效，由此保持了政府的长期稳定和政策的长远高效，也同时使"半民主"体制长期得以维系。这也从一个侧面印证了政党及其制度体系的稳定对各国的政治变迁和民主化进程有着直接的决定性作用。

八　从民主转型到民主巩固和民主社会的成熟，东亚还有一段漫长的路要走

民主，体现着人类政治文明的艰难业绩，代表着一个文明国家的政治成熟，在日益现代化的开放和多元的政治共同体中，民主更是广大民众普遍的政治理想和追求。然而，不论是对原发型的西方发达国家的民主来说，还是对广大后发国家的政治现代化来说，系统而精致的"民主不可能一夜之间成熟起来，它需要长时间的，几十年甚至几代人的文化变迁和政治制度发展"。① 这需要人类对民主化的进程有足够的耐心和理性。

对东亚各国的后发民主化历程来说，民主转型的开启，只意味着威权独裁时代历史合理性的结束，一个新的政治变迁时代的开始，东亚各国从此走上了民主化的新的政治发展旅程。如果要在民主宪政架构下，巩固新的民主制度体系并推进新的民主社会生活，还需要从制度、文化到生活方式等各个层面，全面地进一步推动民主化的发展和进步。

如果说，东亚威权型体制在完成"威权发展"的阶段性历史使命后，在面对反对派和民主抗议要求的民主化压力下，开放党禁、解除报禁，并允许多党竞争、合法竞取国家政权的时候，即意味着"民主转型"之门的开启。那么，"民主转型完成的标志是，只有通过选举的政治程序才能产生政府成为广泛共识，政府权力的获得则是自由和普遍选举的直接结果"。② 如果按此操作性标准，东亚"七国一区"可以说都已完成"民主转型"。此后的民主化进程，只是民主架构开启之后的民主的巩固与民主社会的成熟。

民主转型由于以制度性和竞争性的自由选举为标志，因此，其开启过程和是否完成，较易确定和达成共识；而民主的巩固和民主社会的成熟，则由于是一个较长历史时期的政治文明任务，是一个需要持续完善提升的

---

① ［美］霍华德·威亚尔达：《新兴国家的政治发展——第三世界还存在吗?》，刘青、牛可译，北京大学出版社2005年版，第114页。

② ［美］胡安·J.林茨、阿尔弗莱德·斯泰潘：《民主转型与巩固的问题：南欧、南美和后共产主义欧洲》，孙龙等译，浙江人民出版社2008年版，第3页。

文明连续体，具有阶段性的发展任务和阶段性的过程特征，因而，对于民主巩固则有着从简单到复杂、从低度要求到高度要求的不同界定和标准。

奥唐奈尔和施密特提出"民主巩固"的最低要求，即"秘密投票、普遍的成人投票、定期的选举、政党竞争、承认和允许建立利益协会及其行政机关负责任"。① 亨廷顿则根据民主转型后多党轮替的规律，提出一个民主巩固的"两次政权轮替的测试模式"（two-turn over test），通过这种测试，如果在转型时期内第一次选举中掌权的政党或集团在此后的选举中失去权力，并把权力移交给那些在选举中的获胜者，而且，如果这些选举中的获胜者然后又和平地把权力交给后一次选举中的获胜者，那么，这样的民主政权就可被视为已得到初步巩固。亨廷顿认为："通过选举选择统治者是民主的核心所在，只有统治者愿意按照选举的结果来放弃权力，民主才是实实在在的。"② 普沃斯基则更重视各方政治势力和组织对"民主规则"的自觉认同和严格尊重："当所有重要的政治团体将体制内主要的政治制度视为政治竞争的唯一正当的架构并且遵守民主的游戏规则"时，该民主体制就被认为得到了巩固。③ 这便是普沃斯基所高度概括的：民主被视为"城镇中的唯一游戏"（the only game in town），也即民主被视为"最佳的政体选择"。④ 戴蒙都罗斯则从什么对民主构成挑战的反向视角，提出了民主巩固的最低标准，他认为，只要没有出现对民主制度合法性的挑战和重要政治团体对行为规则的系统性违背，即可视为民主得到了巩固。⑤ 不论是正向还是反向的界定，民主巩固的最低标准强调的都是各方政治力量对民主规则的严格遵守和真诚认同。

考察民主巩固，如果从民主制度意义上向前更进一步，就进入更大的民主政治与经济、社会和文化等子体系相互支持性关系的建立和巩固上，

---

① Guillerno O'Donnell and Philippe C. Schmitter, *Transition Form Authoritarian Rule*: *Tentative Conclusion about Uncertain Democracies*, Baltimore: The John Hopkins University, 1986, p. 8.

② ［美］塞缪尔·P. 亨廷顿：《第三波——20世纪后期民主化浪潮》，刘军宁译，上海三联书店1998年版，第321页。

③ Richard Gunther, Hans Jurgen Puhle and P. Nikiforos Diamandouros, *The Politics of Democratic Consolidation*: *Southern Europe in Comparative Perspective*, Baltimore: The Johns Hopkins University, 1995, p. 7.

④ ［美］胡安·J. 林茨、阿尔弗莱德·斯泰潘：《民主转型与巩固的问题：南欧、南美和后共产主义欧洲》，孙龙等译，浙江人民出版社2008年版，第5页。

⑤ ［美］尼基佛罗斯·戴蒙都罗斯：《南欧民主化的成功故事》，载刘军宁编《民主与民主化》，商务印书馆1999年版，第176页。

也就是更深层次上的民主巩固和民主社会的生成。普沃斯基更进一步指出，新生的民主政权要继续巩固，必须解决四个问题：必须建构一个竞争活动的制度框架；必须建立一个竞争性的代议政府；经济活动中的冲突必须在民主制度的渠道内解决；军人必须在平民控制的范围内。①

林茨和斯泰潘则系统论述了民主巩固的不同层面和意义，从行为、态度和制度三个层面全面界定了民主政体巩固的操作性定义。

就行为层面而言，一个巩固的民主政体之中，没有重要的民族、社会、经济、政治或制度性的行为者将重要的资源用于建立非民主的政体，或者用于暴力，或者用于寻求外国的干涉从而获得独立。

就态度层面而言，一个巩固的民主政体之中，绝大多数民众都具有这么一种信念，即民主程序和制度是治理社会集体生活最合适的方式，反民主体制力量的支持者非常少，或者是或多或少地被孤立于民主的支持者。

就制度层面而言，一个巩固的民主政体之中，全国范围内的统治力量和非统治力量都服从特定的法律、程序和制度，并且习惯于在这些法律、程序和制度范围内解决冲突，而这些法律、程序和制度产生于新生的民主程序。

总之，林茨和斯泰潘认为，随着民主的扩展、深化和深入人心，民主变成一种常规，深深地"内化于"（internalized）社会、制度，甚至心理生活之中，同时也内化于以成功为目标的算计过程之中。②也就是说，从民主转型到民主的巩固和民主社会的成熟，是一个连续发展和不断完善的进步过程，涉及民主制度的完善、民主公民文化的强盛和民主生活方式的形成，是一个民主公民素质不断提高、民主生活惯例化和日常化的提升进程。

对照民主巩固的进程和标准，东亚各国的民主都"还在路上"，各自处于不同的发展成熟阶段。日本可以说是民主稳定和巩固的国家，从第二次世界大战以后建立的民主体制，虽然历经多党纷争——党独大—多党轮替的各种变化，以及众多的首相和内阁替换，甚至"十年九相"，但民主

---

① Adam Przeworski, "The Game of Transition", in Scott Mainwaring, Guillerno O'Donnell and J. Semuel Valenzuela, *Issues in Democratic Consolidation: The New South American Democracies in Comparative Perspective*, Indiana: University of Notre Dame, 1992, p. 106.

② 参见［美］胡安·J. 林茨、阿尔弗莱德·斯泰潘《民主转型与巩固的问题：南欧、南美和后共产主义欧洲》，孙龙等译，浙江人民出版社 2008 年版，第 6 页。

宪政体系从未被颠覆，民主规则和民主化生活已扎根社会、深入人心。而泰国则在民主化的道路上一路曲折前行，军事政变和文人政权交替轮换，并且军事集团从来都是更为有力的干政力量，民主规则和制度还是有被颠覆和蔑视的可能；民主规则和程序还需要王室力量、传统地方势力、军方强人、新兴财团以及各政党和民众的自觉遵守和真诚支持，民主的社会基础和民主的公民文化还须漫长的培育和壮大。韩国和中国台湾地区，都已经历了"两轮政权轮替"的检验，民主规则也已得到基本的遵守和民众认同，民主竞争也已成为取得政权合法性的唯一方式，但在"分断性民族国家"的格局下，朝鲜半岛和台海两岸的和平稳定和统一进程，也许是未来影响民主化进程的主要因素和变量。印度尼西亚和菲律宾的民主转型都是在突发性的危机冲击下，匆忙上路和起航的，虽然两国也已经受了"两轮政权轮替"的考验，军事政变推翻民主政权的可能性已微乎其微。但两国都面临的民族分离主义的干扰、传统政治势力的强大和习俗性"庇护制关系"的根深蒂固，加之经济社会发展的迟缓和贫富差距的巨大，都在时刻冲击和考验着民主体系的治理能力和应变能力，两国民主巩固之路还可能更加漫长和艰难。新加坡和马来西亚的民主进程还处于特定的历史阶段，虽然人民行动党和巫统的执政地位和能力还未受到根本性的挑战，但国际民主化大潮和国内多元社会的形成，都在促发和积累着反对党和民主化的力量，多党轮替的民主化转型在什么时刻和条件下来临，都还有待历史老人来回答。

九　东亚各国民主生成的路径特征、制度体系和成熟程度都互有差异，并不存在统一模式的"东亚民主"

　　通过对东亚"七国一区"从殖民化到民主化过程的系统梳理，可以看出，东亚各国民主生成的路径特征、制度体系和成熟程度都互有差异。

　　从民主生成的路径特征来看，在近代西方殖民化威胁的冲击下，东亚各国开始了不同的危机应对之策，并影响了各自其后的民主因素引进和民主生发的不同路径。日本虽免除了被殖民化的命运，1868年明治维新之后开始了现代国家的构建，在"自由民权运动"和"大正民主时期"积淀了一定的民主制度要素和行为习惯，但都毁于军国主义势力的崛起和侵略战争之中。日本在第二次世界大战后美军占领当局的主导下重新开启了"第二次民主化进程",民主进程自此以后在渐变中从未中断。泰国同样幸免于被殖民化的屈辱,但在 1932 年民主进程开启之时,就受到军方力量的主导和左右,并一直处于军人主政和文人民主的交替循环之中,民主化进程时断时续一路艰难。韩国和中国台湾从光复之后不久,就受到冷战格局和民族分裂的撕裂,并一直受到这一困局的极大影响。在威权发展的现代化基础上,两者都从 80 年代后期开始了比较平稳的民主转型,此后民主化进程也未曾中断或逆转。印度尼西亚和菲律宾在近代被殖民化之前,还处于分散性的传统型部落社会,是在抗击殖民主义的过程中才逐渐形成和凝聚起民族意识和国家认同的。两国都经过独立初期的多党纷争后,相继进入了威权发展时期,却都在突发性动荡危机中匆忙走向民主转型之路,民主进程还时刻受到分离主义势力和传统政治力量的挑战。新加坡和马来西亚与印度尼西亚、菲律宾的现代化起始有所相似,也是从传统型部落社会走向独立的民族国家,经过多党纷争的混乱时期之后,进入了长时期的一党独大的威权发展时期。

从民主转型后的制度体系来看,日本和泰国都保留了传统的君主制形式,在君主立宪下实行议会内阁制,日本经历了多党纷争、一党独大,再到多党纷争和两党制初现的过程,泰国则处于多党纷争和政党分化重组的不稳定状态。韩国和中国台湾则在民主转型后形成了半总统制的政治架构,经历政党的分化组合后,也都呈现出两大党制的制度形态。印度尼西亚和菲律宾在急剧民主转型后,还是保留以前的总统制政治架构,政党体系还处于多党纷争和不断重组的时期。新加坡和马来西亚则实行的是议会内阁制,新加坡的国家元首是民选总统,马来西亚的国家元首则由"统治者会议"从九个州的世袭苏丹中选举产生,轮流担任,两国都由一党独大的执政党或执政联盟长期执掌国家政权。

从民主巩固的成熟程度来看,日本可以说从战后一直都是多党民主国家,民主程度最高。泰国的民主体系时常受到军事政变的挑战,民主进程时断时续,严重影响了民主的持续性巩固。韩国和中国台湾属于新兴的民主体系,民主进程已进入巩固阶段,民主成熟程度会继续走高。印度尼西亚和菲律宾的民主体系还要等到政党及其政党制度稳定之后,才能逐渐走向巩固。而新加坡和马来西亚的民主进程还要接受未来能否经受得住多党轮替的考验。

东亚各国现代化进程和国情状况互有差异，在受殖民化影响程度、历史政治传统和文化、经济发展水平和社会分化结构等方面都各不相同。如果说制度是影响人们行为的重要内生变量，是模塑和决定行为的结构性因素，那么从东亚各国民主制度生成的路径特征、制度体系和巩固程度来考察，可以说并不存在统一模式的"东亚民主"。

十   东亚各国民主的未来取决于人民的选择

经过艰难曲折的现代化历程，东亚各国都通过各自不同的方式和路径走上了民主发展的道路，那么是否可以说"天下同归而殊途，一致而百虑"？

东亚各国的民主进程也都经历了从被动到主动、从朦胧到自觉、从外在到内在的磨砺和洗礼，从最初民主因素的移植性引进，到民主形式的适应性转化，再到民主制度的创造性追求，民主已在东亚的大地上生根、开花、结果。

如果承认现代社会日益开放多元的发展趋势，如果承认多元社会必然会有多样化的价值与利益，如果"社会中价值与利益的冲突是天生的，正因为我们有分歧，所以才需要民主，民主就是不用暴力而能解决冲突的制度体系"①。

也正因为民主的价值和制度性功能，民主才成为世界各国人民的共同追求，成为人类政治文明发展的智慧成果，成为文明国家政治成熟的制度标志。

未来是未知的，但民主的发展是肯定的。我们不能对抗未来，因为时间站在民主一边。

未来如何？未来取决于人民的选择！

---

① ［美］亚当·普沃斯基：《民主与市场——东欧与拉丁美洲的政治经济改革》，包雅钧等译，北京大学出版社 2005 年版，第 70 页。

民主制度如何才能成熟和稳定？
——泰国"民主拉锯困境"剖析

作为"佛教立国"的"微笑国度"，泰国近年来的政局动荡和社会混乱令世人震惊扼腕，并日益呈现出制度性"泰式民主"的"民主拉锯困境"：执政党联盟与反对党联盟各自动员自己的民众支持力量，通过"街头抗争"相互拆台，你上我下、你来我往、恶斗不已，而在政府不断更迭的背后，起主导性决定作用的则是王室和军方的政治立场和政权取向。

为什么自1932年"民主革命"之后，运行了80多年的"泰式民主"始终难以跳出"文人政权与军人政变"不断转换的"恶性循环"，并自2006年推翻他信政权的军人政变以来，显现出更为强烈的"民主拉锯困境"？为什么泰国的民主制度及其运作体系难以成熟和稳定？其中蕴含着什么样的社会经济、政治法治及思想观念根源呢？参照世界各国民主化生成的历史路径及其演进逻辑，本文对此作一简要的剖析和解读。

一 二元对立的经济社会结构，是"民主拉锯困境"的社会基础

现代国家体系中的宪政民主制度，是伴随着近代以来商品经济的发展及其建立其上的现代社会结构而逐渐生成的，是以现代经济结构和社会结构为其根本支撑和社会基础的。西方原生型民主国家，在现代经济社会结构与现代宪政民主体制互动中，经过二三百年不断调适磨合而进入成熟稳定的民主制度状态；而东亚各国的宪政民主体系的形成，是在急剧的反殖民主义斗争中，模仿西方的民主制度而仓促建立的。急切紧迫的经济社会发展任务与民众广泛参与的民主体系之间始终存在着矛盾和紧张关系，工业化和城市化程度越高、公民社会和中产阶级越壮大、经济社会结构现

代化程度越高的国家，其民主化进程就越可能平稳，其民主制度体系就越可能趋向成熟和稳定。20 世纪 80 年代之后的韩国和中国台湾，其民主化的生成，是在经过 60—70 年代工业化和城市化基本完成之后而产生的，有其一体化稳定的经济社会结构作为基础，故其民主制度日益趋于成熟和稳定。

而建立当代泰国宪政民主基本架构的所谓 1932 年"民主革命"，并不是真正意义上的社会革命，只是一小批民主主义者和反对君主专制的军人集团发动的一场小规模的成功政变。① 虽然实现了泰国政体从绝对君主制向君主立宪制的政体转变，但君主和王室作为传统政治力量保存了下来，军人集团也从此走向政治中心并左右着泰国的政治走向和民主化进程。历经 80 多年的现代国家建设和现代化发展，在经过 24 次政变（其中 20 次为军事政变）、18 次修宪和反修宪不断政治争斗和社会动荡后，泰国的经济社会结构依然深陷"二元结构"的泥潭：工业化和城市化过程并未完成，60%—70% 的人口仍住在农村，城乡差距和对立依然严重。21 世纪初，医院病床的占有率，曼谷是每 224 人一张，而北部和东北地区则分别是每 503 人一张和每 747 人一张；15 岁以上受过高等教育和未受过初等教育的比率，曼谷分别是 22.5% 和 19.4%，而北部地区是 5.6% 和 29.2%，东北地区是 4.3% 和 40.7%。据统计，2013 年泰国 540 万贫困人口中有 88% 分布在农村地区，尤其是在北部和东北部地区。②

二元对立的经济社会结构，为 2001 年他信政府上台后"民粹主义"惠民政策的实施奠定了雄厚的社会基础。经过他信政府 5 年多的持续动员和政治化过程，此前不太关注政治的农民和城市贫民阶层被广泛地政治动员起来，成为"他信派"政治势力庞大的民众支持力量。相反，以城市中产阶级为主要支持力量的"反他信派"，以反对党为组织化中心，结合反他信的王室力量、军人集团、地方寡头、政客及其官僚，与"他信派"形成泰国民主特有的"民主拉锯困境"：双方都以"民主"为旗帜，动员和依靠各自的民众支持力量，以"街头抗争"为主要政治斗争手段，你来我往、相互拆台。而贫富差距和城乡对立的"二元结构"则为这种"民主拉锯"提供了最为雄厚的经济社会基础。只有在恢复政治稳定和社

①　张锡镇、宋清润：《泰国民主政治论》，中国书籍出版社 2013 年版，第 1 页。
②　周方冶：《泰国政治持续动荡的结构性原因与发展前景》，内部交流稿，2013 年。

会秩序之后，经过长期持续的经济社会现代化发展，工业化和城市化基本完成，经济社会结构基本稳定之后，才能为泰国民主制度的稳定运转提供坚实的社会基础。

二　以执政党与反对党为组织中心的两极化政治博弈，是"民主拉锯困境"的制度病理

宪政民主体系成熟和稳定的民主国家，其政党制度也趋于成熟和稳定，并成为政权更替和政治动员的稳定组织中心。不论政党制度是两党制体系还是多党制体系，为了争取最大数量的选民支持，执政党或反对党都是尽力向政治中间区域靠拢，极力赢得"中间选民"的最大选票。从而执政党与反对党的政治博弈，是以最具有包容性的政纲和政策取向吸引中间政治社会力量的支持，谁能赢得庞大中产阶级和中间选民的选票，谁就可能赢得政权。以政党为组织中心的政治势力向中间选民的靠拢和趋同，是政局稳定和社会有序的制度机制。

而泰国自1932年君主立宪的民主体制建立以来，一直处于多党纷争与军人政权交替博弈的"恶性循环"之中，从未有过一党能够赢得绝对多数选票和席位的一党主导的稳定政局状况，文人执政的多党联合政权的内斗及不稳定，也给军人政变和执政找到了最好的借口和依据。① 所以，1932—2001年，泰国的执政政权大多处于军事强人的控制之下，20世纪40—50年代是披文政权，50—70年代是沙立—他侬政权，80年代是炳政权，其间虽然有过相对稳定的政局和经济发展，但泰国的政党体系一直未能形成稳定的政党结构，"朝立夕散"的所谓政党分化组合，多是地方寡头和政客博取政治权力的个人工具，而多数民众则处于沉默无力的依附状态。

而从2001年他信率"泰爱泰党"赢得大选夺取政权之后，以"他信—英拉系"政党为组织中心的一方，与以传统民主党为组织中心的另一方，日益形成了越来越趋于两极化的政党对立中轴，你死我活般地挟持各自的民众支持力量，以政治化经济利益动员和组织民众，以街头抗争和

① 参见陈佩修《军人与政治：泰国的军事政变与政治变迁》，（台北）"中央"研究院、人文社会科学研究中心亚太区域研究专题中心2009年版，第3页。

政局混乱相互施压，借以挑起和诱导王室和军方势力的介入和支持。以两极化的政党力量为组织中心、极端政治化民众参与、"鱼死网破式的政治对决"，借机引诱军方干政，这便是"泰式民主"的"民主拉锯困境"的制度病理。只有两极化的政党力量能够以民族和国家的大局和利益为重，理性冷静地相互包容和妥协，以和平及法治化的方式解决政治纷争，才是泰国民主走向成熟和稳定的制度之路。

三　民众极度参与的"政治化分配性激励"，是"民主拉锯困境"的民众支撑

现代成熟民主国家的社会生活，是政治与经济领域相对分离的状态，民众政治利益的实现主要体现在大选期间民主投票权利的落实和日常政治生活中的各种政治参与上。民众经济社会权利是有相对完备的法律和法规的福利性保障，民众主要通过专职工作中的"生产性激励"来实现个人的经济社会权益。而不管是政治利益的实现还是经济利益的实现，都必须通过法治化的制度程序。即使是集会和抗议，也必须通过法制渠道并以非暴力的方式进行。而在很多后发民主化国家，由于经济社会结构变革与民主化参与扩大几乎同时展开，特别严重和刺目的贫富差距和城乡对立极易刺激中下阶层的贫民尽力通过政治化参与途径来实现自己的经济利益，即通过政治参与来实现"价值的权威性分配"，这便形成了"政治化的分配性激励"。如果个别政治家别有用心，极力挑动和动员民众的"分配性激励"取向，脆弱和不成熟的政治制度和法治体系极难吸纳急剧扩大的"参与爆炸式"，就很容易陷入政治动荡和社会混乱的泥潭。

泰国自2001年他信执掌政权以后，泰爱泰党政府就极力贯彻一系列"民粹化"的"草根政策"："三年缓债""乡村基金""三十泰铢治百病"的惠及农民和贫民的政策，刺激和唤醒了沉睡多年的广大中下阶层的政治参与意识和参与动机，[①] 这些中下阶层形成了"他信—英拉系"政党的强大民主支持基础，"政治化分配性激励"机制的组织化途径形

---

① 参见周方冶《王权、威权、金权——泰国政治现代化进程》，社会科学文献出版社2011年版，第238页。

成，并在不断的"街头抗争"中发挥着强大的组织和动员作用。与此相对，受到"他信派"刺激的以民主党为首的保守政治势力如法炮制，通过自己的政党组织机制，也动员自己庞大的以曼谷城市中产阶级为基础的民众支持力量。2006 年他信政府被军人政变赶下台以来，"黄衫军"与"红衫军"的此起彼伏、相抗相斗，就是民众极度参与的"政治化分配性激励"机制造成的组织化抗争结果。这一组织化机制更在 2013 年年底开始的"黄衫军"街头冲击中得以充分体现。以政党为组织中心，挟持民众极度参与，形成政治化的对立两极，这是泰国"民主拉锯困境"的民众基础和民众支撑。如何在政治秩序恢复之后，形成民众参与的法治化、制度化渠道和机制，理性引导民众的权利主张和利益要求，而不是煽动、刺激以达到政治化挟持民众，泰国的民主制度体系还有很长的路要走。

四　公民文化的脆弱和欠缺，是"民主拉锯困境"的文化场域

　　成熟的宪政民主体制的有效运作，需要同样成熟的公民文化的支撑和场域。西方成熟民主国家的公民文化，是经过几百年公民启蒙和公民教育逐渐培育和形成习惯的。公民文化中的平等自由意识、权利责任意识、守法规则意识等，都是在民主试错和民主学习中逐渐习得并作为民主体系运作的强大文化支撑的。而第二次世界大战前后取得民族独立的广大后发民主化国家，传统政治形态中的"村民文化"和"臣民文化"根深蒂固，一直作为无形的非正式制度形态影响着民主制度的运作和绩效。

　　泰国在 1932 年"民主革命"后，虽然在宪政制度的表面形态上建立了民主的制度架构和规则机制，但民主革命的不彻底性和局限性使传统的依附性村民文化和臣民文化依然普遍存在。这种在传统社会等级制度下形成的"庇护—依附关系"及其文化意识——较高等级要保障较低等级的利益和安全，而较低等级要对较高等级表示忠诚和依附①——至今仍然是泰国政治文化的主要形态。由此造成了通过"地方寡头"和"票头"收买"选票"的"金钱政治"的普遍流行，也由此造成宪政体制和民主制

---

　　①　参见张锡镇、宋清润《泰国民主政治论》，中国书籍出版社 2013 年版，第 269 页。

度的威严扫地和被肆意践踏。

军事集团可以无视宪政规定，用武力推翻依据合法民主程序选出的文人政府，并撕掉现有的"宪法"，而制定出保障军方利益和符合己意的"新宪法"。

国王虽然为泰王国的民族统一和国家发展做出了重大贡献，发挥着重要的政治平衡器作用，但也往往默认军事政变的正当性，给予践踏宪法和法律的军事强人和政治领袖以"特赦"，而无力捍卫宪法的最高尊严。

地方寡头和政客往往无视国家利益和民族大义，以自己的一己私利挟持广大民众，肆意扭曲甚至不惜诉诸暴力破坏宪政体系和民主制度，以民众的压力和要挟来达到自己的政治利益。

而广大民众，特别是中低阶层的草根民众，迫于严酷的生存压力和习以为常的"依附心理"，被地方寡头和政客挑动起来，希望通过狂热的街头抗争来实现自己的经济利益，甚至不惜为了几百泰铢的贿选，而出卖自己的民主权利和政治自由。

当依附性的臣民文化普遍存在和到处弥漫，无时无刻不发挥着渗透和侵蚀的作用，而所有的政治团体和政治势力并没有将"体制内主要的政治制度视为政治竞争的唯一正当的架构并且遵守民主的游戏规则"时，①泰国民主制度的成熟之路还要经过艰难而漫长的公民文化培育之途。

2014年2月2日，英拉看守政府主持的泰国大选总算在"磕磕绊绊"中举行了，但以民主党为首的"黄衫军"依旧不依不饶、不予承认，军方干预和司法介入的可能性依然存在。泰国的政局还在动荡中艰难前行，要看清局势走向和未来路径还须假以时日。

但值得庆幸的是，这次两极化政治势力的博弈中，英拉的执政党团队还算"克制容忍"，并没有极力挑动和组织自己的"红衫军"支持大军；军方也一再地表示"克制中立"，并没有表现出强行介入的干政倾向；泰王和王室也一直采取了"克制沉默"的之态，并没有表现出自己的政治立场；反对党领导的"黄衫军"也表现出"克制抗争"的姿态，并没有当年"红衫军""血洒总理府"的极端行为。

但愿泰国的政局动荡和社会混乱尽快得以结束，执政党与反对党理性冷静地坐下来谈判，以民族大义和国家利益为重，抛弃各自的一党之私和

---

①　周少来：《东亚民主生成的历史逻辑》，中国社会科学出版社2013年版，第161页。

一己之利，以最大的妥协和容忍恢复宪政秩序和民主制度，并全力推进泰国的现代化发展，精心培育泰国的公民文化。

只有这样，泰国的民主制度才可能趋于成熟和稳定，"泰式民主"才可能最终走出"民主拉锯困境"，并为泰国的现代化发展和国家建设提供民主法治的坚强保障。

民主恶性竞争的畸变异化

——"街头政治"之火是如何燃起的？

从突尼斯到埃及，从土耳其到乌克兰，从泰国到菲律宾，"街头政治"之火四处点燃，此起彼伏，引发一波又一波政局动荡、社会混乱，甚至民族冲突、国家分裂，其发生的政治、经济和社会根源何在？这火又究竟是如何燃烧起来的？

"街头政治"大多发生在新兴民主或低度民主的"民主欠发达国家"，经济社会现代化迟滞是其社会总根源，民主制度未巩固成熟是其制度性特征，社会分化和选民分裂是其民众基础，加之国际势力的推波助澜甚或恶意促成，"街头政治"演变成民主恶性竞争的畸变异化怪胎，成为"低质民主国家"之"政治活性"的制度性怪异标志。

追根溯源，"街头政治"之火如何燃起，从制度机制上考察，有以下几个阶段性特征。

1. 长期积累的社会矛盾的偶然引发，是"街头政治"之火的"起燃点"

后发现代化国家往往在急剧现代化推进中快速转型，社会矛盾是现代化滞后和利益格局调整所引发的问题和摩擦，需要制度体制改革和利益协调机制的及时同化和消解。然而，"民主欠发达国家"往往处于现代化发展的低级阶段，经济增长缓慢，社会分化明显，族群和宗教势力强大，选民敌意对立严重。同时，各种家族政治势力或部族政治势力根深蒂固，僵化滞后的制度体制与纷乱变革的社会进程脱节不适应，导致社会问题和社会矛盾不能及时有效化解，而长期的社会矛盾和社会问题的叠加积累，整个社会犹如"一间不断被扔进干柴和破烂的庞大杂货屋"，"星星之火"即可点燃整个炽热的"杂货屋社会"。如突尼斯青年小贩的受辱自焚"点燃"整个阿拉伯世界的"变革之火"；泰国英拉政府建议通过蕴含赦免他信的"赦免法案"从而"点燃"了"黄衫军"与"红衫军"长达半年之久的"街头之火";乌克兰总统亚努科维奇拒绝与欧洲联盟签署贸易与政治协定的一纸声明"点燃"了基辅街头的抗议暴力浪潮和"地区分离主义之火"。

2. 本土不适的竞争性民主体制,为"街头政治"之火提供了"过火道"

"街头政治"作为民主法治国家民众政治诉求的集体表达方式,是社会运动的政治化抗争形式,如果在宪法和法律的框架下合法、理性、和平地组织和行使,本应是一种正常的合法政治行动过程。

但在后发的"民主欠发达国家",急切而匆忙地全盘引进西方的竞争性民主体制,是在迟滞的现代化社会根基之上"嫁接"的"舶来品",由此引发了一系列"制度性不适应":恶性竞争的政治乱局无法提供现代化发展亟须的稳定和秩序,恶意夺权的党派"为反对而反对政治"无法提供化解贫富分化和阶级对立的协调机制,家族政治、族群政治和"恩庇政治"的盛行无法培育良性的公民文化,民主法治文化的滞后无法培养政治家和民众的"规则认同",等等。

而法治不严的竞争性民主体系却提供了各个党派组织和鼓动"街头政治"的制度性通道和"路径"。一旦有偶然性的"点火"事件爆发,各个党派便使出浑身解数"借火助燃",极力引导"着火"过程朝有利于自己党派的方向"燃烧"。恶意竞争民主便自然成了"火借风势"的"过火通道",从议会内到议会外,从首都到各大城市,从城市到乡村,各路民众被广泛动员和组织起来涌向街头,"街头政治"之火愈演愈烈,"街头抗争"走向"街头暴力",却无法用制度化机制来遏制并化解。这在泰国和乌克兰的"街头政治"演进过程中得到"活生生"的演练和展示。

3. 反对派的组织化动员和操弄,是"街头政治"之火的"助燃剂"

民主政治的法治化运行,需要社会大众对民主规则的衷心认同和支持,更需要政治家和党派领袖对民主规则的衷心坚守和践行,而这需要长期的民主本土化过程,需要民主的落地生根,需要"遵守民主规则"成为习惯和惯例。

而民主未成熟的"民主欠发达国家",在"一夜之间"全盘接受开放竞争的民主体系,但政治活动家的"头脑"和行为习惯还停留在传统和过去之中,从而为根本没有认同民主规则的政治党派提供了操弄民意的制度通道。在"街头政治"之火燃起之时，反对派往往看到的是如何借此"大火"烧垮执政党的"政权大厦"，"为夺权而反对"式的"趁火夺权"成为最高宗旨，罔顾国家利益和民族大义。

在泰国"黄衫军"和"红衫军"街头抗争的"拉锯对抗"的背后，人们看到的只是泰国民主党和为泰党为了夺权执政的"你死我活"。无论哪一方上台执政，都可以看到反对党绝不放过任何一次"点火助燃"机会，"小题大做"加上"恶意损伤"，"煽风点火"—"火上浇燃"—"趁火夺权"成了泰国"街头政治"之火的"国内三部曲"。成熟民主运动所必需的理性、包容、妥协、协商被"街头之火"焚烧殆尽，直逼得民主政治走向制度化解决的"死胡同"，方才靠"军人政变"来强行"灭火"，此中反对派"火上浇油"的"助燃剂"功效难辞其咎。

4. 国外势力的渗透和干预，成为"街头政治"之火的"鼓风机"

在全球化经济联系日益紧密的当今世界，全球化政治也借各国国门开放之机日益关联。"自由民主"似乎成为各国政治合法性的唯一正当理据，美欧发达国家长期对各国"输出民主"始终不遗余力，并常常与经济援助"捆绑挂钩"，加上后发国家现代化发展所处的国际"依附地位"，国内国际的危机和困境在"胁迫"后发国家走向"自由民主"。

一旦哪个国家"点火起事"，国际势力绝不放过任何一个"输出民主"的绝佳机会。政要出访、情报支持、经济援助、培训骨干、军事渗透等，各色"鼓风家什"全部上阵，开足马力。"煽风点火"—"火上浇油"—"趁火变天"成了国际势力进行"颜色革命"的"国际三部曲"。乌克兰因为总统亚努科维奇拒绝与欧盟的联系协议点燃的"星星之火"，不但被国内反对派"煽风点火"，更是被国际势力视为绝佳时机。身处美欧与俄罗斯东西"夹缝"之中的乌克兰，不但被"街头政治"之火"燃烧撕裂"，更被推入国家分裂和国内混战的"烈火之中"，但是人们透过不断蔓延的"漫天火势"，依稀可以看到国际强权"趁火打劫"的"鬼魅魔影"。

5. "街头政治"之火，最终只能被军事性暴力强制性"灭火"

"街头政治"如果作为合法、和平的集体性政治抗争，就会是民众政治诉求和政治意见的表达方式，会起到"下情上达"的政治输入作用。但"欠发达民众国家"的"街头政治"往往是长期累积的社会矛盾和社会问题的总爆发，瞬间喷发的大规模民众参与"大爆炸"，加上恶性竞争民主的"放大提升"作用，以及国内反对派的"煽风点火"和国际势力的"推波助澜"，"星星之火"就可能成就"燎原之势"。

　　一个小小的"偶发事件"，在成熟民主国家完全可以通过法治化的制度机制加以解决，但在"低度民主国家"却成为"你死我活"的"抗争拉锯"。竞争性政治变成了敌对性政治，街头抗争变成了街头暴力，压力机制变成了暴力机制。这在泰国和乌克兰的"街头政治"演变中得到佐证，一场又一场的"街头政治"导致政局动荡、社会混乱和暴力蜂起。既然体制内的法治化制度机制无法解决，那就只能靠非法治更非民主的军事力量强行"灭火终止"。种下的是"民主的龙种"，收获却是"专制的跳蚤"，历史吊诡地又回到"原点"，一切又得"从头再来"。有些低质民主国家甚至陷入"民主—混乱—政变"的怪圈而难以自拔，民主发展迟迟无法进入民主巩固和成熟的良性轨道。

　　后发民主国家如何走出"街头政治"畸变异化的"怪圈"，靠的只能是各国人民自主选择政治发展道路，自主构建国家制度和民主体系。维护稳定有序的社会发展环境、大力推进现代化变革和创新、奠定民主法治的雄厚经济社会基础、培育理性包容的公民政治文化、坚守民主法治的制度规范，这是一条曲折漫长的前行之路，但也许是不得不走的前行之路。

如何度过"民主青春期"？

人生有幼儿期、青春期和成熟期，民主同样如此。人生的"青春期"可能只有两三年，但民主的"青春期"可能延续十年，甚至几十年，并时而有"威权"和"民主"的恶性反复。这对后发新兴民主化国家尤其如此。

人生的"青春期"，预示着活力、幻想、叛逆和无限创造潜能，民主的"青春期"则预示着冲动、呐喊、街头抗议和新旧体制更替。如果延长了的人生"青春期"与延长了的民主"青春期"时序上叠加，则可能对新兴民主化的平稳过渡带来"双重压力"。

环顾世界处于"民主青春期"的国家与地区，年轻人成了民主抗争的街头主力和行动先锋。突尼斯、埃及、乌克兰，年轻人的街头抗议不仅导致政权更替，也带来了社会撕裂和国家混乱。就是在政权实现了相对平稳过渡的国家，年轻选民的政治参与也成为左右国家政权去留和民主走向的重要政治博弈力量。

2011年5月的新加坡国会大选，在总数为230万人的选民中，21—34岁的年轻选民就达60万人之多，并且其选票大多投给了反对党，使反对党的得票率接近40%。2014年5月结束的印度大选中，在8.14亿选民中，年龄在35岁以下的年轻选民高达50%，他们的投票意向，决定了执政的国大党的下台和印度人民党莫迪政府的上台。2014年7月结束的印度尼西亚总统大选中，在1.9亿人的选民中，30岁以下的年轻选民占到1/3，年轻人的投票意向使"草根"出身的斗争民主党候选人佐科成为印度尼西亚新总统。

为什么年轻人如此重要？为什么年轻人对处于"民主青春期"的国家如此重要？这是因为，年轻人不仅是"重构"政治格局和"左右"政党去留的重要现实力量，也是影响和模塑未来政治发展和民主走向的决定性因素。因为，年轻意味着未来，今天的年轻一代，将是主导未来二三十年民主化进程的主体构建者。

民主参与者主体构成的"代际轮替"，不可逆转地带来了相应主体价值取向和行为方式的改变。一个人的价值观形成，是其生活的社会环境及个人成长经历的积淀和反映，并对其行为方式具有潜在的模塑和影响作用。

所谓的"80后""90后"年轻一代，成长于"生存无虞"的开放繁荣时代，相对于其"父辈""祖辈"，可能具有更多的"后物质主义价值观"和"自我表现价值观"：在价值取向的选择和排序上，他们可能会更看重自主、自由，更强调个人的权利、利益，更不认同"被代表"和"父爱主义政府"，更向往自由空间中的自我表现、自我实现。相应地，在行为方式上，年轻一代可能更多表现为热情冲动和活力十足，不愿接受"家长式的包办行为"，更愿意自由参与和自主创新。年轻人具有几乎无限的潜能而更愿创造属于自己的发展机会。

由此，年轻人的价值观就是未来的价值观，年轻人的行为方式模塑着民主化的未来走向。新兴民主国家如何平稳度过"民主青春期"，参与民主进程的各方力量如何通力合作、共推民主，执政者与年轻政治参与者如何理性对话、协商共赢，这对于"民主青春期"国家的"民主成熟"十分必要且影响深远。

首先，培厚"政治共识"。如果"政治"是关涉权力和利益的权威性分配，则"民主"就是权威性分配方式中最理性和非暴力的方式。但"民主"要有效运行并趋于成熟稳固，特别需要民主参与各方，特别是执政者与年轻参与者之间达成基本的"政治共识"，如对宪法和法律的高度遵从和遵守、对民主规则的衷心认同和支持、改变法律规定或民主规则需要严格依照合法程序，等等。积累"政治共识"也许是个艰难缓进的过程，但这是"民主"前行的"必行通道"，"政治共识"越积淀深厚，"民主大厦"就越根基稳固。

其次，摒弃"极化思维"。涉及权力和利益的分配，就是一个"你多我少、如何公平分配"的问题，而根本不是"非黑即白、非对即错"的"你死我活"问题。这就需要参与者各方能够冷静、平和地"坐下来"，就如何"分配的规则"进行耐心、细致的理性协商、谈判对话。而民主化正是理性协商的制度化、法治化过程。故民主是妥协的智慧，妥协的艺术，真心"认同"民主，就必须摒弃"你死我活"的"极化思维"，尽力推动"政治共识"和"民主共识"的积累和加厚，而不是带有"暴力倾向"的"撕裂社会"，更不是"分裂国家"。

最后，依法有序参与。"民主"是迄今人类发明的解决权力和利益冲突的最为理性平和的制度安排，是以"数人头"代替"砍人头"。但要达成"有效民主"而不导致混乱无序、街头暴力，各方参与过程就得"依法参与""依法而行"。这就要求执政者和年轻参与者的"法治思维"同等真诚、同等牢固。

青春，预示着未来，也代表着未来，因为时间站在青年一边。一个人不管如何冲动、叛逆、跌跌撞撞，甚至被撞得"头破血流"，"青春期"的苦涩经历都是其"成熟"的资本和资源，一旦走出"青春期"，一个成熟稳重的开拓者将"喷薄而出"。处于"民主青春期""烦恼纠结"中的新兴民主国家，难道不也如此？

协商民主如何促进国家治理？

民之所欲，国之所向。

协商民主，萌发于抗日革命根据地的统一战线，成长于社会主义建设时期的政治协商，完善于改革开放时期的民主创新，是富有中国特色和文化特质的社会主义民主实现形式，为当代中国革命、建设和改革事业的发展提供了根本政治保证。

在未来的国家治理现代化进程中，如何进一步开拓协商民主的广度和深度，把协商民主落实到位，不仅对于中国民主的深化具有建构性的制度意义，也必将对提升国家治理的水平具有重大的促进作用。

1. 协商民主为国家治理提供参与通道

现代国家治理，是以开放环境下的人民参与为基础，人民参与不仅是人民主权的现实体现，也是国家治理的动力源泉。人民参与为国家治理提供意见表达、利益诉求和主体支持，为国家与社会的互动合作提供制度机制，人民的主体参与是国家实行善治的社会前提。

当代中国的协商民主，是人民民主实现的重要形式，在中国共产党与各民主党派政治协商的基础上，不断扩大范围，持续扩展层次。2015 年中央出台的《关于加强社会主义协商民主建设的意见》，就把"协商民主"的范围大幅扩大，"政党协商、人大协商、政府协商、政协协商、人民团体协商、基层协商、社会组织协商"，多元多样的协商民主形式和渠道，为广大公民和各种社会组织表达意见和诉求、参与国家治理过程提供了广阔的制度通道。随着民主参与品质的提升，国家治理现代化必将具有更为雄厚的主体基础。

2. 协商民主为国家治理凝聚民意共识

现代民主政治，是以民意的表达和取向为指针的，遵从民意，为民意的表达提供制度化的渠道和机制，是民主政治有效运转的制度要件，国家的现代化治理更是需要知情民意，汇集共识。相对于以竞争性选举为基础的"多数决民主"，扎根于中国传统文化、富有中国特色的民主实现形式，更多地体现为以协商民主为基础的"共识型民主"。

广大人民群众可以在各个领域和各个层次，通过协商民主的丰富形式，充分表达自己的意见和诉求。在基层可以通过基层协商，参与基层治理；在社会组织可以通过社团协商，参与自治事务。还可以通过人大代表、政协委员，把自己关切的意见反映上来，参与人大协商、政府协商、政协协商。各级政协委员可以通过"协商会议、建议案、视察、提案、反映社情民意信息"等形式汇集民意，通过开展"专题协商、对口协商、界别协商、提案办理协商、网络议政、远程协商"等形式参政、议政。不断扩大的协商民主为凝聚民意提供了畅通的制度渠道，为推进国家治理现代化奠定了强大的民意支持。

3. 协商民主为国家治理构建共治平台

现代国家治理形态，适应全球化时代的开放社会，顺应多元主体的利益诉求和意见表达，是国家与社会多方力量的合作共治，需要政党、政府、企业、社会组织和广大民众的协同协作，这就需要构建多方沟通、协商合作的制度支撑。而现代形态的民主制度和法治体系则为协同共治的国家治理提供了制度路径。

国家治理体系和治理能力现代化，是新时期全面深化改革的总目标，是贯彻落实"四个全面"战略蓝图的制度保障。这就需要政党、国家与社会的互动合作，需要朝野上下全体国民的共同努力，需要全社会力量的多方参与、协同共治。

不断拓展领域和提升绩效的新时期协商民主形式，如在社区、社团、基层、乡镇、人大、政协、政府、人民团体各个层次的协商机制，为广大人民参与不同层次的公共生活和国家治理，提供了表达意见、沟通协商、合作共治的制度平台。

4. 协商民主为国家治理完善制度体系

现代国家治理，是法治化的规则一体化治理，需要整体协调、统一配套的制度体系作为支撑。民主体系和法治体系即为现代国家治理的两大制度体系。民主体系为国家治理提供民意基础和正当性保证，法治体系为国家治理划定规则架构和权责边界。民主体系和法治体系愈成熟巩固，国家治理的制度体系愈成熟巩固，作为国家治理体系制度绩效的国家治理能力也愈强大有效。

到 2020 年，为了"四个全面"战略规划的落地实现，国家治理现代化水平必须全面提升，这就需要奠定更加成熟、更加定型的民主体系和法治体系。全面推进依法治国的进程，将使社会主义法治体系更加完善，全面加强社会主义协商民主的进程，将使社会主义民主体系更加丰富。随着社会主义法治体系和民主体系的成熟定型，国家治理现代化的制度体系将更加高效巩固。

展望未来，中国的民主进程与治理现代化进程必将互促共进，民主助推治理现代化，在协商中扩大参与，在参与中扩展民主，在民主中提升治理。

社会公平：民主社会的内在要求

社会公平，是人类社会的永恒追求，也许人人心向往之，但为什么"不公平"如此普遍且严重？如何制度化解决？谁来负首要责任？政府、企业、社会，还是我们自己每个人？

社会公平，是理想社会的内在要求。但何为"公平"，则见仁见智，莫衷一是。打工者与老板、无权者与有权者、强势群体与弱势群体、既得利益者与最少受惠者，能有一样的"公平"要求吗？人们的身份和地位决定着观念，对"公平"来说，同样如此。"公平"观念和主张的不同、差异，甚至矛盾和冲突，是"社会公平"难以实现的思想观念根源。

社会公平，源于人人平等的道德尊严，但其落地实现，则依赖于生产发展和经济繁荣的物质基础。而要经济发展，则要有刺激和促进发展的产权结构和激励机制。"干多干少一个样"的"大锅饭"和平均主义，难以形成有效的效率激励机制，"死水一潭"的"低质公平"，最终损害的是经济发展的基础，更难以促成高质量的"社会公平"。"贫穷不是社会主义"，但"两极分化也不是社会主义"。效率与公平难解难分，需要平衡。既要富有活力、保障效率，又要促进公平、保障人权。效率与公平，不是"效率优先"或"公平优先"简单一句话就能化解的。这是"社会公平"难以实现的发展阶段根源。

社会公平，是平等权利基础加上分配保障制度的"阶段性平衡"。"人人生而平等"，只是"应然"的人格要求和道德价值，从每个现实人的"实然"人生来说，"不平等"是从出生一刻起伴随终生的"自然常态"和"社会必然"。市场经济基础上的竞争社会更是无时无刻不在扩大和延伸着"不平等"。如果说"效率"是市场的基本功能和规定，那么"公平"则是政府的根本职责和天然使命。"权利公平"的不到位和残缺，"规则公平"的不健全和漏洞，"机会公平"的不平等和缺位，在分化和撕裂着社会阶层，在阻塞着社会流动的渠道和路径，时刻"倒逼着"政府改革的动力和进程。这是"社会公平"亟须解决的制度体制根源。

就当前炽热的中国社会来说，有权有势者更多的是要求特权和保护，无权无势者则更现实地要求公平和正义。打破特权，打破垄断，面向底层，面向民众，让普罗大众共享改革的红利，让人民群众普惠现代化果实，则是深化改革举措的"公平"面向。户籍制度改革、考试制度改革、国企高管薪酬制度改革、工资分配制度改革等，每项改革举措，都在体现着追求社会公平正义的内在价值。

"知易行难"，说起来容易做起来难。面向"社会公平"的改革，不是一两项改革举措就能轻易实现。实现社会的公平和正义，是一项复杂的治理体系重构工程，有其内在的制度逻辑和制度环节，更需要法治的支撑和保障。具体来说，权利公平是前提，规则公平是核心，机会公平是体现。

权利公平是社会公平的逻辑起点和制度前提，只有每个公民具有法律保障的平等权利，且每个公民的权利具有平等的可行能力和平等价值，即只有制度化和法治化的权利公平，才能保障每个公民平等参与的政治、经济和社会权利。其中特别重要的是，只有每个公民平等地参与政策和法律等"游戏规则"的制定，才能使各方的利益和要求得到充分的体现和保障，才有下一步实践中的"规则公平"。设想一下，如果打工者与老板在工资和福利"分配规则"的制定中，根本不存在平等的参与权利和意见表达机会，遑论二者之间的"规则公平"？

规则公平是社会公平的核心和关键。既然人人不平等是"自然"的事实，竞争性社会的效率也要求一定的差异和激励机制，"人人贫穷的平均主义"也非人们之向往，那么，急剧变革和利益错综的社会最为关键的是制定出权利公平基础社会的规则公平，即保障每个人的才能都能得到充分发挥的"规则公平"，让每个人在公平的制度和政策之下"平等"竞争。也只有制度化和法治化的"规则公平"，才能为"规则"之下的"机会公平"和"平等发展"提供强大的制度基础和法治保证。

机会公平是社会公平的体现和目的。只有在权利公平和规则公平的基础上，才能够保障人人平等发展的权利和机会。也只有法治化规则保障的平等发展机会，才是人人应得的发展机会，才是有尊严的发展机会，而不是"可遇不可求"的"施舍"或"运气"。分化严重的社会中"最少受惠者"的"机会公平",是检验"社会公平"的最终标准和有效标志。如果有一天,"农民工"融入城市不再受到户籍歧视等不平等待遇,农民工子女人人都能够得到受到良好教育的"公平机会",每个人无论身份地位、贫富差异,都拥有"梦想成真"的"公平机会","中国梦"的实现才算"普照众生"。

权利公平、规则公平、机会公平,是现代社会秩序与活力的制度保障,是治理体系现代化的制度标志,是民主法治社会的内在要求。这是中国政府的崇高职责和历史使命,必将在全面深化改革中得到不断提升和进步。

中产阶级：民主社会的"稳定器"？

如果你问一个人："你幸福吗？"可能会得到一个直接而主观的回答。但如果你问："你是中产阶级吗？"他可能得思考一下，进而反问你："什么是'中产阶级'？有什么标准？财产或年收入要达到什么标准才能算是'中产阶级'？"

"中产阶级"（Middle Class），又称"中产阶层""中间阶层"。是指根据经济地位、政治地位、文化地位而处于一个社会分层结构"中间地位"的阶层或群体。

这是一个"古老而诱人"的概念，自古希腊时代起，亚里士多德就认为，中产阶级是城邦秩序的"稳定器"，是平衡"寡头派"和"平民派"的中坚力量。自近代民族国家兴起以来，"中产阶级"就被认为是民主法治的坚定认同者和支持者，是社会主流秩序和主流价值的代表者和践行者。

然而，这又是一个"客观而模糊"的概念，属于某种意义上的"想象的共同体"。联系现实，中国的"中产阶级"是什么标准？中国有多少"中产阶级"？年收入在 10 万元、20 万元、40 万元以上，80 万元、100 万元、200 万元以下？标准不同，中国"中产阶级"人数的估算也差异极大，有人说有 1400 万人，有人说有 3000 万人，而据《2014 年全球财富报告》，全球中产阶级有 10 亿人，中国占到 30%，即达到 3 亿人。

即使中国中产阶级有 3 亿人，相较于近 14 亿人口的基数，中国的"橄榄形"中产阶级社会也还远未形成，在"土豪遍地"和普罗大众还在"小康"线上挣扎的大背景中，"中产阶级"更是显得"单薄而弱小"。再说，"中产阶级"也不是"铁板一块"，官员、律师、医生、私营企业主、大学教授、新闻媒体人等，其中的职业、收入、地位差异很大，各自的理念、诉求和主张更是多元多样。

其实，对于现代中国的治理而言，重要的不仅是推动"中产阶级"在"量"上的壮大，更为关键的是凝聚"中产阶级"在"质"上的共识。"趋中"而不"极化"，"稳健"而不"保守"，"理性"而不"偏激"，中产阶级作为社会主流话语的型构者，作为社会主流价值的践行者，应是社会发展的"稳定器"，反之，则有可能变为社会发展的"离心机"。这需要以中产阶级为主体构建中国社会的"三大共识"。

第一，"价值共识"。价值理念是一个社会发展的精神灵魂和信念指南，是全民精神思想层面的共识基础，需要朝野上下衷心地认同和拥戴。"富强、民主、文明、和谐、自由、平等、公正、法治、爱国、敬业、诚信、友善"，24字的社会主义核心价值观已经提出。这是基于中国传统文化、汲取世界文明成果的高度概括，反映了当代中国的现代化发展趋势，体现了国人的价值取向和终极追求。我们需要的是把"核心价值"从纸上的"口号"、墙上的"标语"，变成中国人民的内在"信念"。"信念"越深入人心、越坚定牢靠，中国全面现代化的精神基地就越强大。

第二，"规则共识"。规则和程序是社会生活的行为框架和行为边界，遵守规则、遵守程序，是现代文明人的基本行为规范。但遵守什么样的"规则"、这些"规则"又是通过什么样的"程序规则"制定出来的、制定出来的"规则"又是如何保证得到严格遵守，这都需要法治化的"规则共识"来加以保障。规则体系的底线要求集中体现在一个国家的宪法和法律规定中，遵守宪法和法律，严守法治规则，就成为一个现代国家治理的根本要求。中国多元而开放的社会环境，极大地激发了各个阶层和人群的民主意识和权利主张，多样而纷繁的价值理念、利益诉求、发展愿望，可能都需要表达和落实，这就需要每个理念的表达和主张的实现，都必须遵守法治化的"规则和程序"。中产阶级也许会有"消除雾霾"的要求，"农民工"更会有"需要工作"的要求，但遵守规则和程序的"规则意识"和"规则共识"，则是每位行为者的"底线要求"。

第三，"行为共识"。行为是理念和动机的体现，是利益和主张的现实化活动。在法律规则的空间内实施行为，在道德规范的感召中提升行为，这是现代法治社会和文明国家的行为要求。严守法律规定，遵循道德规范，提升公益文明，是一个现代公民的基本素质，你的行为方式，就是你文明素质的展现。无论是价值理念的表达、利益诉求的实现，还是权利主张的落实，遵守一个社会的法律底线和公序良俗，是一个现代公民的基本责任。中产阶级如果作为一个社会价值理念的引领者，作为一个社会文明走向的领航人，其行为取向和行为方式则可能就是一个社会"行为共识"的风向标和示范者。

壮大中国的"中产阶级"数量构成，凝聚中国的"中产阶级"质量共识，维护社会发展的"稳定器"，消解社会秩序的"离心机"，民主法治的中国之路，肯定还有一段很长的路程，这就需要包括中产阶级在内的全体国民的不懈努力。

多重视角下的民主体认方式

民主，这一古老而持久不息的论题，由于其本身的多因素、多层次、多侧面的复杂构成，就为认识主体阐释民主映现出不同视角、不同维度、不同理路，进而造成民主思想演进中对民主内涵的多重构建、多元体认。不同历史背景下的认识主体依据各异的思想动机和社会条件，对民主内涵自有不同的阐发，就是同一时代、同一国度、同一社会境况下的思想家也是见仁见智、观点纷纭。民主以其崇高的价值令人神往，同时，民主也以其多重的意涵使人困惑。

本文拟从体认和构建民主思想的多重视角、层面和前提假设这一理论深层对民主思想多元纷呈的缘由进行剖析，以期推进对民主思想的深入探究。

一 国体民主与政体民主

"民主"是西方的圣果，我们今天所言的"民主"一词译自英文 democracy，而英文该词源于古希腊语 demokratia，其词根为 demos，人民；kratos，治理；其最初的基本含义就是"人民治理"。民主范畴起初是对古希腊各种政体比较概括而抽象出的概念，亚里士多德在比较研究了各种统治形式后指出："我们可以以此作为准则：不容许所有公民共享的制度是寡头的，容许所有公民共享的制度是民主的。"① 他认为，民主并不取决于统治者的数量以及他们如何行事，而是取决于社会内部哪些社会阶层占据统治地位，哪里有民主哪里就意味着多数穷人的统治，这是继承其师柏拉图国家分类思想并发展出的古希腊典型民主思想，也是对民主思想中

---

① 转引自［美］科恩《论民主》，聂崇信、朱秀贤译，商务印书馆 1988 年版，第 6 页。

"谁的民主""什么人的民主"的完整阐述。古希腊城邦小型民主中民主形式的不发达和民主更多地倾向于直接民主,就使强调"什么人的民主"这种思想视角更为现实和重要。

伴随着民主范畴中"人民治理"的内容规定而来的问题就是"人民如何治理"的形式问题。法国著名政治思想家托克维尔在1835年出版的《论美国的民主》一书中最完整地阐述了这种体认视角。即民主仅仅被看作一种"政府的形式",在政府中体现谁的统治是无关紧要的,人们全神贯注的是"行使权力的形式"。至此,这就意味着民主范畴有史以来的彻底改变,并与它的传统内容决裂。当代西方学者正是沿着这一理路来深化民主思想研究的。20世纪的著名民主理论家美国的约瑟夫·熊彼特正是在"决心强调一种程序方法"的构架下来认识民主的:"民主方法是为达到政治决定的一种制度上的安排,在这种安排中,某些人通过竞取人民选票而得到作出决定的权力。"①

民主本身内容和形式的不同层面就为思想家的理论视角提供了据以透析的不同焦点,据此也形成构建民主理论的不同维度。当代西方一些学者在国家是全民利益的代表、政府是多元冲突仲裁者的旗帜下,淡化或漠视民主的主体内容,否认民主是阶级的民主,只在民主是一种有别于专制政体的政府组织形式这种维度上强调民主的政体含义。他们认为民主不过是或仅仅是一种政治制度,一种选择和监督政府的方式,一种更换政府官员的程序,一种公民可在其中参与影响政治的构架。在这种民主政体中,全体公民通过自由的、经常的公正选举活动对官员的候选人做出真正的选择,以促使政府负责有效地治理国家,保障公民自由、幸福权利的实现。他们更多的是在现行资本主义的政治制度框架下,强调民主的形式化、制度化方面,认为民主质量、民主发展就是民主形式制度化、法治化的巩固与完善。

马克思主义者认为,民主不仅是一种政体、一种国家形式,更重要的是一种国体。民主这个历史的、政治的范畴从来都是有主体内容的。民主问题首先必须解决的是"什么人的民主",是"哪个阶级的民主",历史上的民主也从来都是占统治地位的阶级的民主,广大的被统治阶级在阶级

---

① [美]熊彼特:《资本主义、社会主义与民主》,绛枫译,商务印书馆1979年版,第337页。

民主中是没有民主的。马克思和恩格斯所强调的"工人革命的第一步就是使无产阶级上升为统治阶级，争得民主"①，就是首先从这种国体维度上来阐释民主的。当代资本主义世界和社会主义世界在民主问题上的意识形态纷争，从理论层面上来观照，就在于各自把持着民主的不同层面来攻击对方。西方民主制度化、程序化、法治化的周密与精致，被认为不过是资产阶级政治统治的工具与形式，不过是被金钱操纵的资产阶级精英玩弄的遮人耳目的把戏。广大劳动人民只徒有形式上的民主权利，实则被排斥于民主之外，西方式的民主再完美也不过是少数资产阶级的民主。而社会主义国家从理论、宪法上确立的广大劳动人民当家做主的历史地位和民主原则，由于民主文化的缺失、民主制度化层次的低劣、民主程序法制化的不完善等多种因素，而使一切权力属于人民的宪法规定并未在现实政治生活中充分地体现出来。民主本身内容与形式发展的不平衡、不协调将成为意识形态长期冲突对立的根源之一，而民主的发展则意味着二者协调互动整体的进步。

二　自由主义民主与人民民主

古希腊的经典民主思想在强调民主是一种统治形式的同时，就已蕴含着普遍的社会意义。亚里士多德在《政治学》中曾这样描述过当时流行的认识："大家认为平民政体具有两个特别的观念：其一为'主体属于多数'，另一为'个人自由'。"② 从自由是民主的精髓这一层面来看，民主意味着公民享有自由与平等的社会，是一个每个人的价值都得到承认和尊重的社会，是一个没有打上出身、财富或地位等特权烙印的社会。古希腊的自由式民主思想为当代西方社会自由主义民主奠定了思想渊源。

西方世界经过文艺复兴运动、宗教改革运动和资产阶级革命的洗礼涤荡之后，在汲取古希腊民主思想神韵的基础上，最终确立巩固了自由主义的民主思想。这是一种建基于竞争性的自由社会的民主思想，它与自由主义、平等精神唇齿相依，共生并存。自由既是民主的前提、条件，又是民主发展的动力、目的。首先，民主意味着尊重每一公民的人格价值，并以

---

① 《马克思恩格斯选集》第 1 卷，人民出版社 1972 年版，第 272 页。
② ［古希腊］亚里士多德：《政治学》，吴寿彭译，商务印书馆 1965 年版，第 276 页。

承认和尊重每一成年公民都有自由抉择、自我判断的理性与能力为前提。其次，必须有基本的法定公民自由和法定程序制度，保证每一自由公民充分表达其意志和利益要求。再次，每一公民具有某些政府不可剥夺的最终自由权利，政府权力只具有受托性质，而公民自由则具有终极价值。最后，自由权利应该平等分配、平等表达、平等实现。这是西方自由主义民主的理想形态，也是西方思想家借以炫耀与传播民主的价值依据。他们认为民主不仅与人之所以为人的自由、平等价值息息相关，而且民主是实现自由、平等价值的最可取途径。这是一种奠基于个体价值、个人自由的民主思想。正如当代加拿大著名政治学家 C. B. 麦克弗森指出的那样，民主在使自由主义得以民主化的同时，也使得民主得以自由化。

　　社会主义国家所创立的"人民民主"，具有和西方式自由民主完全不同的发生历程和培育环境。它不是市场社会和自由国家长期的历史互动而产出的自然果实，而是在社会主义革命成功之后，根据马克思主义的政治构想，由无产阶级政权在短期内迅速地人为建立的。民主传统的缺失、民主文化的贫瘠，加之更为紧迫的经济发展压力及不利的国际竞争条件，都使社会主义政权没有更多的精力、时间去培育民主生成的社会条件，去完善民主的制度化、法制化机制。落后封闭的自然经济和高度集权的计划经济只能使人民民主建立在相应的经济基础之上。没有社会现实力量推动的民主进程加上对人民民主的教条化认识，使社会主义国家长期满足于一切权力属于人民、人民当家做主的理想整体主义民主观念，使人民民主权利迟迟停留在宪法上的理论规定，致使崇高的人民民主的价值规定得不到现实操作的保证和体现。没有个体自由保障的民主往往是软弱的民主、虚幻的民主。公民与人民的关系，个体与整体的协调，侧重于不同方面的理解阐发，构成自由主义民主与人民民主据以构建民主思想的不同视角和理路，也就形成个体主义民主观与整体主义民主观的相映互补、双峰并峙。

三　哲理性民主与程序性民主

　　古希腊民主思想中统治形式与自由平等观念的双重内涵经过资产阶级民主运动的风雨锤炼之后，得以广为传播与强化。哲理性民主也即规范意义上的民主，它注重每个人的自由民主权利，倾向于一种社会理想追求。在学理观念上表现为要求每个人都具有平等的、充分的自由权利，反对世袭、专横的等级差别，尊重每个人的人格价值，要求建立充分开放和自由公正的参与渠道，并追求每个人的全面自由发展。

程序性民主即操作层面的民主，它注重政治技术上的制度化建设，它要求设计和建立切实的法律程序、畅通的参与途径、完善的制度体系来保障每个人自由民主权利的充分实现和选择，监督公正、廉洁、高效的政治权力系统。它反映了资产阶级政权已经巩固、公民自由权利在法律上也已普遍体现的西方社会现实。当代西方思想家也正是从制度、方法、设计等程序性方面来界定民主内涵的。

哲理性民主是程序性民主的升华和理想，是鼓舞人类不断奋进追求的政治价值系统，是人类自由本性的写照与体现。程序性民主则是哲理性民主的现实体现与实施保障，是人们身体力行中活生生的民主。没有哲理性民主的价值理性，程序性民主的工具理性就会失去源泉和动力；而没有程序性民主的操作体现，哲理性民主也只能是虚无缥缈的乌托邦幻象。社会民主化发展的历史，即是哲理性民主与程序性民主协同共进的历史，社会民主化的问题与矛盾也正在于两者的背离与失衡。

发展中国家民主化进程往往陷于徘徊与停滞甚或遭到颠覆，就在于哲理性民主与程序性民主的二元分离。后发外生型现代化工程的启动与推进，变革与开放激发的社会骚动，伴随而至的就是自由民主意识的觉醒，加之西方发达国家的示范、渗透，致使发展中国家现代化初期的民主思潮更多地表现为要求全面自由权利的哲理性民主。但是现实的国情却表现为自由民主传统的苍白、国内局势的四分五裂、挣扎于贫困线上的经济发展压力，所有这一切都使发展中国家不可能从容地精心强化民主的制度化、法制化建设。而且往往为了政治稳定和经济效率，为了扫除现代化进程中的各种障碍和壁垒，而强化政府集权，漠视民主进程，表现为程序性民主的严重滞后。软弱闭塞的政治体系无法化解日益高涨的自由权利要求和"参与爆炸"，往往使政治系统因承受不了重压的撕裂与冲击而陷于瘫痪与崩溃，造成政局动荡、社会混乱。政治体系民主制度化层面滞后于自由民主要求，这正是美国著名政治学家塞缪尔·亨廷顿对发展中国家政治不稳定痼疾的诊断。

哲理性民主与程序性民主的不同观念要求，反映了民主发展的不同社会现实，也是西方发达国家与发展中国家据以构建体认民主的不同理论维度。

四　政治形态的民主与社会形态的民主

从词源上考察，"民主"概念首先属于国家政制范畴，最初指一种政权组织方式或统治形式。这也是民主概念的原本适用范围。按照通常的分类方法，与民主政体相对应的是专制政体。民主政体的具体操作形式又有不同的历史形态。在古希腊城邦、古罗马城市共和国民主政体更多地采取近似直接民主形式的操作机制，在民族国家相对大型的政治共同体中，民主政体更多地采取间接代议形式的操作机制。我们今天所说的作为政治形态的民主，即指这种代议制民主形式。它有一些基本的结构性特征构成任何政治形态民主的具有普遍意义的必要条件，它们包括：切实保障的公民自由权利；直接选举人民代表或政府首脑；人民代表代表人民参政、议政并接受人民最终控制与监督；政治权力系统的分权制衡原则；法治平等精神；政府权力有限并具有受托性质，社会生活的许多领域和方面不能从政治上或法律上加以控制，它们构成所谓的"市民社会"；政治决策通过多数原则决定，但必须尊重少数权利等。作为政治制度的民主发展也主要是指以上方面进一步的完善、巩固与提高，是仅限于政治领域的发展。

随着现代文明的演进、人类道德要求的升华，自由、平等精神也已渗透和普照人类社会生活的方方面面。民主超越了原来的政治形态的含义，民主观念也被思想家推广到政治视野以外的十分广阔的范围，民主思想也就在各种各样的视角、维度里被阐释体认。民主和人道主义相通互促，民主和人类文明比肩共进，民主和自由之梦几近同一，甚至把民主和反极权主义、民主和反法西斯主义相提并论。在美国哲学家约翰·杜威的民主是"一种生活方式"、美国政治学家 H. B. 拉斯韦尔的"民主是一个彼此关心的联邦"，以及 C. B. 麦克弗森的民主是"一种社会类型——一种个人之间的关系的统一的复合体"这样宽泛的界定中，民主被提升到自由世界、福利国家、理想社会这样的人类社会未来趋向的高度。

在这样的民主观念被宽泛推广的思潮下，激进民主理论的提出就自有其合理性。针对作为政治形成的自主民主制的局限与缺陷，激进民主理论认为："激进的民主是社会组织的一种形式，它废除一切现存的政治、经济和文化统治关系，并且在社会生活的所有领域中为个人和群体的充分自决创造条件。"①

　　作为一种社会形态的民主，是汲取政治形态民主原则与精神之后的泛化与普及。它不仅要求政治领域的民主，而且要求经济领域、文化领域等一切公共生活领域的彻底民主化；它不仅要求完善的代议制民主，而且要求社会的每一成员更多、更直接地参与到关系他们生活和工作的各种具体公共问题的决策；它不仅要求消除政党政治的精英主义倾向，而且要求在社会生活的所有领域和层面摧毁一切权力垄断现象；它不仅要求在政治生活中充分贯彻自由公正、平等协作的民主精神，而且要用这种精神建立一种人与人之间平等自由的联合生活方式。至此，作为政治形态的民主与作为社会形态的民主，便是不同视野、不同层面的民主问题，透视的领域与层次的不同便必然带来体认与阐发的不同。

五　传统民主论与精英民主论

　　从古希腊民主思想渊源流变出来的民主内涵，经过资产阶级启蒙思想家的重构与弘扬，构筑成传统民主论的经典内容。传统民主论包容了两个层面的内涵，就价值规范而言，民主意味着让每个人自由平等地参与影响自己生活的各项公共决策，并把这种参与高度评价为个人自我发展的机会。"因为控制自己行为的责任感会使个人的特点、自主精神、智慧和道德的判断力得到提高，简言之，使每个人的尊严得到提高。"② 正如英国哲学家约翰·密尔所言，人们只有亲自发现真理才能懂得真理。

　　就操作程序而言，民主是通过实施多数决定原则和尊重少数人的权利而做到人人参政的。在当今各国普遍适用的代议制民主政体中，全体公民并不直接参与国家的立法与决策，但通过"一人一票"的政治大法，人民行使选择人民代表和政府首脑的民主权利，并最终保有控制、监督、罢免、更换政府的权利。"人民主权"的普遍价值原则通过选举制度、议会制度、政党制度等这些操作层次上的程序形式而得以实现。所以，传统民主论的基本信念是尊重每个人的人格尊严，坚信人人平等，人民应该参与

也有能力参与各项政治决策，并认为通过操作层面的机制保障可以实现规范层面的价值追求。

着眼于政治系统权力的实际运作，用实证主义科学分析的维度来考察当代民主社会的现实所得出的结论并不像传统民主论者那样乐观。埃塔诺·莫斯卡、罗伯托·米歇尔斯、哈罗德·拉斯韦尔等人的精英理论就是对传统民主理论的当头棒喝。精英论认为，民众基本上是消极、冷漠和信息不灵的人，选举和政党民主制度机制大体上只具有象征性的意义。一切社会都需要领袖人物，而领袖人物只会关心维护社会组织和保持他们在这个社会组织中的地位，任何民主社会都逃脱不了寡头统治的政治铁律。社会分为有权的少数和无权的多数是一种不可避免的必然现象，统治者的少数不代表被统治者的多数。国家的决策并不反映民众的需求，而只反映盛行于精英中的价值取向，精英对民众的影响大于民众对精英的影响。精英论者观点对于传统民主论者所倡言的民主无异于釜底抽薪，因为它直接从根子上攻击着传统民主论的信念前提：每个人的价值、尊重及理性能力。

受行为主义分析方法和精英主义理论影响而又不愿抛弃民主理想的民主理论被迫选择了一个折中但又更靠近精英论的精英主义民主视角。约瑟夫·熊彼特在《资本主义、社会主义和民主主义》一书中系统提出了精英主义民主理论。他认为，民主是政治精英竞取权力、人民选择政治领袖的过程。选举是民主的主要标志，政治精英统治的合法性来自人民的同意，但政治权力集中在政治精英手中，整个政治体系靠一个精英集团来维持。美国著名政治家罗伯特·A. 达尔继其后的多元主义民主理论，究其理论实质，也属于精英主义民主理论。达尔同意熊彼特的民主标准，但他不认为精英是铁板一块的。达尔认为社会中众多权力中心的存在是民主的出发点，国家政策不一定反映多数人的选择，而是互相竞争、多元并存的利益集团之间的一种妥协与平衡。公民虽然并不直接参与决策，但个人可以通过选举在多元竞争的精英集团之间进行选择，或通过参加有组织的团体而间接影响决策。多元主义民主的预设是，如果社会体系内有众多互相竞争的精英集团通过讨价还价和妥协调和来决定国家政策，公民在选举中进行有意义的选择，新的精英可以进入权力集团，那么民主的准则是可以得到遵守的。因此，达尔虽然视"民主思想为理所当然"，但他认为，民主可以补充定义为"少数人的统治"，民主过程的价值在于"多重对立的少数人"的统治，而不在于建立"多数人的主权"。在他看来，一个政体的民主性质是由多元的集团或多重的少数人来保障的。这正与熊彼特所说的"民主就是政治家的统治"暗中契合。达尔认为，多元论是在民众不可能直接参与决策的庞大而复杂的社会体系中解决如何实现民主理想问题的一种"实际办法"。但对其持批评态度的人则断言，多元论不过是一种伪装起来的精英论，多元论者更接近的是精英论者的立场而不是他所崇敬的民主传统。①

传统民主论与精英民主论的分野，根本在于传统政治学方法论与行为主义政治学方法论的差异，侧重政治规范研究和实证研究的视角的不同，形成了二者对民主体认内容上的分歧。

六 民主的价值与缺失

客体的复杂，必然造成体认上的多样分歧，作为一种社会历史现象的民主也一样，拥护民主的思潮连绵不断，反对民主的呼声也不绝于耳。从正面看到的是民主的价值、意义，从反面看到的则是民主的缺失、危险。

为民主辩护的价值性论据可归纳如下：（1）民主以尊重每个人的价值、意志、能力为前提条件。（2）民主以公民自由权利为基础，以法律面前人人平等为原则。（3）民主并不是完美的，但却是人类目前所能探索到的弊病最少的。（4）民主也可能出错，但民主自有其纠错机制，而不会让错误泛滥成大规模的、长时间的灾难。（5）民主的希望是个人最大限度地参与政治事务，这种参与将培养人类能力并因此获得人性全面发展。（6）民主从尊重人、锻炼人、提高人、完善人的角度来讲，本质上是一种人道主义事业。

为民主辩护的经验性论据，如卡尔·科恩所概括的，有如下几点：（1）所有政体中，民主政体是最可能产生从长远来看是明智的政策，因为政策是否明智，最终要依据所有社会成员的利益来判断。（2）所有政体中，民主政体是最可能保证社会成员及各阶层获得公正待遇的。（3）所有政体中，民主更有可能消除以暴力手段解决社会内部争端的必要性。卡尔·波普尔给民主的界定即是："在民主政体下，可以不流血地

---

① 参见［美］罗伯特·A. 达尔《多元主义民主的困境：自治与控制》，龙正明译，顾犇校，求实出版社1989年版，第228页。

推翻政府而专制政体下则不可能。"① （4）民主社会中成员的忠诚程度、合理性及产生真诚的肯定性都是其他社会无法比拟的。（5）民主政体比其他政体更有可能促进言论自由。（6）民主政体有一切理由努力促进每个人才智的发展。（7）民主政体会比其他政体更有可能发展与鼓励容忍、灵活、妥协、宽容、理解等心理特性。②

反对民主的呼声同样振振有词，大致有以下几点理由：（1）民众基本上是愚昧、冷漠、盲从的，缺乏责任感和有效的意志，是扶不起的阿斗，从民众中不可能产生正确明智的决策。这是精英理论者反对民主的论据。（2）民主的原则是人数而不是智慧，民众缺乏治理国家的大智大勇，无能是民主国家所特有的一个缺点。这是柏拉图不赞成民主的论据。（3）民主意味着扯皮、争吵、讨价还价，往往导致政府效率低下、软弱无力、政局动荡、社会不稳。这是新威权主义者鄙视民主的依据之一。（4）民主由于其内在的决策机制，往往缺乏强有力的政府和必要的国家整合能力，国家权威的缺失不能解决更为紧迫的经济社会发展问题，为了面包似乎可以牺牲民主自由。（5）民主为自私的政党夺权、派系斗争提供场所，民主运行的结果往往是政党利益置于国家利益之上。（6）极端的民主往往导致多数暴政，这是比君主专制更不易防备的罪恶。罗伯斯庇尔式的"革命恐怖"也许是这一论据可资佐证的材料。

民主的伟大之处和发展动力也许正在于不断有人神往和持续有人反对，但不管是赞美还是拒绝，恐怕有一点理由是共同的：民主的推进，意味着人的解放、人的发展。独裁者对民主的恐惧就在于民主一旦发挥作用，人们将懂得了解自己、掌握自己，而不再会依赖于国家、依赖于独裁者。当人们不再提起民主、不再论争民主时，也许意味着民主的真空或死亡。

七　民主：手段还是目的？

从政治哲学的高度来考察，民主和人类发展的关系怎样？对于人类终

① ［英］卡尔·波普尔：《猜想与反驳》，傅季重等译，上海译文出版社1986年版，第500页。
② 参见［美］科恩《论民主》，聂崇信、朱秀贤译，商务印书馆1988年版，第208—245页。

极发展目标而言，民主是手段还是目的？这在不同的民主体认中亦有不同的见解。

民主手段论者认为，民主不过是一种政权组织形式或社会管理方式。从古希腊源起直到当代，就一直存在着认为民主是一种统治形式、国家形态、政治制度、法律程序、选举安排政治方式等观点。这是一种从工具理性出发来探究民主对政治共同体和社会共同实际功用而得出的结论。他们认为，民主只是一种人类发明的政治方法、政治程式。民主并不必然和自由关联，更不能和人类发展等同，民主只是提供了一种决策框架，但并不和决策的正确与明智必然相关。"民主政体本身不可能赋予国民任何利益，也不应期望它这样做。事实上民主政体什么事也不能做——只有民主政体下的国民才能行动（当然包括那些组成政府的国民），民主政体只不过提供了一种构架，国民可在其中以一定程度上有组织的和一贯的方式行动。"[①] 这种观点认为，人类之所以选择民主，只是因为民主是比专制、独裁相对而言弊病最少的方式，民主似乎自然是实现人类自由的可靠形式。专制独裁者反对和惧怕民主的观点，也可算为手段论的范围，只是因为民主是一种会瓦解专制政权根基的武器。如果民主有利于专制者的大权独揽，专制者也是会欢迎这一手段的。

民主手段论者暗含的观点似乎是，民主只是一种人类目前所能寻找到的比较而言较好的工具，也许是一种人类无可奈何的选择。但既然是工具，工具总有新旧之别、好坏之分，如果人类有一天发明出一种比民主更便利的管理工具，民主可能会被抛弃。所以民主手段论者的观点中不可能引申出彻底捍卫民主的论据来。

民主目的论者认为，民主不仅是一种政治程式，更重要的是一个价值系统。民主是以承认和尊重每个人的尊严、价值和能力为前提，以基本的公民政治自由、言论自由为基础，人人平等更是民主的价值内核。如果人类社会发展的终极目的是每个人的全面发展和充分实现，那么，民主的政治制度、民主的生活方式便是达到和体现这个目的的唯一可靠方式。专制社会是把人当工具、草芥的社会，民主社会是把每个人当人、目的的社会。民主社会鼓励每个人最大限度地参与公共事务，并在这种参与中行使

---

① ［英］卡尔·波普尔：《猜想与反驳》，傅季重等译，上海译文出版社 1986 年版，第 500 页。

自由、自主思考、丰富才智、完善自我，从而得到人性的全面发展。民主的生活方式是最强烈、深厚地充满人性的人道主义生活方式。

人之所以为人不能没有理性、尊严、自由和平等，如果这些价值和人类相伴始终是人类发展的目的所在，那么民主的生活方式从最完整、最有效地保证和体现这些价值的意义上便是人类的目的所在。简言之，人之存在不能没有人性，人性的存在方式不能没有民主。民主与人类相伴永存，民主是人类永恒的旗帜，只要人还渴望成为人并发展为个性丰满全面的人。

民主，这一人类经久不衰的主题，正是由于其自身的丰富与绚丽，才激发着同样经久不衰的论争。民主蕴含着内容与形式、个体与整体、规范与操作、价值与缺失、手段与目的等，虽然视角多重、体认纷呈，但是民主与自由同源、民主与平等共生、民主与人道同在，即将成为全人类共同的体认与呼声。这正是民主的活力，这正是民主的希望，只要人类企盼真实的存在与发展，民主的论争就将持续地相伴下去。

秩序·效率·民主
——政治发展目标的多元组合

发展中国家全面现代化的进程中，政治发展往往面临着艰难而困惑的目标抉择，而西方政治发展理论的目标选择模式，对于国情各异的广大发展中国家的社会现实来说总有域外之音的感觉。面对现代化推进中的问题和矛盾，发展中国家如何根据自己的历史背景及现实条件选择和调整自己的政治发展目标，这是一个具有重大理论意义和现实意义的问题。本文拟对政治发展目标的三项要素——秩序、效率、民主——作一理念化的排列组合，以期建构出政治发展目标的理想模型，为这一问题的探究建构一个进一步研究的框架。

我们将政治发展目标中的秩序、效率、民主作为相对独立的单元看待，不同的发展中国家根据各自的特殊背景与条件及现代化进程所处阶段将选择不同的价值目标或目标组合。

一　单元目标选择

这是指发展中国家把一个特定目标作为本国政治发展的价值追求。其他目标相对来说，退居不予考虑或暂缓考虑的地位。

（一）秩序

不论发展中国家现代化之前的政治秩序是什么类型及处于何种状态，迈向现代化征程即意味着旧秩序的触动及或大或小的变化。否则保持原有政治秩序的铁板一块，现代化进程往往无从启动。这是因为后发现代化国家的生成，具有和西方早发现代化国家自然演进过程完全不同的条件和特征。后发现代化国家或是迫于国内发展的贫弱与迟缓，或是迫于国际强国的压力和影响，大多具有政府主导型特点，现代化进程多是由政府启动、组织和领导自上而下推进的，这就必然要求原有的政治秩序做出相应的调整或变革，以推动现代化的历史进程，从而为原有政治系统提出了以下的职能要求，这也是大多数发展中国家把秩序作为首要政治发展目标的根源所在。

第一，原有政治秩序虽被触动，但必须保持有序演变，以保证政治系统作为现代化组织者的坚强有力。

第二，以政治系统的有序、强大推动经济秩序、社会秩序的有序演变，以促进经济发展与社会进步。正如亨廷顿在其最有影响的著作《变化社会中的政治秩序》中所提出的政治秩序论认为的那样："各国之间最重要的政治分野，不在于它们政府的形式，而在于它们政府的有效程度。"①

发展中国家独立之前多有被西方列强统治掠夺的殖民地、半殖民地历史，而且大多处于工业化之前的农业社会甚至部落社会。因此，政治有序化、制度化层次低劣，社会动员能力较弱，社会整合程度不高，致使政府控制社会的能力一般较弱。民族国家建立以后，虽先后不断地按照某种模式走向现代化道路，但由于没有强有力的政府权威和组织领导，以致政潮迭起、政变频繁、腐败低效。如不能消除这种政治无序混乱状况，现代化建设就无从谈起。因此，亨廷顿认为，发展中国家政治发展的过程实际上就是建立有效社会控制、谋求政治稳定的政治秩序过程。他认为，政治稳定包含两项基本要素：（1）秩序，（2）连续性。前者意指没有政治暴力、镇压或体系的解体；后者则指未发生政治体系关键要素的改变，如政治演进的中断、主要社会力量的消失，以及企图根本改变政治体系的政治运动等。这就充分说明，强有力的政治秩序是发展中国家现代化工程的前提和保证，没有政治秩序，其他一切方面的发展都是不可能进行的。

政治系统不是脱离社会环境的孤立存在，政治系统的政治秩序同样离不开政治系统内部要素的相应协变以及整个社会的支持和强化。如果一味强调秩序、稳定，甚或靠压制、剥夺公民基本自由权利来强固原有秩序，靠延缓自由民主进程来维系秩序，就可能因为现代化进程困顿不前、民怨

---

① ［美］塞缪尔·P. 亨廷顿：《变化社会中的政治秩序》，王冠华译，生活·读书·新知三联书店1989年版，第1页。

沸腾而使原有政治系统陷于更为被动不利的境地。就像系于一条线上的单摆，随时会因为政治风向和社会气候的变幻而左右摇摆。没有政治系统互动一体的协变与共振，没有社会基础的认可和支持，政治系统不可能长久地维持秩序与稳定。

（二）效率

发展中国家独立后往往是苦于国内生产力落后，经济不发达，人民要求变革呼声强烈和国际强国的控制、渗透，而被迫匆匆踏上现代化征程的。加之，发展中国家要在几十年时间跨越发达国家几百年走过的路程，因此，发展的速度必须是快速的甚至是超速的。这正是发展中国家陷于尴尬被动困境的根源之一。历史没有给予发展中国家太多的时间。因此，发展中国家最大问题是推动经济发展，提高人民生活水平。所以，效率也就成为政治发展目标的重要选项之一。

发展中国家面临的最紧迫问题是加速经济发展，解决人民基本的温饱和生存问题。但由于发展中国家现代化进程具有政府主导型、自上而下推进等特点，故没有高效有力的政府，就不可能给现代化发展提供足够的动力和有效的组织领导。这就给政治系统的发展提出如下几项必要的职能要求：第一，政治决策的高效统一；第二，行政执行的高效有力；第三，政治系统推动经济发展的高效持续；第四，政治系统维护社会稳定、社会进步的高效全面。在这几项职能要求中，最重要的是政治系统推动经济发展的高效持续，经济效率的优劣是检验政治效率的根本标准和现实体现，然而最根本的是政治系统的高效决策与执行。如何保证政治系统的高效有力，这就对政府权威提出了一个有限度的要求。东京大学的发展经济学家吉元国生教授在总结日本政府推动经济发展对发展中国家的启示时，深刻地指出："日本的经验并不是要人们去建立一个日本式的政府，它只表明一个政府应该是强有力的。这里所说的强有力政府，是指它有能力制订和实现合理计划，并在必要时迫使人民去服从这些计划。……尽管强化政府作用有一定危险，但对于发展中国家来说，建立既负责任又有权威的政府，是一种较好的选择。"①

---

① ［日］吉元国生：《面对西方的挑战——日本经济成功之道》，黄钢译，中国城市出版社1991年版，第148—149页。

　　发展中国家在强化效率的同时，必须同时重视公平问题，这体现在两个方面：一是政治领域的公平问题，这和政治权力平等向所有公民开放、公民自由民主权利的切实保障、法律面前人人平等有关，要靠有效推进民主化进程来实现。二是经济领域的公平问题，这又必须依靠政府在推进经济效率的同时，利用政府权威进行财富的再分配，防止两极分化、两极对立冲突，把效率建立在公民可接受和社会稳定的基础上。推进效率、兼顾公平，这给政治发展的效率目标带来必须正视的两难问题。

　　在现代化进程中，又如何保证政府权威，从而保证政府高效有力呢？或者说政府权威、效率依靠什么力量来实现呢？这又向发展中国家政治系统发展提出和效率选择必须协调并进的相关目标选择：首先，政府权威是多种因素综合效应在政府系统运行上的表现，现代化进程往往同时带来对传统政治权威的冲击、挑战，政治系统必须重新调整、确立政府权威的合法性基础。其次，政治系统从传统权威到现代权威的转型，不能导致权威缺失、权威真空，必须实现有序转化。最后，政府权威从其现实性上来说必须建立在政府系统整个组织的公正、廉洁、高效、有力之上，而这又意味着对传统政府体系专制、软弱状况的变革与调整，并会触动、打破原有权力结构与利益格局，造成系统本身的震荡与重组。

　　总之，如果政治发展目标只系于单一效率之上，甚至靠更加专制独裁来强行实施效率，结果会因为效率没有合法权威的支持而不能长久，或政府系统因不能再承受专制的重压而崩解。这也是新权威主义只注重政府权威职能忽视政府权威基础而陷于理论误区的原因之一。

（三）民主

　　民主选择被西方政治发展理论研究者当作发展中国家政治发展的重要目标甚至是唯一目标。阿尔蒙德和派伊是这种理论的主要代表。他们以西方民主观念和民主内容为标准，认为一个不民主的社会，不论其经济发展程度多高、人民如何富裕，在政治发展中都不能算作进入高度发展阶段。① 但第二次世界大战以后，一大批前殖民地国家在西方示范支持下进行的"民主试验"不是搞得不伦不类，就是彻底失败。发展中国家政治发展的民主选择为何陷于困境，主要有以下几个方面的原因。

---

① 　参见陈峰《美国政治发展理论综述》，《国外政治学》1985 年第 6 期。

第一，民主政治形式虽已建立，但民主权威并未巩固，这表现在两个方面：一是政治决策虽经由民主秩序产生，但民主制度、民主精神并未成熟巩固，从而使民主决策缺乏社会认同和权威基础；二是政治决策虽是民主的结果，但强有力的行政执行机构并未建立完善，决策执行缺乏必要的集权和权威，使现代化政策贯彻不力。

第二，民主政治并未能及时有效地解决更为紧迫的经济发展问题。由于发展中国家政党机制、法治体系、民主制度、民主文化并不能在短期内确立完善，民主决策机制和行政执行机制未能正常有效运转，政治系统未能高效有力地组织推动经济发展，使贫弱瘫痪的经济更趋贫困。

第三，民主政治未能有效地推动社会整合与国家一体化。许多发展中国家尚处于从传统社会向现代社会的过渡中，内部充满了宗教、部落、种族的分歧，殖民主义"分而治之"的政策更造成了地区和民族的敌视和不和，民主政治的自由主义倾向，使国家缺乏认同，国家统一迟缓。

第四，程序性民主与哲理性民主的二元分离。发展中国家的民主进程更多地受到西方的示范和影响，更多的是从外部移植嫁接的，而不是内部因素自然生长成熟之果。民众更多的是从哲理性民主方面，要求更多的人权、更多的权利，而发展中国家民主传统空白、民主精神残缺、民主制度化层次低下。程序性民主的先天不足与后天发育迟缓未能化解哲理性民主高涨的"参与爆炸"，致使政治系统压力超负、摇摆动荡、社会不稳，给军人干政、独裁专制留下可乘之机。这也是发展中国家民主政治陷于"民主—独裁"怪圈的原因之一。

单一的民主选择，是缺乏社会根基的选择。西方的"民主圣果"是历经几个世纪社会、经济、文化的演进而逐渐成熟的。把政治发展拱手献给民主，而不精心培育民主生成的社会文化环境，难怪发展中国家的民主会发生畸变而不能持久稳固。

二　二元目标选择

政治发展很难仅凭单一支柱维持，二元目标选择是指发展中国家同时将两种价值选择作为政治系统发展的目标，并努力协调二者之间的关系，使其相互耦合、协调发展。

（一）秩序·效率

如果某一发展中国家同时将政治秩序和政治效率作为政治系统的目标选择，并使其协调发展，这即构成秩序·效率型发展选择。

秩序·效率型选择有如下的特征。

第一，正向、稳固、合法的政治秩序是现代化推进的基础和前提，也是其政治凝聚力和权威的源泉；反向、强制、非法的政治秩序则不能长久支撑和平稳交接。

第二，稳固、合法的政治秩序是有权威力量的秩序，而强有力的政治秩序则有利于政治效率的充分发挥和健康持续。

第三，政治效率的充分发挥促进经济发展、社会进步，而经济社会的全面进步则进一步巩固政治秩序的权威基础。

政治秩序和政治效率之间的这种互动互进的正相关关系，只要能在人民生活质量不断提高的现实中体现出来，则可奠定政治发展和现代化进步的坚实社会基础。故这可能是发展中国家现代化之初政治发展的比较现实的选择，也是像亚洲"四小龙"那样的国家和地区能够平稳渡过现代化初期震荡和险滩所提示的经验。

但这种选择也不是万全之策，合法权威的政治秩序有赖于传统权威的松动以及传统权威向现代法理型权威的平稳过渡，有赖于传统权威对日益高涨的政治参与要求的容纳与吸收，有赖于权威转型期公民的理解与支持。还有政治秩序和政治效率的正相关关系还必须建立在政治秩序与经济秩序之间相互适应的正相关基础之上，而这又涉及政治与经济的二元分离、市场取向的深化以及公民之间及利益集团之间的冲突与协调。政治发展与经济变革之间的复杂关系又往往使政治发展抉择陷于顾此失彼、进退维谷的两难困境。

（二）秩序·民主

这是一种同时把政治秩序和政治民主作为发展选择的类型，这种选择涉及以下复杂问题的解决。

第一，传统政治秩序、权威的合法基础是什么？传统秩序的合法基础和民主秩序的合法基础是否一致相合？

第二，传统权威基础和民主权威基础不一致时，传统秩序推进民主的进程即意味着瓦解自己权威的基础，在传统权威基础损缺的过程中，新型的民主权威是否能够及时建立与衔接？能否实现两种权威转型期的平稳有序过渡？

第三，如果传统权威基础已经解构崩溃，而新型民主权威基础还没有巩固并得到广泛认同，就有可能酿成转型期的"权威真空"状态，造成国家和社会无权威无秩序的混乱状态。

第四，民主秩序与民主权威的正常运转，还有赖于民主制度、法律制度、经济状况、教育水平、公民素质等社会、文化条件的改善与进步，而发展中国家的问题往往是社会、经济状况不可能在短期内明显改善，常使民主政治缺乏稳固的社会基础。

发展中国家民主传统的缺乏，就使这种选择蜕变为一种把民主的种子撒在贫瘠的土地上幻想即刻长成大树的危险选择。独立后至今还在冲突、混乱中沉浮的发展中国家及苏联的政治改革似乎能提供现实的注释。发展中国家现代化之前的传统秩序、传统文化和西方式民主秩序、民主文化的排斥性、不相容性，就注定了在传统秩序下快速推进民主化是一种自掘坟墓的可悲活动。人民生活的贫困、经济水平的低劣，不是单靠实行民主就能直线式自然解决的。没有民主基础的发育和民主条件的生成，民主是不能靠传统权威从外而内、从上而下强行移植的。

（三）效率·民主

这是一种把现代社会才具有的果实当作政治发展目标的选择，有其美好的理想和愿望。但是发展中国家的现实往往并不是美好的，发展中国家的现代化是在传统秩序的柔软地基上启动的，所以，这种选择也自有其难以解决的矛盾和问题。

第一，在传统秩序不变的前提下，靠传统权威的不断强化和集权可以压榨出政治效率来，甚至可以有高效的政治效率和超速的经济增长，但在重压压出效率的同时，可能压制出不满、愤怒和暴力。这从专制政治短期的高效率和不可能长命能够得到说明。

第二，传统秩序的高压压出效率的同时却不能兼顾民主，因为民主化意味着传统权威的松动、调整与转型。

第三，效率巩固民主，但民主却不一定推动效率，这是发展中国家民主的又一困境。发展中国家的民主呼声更多的是和权利、参与要求相联系，更多的是和游行、示威、街头抗议相伴。所以，民主的高涨更多的是导致效率的降低，更多的和传统秩序不相容。

不改变传统秩序，却想享受效率、民主的甘美，这是想稳坐王位到永远的专制者的梦想，是和前提相矛盾的政治发展选择。

三　多元目标选择

政治系统不是自我封闭孤立的变项，它的运转、稳定离不开社会大系统其他变项的支撑和扶持。政治发展可以说是政治系统与社会大系统相互影响、相互推动的结果。离开经济基础的承载，离开社会文化的培养，所谓的政治发展只能是孤芳自赏，难免枯萎。发展中国家要解决好政治发展的目标选择，必须厘清以下几个问题。

（一）发展前提

发展中国家独立、解放运动成功之后，建立了不同的政治制度，有共产党领导的社会主义政权，有民族资产阶级领导的资本主义政权，有君主专制或君主立宪的君主政权，有军人执政的军事政权，还有介于社会主义政权和资本主义政权之间的民族主义政权等。而且这些政权的社会基础、稳定程度、权威大小等各不相同。虽然起点、基础各不相同，但却几乎面临着一个共同的问题：要成功地组织、领导现代化，必须保证政治系统的秩序和权威。

但是，随之而来的问题是，现代化即发展问题必然触动和变革原有的政治秩序和权威，即意味着从传统秩序到现代秩序的转型。如何在权威的推动下进行发展，在发展演变中保持权威，这是任何现代化发展都必须解决的前提。英国学者安得鲁·韦伯斯特指出："第三世界国家无论沿着社会主义方向，还是沿着资本主义方向发展，都必须建立一个有黏合力的、权力集中的国家。"[①] 这里就是说的前提问题。

大多数发展中国家坚强政党组织的缺乏、资产阶级的软弱无力、种族和宗教分裂势力的根深蒂固，都使现代化领导者、组织者的政府秩序和权

---

① ［英］安得鲁·韦伯斯特：《发展社会学》，陈一筠译，华夏出版社 1987 年版，第104 页。

威相对软弱，而迫于国内国外发展竞争的压力，现代化进程必须尽快和快速推进。而原有政治秩序软弱、不稳定的发展中国家，匆忙迈开现代化发展的大步而激发出的张力和震荡，就有可能撕裂和冲毁政治系统的秩序，使现代化进程陷于混乱、停滞之中。发展中国家现代化进程的特殊条件和性质，都使得发展前提问题更为根本和重要。

（二）发展过程

"发展越来越被看作是社会灵魂的一种觉醒"①，而发展中国家的贫困与积弱，更使发展成为一种普遍渴求和共同赞成。然而问题的关键是发展过程的设计与选择：单元突破、二元耦合，还是多元推进？快速突变还是有序渐进？等等。

1. 单元、二元还是多元

发展中国家政治现代化启动之时，往往面临着一个艰难的抉择：是选择单一目标快速突破，抑或选择两个目标耦合互动，还是选择多元政治发展目标总体推进？单元突破的发展战略具有快速、易行、震荡小等特点，它可以在相对较短的时间内，集中优势力量，在对整个政治系统冲击震荡小的情况下，在公民较易接受的条件下快速突破，短期内可以取得明显成效，并易获得公民的赞同与支持。

然而，单元突破、孤军深入，当达到一定程度，触动了政治系统相关要素和职能的变化时，如果没有相关要素的响应和协变，就可能因为没有后继支持而趋于衰减或停滞，还可能因为突破超前、超越了政治系统其他要素、其他目标的承受能力及公民的普遍接受水平，而遭到抵制、反对而趋于破产。

总体推进战略具有协同一致、互动共进等优点，可在整个社会条件许可的范围内，在政治系统同时实施多种发展目标，并尽力推动各目标间的相依互补因素，减小其相损共亏因素，在政治系统整体参与、协同作战的情况下达到其现代化目标。然而，总体推进即意味着大动手术，它可能引起利益结构的急剧变动、政治系统的剧烈震荡和社会的不稳与混乱，以致整个社会因承受不了超负荷的张力和撕裂而趋于崩溃解体。

---

① ［法］弗朗索瓦·佩鲁：《新发展观》，张宁、丰子义译，华夏出版社1987年版，第112页。

二元耦合战略兼具单元突破战略和多元推进战略的优点和缺陷，似乎是一种折中的道路，然而折中的选择往往是困难的抉择，在三项目标组合成的三类型的二元耦合中，如何做出决断，也同样是一种困惑。

2. 快速突变还是有序渐进

发展中国家由于各种问题的错综复杂，以及原有政治系统、政治文化与政治发展目标相去甚远，无论每个国家各自选择怎样的发展目标，要在强力作用下，快速突变推进政治发展目标，在短期内形成高度发达的现代政治系统，都可能因为巨大裂变所产生的强大破坏性力量，而把一切秩序和结构冲毁。

现代化的经验提示我们，在强有力政府领导下。有序渐进的实施发展目标，是更有可能取得成功的发展方式。这种方式有以下优点：第一，有序渐进，不致给政治秩序造成太大的破损，不致使政治权威急剧失落，使现代化进程始终有坚强的组织领导者。第二，有序渐进，不致给政治系统造成太大的压力，政治系统会有更多的时间和力量推动政治效率的提高，致力于解决更为紧迫的经济、社会发展问题。第三，有序渐进，不致激发公民对政治发展的过高期望，即使发展不力，也不会产生过多的失望与不满，也易取得公民的理解和支持。第四，可以把政治发展的总体目标分解成几个阶段性目标，实现从传统秩序到现代秩序的相继衔接和平稳演进。

（三）发展次序

政治发展不可能短期内总体推进、全面实现，这就必然提出一个发展次序问题。我们选定的三项政治发展目标，根据排列组合可有七种价值选择：秩序、效率、民主、秩序·效率、秩序·民主、效率·民主、秩序·效率·民主。发展中国家各国的发展起点、传统文化及国内国际条件千差万别，所以，从理论上来说，不可能规定一个统一普适的发展次序。各国选择的依据是原有政治系统的统治能力、应变能力及相应的社会条件，发展的张力是传统政治秩序到现代政治秩序的有序渐变，而不能出现"秩序失范""权威真空"。

（四）发展目标

从以上分析可以看出，分阶段、有秩序的平稳渐进道路是发展中国家政治发展的可行之路。政治发展不是单纯为发展而发展，它必须有利于推动和促进整个现代化事业的发展。

1. 变与不变的秩序

政治秩序的变是指政治发展必然意味着传统政治秩序的触动、解构到现代政治秩序的建构完善这样一个动态过程。政治秩序的不变是指政治发展过程必须在动态秩序中有序演进，即始终必须有某种秩序的存在。这里，不变是变的前提，故政治秩序往往成为政治发展的首要选择。

2. 效率与民主基础上的秩序

为了原有政治秩序的稳固长久而把政治秩序作为政治系统发展的唯一目标，现代化进程就无从谈起。而且原有政治秩序也可能趋于封闭、僵化。由于发展中国家面临的生存危机和生存困境，政治效率就成为政治秩序的重要选择。在原有政治秩序下推进效率，在效率的刺激下调整政治秩序，就成为发展中国家现代化初期的重要特征。但随着经济、社会的进步，利益集团的分化形成、公民权利意识的觉醒，政治民主化的呼声越来越强烈，民主参政的压力越来越大。这时单靠效率支撑的政治秩序就不再适应和推动进一步的发展需求，这就要求政治系统必须适时开拓公民参政的渠道，完善民主制度化建设，扩展政治秩序的社会基础，重建新的政治合法性根据。否则，就可能因为政治秩序得不到公民的支持和认可，而被视为专制或独裁，引发民主浪潮，造成政局动荡和社会不稳，从而降低政治秩序的权威和效率。只有既是民主又有效率的秩序，才可能是有权威、有能力，又有广泛社会认同和基础的秩序，只有建立在效率与民主互动协变基础上的秩序，才可能是稳固持久的政治秩序。

3. 秩序与民主基础上的效率

没有某种政治秩序，效率就无从谈起，政局动荡、混战不已的索马里、阿富汗就是现实的证据。但单靠传统秩序支撑的效率只能是有限度的效率、没有后劲的效率。现代化的深入推进只能建立在广泛的社会动员和公民的积极参与基础之上，这时只能在民主的原则下，调整、改造原有的政治秩序，给公民更多的有保障的民主权利和自主权利，使全体公民积极主动地投身于现代化建设之中，给效率提供更足的动力源泉和保证。秩序给效率提供前提，民主给效率提供动力，只有建立在秩序与民主基础上的效率，才可能是既有保证又将持久的效率。

4. 秩序与效率基础上的民主

发展中国家民主传统、民主意识、民主社会基础的脆弱，使其民主政治的建设更多地依赖传统政治秩序的组织与实施。一步到位的突现型民主模式，往往使原有秩序裂变解体，而民主秩序还不巩固有力，从而出现秩序断层，导致政局动荡。所以，政治民主目标在现代化取得明显成效的国家往往表现出"滞后效应"。

政治民主只能在政治秩序的前提下，分阶段、分步骤地实现从传统到现代的秩序转型。但是，只有秩序而无效率的民主，只能是软弱的民主。软弱的民主又常常导致经济发展迟缓、社会徘徊不前，而招致社会积怨爆发，到头来损害政治民主建设自身。故从传统秩序到民主秩序有序变迁中产生的新型民主秩序，必须同时致力于政治效率的提高，这样才能使公民从民主秩序中切实感受到好处与实惠，从而使民主秩序获得广泛的社会认同和基础，使民主巩固和深入。

发展中国家匆忙建立的"民主政治"，之所以多数陷于困境或遭到颠覆，更多的是由于没有政治效率、经济发展、社会进步的支持而处于悬空状态。

5. 多元协变才能有政治发展的稳定持久

把以上所述概括一下可以看出，政治发展的稳定持久模式有赖于秩序·效率·民主的多元共振协变。由于发展中国家政治发展的各自特殊性，各国可以选择适合本国现实条件的具体发展途径。但政治发展无论取道哪种发展途径，历时长短，以及遭遇何种挫折与磨难，只有演变生成巩固的多元协变结构，才可望获得既稳定又有权威的现代政治系统。这时，政治系统的秩序是建基于民主合法性的秩序，又是富有效率的秩序；政治系统的效率是秩序组织下的效率，又是公民积极参与、民主推动的效率；政治系统的民主是有秩序、和平的民主，又是有效率、有权威的民主。在多元共振协变底座上运转的权力金字塔政治系统才能稳固与持久。

秩序·效率·民主共进协变的政治发展目标，才是切实可行的选择，才是有广泛社会基础的目标，才能和整个现代化进程及社会的全面进步互促并进。

第二编

中国民主的理论建构

影响当代中国政治发展的民主思路

当代中国正在经历着前所未有的广泛而深刻的现代化变革，政治现代化作为全面现代化的保证和应有内涵，也在扎实有序地推进中。随着国门开放和全球化进程的深入，世界上的各种民主思潮和观点也被渐次介绍和传播到中国，精英主义民主、自由主义民主、多元主义民主、合作主义民主、参与民主、协商民主等都在不同的领域和层面影响着中国人的民主思维。现代化的中国，是全球化的中国，也是民主思潮大传播的中国。

各种民主思潮的涌现和传播，扩大了中国人的民主视野和知识，也对官方的马克思主义政治理论和民主观点构成了冲击和挑战，但问题的实质和关键依然是如何扎实而有效地推进中国的政治发展和民主建设。中国民主何去何从，如何在保障中国现代化目标全面实现的进程中切实而有效地推进中国的民主实践和进程，也就成为中国各界人士思考的中心主题和问题。这就涉及国外民主思潮的本土化问题，涉及对现行政治制度的认同和评价问题，也涉及民主的价值评估、民主的制度架构、民主的生发路径，以及民主的未来图景等一系列民主思想和中国现实相结合的问题。这激发了中国思想界的丰富想象和智力投入，不同的学者站在不同的立场、依据不同的视角、关联不同的现实、规划不同的蓝图，对中国的民主发展提出了各种各样的思路和观点，也对中国的民主实践产生了直接或间接的各种影响。以下就对海内外中国学者依照中国现代化的问题背景，或隐含或明显地对中国民主发展的不同思路和观点加以评介，以期对影响当代中国民主发展的民主思路有一概观的了解。

一 替代民主论

替代民主论认为，相对于中国的社会历史传统和客观现实条件，对于中国的政治发展来说，发展民主是危险的，甚至是有害的，中国的政治发展目标有着可以替代民主的另外选择，如"法治政体""仁政"等。其中以北京大学教授潘维和中国科学院研究员康晓光为代表，潘维的替代民主方案最为完整和典型，下面就以其说明替代民主论的逻辑和依据。

潘维首先承认，他对西方的"自由民主制"的成就深怀敬意，甚至认为这种民主与法治结合的体制，是人治加法治的制度，这种政体取得了秩序和自由的高度统一，代表当今政治文明的最高成就。但他质疑民主作为一种"放之四海而皆准"的政治"真理"，质疑其行将终结世界政治文明的帝国主义宣传，质疑其在中国具体条件下的可行性，并提倡用一种开放而实用的政治思维取代民主迷信。[①]

潘维质疑自由民主制所谓的"普世的价值"，那么他所质疑的"关于民主的神话"是什么？他认为，所有的政体都宣称自己的目的高尚，但所有的政体都不过是手段，是组织政府的方法。现代民主制组织政府的方法，也即现代民主制指的是全体成年公民自由、定期地选举本国最高层领导人的制度。潘维承认他的民主定义和熊彼特的民主定义相通，[②] 其根本的特征和核心的机制就是竞争性选举，就是"多数决"。潘维逐一批判了这种民主制中许多人以为必然包括的价值和内容：现代民主制并不使人民享受政治平等和广泛参与决策，现代民主制并不导致言论、出版、结社和集会的自由，现代民主制并不意味着制衡，现代民主制也不制止腐败。而这一切都可以通过完善法治得以实现。潘维认为西方的民主制之所以成功、稳定有赖于三大基石：第一是法治；第二是对强权政治合理性的认识；第三是多元利益集团均衡。[③]

潘维主张，政体设计的基本出发点是在一国具体的社会和经济文化条件中寻找秩序与自由的平衡。西方自由民主制稳固持久的三大基石并不存在于其他文明之中。中国的社会和经济条件并没有创造出法治传统，也没有导致关于强权政治的文化共识。中国社会既没有造就真正的大型社会利

---

① 参见潘维《法治与"民主迷信"》，香港社会科学出版社有限公司2003年版，第5页。

② 同上书，第8页。熊彼特开创了最简洁的关于民主的程序性定义："民主方法是为了达到政治决定的一种制度上的安排，在这种安排中，某些人通过竞取人民选票而得到作出决定的权力。"参见熊彼特《资本主义、社会主义和民主主义》，绛枫译，商务印书馆1979年版，第337页。

③ 参见潘维《法治与"民主迷信"》，香港社会科学出版社有限公司2003年版，第23—24页。

益集团，更谈不上大型社会集团之间的清晰利益分际。在这种条件下通过民主的方式挑动社会分裂是非常危险的。①

那么，中国社会的历史传统是什么？潘维认为，古代中国自商鞅变法始，即开创了漫长的"传统社会"，自给自足的小农经济是这种社会的经济基础，分化不明的小农家庭构成其社会基础，政治上则是皇帝率领文官系统伙同地方乡绅进行统治，拥有世俗和大一统的中央政权。这种世俗的"传统社会"与西方宗教的"封建社会"相比有非常不同的四大特点：一是拥有深厚的经济自由传统；二是拥有独特的政治公平；三是"德政"而非强权是政权生存的条件；四是道德原则而非具体的法律是权威的源泉。所以传统的中国成就了一种独特而又先进的政治文明，即以公平考试产生文官政府，以道德原则治理官吏和国家，以有限政府保证经济和社会自由。②

潘维认为，西方文明选择民主制，因为这种政体能保障社会集团的经济和政治自由，而中华文明适合选择法治，这是因为：第一，中国社会不是大型利益集团的温床；第二，中国人民并不热衷于把原来混沌的利益分际政治化，组成大型政治利益集团；第三，中国缺少的不是自由，而是关于自由竞争的公正环境和公平条件。因此，中国的政体改革问题不是要解决由谁掌握权力的问题，而是权力怎么被掌握的问题。不是要"换人做做看"，而是要由人治走向法治，用制度限制人的权力，用法的权威代替人的权威。③潘维相信，每个伟大的文明都基于一个伟大的政治文明，中国的传统政制是中华古典文明的核心，中华文明复兴的希望在于确立一个植根于本土文明和本土条件的政体，解决大众面临的现实，以法治为导向的政体是中华政治文明的自然发展。

由以上历史依据和逻辑推演，潘维开出的替代民主的中国政治发展选择是"咨询型法治"，它由六大支柱组成：一是中立的文官系统；二是自主的司法系统；三是独立的反贪机构；四是独立的审计系统；五是以全国和省人民代表大会为核心的广泛的社会咨询系统；六是受法律充分保护的言论、出版、集会和结社自由。潘维相信，对中国的执政党来说，选择

① 参见潘维《法治与"民主迷信"》，香港社会科学出版社有限公司2003年版，第24页。
② 同上书，第25—26页。
③ 同上书，第34页。

"咨询型法治"较之选择民主制的可行性要高得多。这是因为：第一，以法治为导向的政治改革不会引发政治动荡，反而会使社会更稳定，因为法律与秩序的因果关系已久经历史考验。第二，咨询型法治与现行政体在结构上相差不远，现行政体为法治政体的建立提供了良好基础，无须发动社会革命，另起炉灶。第三，中国香港和新加坡的政体提供了在华人社会里建立咨询型法治的丰富经验，而且这两个政体已经取得了举世公认的成功。第四，以法治为导向的政治改革是解决腐败问题最直接、最有效的办法，而解决腐败问题、维护竞争的公平，乃是执政党在人民中继续享有声望的关键。第五，建设法治政体是中国现代化事业的天然组成部分和最后的任务，而推动中国的"现代化"是人民拥护执政党的历史原因。①

在现行的政治架构下，如何实施以法治为导向、以吏治为核心的政治改革，潘维也给出了较具体的规划：第一，宣布执政党的"中心工作"由经济建设转变为法治建设。第二，宣布分三个阶段进行以法治为导向的二十年政治体制改革。在第一个五年，主要任务是实行十一届三中全会提出的"党政分开"原则，取消目前的"双行政"体制，实现共产党的"依法治国"。在第二个五年，主要任务是大幅度减少属非公务员系统的政务官，建立和完善制衡制度，让司法系统真正自主，反贪机构真正独立，审计系统真正中立，社会咨询系统的功能真正实现，目的是建立初级的"法律做主"的体制。在最后十年，主要任务是开放言论、出版、集会和结社自由，在实践中调整六大支柱的相互关系，提高咨询型法治政体的稳定性，使之成为一种成熟的现代政体。②

潘维最后认为，中华民族向何处去，未来留给政治体制改革的选择是有限的，让人民定期和自由地普选领导人明显是一种自杀式的选择，不仅会毁掉执政党，而且会毁掉中华文明复兴的希望。③

替代民主论，可以说是一种对中国政治现状和政治发展最具"现实主义"的认识和选择，但对于民主中国的前景来说则是最"悲观主义"的方案。由于一个社会的政治实践无法也无从进行大规模的"实验"，当权者更是不敢拿自己的政权命运当"赌注"，所以，替代民主论的社会历史

---

① 参见潘维《法治与"民主迷信"》，香港社会科学出版社有限公司 2003 年版，第 44 页。

② 同上书，第 46 页。

③ 同上书，第 54 页；潘维、玛雅主编《人民共和国六十年与中国模式》，生活·读书·新知三联书店 2010 年版，第 23 页。

证据是很有限的。从正面论据来看，替代民主论者引证最多的是中国香港和新加坡的优良法治实践，但从历史渊源不同、政治架构不同而且小规模的中国香港和新加坡政治实践来论证共产党执政的大规模政治发展，其间的差异比其相似性更多更大，这是有待质疑和进一步探讨的地方；从负面论证来看，替代民主论者引证最多是南美、东南亚和非洲"新兴民主国家"民主化导致的政治动荡和社会混乱，而这些地区民主转型比较平稳和巩固的国家则不再提起。[①] 最后，对于替代民主论者来说，最为关键和具有挑战性的问题是，在中国现行的政治制度下，如何在没有民主发展的推进和保障的情况下，顺利过渡到"咨询型法治"政体或推行"仁政"的"合作主义国家"。[②] 这就要求直面现行政治制度的现实和问题，而不仅是靠思想逻辑推演所能解决的。

其实，"民主"对于中国人民究竟是"福音"，还是一根搞垮中国的"绞索"，[③] 这不仅是一个理论思辨问题，而是现代化进程中的实践问题，取决于"民主"实践在整个现代化实现中的价值和功用，最终是要靠中国政治发展的实践推进，要靠中国执政党和人民的智慧和合作。

二　自由民主论

自由民主论，是以自由主义为思想基础，以保障和实现每个公民的根本权利和自由为出发点和最高目的，以自由、公正的竞争性选举为核心机制，主张自由、民主和宪政的三位一体。自由民主论在中国近代以来思想渊源深远，在市场经济和全面开放的今天，更是传播广泛。在 20 世纪 90年代后期，自由主义思潮在中国再次浮现，自由民主论的思想和观念也以各种各样的形式或隐或现地呈现出来，其中以体制外自由学者刘军宁的观

---

① 参见康晓光《中国：改革时代的政治发展与政治稳定》，燕南，http//www.yannan.cn. 2004 - 07 - 13；潘维《法治与"民主迷信"》，香港社会科学出版社有限公司 2003 年版，第 4 页。

② 康晓光认为，在中国，"民主化是祸国殃民的选择"，因为从经验事实看，民主从来就是少数人统治多数人，并不值得推崇。所以应该建立一个权力精英、资本精英和知识精英的"阶级分权"的"合作主义国家"，推行"仁政"。参见康晓光《论合作主义国家》，《战略与管理》2003 年第 5 期；《仁政：权威主义国家的合法性理论》，《战略与管理》2004 年第 2 期。参见蔡定剑《民主是一种生活方式》，社会科学文献出版社 2010 年版，第 13 页。

③ 参见潘维、玛雅主编《人民共和国六十年与中国模式》，生活·读书·新知三联书店 2010 年版，第 380 页。

点较为系统和典型，下面就以刘军宁的阐述为范本，分析和评价自由民主论的逻辑结构和价值主张。

自主民主论隐含的价值预设和前提是民主是"普世价值"。刘军宁认为，民主政治在世界的五大洲、各种文化传统中都扎下根来，足以证明民主政治是普世的价值。既然是普世的价值，这就意味着民主政治是可以移植的。民主政治的具体制度虽然难以照搬，但是民主政治的普遍原理却是完全相通的。因此，文化差异和国情等不能成为抗拒民主政治的理由。①

自由民主论者进而主张：民主政治的出现是人类文明发展的一个重大标志，是一个国家通向长治久安的唯一途径。那么自由民主论者所主张的民主政治是什么样的民主政治呢？刘军宁认为，民主必须是自由的民主，除此之外别无他途。为什么民主必须是自由的？因为民主是这样的一种制度安排，它建立在所有公民都有投票和参与政治生活的权利的基础上。由于这种政治参与权同样也是自由主义所主张的基本政治权利，所以，自由主义在历史上与民主密切地联系在一起。②

刘军宁进一步申辩了自由的民主相比于不自由的民主的优越性：自由民主政治依据尊重个人价值与尊严的道德原则，个人只能是目的不能是手段，自由民主最适合自由平等的个人；自由民主建立在有限政府的原则之上，强调个人的自由与权利应受到国家的保护，自由民主是一种选举式的民主，普选被看作政治权威的唯一合法性来源；自由民主意味着多元政治，允许不同的意识形态、政治哲学、政治运动、政治党派的存在，自由公平的政治竞争是自由民主的根本特征之一；自由民主意味着代议民主，代议民主是一种实行间接民主的混合政体，它一方面把政府建立在公民通过选举表达出来的自愿同意之上，另一方面又对民主的作用范围做了必要的限制；自由民主意味着程序民主，这种程序的安排可以确保政权实行和平和定期的交换；自由民主意味着自由市场经济，自由民主与市场经济之间有着内在的逻辑联系，是人类追求与践行经济自由与政治自由的产物。在自由主义者看来，民主仅仅指自由的民主，这种政体的标志不仅是自由与公正的选举，而且还实行法治、分权制衡，保护公民的言论、集会、结

---

①　参见刘军宁编《民主二十讲》，中国青年出版社 2008 年版，编者序，第 7 页。

②　参见刘军宁、王炎主编《直接民主与间接民主》，生活·读书·新知三联书店 1998 年版，第 25 页。

社、宗教、信仰和财产等基本的自由。因此，衡量自由民主的准绳有两条：一看其有没有民主，即看政府是不是通过自由公平的选举产生的；二看其有没有宪政自由主义，即公民的基本自由是否得到保障，对政府的权力是否有制约和平衡。①

自由民主论者所主张的自由的民主，在实现机制上坚决主张间接民主、代议民主，而反对新左派所主张的直接民主。刘军宁认为，间接民主是指公民通过由自己的同意所选举出来的代表来负责制定法律和管理公共事务。而直接民主是指由公民作为国家的主人直接管理自己的事物，但在现代大规模的民族国家中，直接民主有着制度和实现机制上难以克服的缺陷：一是直接民主不可行，面临规模难题；二是直接民主成本高、风险大，易导致对抗和易情绪化；三是直接民主无程序、一刀切，不自由，生暴政；四是直接民主是假民主，永远无法实现它所许诺的东西。

而间接民主是适合现代大规模民族国家政治共同体的现代民主形式，具有直接民主所不具备的优越性：一是间接民主切实可行，生和谐，易妥协，成本低，更理性；二是间接民主依托市场社会，维护个人自由；三是间接民主比直接民主具有更大的包容性；四是间接民主通过程序化，既依归民意，又能防止多数暴政。② 其实，自由民主论者所主张的自由民主、代议民主、间接民主是指当今西方发达国家中成熟的民主政体，是一种多层次、多结构的复合政治体系，是包括了宪法至上、自由选举制度、议会制度、多党竞争体系、联邦制、分权制衡、司法独立、违宪审查、新闻出版自由、结社自由及多元公民社会等的复杂系统，是一种自由、民主、共和、法治、宪政相协调的复合系统。而这是在西方国家的现代化进程中逐渐生成，不断协调和完善的过程中成型的，对于后发现代化国家只可能是一种理想的形态和参照系统，其实现的道路何其漫长和艰难！

对于现行的中国政治现实和发展，自由民主论者往往是既悲观而又无奈，刘军宁认为，现代中国政治的缺失是巨大而严重的，即缺少民主、共和与保障这两者的宪政。可以说，中国目前的许多政治危机在很大程度上都是由这种缺陷带来的，更为复杂的是这些危机又往往构成中国通向宪政

---

① 参见刘军宁、王炎主编《直接民主与间接民主》，生活·读书·新知三联书店1998年版，第31—34页。

② 同上书，第41—48页。

的重大障碍。① 至于如何达成自由民主论者所向往的自由民主，自由民主论者则出于各种现实的和主观的原因而往往语焉不详。

对于自由民主论者而言，自认为作为其理论基础的"自由主义是最好的、最具普遍性的价值"，② 个人主义和个人自由是其根本原则，多党竞争的自由选举是其实现的核心机制。正如《零八宪章》完整阐述的基本主张：修改宪法、分权制衡、立法民主、司法独立、军队国家化、人权保障、公职直选、结社自由、集会自由、言论自由等。③ 但对于大多数中国人来说，这些只是遥不可及的"西洋景"。在中国传统社会缺乏自由民主的基因和文化，现实政权又"绝不"允许的困境中，自由民主的种子在何处落地？几时生根？又怎样开花、结果？一句话，自由民主与现行的政治制度如何对接？难道只有寄希望于政治革命、另起炉灶？难道只有以政治动荡、社会混乱为代价？而这是风险极大、甚至极不负责的方案，会危及中国的现代化进程，是执政者万万不能容忍的。为现行政权不接受又没有多少民众基础的自由民主论者的处境何止是艰难，甚至有点悲惨而凄凉！但自由民主论的威力不可小觑，其威力不在其可见的现实可能性，而在于其流播广远像空气一般的弥漫性扩散，在于其不知不觉之间对各个阶层民众观念的渗透和改变，这是中国执政者和知识界必须警觉的现实和趋势。

三　直接民主论

直接民主论主张，公民作为国家的主人应该在广泛的领域和层次直接参与和管理自己的事务，而不必通过中介和代表。在当前中国的思想知识界中，主张直接民主论者，多为新左派人士，其中王绍光对直接民主思想有较为全面的论述和主张，下面就以王绍光的论述来展示直接民主论者的民主理想和逻辑脉络。

首先，对于民主的普遍价值，王绍光并不否认，虽然承认民主是个好东西，但不同的人对民主的理解不同，而他认为，真正的民主才是个好东

---

① 参见刘军宁《共和、民主、宪政》，上海三联书店 1998 年版，第 133 页。

② 李慎之：《弘扬北大的自由主义传统》，载刘军宁主编《北大传统与近代中国》，中国人事出版社 1998 年版。

③ 参见中国各界人士联合发布《零八宪章》，2008 年 12 月 10 日。

西。那么，什么是真正的民主？那就是民主的本原含义，人民当家做主是真正的民主，因此，人们当家做主的民主是个好东西。①

由以上所定义的民主，会引来一系列需要讨论的问题：谁是人民？当谁的家？做什么主？怎么来当家做主？王绍光一一给予阐释。

谁是人民？理论上是指所有的人，所有的人在经济、社会、政治生活中都应该平等的参与、得到平等的代表、对决策有平等的影响。

当谁的家？当然是当自己的家，自己的事情自己来决定，人民应该在一切影响他们切身利益的领域里面当家做主。

做什么主？在自己的一切事务上做主，人民当家做主的领域应该既包括政治领域，也包括经济领域和社会领域。

怎么来当家做主？无非两种方式，一是直接民主，人民直接参与到决策中去；二是通过代表间接参与。②

直接民主论者，推崇和向往的是原始的、理想的民主理念，自然就集中于对间接民主的批判。王绍光把以竞争性选举为特征的所谓民主制度称为"选主"，这是因为它的实质不是人民当家做主，而是由人民选出"主人"来。第一，从民主发展的历史渊源上讲，选举或者竞争性选举原本与民主没有任何关联，在19世纪之前，民主多是与抽签联系在一起的，抽签是挑选决策者的主要方式。第二，从目标上讲，民主在时间和空间上不对决策的范围进行限制，而选主在时间和空间上都进行了限制。第三，从过程上讲，选主的过程是非常容易被操控的，必然导致精英统治。第四，从结果上讲，精英统治说到底是一种不平等代表，不同的社会群体对决策影响大不相同，其最终结果是强化了精英阶层占主导的统治秩序。③

所以，从历史渊源、立场、性质、目标、过程、结果和效果所有方面来说，直接民主都体现为一种无所限制、永远探索、平等参与、平等代表、平等影响的民主生活方式，每个人在影响自己福祉的领域里面，都有参与决策的权利。相比较而言，代议民主、自由民主、多元民主、宪政民主，都是用在民主前面加修饰词的方法来阉割民主、驯化民主，而这是有产阶级对抗民主的主要策略。王绍光认为，所谓的"代议""自由""多

_____

① 参见王绍光《祛魅与超越》，中信出版社2010年版，第214页。
② 同上书，第216—218页。
③ 同上书，第219页。

元""宪政"阉割了民主的精髓,把民主从难于驾驭的烈马变成了温顺的小绵羊,资产阶级接受的是经过阉割的"民主",而不是原本意义上的民主。① 王绍光强调,所谓的"自由民主"体制,其实,形式上看似"民主"体制(如有定期选举和多党竞争),运作起来未必符合民主的原则。当"自由民主"这部机器的关键部件要靠金钱的"润滑剂"来维持运转时,"民主"就变成了"选主","选主"就变成了"钱主"。②

如果以竞选为机制的自由民主是变质的民主,是寡头政治,根本不是什么民主,那么,直接民主论者主张的真正民主是怎样才能运转的?王绍光认为,真正的民主必须由人民当家做主。如果政体规模太大,人民不能直接当家做主,必须经由代理人,那么至少所有人都应有担任代理人的平等机会。这又如何实现呢?只有在随机抽签的体制下,每个人才可能获得当选的平等机会。除非所有资源在社会各个阶层之间均衡分布,否则代议制选举民主的结果可能与抽签或直接民主的结果没有太大差别。③ 所以,直接民主论者给出的现实的民主实现机制就是:要么直接参与决策,要么抽签,要么所有资源均衡分配。这就是王绍光鼓励大家探索的"超越选主"的直接民主实现形式:电子民主、商议式民主、抽签式民主、经济民主。

至于中国民主政治建设的路该怎么走,王绍光也有自己的设想:中国要在社会主义制度的基础上建设民主,它应该是以最广大劳动人民利益为出发点的民主,是广泛参与的民主;完全不必向有产者做出巨大的让步,而对民主大打折扣。具体来说,他对中国的政治转型有三点基本的思考。

第一,广泛的民主。首先,民主的适用范围并不局限于政治生活领域,而是涵盖生活的其他方面,包括经济民主、社会民主、军事民主、学术民主、日常生活民主。在各个领域内部实行民主时,可以采用各种不同的方式,既可以直接参与决策,也可以用抽签、投票等方式来产生民主决策的机构。其次,即使在政治领域,民主的形式也不能局限于竞争性选举一种,还有如民众直接参与的商议式民主、电子民主等。

第二,公平的自由。因为一个人在多大程度上享受自由,取决于他拥

---

① 参见王绍光《祛魅与超越》,中信出版社 2010 年版,第 105 页。
② 参见王绍光《民主四讲》,生活·读书·新知三联书店 2008 年版,第 3 页。
③ 参见王绍光《祛魅与超越》,中信出版社 2010 年版,第 106 页。

有多少资源，要实现"公平的自由"，首先就要消除贫困、消除两极分化、消除文盲、消除愚昧，使得所有人都能享受财产权、人身自由和政治自由。换言之，为了让人们享有免于经济和社会不安全的自由，必须对经济和社会资源进行再分配，使之不是集中在极少部分人手中，而是让所有人都成为经济、社会、文化、政治资源的拥有者，而这必须靠强有力的政府干预才能实现。

第三，有力的国家。一个强有力的国家有利于民主，建立民主国家，必须加强国家机器，而不是损坏它；如果损坏国家机器，可能既得不到民主，也得不到国家。

总之，广泛的民主、公平的自由、有力的国家，这就是王绍光给我们指出的"安邦之道"：只有国家具备适当的能力，才能实现最广泛的民主和公平的自由；同时，也只有在民主、自由的条件下，强大的国家才不会变成张牙舞爪的怪兽。① 其实，这也是王绍光早年就给中国指出的政体民主化目标：我们的目标是一个强有力的民主政权，我们实现这个目标的途径不是弱化国家能力，而是使权威主义政权向民主政权转化。②

直接民主论承接着人类全面地自己做主的民主梦想，追求每个人自由平等的参与和决策，所以往往在人类民主的起源地——古希腊民主城邦中开掘溯源。其对西方式的以竞争性选举为核心机制的自由民主的批判就显得火力十足，其批判性揭示是深刻的，甚至是正确的。但是直接民主内在的全面性和理想性，也就内在地决定了其现实性的缺陷。正像自由主义对其批判指出的那样，直接民主缺乏具体的制度设计和可行性研究，因而是一种可望而不可即的"高调民主"。③ 直接民主可以在一些领域和层面上"超越选主"，但在现代大规模政治生活中，要超越"代议制民主"的间接机制，其实是难于上青天，而且是人类理性所不及。在论及中国的政治现实和民主发展时，直接民主论对于下层民众经济社会资源弱势状况的关注值得深思，但在有意无意回避现实政治体制的问题的约束下，还是难以回答自由民主论者的质问："当前中国的首要问题是要把以选举为基础的代议民主制度建立起来，有了这样一个基本的平

① 参见王绍光《祛魅与超越》，中信出版社 2010 年版，第 110—115 页。
② 参见王绍光《安邦之道——国家转型的目标与途径》，生活·读书·新知三联书店 2007 年版，第 32 页。
③ 参见顾肃《自由主义基本理念》，中央编译出版社 2003 年版，第 171—172 页。

台以后，才可能谈如何完善民主的问题。"① 至于在中国这样一个急于赶
超发展的后发现代化国家的境遇下，要求广泛的经济民主、文化民主，
甚至反对一切压迫关系、实现人类解放的"全面民主"，总难免有"时
空错置"的浪漫情怀。其实，王绍光的最深刻之处，在于辨明了"有力
国家"与"民主自由"的互动关系，而这是当今中国政治发展无法回避
的"真问题"。

四 中国民主道路论

中国民主道路论，是指在中国共产党的领导下，在实现社会主义现代
化的进程中，中国已经走上了一条富有中国特色的社会主义民主政治道
路。这是主流意识形态宣传的主导思想，得到很多体制内官员和学者的认
同，对此最为集中和完整论述的是中国社会科学院政治学所的房宁所长。
下面就以房宁的论述来分析中国民主道路论的主要内容和特征。

中国民主道路论的根本立论的基础和前提是马克思主义和社会主义，
房宁首先明确指出：中国的民主政治建设并非无源之水、无本之木。中国
民主政治建设的"本"，就是坚持四项基本原则；中国民主政治建设的
"源"就是马克思主义民主观的指导。并着重强调：中国的政治体制改革
和民主政治建设是在原有的社会主义政治制度基础上的自我完善和发展，
其理论基础、制度架构没有改变。② 这是中国民主道路论的根本政治立场
和价值预设。

房宁归纳认为，马克思主义民主观的核心理念是指出民主是一个历史
的范畴，民主具有阶级性和相对性。所以，虽然民主是人类的普遍价值追
求，但民主是由历史来定义的：一个国家选择什么样的民主道路，从根本
上讲，取决于这个国家的历史、国情和国际环境。历史条件不同、面临的
任务不同、所处的国际环境不同，民主的道路、民主的实现形式就会有所
不同。③

那么中国的民主道路是怎样产生和形成的呢？当代中国的民主道路是

---

① 蔡定剑：《民主是一种现代生活》，社会科学文献出版社 2010 年版，第 45 页。

② 参见房宁《民主政治十论——中国特色社会主义民主理论与实践的若干重大问题》，中
国社会科学出版社 2007 年版，第 28 页。

③ 同上书，第 1—2 页。

中国人民在近代以来的历史困境中进行反复探索的结果。救亡图存，实现民族独立和国家富强，是中国近现代的历史主题。这一历史主题规定了中国的民主政治的核心内容，这就是团结中国人民，凝聚中华民族，实现国家的独立与民族解放；调动人民群众的积极性、主动性、创造性，实现社会主义现代化和中华民族的伟大复兴。[1] 由此历史性地决定了中国民主政治的根本任务、性质、内容、形式、功能与西方民主根本不同，并具有了中国社会主义的特色和中华民族的特征。

房宁认为，在当代中国实现民主，建立和完善民主政治制度所要解决的主要问题是实现人民主权，即保证国家各级政权代表人民，由人民掌握；通过经济社会文化发展，扩大和发展人民权利；保障国家的统一、民族团结和社会和谐稳定。在中国，能够实现这三大目标的制度，才是符合社会发展进步要求和人民愿望的民主制度。在中国共产党的领导下，中国的人民代表大会制度、共产党领导的多党合作与政治协商制度、民族区域自治制度和基层群众自治制度，就是在长期的革命、建设和改革实践中，围绕着实现上述三大目标形成并发展起来的。所以，房宁归纳指出，中国的民主模式的官方表述是：共产党的领导，人民当家做主和依法治国的有机统一。它具体表现为四项基本制度：人民代表大会制度、共产党领导的多党合作和政治协商制度、民族区域自治制度、基层群众自治制度。正是这"三统一"和"四制度"构成了中国模式的政治框架。[2]

如果说"三统一"是中国民主政治建设的根本规律，那么"三步走"就是发展人民民主权利的基本规律：主权在民是中国人民权利实现的开端；实现经济平等是中国人民权利实现的第二步；在实现主权和平等的基础上，逐步扩大人民的个人权利和自由。[3] 房宁认为，历史经济表明，社会主义民主是由低到高、由不完善到完善的发展，人民权利的实现与发展要经过一个循序渐进的过程。

在深刻研究中国近代以来民主发展得失，特别是改革开放以来民主政治建设经验的基础上，房宁系统总结了中国民主政治的三大优势：第一，

---

[1]　参见房宁《民主政治十论——中国特色社会主义民主理论与实践的若干重大问题》，中国社会科学出版社 2007 年版，第 2 页。

[2]　参见房宁、杨琳《民主的中国经验》，《瞭望》新闻周刊 2010 年 1 月 4 日。

[3]　参见房宁《民主政治十论——中国特色社会主义民主理论与实践的若干重大问题》，中国社会科学出版社 2007 年版，第 82—84 页。

有利于形成代表中国人民的整体利益、长远利益和根本利益的大政方针；第二，有利于统筹兼顾协调各方利益；第三，有利于政治稳定、社会安定，促成经济社会长期稳定发展。同时，对于中国民主政治发展必须面对的问题，房宁也有清醒的认识，他认为，中国未来民主政治建设必须解决三大问题：一是市场经济条件下保持人民当家做主的地位问题；二是实现和发展广大人民群众的民主权利问题；三是保持执政党的先进性问题。[①]

　　如何解决三大突出问题，本着高度负责的态度，从中国人民的根本利益出发，房宁系统规划了发展和完善中国民主政治的基本路径。

　　第一，权利意识与政权建设：推动民主的两个轮子。权利意识增长、社会矛盾的增加以及向政权的集中，构成了新时期政治参与的动因，要求政治体制做出有效回应。同时，市场经济下行政成本居高不下和腐败蔓延也对政权建设提出了压力和挑战。

　　第二，参与、协商、监督：民主政治建设的三大重点。考虑到中国的历史与国情、社会发展阶段与面临着的主要任务，中国的民主政治发展所应选择的方向和路径，不应当是发展和扩大竞争性的政治制度，还包括实现竞争性选举和进一步扩大和上推基层民主机制等。中国在现阶段政治体制改革和民主政治建设的重点和方向应当是稳步扩大有序政治参与，积极推进政治协商和大力加强民主监督。

　　第三，政治民主、经济民主、社会民主：民主建设的三大领域。中国特色社会主义民主政治不仅要实现全体人民的政治平等、实现政治民主，还要以此为基础将民主推向经济和社会领域。社会主义民主更主要也更为深刻的内容是经济民主和社会民主。

　　第四，坚持和完善党的领导，促进人民民主。这是因为坚持共产党领导与发展人民民主的关系，是中国特色社会主义民主政治建设中的核心问题。

　　第五，选择正确思路推进党内民主。在目前的阶段和形势下，改革党内选举制度，逐步加强选举的竞争性的思路是不妥的，正确的思路是扩大参与、落实权利和加强监督。

　　第六，确有必要、经过试点、逐步推行是政治体制改革的基本策略。

---

　　① 参见房宁《民主政治十论——中国特色社会主义民主理论与实践的若干重大问题》，中国社会科学出版社 2007 年版，第 85—95 页。

这是因为，政治体制改革是发展社会主义民主的重要途径，但也关系到执政党和国家的前途命运，是有高度风险的。因此，对于政治体制改革必须慎之又慎，必须对每种思路、每项措施进行可行性论证，应当按照"确有必要、经过试点、逐步推行"的原则审慎实施。①

中国民主道路论，是运用马克思主义的民主原理和中国特色社会主义基本理论，从社会主义的政治立场和基本原则出发，在系统总结中国近代以来民主发展的得失和国际社会主义民主建设的经验教训的基础上，对中国特色民主发展道路的形成、性质、内容、特征、问题和对策的系统论述和阐明；是第一次有影响的中国特色社会主义民主理论和实践的开创性正面宣示，其中所包含的历史分析方法、阶级分析方法、具体相对分析方法都值得知识界的进一步的深思和开拓。中国民主道路论，从理论意义上来说，直接关系着中国发展道路和中国模式的政治架构和关键性的制度特征，是中国模式能否成立和持续的核心阐释；从实践价值来说，直接关系着未来中国民主发展的战略和策略，关系着民主制度和形式创新的重点和路径。对中国民主道路论的阐述，可能由于作者原则性宣示过多，细节性学理不足，特别是对未来中国民主发展的"慎之又慎"和发展路径操作性的"模糊不明"，难免被学术界质疑为是替政权和官方在做"辩护"，这在当今思想多样化的开放环境中也是可以理解的。

五　增量民主论

增量民主论，是指在已经取得的政治民主的成就和经验即"存量"的基础上，在现存的政治法律框架下，通过有序逐渐的政治改革和民主建设，形成新的民主"增量"和发展，以期不断推动中国的民主政治建设和完善。这是中央编译局俞可平教授一贯阐释的观点，是对中国民主发展过程特征的概括，也是对未来民主发展路径特征的揭示。俞可平是横跨"官方"和学术界的"两栖"学者，对中国的民主发展和治理善治理论有众多论述，其民主思路对理论界和中国民主实践都有着重要影响。

俞可平对民主的价值有着一贯的阐释和推崇，这构成了增量民主论的

---

① 房宁：《民主政治十论——中国特色社会主义民主理论与实践的若干重大问题》，中国社会科学出版社 2007 年版，第 197—218 页。

理论基础和价值支撑。他认为，如同自然现象有自然规律一样，政治现象也自有其普遍的规律，在中国的政治学界，2002 年他首次提出存在于政治领域的四大政治学公理：第一，人类具有共同的基本政治价值，这就是人类的尊严、自由和平等，在现实的政治生活中，它们具体体现为各种各样的人权；第二，良好的政治制度是实现人类根本利益的基本保证；第三，民主是迄今最好的政治制度；第四，评价民主政治有一套客观的标准。①

这便是俞可平一贯宣扬的"民主的普遍价值"，进一步的延伸和阐发，就是 2006 年俞可平发表的引起广泛关注的《民主是个好东西》一文：民主是个好东西，不是对个别的人而言的，也不是对一些官员而言的；它是对整个国家和民族而言的，是对广大人民群众而言的；民主是个好东西，不是说民主什么都好；民主是个好东西，不是说民主可以为所欲为，能解决一切问题；民主是个好东西，不是说民主就没有痛苦的代价；民主是个好东西，不是说民主是无条件的；民主是个好东西，不是说民主就可以强制人民做什么。② 俞可平更加强调，对于中国来说，民主更是个好东西，也更加必不可少。因为，没有民主，就没有社会主义，就没有现代化，人民民主是社会主义的生命。

那么，俞可平所认同的"民主"到底指什么？俞可平认为，民主政治有许多普遍的要素，只要是民主政治，它就必须具备以下这些要素，否则，它就不是一种民主制度。

一是握有实际权力的各级政治领袖是直接或间接地通过自由而公正的选举产生的，民主政治是一种普选的政治。

二是政治权力的唯一合法性来源于国家的法律，民主政治是一种法治，而不是神治或人治。

三是国家的政治权力受到人民的有效制约，民主政治是一种有限权力的政治，不允许不受制约的绝对权力。

四是每个公民都有参与政治的机会和条件，民主政治是一种竞争式的参与政治。

---

① 参见俞可平《政治与政治学》，社会科学文献出版社 2003 年版，第 42—55 页。

② 参见闫健编《民主是个好东西——俞可平访谈录》，社会科学文献出版社 2006 年版，前言，第 1—5 页。

五是每个公民在宪法允许的范围内都有最大限度的言论权和自由选择权，民主政治是一种宽容的自由政治。①

以上说明俞可平所认可的"民主"是一种每个公民自由、平等参与的竞争性政治制度，这一定义很重要，是其后制定的评价民主政治客观标准的依据。俞可平认为，这一评价民主政治的客观普遍标准包括以下基本要素：普选、参与、法治、透明、人权、责任。

俞可平认为，中国政治的新发展，体现着人类社会普遍的政治价值，从根本上说，支撑这些这种变革的普遍价值，就是自由、民主、平等和人权。②

有了以上关于"民主"的普遍要素和标准的指导作为知识支持，俞可平在深入系统总结中国政治发展经验的基础上，参照中国经济改革的增量改革模式，于 2002 年前后提出了中国增量政治改革和增量民主的思路。其一，正在进行或者将要进行的政治改革和民主建设，必须有足够的"存量"。即必须具备充分的经济和政治基础，必须符合现存的政治法律框架。其二，这种改革和民主建设，必须在原有的基础上有新的突破，形成一种新的增量。其三，这种改革与发展在过程上是渐进的和缓慢的，它是一种突破但非突变。其四，增量民主的实质，是在不损害人民群众原有政治利益的前提下，最大限度地增加政治利益。俞可平还强调，增量民主的概念应当包括几个要点：强调民主的程序，把公民社会的存在视为民主政治的前提，推崇法治，充分肯定政府在民主建设的重要作用。③

更进一步，俞可平认为，根据增量民主的观点，治理和善治的思想对于中国的政治改革而言具有特别重要的意义，中国政治发展的基本目标之一，应当是不断走向与社会主义市场经济体制相适应的善治，这种建立在民主基础之上的善治，称为民主的治理。这种民主的治理应当是中国政治发展的主要方向。他还结合中国的实际，制定了一套中国民主治理的主要评价标准及指标，主要评价标准包括：法治、公民的政治参与、多样化、政治透明度、人权和公民权状况、对党和政府的监督、党内民主和多党合作、基层民主、民间组织状况、合法性、责任性、回应、效率、程序、

---

① 参见俞可平《政治与政治学》，社会科学文献出版社 2003 年版，第 54—55 页。
② 参见俞可平《思想解放与政治进步》，《北京日报》2007 年 9 月 17 日。
③ 参见俞可平《增量民主与善治》，社会科学文献出版社 2005 年版，第 137—141 页。

稳定。①

在 2007 年，俞可平进一步把"增量民主"概括为八个方面，并指出，换一个角度，这八个方面也将是中国未来政治发展的主要趋势。

其一，中国民主的发展将是一种"增量式"的发展。推进民主治理的重大改革，必须拥有现实的政治力量，取得大多数人和政治精英的支持，拥有最广泛的社会基础。

其二，中国的民主政治将在渐进发展中有所突破。突破性的政治改革并不是一种休克式的政治突变，它是由量变到质变的发展，是长期累积性改革的结果，是一种厚积薄发。

其三，增量民主的实质，是在不损害人民群众原有政治利益的前提下，最大限度地增加新的利益。下一步政治改革将着眼于调整社会的利益分配格局，缩小社会成员和社会群体之间的利益差距。

其四，动态的政治稳定将逐渐取代静态的政治稳定。增量民主所要达到的不再是一种传统的以"堵"为主的"静态稳定"，而是现代的以"疏"为主的"动态稳定"，使秩序由静止的状态变为一种过程的状态。

其五，政治改革将持续推动公民的政治参与，形成一种有序的民主。积极鼓励公民的政治参与，将是贯穿中国所有政治改革的一条主线。发展增量民主的基本途径，就是致力于"不断扩大公民有序的政治参与"。

其六，推进民主与法治是密不可分的，没有法治，就没有民主。中国共产党的理想目标是，"把坚持党的领导、人民当家做主和依法治国有机统一起来"。

其七，培育公民社会，推进社会管理体制改革。让民间组织更多地参与社会政治生活，政府更加主动积极地与民间组织合作，共同管理社会政治生活，扩大公民自我管理的范围，提高社会自治的程度，是民主治理的方向。

其八，通过三条途径，全面推进增量民主。在可预见的将来，中国的民主政治将沿着以下三条路线稳步地向前推进：第一，以党内民主带动社会民主。没有党内的民主，中国目前的民主就是一句空话。第二，逐渐由基层民主向高层民主推进。中国现阶段民主政治的重点和突破口是基层民主，一些重大的民主改革将通过基层的试验，逐步向上推进。第三，由更

---

① 参见俞可平《增量民主与善治》，社会科学文献出版社 2005 年版，第 141—145 页。

少的竞争到更多的竞争。不论何种形式的民主，都离不开人民对政府领导及政府政策的自由选择。从某种意义上说，民主的发展过程也就是人民政治选择的范围不断扩大的过程，是由更少的竞争性选择到更多的竞争性选择的过程。中国的民主之路也将遵循这一规律。[①]

俞可平认同，中国正在形成一种别具特色的政治模式——中国特色的社会主义民主政治，其理想目标是实现党的领导、人们当家做主和依法治国三者的有机统一。

俞可平的"增量民主论"，是中国学者提出的概括中国民主政治演进和扩展的理论范式，它既是对已发生的民主演变过程特征的总结，又是对未来将发生的民主生成路径特征的指明；既渗透和吸收了人类政治文明的普遍价值，又具有揭示中国民主问题的现实指向；既可能获得知识界的学术好评，又可能得到体制内的官方认可，因此，俞可平本人也达致一个"左右逢源"、沟通"学理"和"官言"的中间性显著地位。但是，正因为俞可平的"中间人"处境，右派可能质疑他"不过是官方理论的代言人和阐释者"，左派可能指责他是"西方自由民主等普世价值的暗渡者"，俞可平也往往处于"左右不讨好"的尴尬境地。其实，"好评"或"诋毁"并不重要，历史发展是理论观点的最好检验者和最后审判官。重要的是总结中国民主发展的经验和教训，揭示中国民主发展的问题和障碍，推动中国民主发展的提升和进步。增量民主论，直面政治精英和民众的接受能力和权利诉求，注重民主变革的政治力量和社会基础，在既有的政治法律架构下有序求变，既避免颠覆性的急剧突变，又拒绝保守性的故步自封，有望凝聚学界和官方的政治性共识。但其发展路径策略还须进一步明确和更具可操作性，其理论意义和实践价值还最终有待未来中国民主发展进程的检验。

六　民主思路中"主题关系"辨析

以上主要简评了对中国民主发展有重要影响的几大思路，这些思想和发展路径都是以"西方"思潮为知识背景，以"中国"问题为现实背景，

---

① 参见俞可平《思想解放与政治进步》，《北京日报》2007 年 9 月 17 日；闫健编《让民主造福中国——俞可平访谈录》，中央编译出版社 2009 年版，第 33 页。

具有强烈的"影响"或"想影响"中国民主进程的现实指向。当然，每种"思路"背后都有众多的拥护者和民众基础，取其"主要代表"的思路加以剖析，只是为了展示和解剖各自"思想逻辑"的完整和准确。同时，还有其他在此未加分析的有影响的"思路"，如以季卫东为代表的"宪政民主论"、以徐勇为代表的"基层民主论"、以郑永年为代表的"渐进民主化"、以何包钢为代表的"协商民主论"等。这些都说明了开放时代中国思想界的多元纷呈与交错互动的复杂关系。但以上所有的"民主思路"都涉及或针对了一些基本的"主题"以及"主题关系"，如直接民主与间接民主、竞争性民主与协商性民主、政治民主与经济民主等，除去各种繁复的论辩，这些民主思路都是在这些"主题关系"上的论证与反论证，沉淀下来的这些"主题关系"便是中国未来民主发展中必须面对的理论问题，对这些"主题关系"的认识也将影响未来中国民主发展的战略和路径。以下就把这些"主题关系"识辨出来并加以简要分析。

（一）民主：价值目标？工具手段？

生活没有"逻辑"，甚至不需要"逻辑"；生活只有"需要"，怎样满足"需要"？生活只有"问题"，怎样解决"问题"？民主是在生活中生成，在生活中壮大，它一定是在某些方面满足了生活的需要，解决了生活中的问题，从根本上来说，民主源于人民的生活需要。这便是马克思主义者所说的"民主是在历史中形成的，民主是由历史来定义的"。人民的生活需要和社会的发展要求一定是民主产生和发展的根本原因，这是不能超越，也无法忽视的。所以，所谓的"民主是最高政治价值、终极价值目标，还是只是一定形式的政治手段、社会工具"这样的问题，只是一个知识界的"逻辑问题"，而不是一个现实中的"生活问题"，但并不意味着这一问题不重要。这就需要从理论性"逻辑"和现实性"生活"两个方面来回答。

从理论性的"逻辑"来说，"自己的事情自己做主"，"人民的事情人民做主"，似乎天经地义、自成公理。再从"逻辑"的理想状态来说，民主意味着人民主权、人民当家做主的彻底、完全实现，意味着每个公民都能自由、平等、有效地普遍参与国家和公共事务。这样，民主就内在地和自由、自主、平等价值紧密关联，民主似乎是唯一适合自由、平等个人的国家形式和政府形式。① 如果人类的最终目标是追求"人的自由而全面的发展",那么由于民主与自由、平等的紧密关系,民主自然也就具有了终极性价值的意义和性质。我们追求自由,我们追求平等,我们自然追求民主,这就是"民主是普世价值"论者的基本逻辑,也是"民主是价值目标"论者的基本逻辑。民主价值论的理想性和逻辑性不言自明,但问题是,民主的产生不是由理想和逻辑来决定的,而是由生活和需要来决定的。

从现实性的"生活"来说,自己的事情自己往往做不了"主",因为需要他人、需要社会,人民的事情人民也往往做不了"主",因为人民也需要社会、需要管理。在小范围的私人性公共生活中,出于相互尊重、彼此熟悉和共同行动,"民主"往往成为公共决策和行为的方式,所以在民间的生活中,民主往往具有自发性,新时期中国最早的"村民自治"的起源就是如此。但在像国家这样大范围的人民的事情,民主就不具有自发性,人民也常常不能"做主"。为什么? 因为国家更多的是起源于暴力和强制,国家的统治也更需要暴力和强制,统治者也不会轻易让人民来做主,要得到"民主":就需要统治者自觉性的"放权让利",就需要人民抗争性的"争取奋斗",查尔斯·蒂利所描绘的欧洲近现代民主的发展史,就是一部"民主源于抗争"的历史,② 这是其一。其二,后发的发展中国家,在国际的强权压力下,其现代化进程往往面临着更为紧迫的问题:民族独立和解放,国家统一和秩序,经济社会恢复和发展。在国家主导的"追赶型"现代化中,"经济发展第一","发展是第一要务",在特定的历史阶段和条件下,"民主"很难成为这些国家的首要任务和"主题",再说,威权性质的统治更有利于集中权力和资源,更有利于发展经济和巩固政权。"自由与面包"的问题自然地偏向于"要面包"的一方,统治者也就有了足够的理由和借口把"民主"搁置一边,如果需要一些"民主",也自然成为服务于经济发展和政权合法性的手段而已。一些发展中国家缺乏必要的经济和社会基础,而强行竞争性民主导致的政治和社会混乱,也从反面给了民主工具论者以充足的理由。

---

① 参见[英]杰弗里·托马斯《政治哲学导论》,顾肃、刘雪梅译,中国人民大学出版社2006年版,第263页。

② [美]查尔斯·蒂利:《欧洲的抗争与民主(1650—2000)》,陈周旺等译,格致出版社、上海人民出版社2008年版。

民主价值论，还是民主工具论？经济社会发展服从、服务于民主发展，还是民主发展服从、服务于经济社会发展？① 这不是一个二元逻辑选择"作业题"，一切源于历史阶段和历史条件，源于人民的生活和需要。民主价值论者高扬民主的理想和目标，期望"毕其功于一役"地快速彻底地实现民主，甚至不惧"革命"和动荡，有民众基础吗？掌权者能让步吗？民主工具论者，"窄化"民主，甚至"丑化"民主，一切为了发展，但发展了之后呢？人民就没有民主的要求吗？没有民主还能持久和谐发展吗？其实，最终民主发展的动力取决于人民的生活和需要，取决于需要背后的利益和力量。认清历史发展的趋势和远景，顺应人民的需要和力量，把人民要求民主的自发性和执政者推动民主的自觉性结合起来，把民主价值论者的理想性和民主工具论者的现实性结合起来，形成推动民主发展的政治共识和社会政治力量，才是中国语境中民主价值论者和民主工具论者必须共同关心的问题。

（二）民主之长？民主之短？

民主有多古老，反对民主之声就有多古老。从古希腊的柏拉图起始，直到今天，揭露民主之短的声音不绝于耳。连自由主义大师哈耶克也列举了民主政治的四大罪状："腐败、无法律、软弱和不民主。"② 世间没有完美的事物，"民主"自有其长，自有其短，有人支持，有人反对，这是自然的事情。甚至支持民主的人，也在指出民主的缺陷和不足。但一般来说，支持民主的人极力寻找民主的长处，质疑或反对民主的人则极力收集民主的短处。

中国民主思路中的各方对民主也是有褒有贬，手法和思想史上的各位智者大同小异。扬民主之长者"泛化""美化"民主；揭民主之短者，则"窄化""丑化"民主。虽然中国思想界的各方背景、动机可能更复杂，有没有"辩护"或"讨好"现政权不得而知，但对于民主褒贬，从学理上来说，中国学者则更为简单。

潘维把民主制简约为竞争性选举，又把竞争性选举简约为"多数

---

① 参见房宁《民主政治十论——中国特色社会主义民主理论与实践的若干重大问题》，中国社会科学出版社 2007 年版，第 48 页。

② 转引自［美］霍伊《自由主义政治哲学：哈耶克的政治思想》，刘锋译，生活·读书·新知三联书店 1992 年版，第 172 页。

决"，于是，民主就有太多的缺陷和困境：多数绝不是维护和平衡利益的唯一方法，而且从道义、概念、逻辑上都谈不上"普适"，多数决有概念困境、有道义困境、有逻辑困境。① 康晓光同样运用"双重简约"的手法，于是得出了"民主化是祸国殃民的选择"的宏论。

王绍光的思想要更为复杂，但同样用"双重简约"的办法，代议制的自由民主简约为竞争性选举，竞争性选举简约为选择"主人"，而资本集团的金钱在选举中有着决定性的作用，于是代议制民主就是"选主"，"选主"就是"钱主"。但王绍光并不一般地反对民主，他只是深刻揭示了代议制的间接民主中的诸多不平等和缺陷，因而，王绍光推崇的是人人平等参与的直接民主制，对于直接民主制的长处，他讲得很多很透，但对于直接民主制的规模问题、成本问题、效率问题，以及可行性、操作性问题则讲得很少。

相反，"为民主辩护"的一方，则尽量展现民主的价值和功能：民主有利于无论多数还是少数的权利实现，民主有利于社会稳定，民主有利于经济发展，民主有利于遏制腐败，民主有利于提升公民素质等。② 而对于民主的切割选民、分裂社会、影响效率等可能负面作用避而不谈。

但是，推崇民主价值和民主制度，但对民主不足有清醒认识者也不乏其人，俞可平认为：民主是个好东西，不是说民主什么都好。民主绝不是十全十美的，它有许多的不足。但是，在人类迄今发明和推行的所有政治制度中，民主是弊端最少的。③

房宁认为对民主政治也要一分为二，并系统总结民主的长处和短处。民主政治的长处有：构建合法性，增强社会活力，化解社会矛盾；民主政治的短处有：导致自发主义倾向，诱发外界干预，不利增进效率。④

其实，民主之长的"名单"可以列得很长：民主促进明智的决策、民主促进普及的公正、民主促进和平解决争端、民主促进忠诚、民主促进

① 参见潘维、玛雅主编《人民共和国六十年与中国模式》，生活·读书·新知三联书店2010年版，第14—15页。
② 参见蔡定剑《民主是一种生活方式》，社会科学文献出版社2010年版，第3—39页。
③ 参见闫健编《民主是个好东西——俞可平访谈录》，社会科学文献出版社2006年版，前言，第2页。
④ 参见房宁《民主政治十论——中国特色社会主义民主理论与实践的若干重大问题》，中国社会科学出版社2007年版，第165—176页。

言论自由、民主促进才智的发展、民主促进心理条件……①民主之短的"名单"可以列得更长：民主导致无能、民主导致混乱、民主导致分裂、民主导致投机者掌权、民主导致效率低下、民主导致有钱人统治、民主延缓经济发展、民主激发内耗、民主诱发冲突、民主导致腐败、民主导致民粹主义……正如世间万物有其长必有其短。民主有其短，专制不是"更有"其短吗？把展示民主其长者指责为"民主万能论"，只是指责者在"攻打"其自己编造的"稻草人"，因为没有人"傻"到说"民主包治百病"；把揭示民主其短者批判为"反对民主"，也有乱扣"帽子"之嫌。

最终，各方必须回答的依然是：民主是否人民的需要？是否社会的需求？民主是否现阶段解决政治问题和社会问题的有效之方？民主是否持久有利于人民的幸福和国家的长治久安？在回到了这些问题之后，才应是扎扎实实地推进民主的制度路径和实现机制，"打口水仗"也许是"专家"的"专长"，但能解决什么问题呢？

（三）直接民主与间接民主

民主作为人民或利益相关者自主决策和管理的形式，其本质是免除强制和暴力的每个相关者共同决定。直接民主和间接民主只是共同和平决定的实现形式。关于各自优劣的争论由来已久。

罗伯特·达尔概括了古希腊民主的特征，也即直接民主要有效运作必须满足的六项条件：公民利益之间必须足够和谐，以便他们能够分享并按照一种强烈的普遍善的感觉行事；公民之间必须具备高度的同质性特征，财产、语言、宗教、教育、种族等大致相近；公民团体必须相当小，不超过四五万人的规模；公民必须能够召开公民大会并直接决定法律以及政策；公民参与并不仅限于公民大会，它也包括对城邦管理的积极参与，如主要通过抽签担任公职；城邦必须是完全自主的。②从罗伯特·达尔的描述中可以看出，直接民主的实现是需要一定的严格条件的，可能无论古代或现代都是如此。也许正是看到了这种"一切都是公民亲手来做"的民主的特征，卢梭才认为民主制度只能在"小国寡民"中实现，甚至认

---

① 参见［美］科恩《论民主》，聂崇信、朱秀贤译，商务印书馆1988年版，第208—278页。

② 参见［美］罗伯特·A.达尔《民主及其批评者》，曹海军、佟得志译，吉林人民出版社2006年版，第11—12页。

为民主是一种只适合神灵的政府形式。① 因此，在自由主义者约翰·密尔看来，"代议制民主是唯一能够使民主在现代社会中继续存在下去的方式"②，因为，代议制民主是大众参与原则与精英统治原则的完美结合，是平等原则与效率原则的高度统一，是最理想的政体形式。③

在中国的民主语境下，对直接民主和间接民主的论述可能另有寓意，自由民主论者刘军宁对此进行了较全面的论述。他区分了两个层次上的直接民主，一是在具体问题上以直接民主的方式来作出决定，但整个国家的指导制度仍然是间接民主，这种形式的直接民主只不过是个补充；二是整个国家在体制上的直接民主，时至今日，世界上已经没有一个国家在体制上实现直接民主。同时对赞成或反对直接民主和间接民主的各自理由进行充分分析。他最后得出结论："在今天，间接民主已经确立的地方，增加一些直接民主成分也许无碍大体。但是在没有间接民主的地方，或间接民主尚未牢固的地方，先立直接民主，则是本末倒置。"④ 应该说，刘军宁的结论是比较中肯的，但却暗含着中国问题的针对性。

以王绍光为代表的新左派则偏好于直接民主，对间接民主则进行了全面的批判。其主要的论据是代议制的间接民主，是以竞争性选举为其核心机制，而选举则很容易受到金钱的操控，占有主导性资源的少数集团完全掌控着选举，导致"民主"成为"选主"，"选主"成为"钱主"，最终是少数精英玩弄民主于股掌，所以是"鸟笼民主"。而直接民主是民主的本原含义，更加平等和公平，更加有利于广大人民，特别是中下层资源较少民众的有效参与。应该说，王绍光对西方的代议制民主的批判是深刻和准确的，但对中国的代议制民主则不予置评。他所开出的几种直接民主形式，也只能在基层的、小范围内或具体社会问题上应用，至于在国家体制层面如何运转，他也语焉不详。对于代议的间接民主机制，他也没能完全拒绝，甚至是不得已而认可的，如他在论述"广泛的民主"时，就主张："在各个领域实行民主时，可以采用各种不同的方式，既可以直接参与决

---

① 参见［英］杰弗里·托马斯《政治哲学导论》，顾肃、刘雪梅译，中国人民大学出版社2006年版，第255页。

② ［英］乔纳森·沃尔夫：《政治哲学导论》，王涛等译，吉林出版集团有限责任公司2009年版，第99页。

③ 参见刘军宁、王炎主编《直接民主与间接民主》，生活·读书·新知三联书店1998年版，第6页。

④ 同上书，第36—52页。

策，也可以用抽签、投票等方式来产生民主决策的机构。""用投票选举民主决策的机构"，这不就是给间接民主留有的"后路"吗？看来，间接民主是"一棍子打不死的"。

总之，针对中国民主发展来说，自由民主论者不能不承认中国代议制民主的存在和价值，而一味只顾推销代议制民主的自由民主价值；直接民主论者不能只聚焦于中下层阶层的资源和参与的不平等，而对解决此问题的政治条件不予评说。就目前中国状况来说，一切有利于推进现代化的民主形式都是好的，只要它能落地实现、操作可行。

（四）竞争性民主与协商性民主

如同直接民主与间接民主的争论一样，竞争性民主与协商性民主的争论延伸到中国，就有了中国的问题意识和现实指向。

替代民主论、直接民主论和中国民主道路论，都几乎不同程度地批评和质疑竞争性民主。其质疑的依据也大同小异，不外乎如下几种：其一，竞争性民主的选举机制导致"选主"、导致"钱主"，本质是资本精英统治；其二，竞争性选举易于切割选民、分裂社会、撕裂族群，导致政治混乱和社会动荡；其三，竞争性民主不适合中国国情和发展需要，影响政策效率、经济发展和国家统一。因此，各方都给出了各自的替代性选择：咨询型法治、参与型直接民主、中国特色民主。

而自由民主论认为，竞争性民主才是真正的民主，是自由民主的内在要求和特征，协商性民主最多只是制度性补充而不是替代。增量民主论则认为，选举是民主政治的第一要素，应不断扩大竞争性选择。对此有很多学者赞同，如中央党校的王长江教授就认为："中国的民主要有自己的特色，但前提是遵守民主的普遍规律，这个普遍规律就是有竞争的政治。历史也证明，这个基本原则是不容超越的。"他还特别强调，党内民主应推行"有竞争性的选举"。[①]

房宁教授则对竞争性民主与协商性民主进行了具体的比较分析，他认为：竞争性的制度安排实际上并不适合于中国现阶段发展"黄金期"和矛盾"凸显期"的国情，以竞选为代表的竞争性的民主制度安排，其主

---

① 王长江、赵灵敏：《中国到了非大力推进民主不可的地步——对话王长江教授》，《南风窗》2009 年第 22 期。

要优点在于表达和选择的相对充分以及监督的有效性。但它也有明显的缺点，就是有强化差别、扩大分歧的社会效能。其表现就是各个政党或政治派别以争夺权力为价值和目标，相互排斥，相互攻击，其社会效应就是在客观上强化本来就存在的社会群体之间的利益差别，扩大矛盾。而协商民主的长处和优点就十分明显了。协商的前提与基础是参与各方的平等地位，协商的内容就是寻求利益的交集，寻求最大的"公约数"，协商的作用就在于照顾各方利益，促进共同利益的形成。特别是在矛盾的多发期、易发期，协商民主有利于协调社会矛盾，有利于求同存异，扩大共识。因此在房宁看来，协商民主是最适合中国现阶段的民主形式，应当成为中国经济社会发展的主要方向和重点。[1]

　　而对协商民主有系统研究的海外学者何包钢则认为：把竞争性民主与协商性民主对立起来的做法在理论上是误导的，在经验上缺乏足够的事实证据。这是因为，其一，协商民主和选举民主都依赖于政治权利，这种共同基础说明两者有深厚的、内在的联系；选举和协商都假定人们有充分的表达意见的自由和权利；选举民主强调选票价值的平等、政治竞争的平等，协商民主则强调审议能力及其影响力的平等、政治参与的平等。其二，在竞争性民主模式中，协商沟通是一个必不可少的有机成分；而在协商民主模式中，也包含了某种选举的成分、内涵意义。其三，在中国的地方民主实践中，竞争选举和协商民主同时发展，如在竞争选举有了发展的乡村，协商民主才具有真实性；基层协商比在上层协商更具有真实性；投票被用在公众协商的最后阶段，当协商民主遇到不能达成共识、意见分歧仍然存在时，就采用投票来解决争端。再说，协商民主过程本身就是一种竞争政治：各种不同观点、政策之间的竞争。何包钢还强调："用西方协商民主理论来抵制选举制度或把协商民主局限在现有政协的框架内，这两种做法都是扭曲、误用协商民主理论。"[2]

　　何包钢对竞争性民主与协商性民主的论述是准确和中肯的，其实这也是辩论各方所能理解和默认的。只是由于对中国政治现状、问题和发展路径有不同的认可、揭示和期望，所以各方就对竞争性民主与协商性民主有

　　① 参见房宁、杨琳《民主的中国经验》，《瞭望》新闻周刊 2010 年 1 月 4 日。
　　② ［澳］何包钢：《协商民主：理论、方法和实践》，中国社会科学出版社 2008 年版，第 37—38 页。

不同的认可或批判，对现实的不同评判才是各方分歧的根本原因。

（五）政治民主与经济民主

民主，首先起源于政治领域，是一个政治概念，按照萨托利的说法，从公元前 5 世纪"民主"一词出现，一直到 19 世纪，它一直是个政治概念，也就是说，民主只意味着政治民主。在此以后，民主延伸到非政治的领域，出现了"社会民主""工业民主""经济民主"等概念和实践形式。也就是说，从历史渊源上来考察，政治民主与经济民主的关系是清楚的，有一个出现和实现的先后顺序。

在中国的语境下，这一主题关系的出现，主要源于新左派针对经济资源和文化资源占有的不平等而提出的经济民主、文化民主等全面民主要求，以及自由主义者针锋相对的回应和批评。

经济民主的逻辑以王绍光的论述为典型：在公平和效率之间找折中点涉及利益的分配，这是一个政治性问题，解决这个问题的最佳机制是政治民主，也就是让每个人在决策过程中具有同等的发言权。但政治民主的机制充其量不过是用收入二次分配修正初始分配，这就带来了一个问题，如果收入的初次分配十分不平等，经济资源的不平等必然导致社会的政治资源分布的不平等。这样，掌握了很多资源的既得利益集团便有可能阻碍向公平方向移动的收入二次分配方案，甚至促成劫贫济富的方案。要避免此类情况出现，王绍光认为，经济民主是实现这一目标的最佳途径。初始分配的不平等，是因为资本雇佣劳动，要实现经济民主，就必须改变为劳动雇佣资本，劳动者成为剩余获取者，这样，收入的初始分配就能够更为公平。这便是经济民主的主要制度安排，至于在中国如何实现，王绍光没有太多论述。他最后总结性主张：实现社会主义民主并不一定要像资本主义民主那样，先由政治领域起步，然后慢慢扩展到经济领域。中国民主化的道路可以试验先由经济领域起步然后扩展到政治领域，因为基层单位的民主比较容易实施，并由此获得民主的"训练"和经验。[①]

而新左派的另一学者汪辉则强调争取"文化民主"，实现对文化资本和文化生产的平等权利。文学家陈燕谷则更进一步，追求反对一切压迫关

---

　　① 参见王绍光《安邦之道——国家转型的目标与途径》，生活·读书·新知三联书店 2007年版，第 44—45 页。

系、实现人类解放的"全面民主"。他们的民主要求很高，但对于如何实现则很少阐述。

相反，自由主义者的民主理念主要是以政治领域的宪政民主为要旨，① 认为政治民主是决定性的民主，是其他民主实现的前提和条件。并对新左派提出的非政治民主的浪漫性质进行了批判，批评新左派不能正视政治民主的前提性和基础性作用，其所提出的非政治性民主也缺乏现实的可行性和可操作性。

对于政治民主与非政治民主，民主理论大师萨托利早就进行了明确辨析，对今日中国的民主讨论依然有现实意义。萨托利认为："谁也不否认社会民主作为民主政体之不可缺少的基础的重要性，也不否认基层的初级民主可能比民主的任何其他方面更有价值。与此相似，经济平等和工业民主可能比任何其他事情对我们都更为重要。但事实依然是，政治民主是我们可能珍爱的无论什么民主或民主目标的必要条件、必要手段。如果统领性制度，即整个政治制度不是民主制度，社会民主便没有什么价值，工业民主便没有什么真实性，经济平等便可能同奴隶之间的平等没有什么两样。"②

新左派关注工农阶层的弱势地位和平等状况，是值得尊敬和深思的，但回避政治条件和具体实现机制的探讨，则有政治软弱和批判的不彻底性。而自由主义者，罔顾劳工的贫弱状况，甚至认为这是发展中的必付代价，则有对资本集团帮腔之嫌。问题依然是问题，"口水仗"的"左"、右辩论，无益于问题的解决。

此外，有关中国民主的战略和策略思路论辩中，也涉及其他一些具有重要意义的"主题关系"：如党内民主与人民民主（社会民主），是自上而下的党内民主先行还是自下而上的人民民主先行，抑或是党内民主和人民民主在宪政构架内有序互动？③ 由于中国共产党在整个国家现代化和民主发展中的核心决定性地位和作用，这一主题关系也就具有强烈的现实针

---

① 参见许纪霖、罗岗等《启蒙的自我瓦解——1990 年代以来中国思想文化界重大论争研究》，吉林出版集团有限公司 2007 年版，第 215—232 页。

② ［美］乔万尼·萨托利：《民主新论》，冯克利、阎克文译，上海世纪出版集团、上海人民出版社 2009 年版，第 23 页。

③ 参见郑永年《中国模式：经验与困局》，浙江出版联合集团、浙江人民出版社 2010 年版，第 96 页。

对性，但同样是核心的关键性问题。又如民主建设与国家建设，如何处理民主建设与国家建设的关系？如何在有效国家的前提下推进民主建设？如何保证不是消解国家而是用民主的方式改造国家？如何最终建立一个强大的民主国家？① 最后，是否存在革命性突变与渐进性改良的"赛跑"或"革命"和"改革"的"赛跑"？渐进性改良的多数共识是否正在遭到"消解"？有意无意拖延或滞后的改革是否在积淀着"问题"？民众的不满和积怨是否在堆积着"爆发"？

重要的不是"论辩"，而是"问题"！这对于理论界和执政者同等重要！再华丽的论辩，也掩饰不了问题，更解决不了问题。热爱中国，想"帮忙"中国，学者不分"海内外"，思想不分"左右派"，就必须直面和回答这样的问题：中国的民主发展有没有问题？有什么样的问题？怎样解决问题？靠什么解决问题？"帮闲"而不"帮忙"，"空口高论"而不"落地解决"，在某种意义上，都是粉饰太平，甚至是"误国误民"的把戏。怎样达成推进民主的共识，采取切实有效的举措，共同促进中国民主的发展和进步，才是真正具有批判精神的"真问题"，才是真正于中国功德无量的"善德事"。

---

① 参见王绍光《祛魅与超越》，中信出版社 2010 年版，第 46 页；郑永年《中国模式：经验与困局》，浙江出版联合集团、浙江人民出版社 2010 年版，第 52—55 页。

马克思主义市民社会理论与
中国问题研究

　　马克思主义市民社会理论，深刻地揭示了市民社会和国家的基本关系，为现实中的社会主义政权处理国家与社会的关系提供了根本的原则和指导。当代中国的国家与社会关系具有自己独特的发生路径和制度性特征，具体表现为政党、国家与社会的三重关系。有效推动三者之间互动合作、共赢发展，在中国的现代化进程中具有重大的现实意义，中国共产党人对此进行了不懈的理论和实践探索。如何依据马克思主义市民社会的基本原理，进一步探索政党、国家与社会的制度性协调关系，仍是一个重大的理论和现实问题。

一　马克思主义市民社会理论的理论逻辑

　　马克思主义是在继承西方市民社会的理论资源和批判黑格尔法哲学的过程中，阐述自己的市民社会理论的，并从研究市民社会与政治国家的相互关系出发，发现了人类社会发展的基本规律，从而建立起其整个历史唯物主义体系。这就为研究社会主义现实运动中国家与社会的关系奠定了基本的原理和方法。

（一）从历史的和现实的社会过程中来把握国家和社会的分离

　　国家和社会的关系问题，从历史和逻辑相统一的角度来看，是以对国家的性质和本质问题的认识为出发点的，也就是说，首先要回答究竟何为国家，国家是人类社会一种永恒的现象还是一种历史现象，这就要说明国家的起源和本质问题。

　　在马克思主义诞生之前，各种各样的思想家对国家的本质给予了各种各样的理论解释，如亚里士多德、西塞罗、格劳秀斯和康德等人把国家解释为人们的联合体或共同体；中世纪神学家奥古斯丁、托马斯·阿奎那把国家解释为上帝意志的体现；博丹等人把国家解释为管理的组织或统治的组织。①

资产阶级启蒙学者虽然摒弃了宗教神学的神秘视角，开始以"人"的眼光从理性和经验中来解释国家问题，但他们从"抽象的人"出发来认识国家的本质，得出的普遍结论是，国家是建立在人的理性基础之上，国家的本质就是人类理性的自我发展。

特别是黑格尔，从绝对精神和绝对理性自身的演化和发展的角度来阐释市民社会和国家，把国家视为"绝对自在自为的理性"，"神自身在地上的行进，这就是国家，国家的根据就是作为意志而实现自己的理性的力量"。② 黑格尔因此走向了国家主义的方向。

马克思早年受到黑格尔的影响，也曾认为"国家应该是政治的和法的理性的实现"③。在吸收费尔巴哈唯物主义和批判黑格尔法哲学的过程中，马克思转向了从历史的和现实的社会发展过程中寻找国家的本质和基础。马克思认为，国家是一定历史阶段生产力发展和生存关系变革的产物，国家不是社会的主宰，而是人类社会发展的产物。于是，马克思把黑格尔逻辑学颠倒的历史重新颠倒了过来。马克思强调："家庭和市民社会本身把自己变成了国家。它们才是原动力。""政治国家没有家庭的天然基础和市民社会的人为基础就不可能存在。它们是国家的必要条件。"④

马克思主义认为，国家和市民社会是一定历史阶段的产物，是一个历史的范畴，也必将随着历史条件的发展而消亡，并号召"为国家和市民社会的消亡而斗争"。

（二）从社会基本矛盾运动中来把握国家和市民社会的关系

马克思主义在确立历史唯物主义的基础上，把国家与市民社会关系的产生、发展和演化置于人类社会基本矛盾运动的规律之中来认识。

马克思这样总结道："我的研究得出这样一个结果：法的关系正像国

---

① 参见《中国大百科全书·政治学》，中国大百科全书出版社 1992 年版，第 136 页。
② 黑格尔：《法哲学原理》，范扬等译，商务印书馆 1961 年版，第 259 页。
③ 《马克思恩格斯全集》第 1 卷，人民出版社 1956 年版，第 14 页。
④ 同上书，第 251—252 页。

家的形式一样，既不能从它们本身来理解，也不能从所谓人类精神的一般发展来理解，相反，它们根源于物质的生活关系，这种物质的生活关系的总和，黑格尔按照十八世纪的英国人和法国人的先例，称之为'市民社会'，而对市民社会的解剖应该到政治经济学中去寻求……我所得到的、并且一经得到就用于指导我的研究工作的总的结果，可以简要地表述如下：人们在自己生活的社会生产中发生一定的、必然的、不以他们的意志为转移的关系，即同他们的物质生产力的一定发展阶段相适合的生产关系。这些生产关系的总和构成社会的经济结构，即有法律的和政治的上层建筑竖立其上并有一定的社会意识形式与之相适应的现实基础。物质生活的生产方式制约着整个社会生活、政治生活和精神生活的过程。"[1] 这便是马克思主义所发现的决定人类社会发展的基本规律：生产力和生产关系、经济基础和上层建筑的矛盾运动决定一定社会的发展形态，也即决定着国家与市民社会的关系和形态。

这里的国家在上层建筑中处于核心和主导地位，市民社会作为私人利益关系的总和，其核心内容是私人的物质利益关系，而私人的物质利益关系是由物质生产关系的总和即社会的经济基础决定的。但马克思认为，市民社会不能仅仅归结为经济关系，马克思在多处指出，市民社会还包括社会组织、社会制度、私人生活、特殊的个人利益、私人等级等，如马克思说过，市民社会"这一名称始终标志着直接从生产和交往中发展起来的社会组织"[2]。他又说："在生产、交换和消费发展的一定阶段上，就会有一定的社会制度、一定的家庭、等级或阶级组织，一句话，就会有一定的市民社会。"[3]

中世纪和资本主义时代国家和市民社会的形态和关系不同，最根本的是人们的物质生活方式不同。市民社会与政治国家在现实中的分离是在资本主义时代完成的，这种分离的基础是资本主义市场经济的发展和壮大。

（三）从利益分化和阶级冲突中来把握国家与市民社会的关系

马克思主义认为，国家是在生产力发展的基础上，因物质财富出现剩

---

① 《马克思恩格斯全集》第 13 卷，人民出版社 1962 年版，第 8 页。
② 《马克思恩格斯全集》第 3 卷，人民出版社 1960 年版，第 41 页。
③ 《马克思恩格斯全集》第 27 卷，人民出版社 1972 年版，第 477 页。

余，人们对物质财富占有的不同导致出现了利益分化与阶级的对立和冲突，为了把人们的利益矛盾和阶级冲突控制在一定的范围内而产生的。

这便是恩格斯的著名论断："国家决不是从外部强加于社会的一种力量。国家也不像黑格尔所断言的是'道德观念的现实'，'理性的形象和现实'。毋宁说，国家是社会在一定发展阶段上的产物；国家是表示：这个社会陷入了不可解决的自我矛盾，分裂为不可调和的对立面而又无力摆脱这些对立面。而为了使这些对立面，这些经济利益互相冲突的阶级，不致在无谓的斗争中把自己和社会消灭，就需要有一种表面上驾于社会之上的力量，这种力量应当缓和冲突，把冲突保持在'秩序'的范围以内；这种从社会中产生但又自居于社会之上并且日益同社会脱离的力量，就是国家。"① 列宁后来进一步强调："必须到生产关系中间去探求社会现象的根源，必须把这些现象归结到一定阶级的利益。"②

市民社会则是私人活动和私人利益的领域，它是与作为公共领域的公共利益代表的国家相对立的。在马克思看来，随着社会利益体系分化为私人利益与公共利益两大相对独立的体系，整个社会就分裂为市民社会和政治国家两个领域，前者是特殊的私人利益关系的总和，后者是普遍的公共利益关系的总和。这其中，特殊的私人利益和普遍的公共利益的中介转化环节则是通过阶级阶层利益，这就涉及现代的利益集团、政党制度、议会制度等利益表达和整合的机制和民主制度问题。

（四）市民社会的共同利益就是自私利益的交换

市民社会作为私人利益和需要的体系，反映的是"作为交换主体的个人经济关系"。在现代资本主义世界，交换的个人经济关系是通过分工和市场机制基础上的商品交换实现的，为了有效地维护市场经济的运转并保障平等自愿交换的进行，就需要国家通过法律等形式对市场主体的所有权、自由和平等提供同等的尊重和保护。这种尊重和保护则是国家和市民社会发生关系的主要形式，也是资本主义国家的主要职责。

市场经济运行内在地要求平等交易、自由交易和等价交换原则的贯彻，它推广和传播的是契约观念、平等观念、法制观念等，所以市民社会

---

① 《马克思恩格斯全集》第21卷，人民出版社1965年版，第194页。
② 《列宁全集》第1卷，人民出版社1955年版，第480页。

中的商品交换为自由和平等的实现提供了现实的基础。

商品交换是市民社会成员最重要的交往方式，是其实现各自商品价值和人生价值，取得生活资料的最重要途径和来源。马克思认为，在资本主义的市场交换中，个人，每个人都是自身反映为排他的并占支配地位的交换主体，都是为了实现自私利益而去同别人发生交换关系的。而所谓在交换关系中的共同利益，也即"表现为全部行为的动因的共同利益，虽然被双方承认为事实，但是这种共同利益本身不是动因，它可以说只是在自身反映的特殊利益背后，在同另一个人的个别利益相对立的个别利益背后得到实现的。……最后，是自私利益，并没有更高的东西要去实现；另一个人也被承认并被理解为同样是实现其自私利益的人，因此双方都知道，共同利益恰恰指存在于双方、多方以及存在于各方的独立之中，共同利益就是自私利益的交换。一般利益就是各种自私利益的一般性"①。

由于商品交换和市场机制最根本的原则表现为平等和自由，这就决定了市民社会的行为准则就是市民社会成员之间彼此相互承认对方的平等、自由和所有权，市民社会以自由和自治为根本原则和基础。

（五）市民社会是国家的基础，市民社会决定国家

马克思主义认为，国家生活现象的基础不是"绝对观念"，也不是"人的理性"，而是不以人的意志为转移的社会客观关系，市民社会在自己的发展进程中产生了国家，所以，市民社会是政治国家的全部活动和全部历史的真正发源地和舞台。

马克思断言："正如古代国家的自然基础是奴隶制一样，现代国家的自然基础是市民社会以及市民社会中的人，即仅仅通过私人利益和无意识的自然的必要性这一纽带同别人发生关系的独立的人……现代国家就是通过普遍人权承认了自己的这种自然基础。而它并没有创立这个基础。现代国家既然是由于自身的发展而不得不挣脱旧的政治桎梏的市民社会的产物，所以，它就用宣布人权的办法从自己的方面来承认自己的出生地和自己的基础。"②

由于市民社会是以现实的追求私利的物质活动为其基本特征的，是个

---

① 《马克思恩格斯全集》第 46 卷（上），人民出版社 1979 年版，第 196 页。
② 《马克思恩格斯全集》第 2 卷，人民出版社 1957 年版，第 145 页。

人私利相互争夺的战场。为了使这种人人追逐私利的活动不致陷于混乱和无序的状态，市民社会的发展要求现代国家运用法律手段对市民社会的生活秩序和活动进行规制。因而，现代国家作为市场经济和资产阶级革命的结果，"现代的'公法状况'的基础，现代发达的国家的基础，并不像批判所想的那样是由特权来统治的社会，而是废除了特权和消灭了特权的社会，是使在政治上仍被特权束缚的生活要素获得自由活动场所的发达的市民社会"①。

政治国家既然建立在市民社会的客观基础之上，它的一切方面就必然受到市民社会客观条件的制约和影响。市民社会的性质决定着国家的性质，有什么样的市民社会，就会有什么样的国家，市民社会的发展必然促进国家的变迁。马克思运用市民社会决定国家的原理深刻揭示了资本主义国家的本质，揭示了私有制对这种国家的支配权，指出资本主义国家"最高阶段的政治制度就是私有制。这种情绪的最高阶段就是私有制度的情绪"。②

因此，"有一定的市民社会，就会有不过是市民社会的正式表现的一定的政治国家"③，市民社会代表实在的私人利益，是具体的现实生活；国家则是市民社会抽象的政治生活，是整个市民社会获得集中表现的形式，这种国家不过是实现市民社会要求的手段。因此，恩格斯指出："至少在这里，国家，政治制度是从属的东西，而市民社会，经济关系的领域是决定性的因素。"④ "绝不是国家制约和决定市民社会，而是市民社会制约和决定国家。"⑤

在人类社会的发展中，只要有社会分工和私人利益与公共利益的矛盾存在，就会有市民社会和政治国家的分离，这两大领域就不可能消失，市民社会对国家的制约和决定作用就依然会发生作用，而国家对市民社会的规范和指导也就十分必要。

马克思主义根据人类社会发展的实际历程对国家与社会关系的基本论述，为研究当代中国社会主义现代化发展提供了规范意义上的原则指导。

---

① 《马克思恩格斯全集》第 2 卷，人民出版社 1957 年版，第 148 页。
② 《马克思恩格斯全集》第 1 卷，人民出版社 1956 年版，第 368 页。
③ 《马克思恩格斯选集》第 4 卷，人民出版社 1972 年版，第 321 页。
④ 《马克思恩格斯全集》第 21 卷，人民出版社 1965 年版，第 345 页。
⑤ 同上书，第 247 页。

中国社会主义国家政权的建立，为实践中探索社会主义条件下国家与社会的关系奠定了现实的基础，中国共产党人为此进行了不懈的理论和实践探索。

二 中国共产党人的理论和实践探索

中国共产党在领导中国革命、建设和改革的伟大历史进程中，出于不同时期的社会历史条件和任务，对于党、国家与社会的关系也同时进行着理论和实践的双重探索，形成了独特的中国社会主义现代化发展中党、国家与社会的总体原则和制度性结构。

（一）"党是领导一切的""一元化"领导原则

中国共产党在新民主主义革命过程中，发挥了无可替代的中流砥柱作用，在革命胜利后其自然成为新的国家政权的领导核心，这也得到了其他民主党派和社会各个阶层的普遍接受和认同。新中国的国家制度如何建构，共产党在国家政权中核心作用如何发挥，这是事关未来中国发展和进步，事关党、国家与社会关系如何制度化良性建构的关键问题。

新中国成立之初，新的国家政权面临着严酷的国际和国内形势，各级国家政权组织还处于初创和不完善阶段，紧迫的局势和任务客观地需要一个权力集中、指挥高效的中心。而共产党在长期的革命斗争中形成的完善成熟的组织体系和组织力量，在延安时期形成的党对国家和社会的"一元化"领导体制都是可资利用的现成制度性资源，[1]"因此，在建国初期，将战争年代行之有效的一元化领导原则运用于国家政权的领导和管理，便是顺理成章的事"[2]。1949—1957 年，共产党从国家制度、国家决策、国

---

[1] 1942 年 9 月，中共中央政治局通过《关于抗日根据地党的领导及调整各组织间关系的决定》，明确规定了党的"一元化"领导的原则和体制："党是无产阶级的先锋队和无产阶级组织的最高形式，他应该领导一切其他组织，如军队、政府与民众团体。根据地领导的统一与'一元化'，应该表现为每个根据地有一个统一的领导一切的党的委员会（中央局、分局、区党委、地委），因此，确定中央代表机关（中央局、分局）及各级党委（区党委、地委）为各地区的最高领导机关，统一各地区的党政军民工作的领导。"中央档案馆编：《中共中央文件选集》，第 13 册，中共中央党校出版社 1991 年版，第 427 页。

[2] 陈丽凤：《中国共产党领导体制的历史考察（1921—2006）》，上海人民出版社 2008 年版，第 180 页。

家机关的组织人事、国家事务的具体指导等方面，初步建立了社会主义国家体系中党和国家关系的制度架构，对于整个社会主义建设时期的政治权力的运作和行使产生了深刻的影响，进而影响了这一时期党、国家与社会关系的基本格局和走向。

新中国成立初期，由于紧迫的国家建设和社会发展的任务，加之党对国家"一元化"领导的成熟的制度惯性，在执掌全国性国家政权的情况下，党对国家机关的"一元化"领导体制得到了进一步的强化和巩固。这种日趋集中和集权的体制，在发挥了特定时期高效组织和动员的强大功能后，也留下了"以党代政""党政不分"的制度空间和渠道。这也是以后大量发生制度性"党政不分"和事务性"党政不分"的制度根源。

但值得一提的是，这一时期党中央并不认为"一元化"领导就是以党代政，相反，多次强调要注意党政不分、以党代政的现象。如 1949 年 10 月 30 日，中共中央宣传部就发出"凡属政府范围的事由政府颁布"的通知。1949 年 11 月，党中央决定在人民政府建立党委会和党组的同时，明确指出，党政之间不是隶属关系，党的领导是通过党的路线、方针和政策以及在政权机关中的党员发挥作用来实现的。周恩来在 1950 年 4 月指出："我们已经在全国范围内建立国家政权，而我们党在政权中居于领导地位。所以一切号令应该经政权机构发出"，应该改变以党的名义下达命令的习惯。① 同年 9 月，董必武更加明确地指出："党领导着国家政权。但这绝不是说党在直接管理国家事务"，"党是经过在政权机关中的党员的工作，使政权机关接受党的政策，来实现领导的"，党对国家政权机关的正确领导关系应当是：对政权机关工作性质和方向给予明确的指示，通过政权机关实施党的政策并对其活动进行监督，选拔配备忠诚而有能力的干部到政权机关中工作。②

虽然有这些清醒的认识，但紧迫的发展任务和巨大的制度惯性，最终还是使党对国家"一元化"领导的制度和机制得到了更多更大的强化，并成为以后社会主义建设出现挫折和失误的重要的制度根源。并且还是由于这一制度惯性和制度根源，1956 年 9 月召开的党的八大上，尽管党在

---

① 中共中央统战部、中共中央文献研究室编：《周恩来统一战线文选》，人民出版社 1984 年版，第 174—175 页。

② 《董必武政治法律文集》，法律出版社 1986 年版，第 190—192 页。

坚持集体领导制度、健全党委制、反对个人崇拜以及健全党的全面监督制度等方面，都进行了有益的探索和创新，但都没有能够得到切实的落实和执行，加之 1957 年后越来越严重的"左"倾错误，党对国家政权的"一元化"领导体制逐渐扭曲变形，走向极端。

诞生于延安时期的党的"一元化"领导体制，适应于紧张激烈的革命战争条件，在新中国成立初期的紧迫繁重的经济社会建设中，也发挥了高效有力的组织动员功能，在全面社会主义建设时期，自然成为党和国家的一种得心应手的原则要求和制度惯例。但在国家制度基本建立、国家功能应该有所发挥和完善的新的历史时期，党的政治领袖本应对"一元化"原则有所反思和调整，应逐步发挥国家和社会的自主功能和作用。然而不幸的是，大规模建设的客观需要加上日益紧张的阶级斗争形势，特别是反右派斗争后对政治形势的错误判断，毛泽东对党的"一元化"原则的强调越来越突出，直至"党领导一切"的原则的提出和极化发展。

1956 年 11 月，在中共八届二中全会上，毛泽东讲："我们这些人，我们省市自治区的党委书记要抓财政，抓计划。"[1] 仅过了 2 个月，1957 年 1 月，在省市自治区的党委书记会议上，毛泽东发表讲话，具体提出："书记要亲自管报纸，亲自写文章。"[2] 1957 年 7 月，在反右派运动展开之际，在青岛会议期间，毛泽东在《一九五七年夏季的形势》一文中强调："在不违背中央政策法令的条件下，地方政法文教部门受命于省市委、自治区党委和省市自治区人民委员会，不得违反。"[3] 1957 年 10 月，在反右派运动的高潮中，中共八届三中全会召开，毛泽东在会上又强调说："要坚持全面规划，加强领导，书记动手，全党办社。"[4] 毛泽东在这一时期，一而再再而三地强调书记对具体行政事务的直接管理，不仅是要突出党的领导地位，也是要突出党内的个人领导。毛泽东的这些讲话都直接促使了国家各部门权力向党委的横向集中，进而促进了党委的权力向书记，特别是第一书记的集中。

在反右派运动以后，毛泽东更加从全局高度强调党的各级组织在国家政治生活中的作用。在 1958 年 1 月的南宁会议上，毛泽东在反对分散主

---

① 《毛泽东选集》第 5 卷，人民出版社 1977 年版，第 316 页。
② 《毛泽东文集》第 7 卷，人民出版社 1999 年版，第 197 页。
③ 《毛泽东选集》第 5 卷，人民出版社 1977 年版，第 459 页。
④ 《毛泽东文集》第 7 卷，人民出版社 1999 年版，第 306 页。

义时，尖锐地批评了国务院，他说："国务院向人大的报告，我有两年没看了。"他指责国务院的报告"只给成品，不给原料"，"财经部门不向政治局通情报，没有共同语言"。为了反对分散主义，毛泽东还特地编了一个口诀："大权独揽，小权分散；党委决定，各方去办；办也有决，不离原则；工作检查，党委有责。"① 毛泽东还批评说：有人想把大权揽过去，让党委搞点小权。这样就没有集中了。"集中只能集中于党委、政治局、常委、书记处，只能有一个核心。"②

　　与这一时期毛泽东一再对"党的领导"的强调相适应，党的一元化领导原则的内涵发生了重大变化。1958 年前，党在强调一元化领导原则的同时，在理论认识上还是在一定程度上否定党政不分的领导方式的，1958 年以后，至少在毛泽东及其所制定的党中央的文件中，从否定党委包办一切转为正面肯定党政不分和党包揽一切。③ 在中共八大二次会议制定党的建设社会主义总路线，并随后掀起"大跃进"高潮后，1958 年 6 月 10 日，中共中央发出《关于成立财经、政法、外事、科学、文教各小组的通知》（以下简称《通知》），《通知》明确规定："大政方针在政治局，具体部署在书记处。只有一个'政治设计院'，没有两个'政治设计院'。大政方针和具体部署，都是一元化，党政不分。具体执行和细节决策属政府机构及其党组。"《通知》中还重申强调："对大政方针和具体部署，政府机构及其党组有建议之权，但决定权在党中央。"④

　　这一规定第一次明确赋予一元化领导原则党政不分的内涵，公开肯定了党的领导既包括大政方针的制定，也包括具体部署。⑤ 从此，这一规定就改变了中央政府是最高国家权力机关的执行机关并对其负责的原则，而变成党中央的执行机关。从而既削弱了最高国家权力机关的地位和职能，也削弱了中央政府的自主地位和职能。至此，各级党委包揽一切国家机构和政府机构的权力和事务就有了中央"红头"文件的党法依据。1962 年

---

① 逄先知、金冲及主编：《毛泽东传（1949—1976）》上卷，中央文献出版社 2003 年版，第 768 页。

② 薄一波：《若干重大决策与事件的回顾》下卷，中共党史出版社 2008 年版，第 458 页。

③ 参见陈丽凤《中国共产党领导体制的历史考察（1921—2006）》，上海人民出版社 2008 年版，第 232 页。

④ 《中国共产党组织史资料》第 9 卷，中共党史出版社 2000 版，第 628 页。

⑤ 参见陈丽凤《中国共产党领导体制的历史考察（1921—2006）》，上海人民出版社 2008 年版，第 232 页。

1 月 30 日，毛泽东《在扩大的中央工作会议上的讲话》中对党的领导地位给予更集中明确的概括："工、农、商、学、兵、政、党这七个方面，党是领导一切的。党要领导工业、农业、商业、文化教育、军队和政府。"[①] 至此，党的"一元化"领导就是"党是领导一切"的内涵完全确定，并被提升为指导党、国家与社会一切工作的根本原则，从而导致执政党与国家权力机关、政府机关、司法机关及社会团体的权力配置和相互关系发生变化。党的组织和权力不断强化的同时，国家机构的地位和权力就相应地受到挤压，出现了党的制度和功能对国家的制度和功能的覆盖和替代，使党和国家的"联动一体性"更加紧密，从而导致各自制度和功能的紊乱和失序。

"文化大革命"的发动和推进，是党内民主制度病变和失效的结果。在"一个阶级对另一个阶级政治大革命"的狂潮中，突如其来的夺权冲击，不仅使各级党的组织和制度陷于瘫痪和混乱，也使既有的国家各项制度发生病变和"制度坏死"。[②] 在一片混乱和扭曲变形中，适应"文化大革命"推进需要的、高度集权的"一元化"领导体制走向极端病变。在中央层面，"中央文革小组"及其之后的"中央文革碰头会"全面替代全国人大、国务院、中央军委、公检法系统。[③] 在地方层面，"革命委员会"一家独大，全面覆盖和替代地方人大、地方政府、地方公检法系统。中共九大之后，在中央和地方层面，虽然党的领导体制都有所调整，但极化的党的"一元化"领导格局并未有多大改变，党的变形的制度和功能对国家的制度和功能的覆盖替代依旧，致使国家的各项制度全面陷于病变和虚置的状态，国家权力的自主性不复存在。

（二）从"一元化"领导到"党政分开"

中国共产党在长期的革命和建设中形成的党的"一元化"领导体制，具有革命和建设条件所设定的客观必然性和历史合理性，也发挥了高效集中统一的体制优势。但同时，高度集中的"一元化"体制，扭曲了党的集体领导和民主决策的机制，替代和覆盖了国家制度的自主作用的发挥，

---

①　《毛泽东文集》第 8 卷，人民出版社 1999 年版，第 305 页。

②　林尚立：《当代中国政治形态研究》，天津人民出版社 2000 年版，第 358 页。

③　参见胡鞍钢《中国政治经济史论（1949—1976）》，清华大学出版社 2007 年版，第 563 页。

给党和国家的政治生活带来极大的危害。正是鉴于对"一元化"领导体制弊端的深刻反思，在新的历史条件下，邓小平最早提出了"党政分开"的原则，并极力在政治实践中以这一原则为指导，推动党政关系的规范化和法制化。

1978年12月，在新时期的开声锣鼓的历史名文《解放思想，实事求是，团结一致向前看》讲话中，邓小平针对"一元化"领导体制的弊端，明确指出："加强党的领导，变成了党去包办一切、干预一切；实行一元化领导，变成了党政不分、以党代政；坚持中央的统一领导，变成了'一切统一口径'。"①邓小平对党政不分体制特征的明确批评，成为新时期推动党政分开的先声。

中共十一届三中全会，在提出坚持和加强党的集体领导的同时，明确提出应该"认真解决党政企不分，以党代政、以政代企的现象"。②

1980年1月，邓小平在中央召集的干部会议上的讲话中明确指出：坚持党的领导，这一原则是不能动摇的，"另一方面要看到，为了坚持党的领导，必须努力改善党的领导"。邓小平还提出了"共产党实现领导应该通过什么手段"这一重大问题，他强调指出："怎样改善党的领导，这个重大问题摆在我们的面前。不好好研究这个问题，不解决这个问题，坚持不了党的领导，提高不了党的威信。"③在此，邓小平针对党政不分的弊端，提出了党的领导的实现方式这一重大问题。

1980年8月，在《党和国家领导制度的改革》这篇政治体制改革的纲领性讲话中，邓小平明确指出：我们要着手解决党政不分、以党代政的问题。并认为官僚主义是一种长期存在的、复杂的历史现象，它同我们长期认为社会主义制度和计划经济管理制度必须对经济、政治、文化、社会都实行中央高度集权的管理体制有密切的关系。"我们的各级领导机关，都管了很多不该管、管不好、管不了的事"，这些事只要有一定的规章，放在下面基层单位，让它们真正按民主集中制自行处理，本来可以很好办。"权力过分集中"，这是我们所特有的官僚主义的一个"总病根"。"权力过分集中的现象，就是在加强党的一元化领导的口号下，不适当

①《邓小平文选》第2卷，人民出版社1994年版，第142页。
②陈丽凤：《中国共产党领导体制的历史考察（1921—2006）》，上海人民出版社2008年版，第322页。
③《邓小平文选》第2卷，人民出版社1994年版，第267—271页。

地、不加分析地把一切权力集中于党委，党委的权力又往往集中于几个书记，特别是集中于第一书记，什么事都要第一书记挂帅、拍板。党的一元化领导，往往因此而变成了个人领导。全国各级都不同程度地存在这个问题。"我们历史上多次过分强调党的集中统一，很少强调必要的分权和自主权，很少反对个人过分集权。"过去在中央和地方之间，分过几次权，但每次都没有涉及党同政府、经济组织、群众团体等之间如何划分职权范围的问题。"① 这里邓小平已明确把党政不分与权力过于集中的体制联系起来考虑，并涉及党政分开主要是解决职能分开的问题。

1981 年 6 月，中共十一届六中全会通过的《关于建国以来党的若干历史问题的决议》指出：中国共产党必须在宪法和法律范围内活动，必须正确处理党同其他组织的关系，从各个方面保证国家权力机关、行政机关、司法机关和各种经济文化组织有效地行使自己的职权。

1982 年 9 月，中共十二大通过的党章规定：党的领导主要是政治、思想和组织的领导。党必须在宪法和法律范围内活动。必须保证国家的立法、司法、行政机关，经济、文化组织和人民团体积极主动地、协调一致地工作。② 这些规定明确了党的领导不是靠权力、靠发号施令，而是靠正确的政策和自己的模范作用。

1982 年通过的新宪法规定："党必须在宪法和法律的范围内活动"，这就在国家的根本大法中，既确认中国共产党的领导地位，也确认了中国共产党权力和活动的制度约束条件，为党政分开提供了宪法权威的依据。

1986 年邓小平在关于政治体制改革的多次谈话中，明确提出并阐明了"党政分开"的科学概念，邓小平指出：党的领导是不能动摇的，但党要善于领导，党政需要分开，这个问题要提上议事日程。党政要分开，这涉及政治体制改革。政治体制改革的内容，"首先是党政要分开，解决党如何善于领导的问题。这是关键，要放在第一位"③。

1987 年中共十三大报告中明确提出：政治体制改革的关键首先是党政分开。党政分开即党政职能分开。党应当在宪法和法律的范围内活动。党领导人民建立了国家政权、群众团体和各种经济文化组织，党应当保证

　　① 《邓小平文选》第 2 卷，人民出版社 1994 年版，第 327—329 页。
　　② 中共中央文献研究室编：《十二大以来重要文献选编》上，人民出版社 1986 年版，第68 页。
　　③ 《邓小平文选》第 3 卷，人民出版社 1993 年版，第 177 页。

政权组织充分发挥职能，应当充分尊重而不是包办群众团体以及企事业单位的工作。党的领导是政治领导，即政治原则、政治方向、重大决策的领导和向国家政权机关推荐重要干部。党对国家事务实行政治领导的重要方式是，使党的主张经过法定程序变成国家意志，通过党组织的活动和党员的模范作用带动广大人民群众，实现党路线、方针和政策。并明确强调：党和国家政权机关的性质不同，职能不同，组织形式和工作方式不同。应当划清党组织和国家政权机关的职能，理顺其关系，做到各司其职，并且逐步走向制度化；并认为从党政不分到党政分开，是我们党的领导体制的一项重大改革。[①]

至此，党政分开原则和党的领导的法制原则正式确立，标志着中国共产党从 1942 年明确提出并不断强化的党的"一元化"领导体制，在经过了长达 40 多年的革命和建设正反两方面的经验和教训的检验后，从理论上实现了领导理念的历史性转变。这一转变不仅是中国共产党适应改革开放新的历史条件的智慧选择，也为党的领导体制从高度集权的"一元化"模式走向民主法治的"依法治国"模式奠定了坚实的认识基础，对引导党的领导方式与执政方式的转变具有重大现实意义。[②] 历史的责任落在了现实的政治实践上，如何真正实现这一历史性转变，又是一个更为艰难的探索任务。

（三）"总揽全局、协调各方"和依法治国

中国共产党作为中国发展的制度创新中心，适应社会主义现代化建设快速发展的形势需要，在党的领导执政制度化建设不断加强的同时，积极推动国家和社会制度的民主法治进程。一方面，国家和社会的组织和行为自主性不断提高，国家和社会制度的民主化和法治化不断完善；另一方面，党、国家与社会的关系不断调整和规范并趋于定型，制度化和程序化水平不断提高。制度化基础之上的党、国家与社会关系的统一和协调，共同保证和推动了这一时期经济社会的全面发展，并奠定了未来党、国家与社会关系的制度架构和基础。

---

① 参见中共中央文献研究室编《十三大以来重要文献选编》上，人民出版社 1991 年版，第 36—38 页。

② 参见陈丽凤《中国共产党领导体制的历史考察（1921—2006）》，上海人民出版社 2008 年版，第 324 页。

　　为了有效领导和组织深刻变迁的社会发展，在相对适度的"党政分开"的基础上，如何科学合理地界定和规范党、国家与社会的关系，在新的实践发展的推动下，中国共产党人开始了新的探索。

　　1990 年 3 月，江泽民在《关于坚持和完善人民代表大会制度》的讲话中明确指出：中国共产党是执政的党，党的执政地位，是通过党对国家政权机构的领导实现的。如果放弃了这种领导，就谈不上执政地位。各级政权机关，都必须接受党的领导。当然，党同政权机关的性质不同，职能不同，组织形式和工作方式也不同，党不能代替人大行使国家权力。党的政治领导、思想领导、组织领导，要通过政治原则、政治方向、重大决策的领导和思想政治工作、向政权机关推荐重要干部等来实现。要善于把党的有关国家的重大事务的主张经过法定程序变成国家意志；并重申了"党必须在宪法和法律的范围内活动"的原则。① 这一讲话为新时期党和国家关系的调整和规范指明了制度化的方向。

　　随着市场经济和社会生活的深刻变革和发展，对整个国家和社会的民主化和法治化进程提出了迫切要求。从党和国家的长治久安的战略高度来全面规划党、国家与社会的关系，就是意义十分重大和深远的国之大事。中共十五大报告正式提出"建设社会主义法治国家"的目标，并把"依法治国"确立为党领导人民治理国家的基本方略。"依法治国把坚持党的领导、发扬人民民主和严格依法办事统一起来，从制度和法律上保障党的基本路线和基本方针的贯彻实施，保障党始终发挥总揽全局、协调各方的领导核心作用。"② 这是第一次明确提出"总揽全局、协调各方"的党的领导原则，并把"依法治国"作为这一原则落实的根本保证。

　　2001 年 7 月，江泽民《在庆祝中国共产党成立八十周年大会上的讲话》中，更进一步将"总揽全局、协调各方"提升到"原则"的高度，明确提出："要按照总揽全局、协调各方的原则，进一步加强和完善党的领导体制，改进党的领导方式和执政方式，既保证党委的领导核心作用，又充分发挥人大、政府、政协以及人民团体和其他方面的职能作用。党委要通过科学化、规范化、制度化的机制，加强对人大、政府、政协、人民

----

　　① 参见中共中央文献研究室编《十三大以来重要文献选编》中，人民出版社 1991 年版，第 942—943 页。

　　② 中共中央文献研究室编：《十五大以来重要文献选编》上，人民出版社 2000 年版，第 30—31 页。

团体的领导。"① 这一讲话不但重申了党的领导的原则要求，而且指出了其实现的制度化和法制化机制途径，是依法治国方略在党的领导中的具体体现。

适应 21 世纪现代化建设全面发展的新要求，2002 年 11 月，中共十六大报告中明确提出：发展社会主义民主政治，最根本的是要把坚持党的领导、人民当家做主和依法治国统一起来。改革和完善党的领导方式和执政方式，这对于推进社会主义民主政治建设具有全局性作用。坚持依法执政，实施党对国家和社会的领导；并重申了"总揽全局、协调各方"的党的领导原则。②

2004 年 9 月，在《中共中央关于加强党的执政能力建设的决定》中，在加强党的执政能力建设的总体目标下，提出更为明确的科学执政、民主执政、依法执政的要求。并在重申"总揽全局、协调各方"党的领导原则下，对党与国家政权的关系进一步明确："发挥党委对同级人大、政府、政协等各种组织的领导核心作用，发挥这些组织中党组的领导核心作用。党委既要支持人大、政府、政协和审批机关、检察机关依照法律和章程独立负责、协调一致地开展工作，及时研究并统筹解决他们工作中的重大问题，又要通过这些组织中的党组织和党员干部贯彻党的路线方针政策，贯彻党委的重大决策和工作部署。"③ 这是在"依法执政"的要求下对党和国家关系的更为具体的规范化。

2007 年 10 月，中共十七大报告中再次重申：要坚持党总揽全局、协调各方的领导核心作用，提高党科学执政、民主执政、依法执政水平，保障党领导人们有效治理国家。坚持国家一切权力属于人民，从各个层次、各个领域扩大公民有序政治参与，最广泛地动员和组织人民依法管理国家事务和社会事务、管理经济和文化事业。④ 这是中国共产党在新的时期对党、国家与社会关系的最新概括和总结。

"总揽全局、协调各方"党的领导原则的确立，以及依法治国基本方

---

① 《江泽民文选》第 3 卷，人民出版社 2006 年版，第 288 页。

② 参见中共中央文献研究室编《十六大以来重要文献选编》上，中央文献出版社 2005 年版，第 24—26 页。

③ 中共中央文献研究室编：《十三大以来重要文献选编》中，人民出版社 1991 年版，第 282—283 页。

④ 参见《中国共产党第十七次全国代表大会文件汇编》，人民出版社 2007 年版，第 28 页。

略的实施，是新时期规范党、国家与社会关系的基本原则，是中国共产党适应民主法治时代要求的切实行动，是社会主义民主政治制度化、规范化、程序化的客观需要。在相对"党政分开"基础上提出的这一原则，是对"党政分开"原则的发展和提升，为党、国家与社会关系的制度化和法治化调整和发展提供了明确指导，这一原则要求也体现在党自觉推动国家制度建设和社会自主发展的实践进程之中。

三　当代中国国家与社会关系的独特性

从以上中国共产党的理论和实践探索中，可以看出当代中国的国家与社会具有不同的发生路径和历史逻辑，不能简单地套用国家与社会二元分离的模式。必须结合中国革命、建设和改革的实际，以马克思主义市民社会理论为指导，探索适合中国实践的国家与社会关系问题的分析架构。

中国厚重的历史文化传统和独特的现代化发展路径决定了"要了解中国，不能仅仅靠移植西方的名词，它是一个不同的生命。它的政治只能从其内部进行演变性的了解"①。

中国社会发展的历史逻辑和内在动力决定了：中国共产党是中国革命、建设和改革的领导核心，是波澜壮阔的新中国现代化事业的权力中心、决策中心和组织中心；在中国共产党的直接领导和组织下，社会主义国家政权得以建立、发展和完善，国家政权成为党的路线方针政策的执行者和经济社会生活的组织者；在党和国家的领导和组织下，经济社会的制度和组织得以重组和变革，经济社会的自主功能和活力充分发挥，使中国的经济社会面貌发生了天翻地覆的改变，并相应推动了党和国家制度和功能的改革完善。政党、国家与社会的互动合作、共同发展是整个新中国现代化事业发展进步的根本动力和基础，也在发展演变之中构建了三者之间基本的制度性关系。在新中国的历程中，政党、国家与社会的制度性关系虽然经历了建立、调整、变形、重建和完善等一系列曲折过程，但其制度性关系的架构仍然是中国发展的基本制度性条件和基础，三者之间制度性关系的状态决定着中国发展的制度空间和制度可能，决定着中国发展的社

---

①　费正清：《中国的再统一》，载 R. 麦克法夸尔、费正清编《剑桥中华人民共和国史：革命的中国的兴起（1949—1965）》，中国社会科学出版社 1990 年版，第 15 页。

会动力和社会活力，也决定着未来中国发展的制度性路径和框架。因此，国家与社会的关系问题，在当代中国的现代化背景中展现为政党、国家与社会关系的三重关系。这有着复杂而深刻的历史和现实根源。

（一）政党、国家与社会分析架构的合理性

一个社会作为"由多重交叠和交错的社会空间的权力网络构成的"复杂体系，① 没有具体的分析架构的切入和取舍组织材料，可能意味着社会材料和事实的"混沌一片"。国家与社会关系是人类社会发展中的最基本关系之一，把国家与社会的互动作用作为分析的视角和架构，是一个宏大而广涵的架构。这一架构能够包含在国家与社会关系的互动中，社会发展的基本事实和脉络，能够对分析和解剖当代中国发展提供有益的借鉴和启迪。但国家与社会关系的分析架构在不同的国家有不同的问题背景和制度寓意，需要结合中国发展的路径和问题加以延伸和具体化。

现代国家和现代社会的生成，在不同的民族国家中有不同的路径和样态，不可能是"一元单线"的模式，② 故不同民族国家中国家与社会的关系模式的生成和发展也不可能是单一同样的，这也就决定了国家与社会的互动模式在不同的国家中千差万别。具体说来，在原发内生型现代化国家，国家与社会关系的生成一般经由以下途径：商品经济和市民社会的壮大催生民族国家的诞生，民族国家的发展催生政党政治的生成，多党竞争成为国家政权运转的动力和机器；并由此产生市民社会与政治国家二元分离、相互对立的基本格局，市民社会产生并制约政治国家，政治国家服务并保护市民社会。而其中政党是将国家引向社会、将社会引向国家的中介和联系机制，政党以市民社会的资源和民意为基础，企图通过控制政府来获得控制国家的权力和资源。③ 由此决定了原发内生型现代化民族国家的国家与社会关系生成和发展的模式：市民社会—政治国家—政党政治，政党是其间的主要中心和纽带。在此背景下产生的国家与社会二元分离对

---

① ［英］迈克尔·曼：《社会权力的来源》第 1 卷，刘北成、李少军译，上海人民出版社 2002 年版，第 1 页。

② 参见罗荣渠《现代化新论》，北京大学出版社 1993 年版，第 52—80 页。

③ ［法］让·布隆代尔、［意］毛里齐奥·科塔主编《政党政府的性质——一种比较性的欧洲视角》，北京大学出版社 2006 年版，第 37 页。

立、互动合作的关系模式也许适合和切中发达国家的状况,① 但如果强行用此模式来切割和剪裁中国的问题和材料,就可能使问题产生扭曲和变形,就会有意无意地掩盖和无视对中国现代化发展来说十分重要的事实和因素。

中国的现代化进程则是在完全不同的历史背景和社会基础上开始其艰难进程的。古老中国的老大帝国在列强威逼、内外交困中被迫而匆忙地迈开了其现代化的步伐。面对全面的民族危机、国家危机和社会危机,中国需要高度有力的组织中心和权力中心来应对全面危机,进而重整国家和社会。中国共产党正是顺应这一民族和国家的召唤而产生并成长壮大的。中国共产党利用高度有效的组织力量取得了政权并快速地推进国家和社会的建设发展,奠定和确立了新中国的国家和社会的基本制度体系,党的组织以及党所掌握的国家权力成为党创造新社会、新国家的决定力量。② 在共产党的政治领导和组织保障下,新型的社会主义国家政权的各项组织和制度全面建立,国家政权成为执行共产党的决策和组织社会的主导力量。在党的部署和国家的组织主导下,经济和社会的组织和生活得以恢复和重组,政党、国家与社会高度集中整合的关系模式由此产生和演变。所以新中国的国家与社会的关系模式是遵循先政党、后国家、再社会的进路衍生起来的。中国共产党是整个新中国的权力中心、决策执行和组织中心,主导和统领国家和社会发展的大政方针政策;在共产党的直接领导和决策部署下,社会主义的国家制度得以建立、发展和改革,国家政权成为党的决策的执行者和经济社会的组织者;经济社会在党和国家设定的制度框架内生发和成长,并反过来要求和推动党和国家的变革和发展。

所以政党、国家与社会关系的分析架构贴近新中国现代化发展的演进历程,是符合历史和逻辑相统一的方法论要求,也是能够对研究对象的演进过程和阶段特征给予根本性观照和揭示的。这是我们提出政党、国家与社会关系的分析架构的宏观历史缘由和理论合理性依据。

---

① 公民社会(市民社会)与国家(政治国家)的关系是公民社会理论研究中的重要内容,公民社会理论家提出的公民社会与国家的关系模式多种多样,概括起来有五种:公民社会制衡国家、公民社会对抗国家、公民社会与国家共生共强、公民社会参与国家、公民社会与国家合作互补。参见何增科《公民社会与民主治理》,中央编译出版社 2007 年版,第 88—89 页;何增科主编《公民社会与第三部门》,社会科学文献出版社 2000 年版,第 6—8 页。
② 参见林尚立等《政治建设与国家成长》,中国大百科全书出版社 2008 年版,第 11 页。

（二）政党、国家与社会分析架构的意义和局限

由于尽力切入和贴近新中国现代化发展的内在逻辑和制度主线，政党、国家与社会关系的分析架构就是一个基本合理的分析架构，如果此架构运用得当且依据事实材料可靠，就能够发挥此架构的价值和所长。期望通过运用此架构深入细致的分析可以得到以下理论收获。

第一，揭示中国共产党领导的组织和制度路径，推动执政的民主法治建设。共产党由于其独特的历史贡献和政治地位，在整个中国的发展中起着决定性的作用。正如所言："研究中国社会的任何方面，如果不从中国共产党努力改造中国社会这一背景出发，那简直是毫无意义。"[①] 中国共产党的权力、决策和组织状况，决定着整个国家和社会的总体走向和制度结构，决定着党对国家、党对社会的领导方式和执政成效，进而决定着一个时期的政党、国家与社会关系的制度架构。对共产党领导执政的组织和制度的路径机制的分析是推动执政的民主法治建设的学理基础。

第二，揭示党对国家政权领导的方式和途径，推动国家制度的改革完善。在中国共产党的决策部署和领导支持下，国家政权的各项组织和制度演变发展，并逐渐形成党对国家政权领导的规范化和制度化方式。国家组织和制度的建立和完善，保证了国家政权对党的方针政策的执行和对经济社会的管理。党对国家政权领导执政的方式和途径，成为现代国家政权建设的关键因素，其领导执政的民主法治程度，直接决定国家制度的民主法治状况。

第三，揭示党和国家领导经济社会的制度化方式和路径，推动经济社会的自主发展和活力。经济社会发展的制度空间、发展机会、发展水平，取决于党和国家的经济社会部署及其制度结构、制度安排。不同的经济社会制度结构和制度安排，决定着不同的经济社会发展活力和制度绩效，也反过来对党和国家提出不同的制度要求和压力。经济社会发展的自主活力水平是党和国家的制度安排有效性的指标。揭示不同时期党和国家领导经济社会的方式和路径，有利于推动经济社会发展的制度化和法治化建设步伐。

---

① R. 麦克法夸尔、费正清编：《剑桥中华人民共和国史：革命的中国的兴起（1949—1965）》第 14 卷，中国社会科学出版社 1990 年版，序。

通过以上三个方面的研究和揭示，可以阐明新中国成立以来各个历史时期的不同的政党、国家与社会关系的制度化状况，总结三者互动演变的特征和规律，并为未来三者制度化关系的调整和改革提供学理依据。

在肯定和期许分析架构的价值和作用的同时，我们也清醒地认识到本分析架构不足的方面。由于错综复杂的政党、国家与社会的互动关系的现实，加之历史材料方面的限制，本分析架构主要关注和分析了中国共产党自身的权力、决策和组织状况，主要关注和分析了党对国家、党和国家对社会的组织化、制度化领导方式和途径，而较少关注和分析国家对执政党、社会对执政党、社会对国家的反作用互动关系。本分析架构对政党和国家的组织和制度做出了明确区别，而把经济和社会捆在一起作为整个"大社会"部分来看待。同时，由于在当代中国的发展中，市场因素和资源一直处于国家直接控制的资源之外，并具有某种竞争性关系，因此，我们把市场经济的体制和力量作为一种社会力量来分析。还有，本分析架构并未涉及工会、共青团和妇联等社会团体，只是把它们作为"准政府机构"来看待。

总之，由于中国共产党在中国的公共权力中发挥着决定性作用，故可以把政党和国家一起作为政治性组织和制度看待，还由于市场机制和力量在中国的计划经济体制向市场经济体制转型中的特殊作用，故可以把市场力量放到社会中来看待。所以，政党、国家与社会三分的架构，可以说是政党、国家与市场（经济）、社会四分架构的浓缩和简化，也可以看成是（政治）国家与（市民）社会二分架构的延伸和发展。三分架构的运用，既可以达到总体把握、深入分析的效果，又可以避免过于细分、难于驾驭复杂关系的麻烦。总体比较三分架构之长和之短，可以看出它是比较切合新中国发展历史进程的逻辑分析架构的。

四　中国国家与社会关系既有分析架构比较

对于中华人民共和国成立以来的政治变迁和社会变迁，从国家与社会关系的宏观视角进行研究，国内外学术界已有大量的成果，这些成果为本书分析架构的建立提供了学术基础和启迪，现对主要的既有分析架构评述比较如下。

（一）全能主义政治

"全能主义"（totalism）是美国政治学者邹谠先生针对 20 世纪中国的政治与社会关系提出的概念。他提出全能主义概念，是为了区别于"极权主义"（totalitarianism）概念，并认为研究中国政治用"全能主义"比"极权主义"较为合适。"全能主义"仅仅指政治机构的权力可以随时无限制地侵入和控制社会每个阶层和每个领域的指导思想。"全能主义政治"指的是以这个指导思想为基础的政治社会，这一专门名词是用来表达政治（国家）与社会关系的某一种特定的形式，而不涉及该社会中的政治制度或组织形式。

在把全能主义政治严格限定在国家与社会关系的范畴以后，邹谠对全能主义政治的起源做了深刻论述。他认为，中国的社会革命与全能主义政治的共同渊源是 20 世纪初期中国社会面临的全面危机，社会革命是克服危机的方案，全能主义政治是应对全面危机的一种对策，并且从事社会革命就必须用全能主义政治为手段。因此社会革命与全能主义既有共同的渊源又有内在的联系。面临全面的危机，只有社会革命才能从根本上克服整个国家、整个社会和各个领域中的危机。只有先建立一个强有力的政治机构或政党，然后用它的政治力量、组织方法，深入和控制每个阶层和每个领域，才能改造或重建国家和各个领域中的组织与制度，才能解决新问题，克服全面危机，因此社会革命一开始就蕴含着全能主义政治的因素。[①] 邹谠在揭示全能主义与社会革命内在联系的同时，也对中国的社会革命的历史必然性和合理性做出了肯定。

邹谠认为，国家与社会的关系是比政权结构更重要，在学术上也是一个更根本的概念。针对国家与社会关系的"全能主义"可以区分两个层次的意义：第一，从理论和原则上来说，全能主义是指国家对社会领域和个人生活的控制，在原则上没有法律、思想、道德、宗教上的限制。但是，国家不可能也无力全面控制社会生活。第二，从事实上来说，国家对社会的实际控制范围和程度并非毫无限制，全能主义所指的国家，对社会与个人事实上的控制可多可少，时多时少，时强时弱。对某一个社会领域

---

① 参见邹谠《二十世纪中国政治——从宏观历史与微观行动的角度看》，牛津大学出版社 1994 年版，第 3—4 页。

可以非常强烈，同时对另外一个领域非常松懈，全能主义在事实上往往是一个程度问题。全能主义的扩大和缩小取决于社会革命的形势、各个革命阶段的不同的目标、敌我力量的对比、人民内部矛盾的消长、政治集团内部斗争的变化等。①

邹谠还认为，社会革命与全能主义政治如果能控制在一定的限度以内，在某些时期是能有一定的正面作用和积极后果的。并指出在中国未来的发展中，党—国家应当通过自愿的、合法的、自治的和积极的组织的建立，允许民间社会发展与强化自身。这样的组织不仅能够帮助管理社会事务，而且它们也是社会中政治的与社会的负责任的角色。②

全能主义概念的提出，较好地概括了中国改革以前的国家与社会关系状况，但作为一个总括性概念，并没有更具体地分析国家与社会互动作用的方式和机制，对改革以后中国的政治和社会变迁也只能用"后全能主义"来总括。需要在此基础上的架构延伸和实证性的制度机制分析。

（二）总体性社会与分化性社会

中国学者孙立平从中国社会结构变迁的视角，借鉴邹谠的"全能主义"（totalism）概念，提出"总体性社会"（totalist society）概念来对改革前中国国家与社会的关系进行分析。他认为，面对自晚清到整个 20 世纪上半期中国社会的总体性危机，1949 年以后，中国社会生活的基本组织形式得到了根本的重建。通过建立城市中的单位制、乡村中的人民公社以及城市街道组织等组织体系，再通过这种以高度集权的总体性控制和总体性动员为特征的总体性组织，从而实现了对整个社会生活的总体性控制和整合。所谓总体性控制，是以再分配经济为基础、以剥夺基本生存条件为手段，整合则是建立在政治和行政基本框架上的、完全去除社会自组织能力的。③ 实现了整个社会的总体性控制和整合的社会，就是一个总体性社会。

孙立平认为，总体性社会是一种社会结构分化程度很低的社会。在这

①　参见邹谠《二十世纪中国政治——从宏观历史与微观行动的角度看》，牛津大学出版社1994 年版，第 226、4 页。

②　同上书，第 70、202、4 页。

③　参见孙立平《转型与断裂：改革以来中国社会结构的变迁》，清华大学出版社 2004 年版，第 51 页。

种社会中，国家对经济以及各种社会资源实行全面的垄断，政治、经济和意识形态三个中心高度重合，国家政权对社会实行全面控制。总体性社会的三个基本要素是：第一，国家对大部分社会资源直接垄断，国家不仅成为生产资料的垄断者，而且也是生活资料的发放者，权力和威望的配置者。第二，社会政治结构的横向分化程度很低，意识形态是总体性的，政治是高度意识形态化的，经济与其他社会生活是高度政治化的。第三，从纵向角度看，消灭了统治阶级，过去的"国家—民间精英—民众"的三层结构变成了"国家—民众"的二层结构。在这种结构中，精英的位置不复存在，国家直接面对民众。上述的结构决定了总体性社会的一系列特征，如社会动员能力极强，可以利用全国性的严密组织系统；缺乏中间阶层的缓冲作用，国家直接面对民众；社会秩序完全依赖于国家控制的力度，当国家控制削弱时，社会具有一种自发的无政府、无秩序倾向；社会自治和自组织能力差，中间组织不发达，控制系统不完善；全部社会生活呈政治化、行政化倾向，社会的各个子系统缺乏独立运作的条件，支配不同功能系统的是同一运行原则；共振效应，任何局部性的矛盾或紧张状态都蕴含着全局性危机；社会中身份制盛行，自助式流动变为指令性流动，结构僵化；总体性意识形态同时承担社会整合和工具理性的双重功能，两种功能要求的矛盾性，易于产生一种相互削弱的效应；由于精英的缺乏，民众抗拒运动水平低，冲击强度大而建设性因素少；缺少自下而上的沟通，民众意见的凝聚缺少必要的组织形式等。总之，总体性社会是一种社会高度一体化、整个社会生活几乎完全依靠国家机器驱动的社会。[①] 这种高度集权的总体性社会有两个致命的缺陷：一是社会具有高度的总体联动性，社会高层的任何一点变化都会引发全社会的动荡；二是窒息社会的活力，以损害社会全体成员的活力为代价。[②]

　　而改革开放以来，随着农村改革的深入、市场机制的健全、多种所有制的发展、多种利益主体和权力主体的出现等，社会中的"自由资源流动"和"自由活动空间"大为增加。中国的社会结构发生全方位的分化，同时出现了社会群体的分化、阶级阶层的分化、产业的分化、地域的分

---

　　① 参见孙立平《转型与断裂：改革以来中国社会结构的变迁》，清华大学出版社 2004 年版，第 31—32 页。

　　② 同上书，第 51—52 页。

化，等等。全方位分化使中国从一致性社会变为多元社会，从总体性社会向分化性社会转变。①

总体性社会和分化性社会的概念，是从社会结构的视角对国家与社会关系进行的深化探索。特别是总体性社会概念是对"全能主义"概念的发展和延伸，推动了对总体性社会结构特征的进一步明确化。但依据的还是国家与社会二元分析架构，是把中国共产党的组织和制度放入"国家"之中的。总体性社会和分化性社会的概念，还需要通过更为具体的政党和国家、国家与社会、政党与社会互动机制的研究来细化和阐明。

（三）政党—国家体制

匈牙利著名经济学家雅诺什·科尔奈先生在 20 世纪 90 年代出版的著作中，对社会主义体制的变迁做了全面论述。他认为，理解社会主义体制的关键是要考察其权力结构，社会主义体制的主要特征均源于社会主义的权力结构。他对经典社会主义体制进行了深入剖析，认为多数社会主义国家的宪法都规定共产党是国家的领导力量，但没有具体说明党在国家实际管理中如何发挥领导作用。由于党的活动和国家事务密不可分，这样就可以确保党在各项活动中都处于支配地位。尽管国家法律没有进行明确界定，但党实际上具有所有重要岗位人员的任用权、国家事务的决策权和党委直接参与政府管理等。他具体论述了经典社会主义体制下的党和国家的关系，他认为党和国家是相互融合在一起的，但这并不意味着它们之间没有"自然分工"，党管政治，而国家负责行政管理。可这种分工在社会主义体制下没有实质意义。在社会主义国家里，政治是"无孔不入"的，它影响着社会生活的方方面面，因此，国家行政管理根本不可能"脱离政治"。共产党认为自己应该对所有的事情负责，它不允许政府机构及其工作人员享有任何自主权。事实上，"党国一家"以及政治与行政职能混合在一起，这正是社会主义体制的主要特征之一。②

科尔奈进而分析了国家与社会的关系，他认为，在经典社会主义体制下，官僚体制影响着社会生活的每个角落，国家与"公民社会"以及国

---

① 参见孙立平《转型与断裂：改革以来中国社会结构的变迁》，清华大学出版社 2004 年版，第 52 页。

② 参见［匈牙利］雅诺什·科尔奈《社会主义体制——共产主义政治经济学》，张安译，中央编译出版社 2007 年版，第 36 页。

家事务与个人事务之间的界限彻底消失。当然，官僚体制无法做到事无巨细，无所不管，但这只是因为在实践中它不具备这样的能力，就原则而言，没有什么事情它不可以管，或者说它不想管。之所以说官僚体制的权力是集权主义还因为它无孔不入，渗透到了整个社会的方方面面，影响着每个人的生活和命运。[①]

科尔奈对经典社会主义体制的论述，已经关注和强调了共产党的决定性作用，已经有了政党、国家与社会三元分析架构的雏形。但科尔奈的分析针对的是经典社会主义体制的一般形态，并没有针对改革前中国社会主义体制的专门论述，更遑论针对中国社会主义体制下政党、国家与社会关系的具体机制和制度的研究了。

（四）市民社会与国家的良性互动

邓正来、景跃进二位先生于 1992 年最早明确提出建构中国的市民社会，并对此做出了系统论证。他们认为，自晚清以来中国现代化进程进退两难症结的真正和根本的要害在于国家与社会二者没有形成适宜现代化发展的良性结构，确切地说，在于社会一直没有形成独立的、自治的结构性领域。为此，必须从自下而上的角度，致力于营建健康的中国市民社会。透过中国市民社会的建构，逐渐确立市民社会与国家的二元结构，并在此基础上形成一种良性互动关系，唯有如此，才能避免历史上多次出现的两极摆动，最终实行中国的现代化。[②]

他们根据中国历史的背景和当下现实，对中国的"市民社会"给予明确的界定：是指社会成员按照契约性规则，以自愿为前提和以自治为基础进行经济活动、社会活动的私域，以及进行议政参政活动的非官方公域。并认定中国的市民社会是由独立自主的个人、群体、社团和利益集团构成的，其间不包括履行政府职能、具有"国家政治人"身份的公职人员、执政党组织、军人和警察，也不包括自给自足、完全依附于土地的纯粹农民，其中企业家和知识分子是市民社会的中坚力量。[③]

---

①　参见［匈牙利］雅诺什·科尔奈《社会主义体制——共产主义政治经济学》，张安译，中央编译出版社 2007 年版，第 42—43 页。

②　参见邓正来《国家与社会——中国市民社会研究》，四川人民出版社 1997 年版，第4 页。

③　同上书，第 6 页。

国家与市民社会的良性互动体现在两个方面，从国家的角度看，其对市民社会的作用主要表现在：一是国家承认市民社会的独立性，并为市民社会提供制度性的法律保障；二是国家通过制定普遍规则和实施仲裁协调来对市民社会进行必要的干预和调节。从市民社会的方面看，其对国家的作用也主要体现在两个方面：具有制衡国家的力量和发展培育多元利益集团。中国市民社会与国家的良性互动乃是二者之间的一种双向的适度的制衡关系；透过这种互动，双方能够较好地抑制各自的内在弊病，使国家所维护的普遍利益与市民社会所捍卫的特殊利益得到符合社会总体发展趋势的平衡。①

他们最后提出了中国市民社会建构的"两个阶段论"：第一阶段是初步建构起市民社会，形成国家与市民社会的二元结构，这一阶段要解决的主要问题是获取市民社会相对于国家控制的自由空间和作为前提的独立自主性。第二阶段的主要目标是进一步完善市民社会，通过各种各样的渠道对国家决策进行正面意义的参与和影响，进而实现市民社会与国家的良性互动关系。②

"市民社会与国家良性互动论"的提出，开启了建构中国市民社会的先声，但主要还是在应然规范意义上来谈论市民社会与国家关系的。其中，有意无意地回避了执政党的因素，并把政党因素归入"国家"范畴；还把社会力量主要部分的广大农民排除在市民社会的构成之外，缺乏针对中国国情的现实性；再有，是在市民社会与国家二元架构下的规范构想，没有具体的政党、国家与社会关系的实证分析，规范意义上的构想失却实践中的立足点和可操作性。

（五）党、国家与社会的关系

林尚立在 20 世纪末就已经明确提出政党、国家与社会的三元分析架构，并用此分析架构对改革前中国的政治变迁和社会变迁做出了深刻论述。他认为，由于作为中国社会领导核心的中国共产党具有决定性的作用，中国社会的权力关系与一般国家有很大差别。这种差别意味着不能像

---

① 参见邓正来《国家与社会——中国市民社会研究》，四川人民出版社 1997 年版，第 12—13 页。

② 同上书，第 18—19 页。

研究其他国家那样，直接用国家与社会的二分法来研究中国问题，要充分考虑到党作为一种特殊的政治力量在国家生活、社会生活以及国家与社会关系中的重要作用。为此，他明确提出党、国家与社会三元分析架构来考察中国社会权力关系的变化。①

他认为，中国共产党取得国家政权以后，应迅速在全国建立一个从上到下，遍及各个领域和层次的党的组织网络。党的组织网络成为党和国家有效组织社会的网络机制的同时，也成为党和国家政治权力作用于社会的组织基础和核心渠道。同时在党的领导下推动国家的组织和制度建设，并在计划经济的基础上，形成国家全面主导社会。中国共产党正是凭借其在中国社会发展进程中所具有的不可替代的历史地位和政治地位，全面主导中国社会发展。而国家主导社会，就是在中国共产党的领导下实行的。中国共产党的领导作用主要是通过两个途径实现：一是党对国家的领导；二是党对社会的领导。党对国家的领导，使国家主导社会获得组织和体制上的基础；而党对社会的领导，使国家主导社会获得广泛的社会基础。②

由此，在改革开放前，在中国的社会和中国的政治形态中，党、国家与社会通过权力组织网络形成的基本关系是：党全面领导国家，国家全面主导社会，党通过国家或自身组织领导社会。在这样的格局下，党只要加强控制，就能迅速积聚权力，从而拥有绝对的权力。这样的党、国家和社会的关系，为权力高度集中提供了政治、经济和社会基础。长期主导中国社会的党的一元化领导就是在这样"丰厚"的基础上形成的。在党政合一，以党代政，党中央高度集权的条件下，党就必然在国家对社会强大控制的基础上，对社会形成全面的控制，从而使党、国家和社会三者之间的政治权力关系变成党、国家和社会的"三位一体"的关系。③

林尚立所做的研究，是目前国内对政党、国家与社会三元分析架构最全面深刻的阐述，对本书的分析架构提供了直接的启示。但其对政党、国家、社会各自内部的构成要素并没有具体分析，对三者之间具体互动的机制和制度也没有完全阐明，对改革开放以后中国的政治与社会变迁还没有用三元分析架构进行充分的研究。本书在此基础上对 1949—2008 年中国

---

① 参见林尚立《集权与分权：党、国家与社会权力关系及其变化》，载陈明明主编《革命后社会的政治与现代化》，上海辞书出版社 2002 年版，第 153 页。

② 同上书，第 156—163 页。

③ 参见林尚立《当代中国政治形态研究》，天津人民出版社 2000 年版，第 322、334 页。

的政党、国家与社会关系，特别是三者之间的制度化关系展开了进一步的深化和细化研究。

五　政党、国家与社会分析架构的细化

以上的分析初步阐明了政党、国家与社会三元分析架构对中国问题的适用性和切合性。但政党、国家、社会各自作为中国政治和社会变迁中的重要组成部分，依然是"抽象的总体"，依然需要深入各个子系统内部，对各个子系统本身的组织、制度、权力、决策、运作以及政党和国家、国家与社会、政党和社会之间互动作用的组织和制度管道等展开进一步的分析。也就是说，三元分析架构需要在结构层次上进一步深化和细化，以便对政党、国家与社会互动的制度化关系在内容上有更为深入的机理机制上的把握。

（一）　党的领导和执政的制度性分析

中国共产党在中国革命、建设和改革中的独特政治地位和领导作用，决定了要研究和分析当代中国的政治变迁和社会变迁及其关系，中国共产党就不仅必须被作为一个独立的变量和因素，而且必须被作为第一位和最重要的变量和因素。这就需要具体研究中国共产党领导和执政作用实现的方式和途径，它们是通过哪些组织、制度、思想途径来加强党的自身建设和作用于国家、社会的。我们拟从对执政党权力、决策和组织最为重要的以下几个方面，来具体分析党自身的制度演变和作用发挥。

1. 党的最高权力的架构及其运转

如果说中国共产党是中国政治和社会发展中的决定性和关键性因素，那么，在共产党内部高度集中的权力形态和组织形态中，党的最高权力的架构及其运转状况，就是第一和首要的关键因素。正如邓小平所不断强调的那样："中国要出问题，还是出在共产党内部。""说到底，关键是我们共产党内部要搞好"，① 而最为根本的是："中国问题的关键在于共产党要有一个好的政治局，特别是好的政治局常委会。只要这个环节不发生问

———————————

① 《邓小平文选》第 3 卷，人民出版社 1993 年版，第 380—381 页。

题，中国就稳如泰山。"① 由于党的最高权力中心和领导集体是党、国家与社会中所有重大权力、决策和组织的最终源泉，所以成为分析架构中对党的因素分析的第一个层次。按照党的历次全国代表大会制定的党章规定，全党的"最高领导机关"是由党的全国代表大会、中央委员会、中央政治局、中央政治局常委会四级组成。对历史进程中党的最高权力架构及其运行的分析，也就是对以上四级制度安排的组织、制度及其运转情况的研究。也就是党的最高领导集体由哪些领袖组成，保障最高权力运转的会议制度和议事制度是否正常运转，权力运转的民主集中制原则能否得到贯彻执行，这是党的领导和执政的正确性和有效性的前提和基础，也是各个历史阶段中重大国家建设和社会发展逻辑展开的前提和基础。从中期望探究党的最高权力的制度化规范运行状况与中国政治局势的变化、党的决策的民主性和有效性、党的权力运转和国家权力运转等之间的关系演变的趋势和规律。

2. 党的决策的民主性和政策有效性

政策和策略是党的生命。在紧迫而急剧的政党推进型现代化进程中，面对重大而复杂的政治社会发展问题，面对法律和制度先天不足的社会现实，党的政策作为党的政治主张和路线方针的具体化，作为国家和社会发展的根本指导原则和依据，在整个新中国的发展中就显得尤为关系重大。党的决策的民主性和政策有效性也就成为影响中国发展的根本性决定力量。这主要与三个因素相关：一是党的决策层对中国国情和发展条件的认识是否客观和全面；二是社会各界包括民主党派和民众对党的决策的意见表达和参与程度；三是党的集体领导和民主决策的制度和水平。特别是第三个因素更为重要，在党的集体领导和民主决策制度不完善的时期影响尤其明显。由于党组织的级别越高、权力越大，决策的任务越多、政策影响越大，故党的最高权力的规范化和制度化运行是党的决策的民主性和有效性的前提和基础。这就需要研究各个历史时期党的集体领导和民主决策制度的贯彻和执行情况，从中期望探究党的决策的民主性和政策的有效性之间的相关性，是否显示出决策越民主、政策越有效的关系和通则。

3. 党的组织体系和制度

党的各个时期的决策和政策出台以后，保障其充分的贯彻和执行，就

---

① 《邓小平文选》第 3 卷，人民出版社 1993 年版，第 365 页。

是党的政策有效性在实践中落实的问题，而其中党的组织体系和制度是保证政策落实的制度性保障。由于党的组织体系在中国社会中的广泛渗透性和权力核心地位，党的组织体系成为中国社会中权力组织网络的根本载体。[①] 党的组织体系的健全与正常运转，是党的执政能力和政策执行力的制度基础。党的组织体系和制度在新中国的发展中经历了不断健全和完善的过程，不同的历史时期有不同的特点和制度变革，是党的自身建设的重要组成部分和标志。

4. 党管干部的原则和制度

如果说党的各级组织体系和制度是党的权力运转的制度构架，那么，各级组织和部门中的"干部"就是党的领导的主体构成，是党的领导中最活跃和能动的人的因素。"党管干部"是党的一贯原则和基本政策，在各个不同的时期，面对不同的经济社会任务，需要不同的各项干部管理制度来保障其原则的实现。不同的干部管理制度对各级各类干部的选拔任用、考核评价和激励监督等有不同的制度绩效和影响，这是保证广大干部清正廉洁、素质提高和作用发挥的制度基础。同时，制度互补和功能协调的干部管理制度体系，是保障党的领导和执政能力的制度建设的重要内容，历来受到党中央的高度重视。在改革开放和市场经济的条件下，干部管理制度的民主化和法治化完善问题，就显得尤为重要和关系重大。

5. 党的意识形态领导体制

人类社会不仅是物质的存在，更是思想意识的存在。意识形态作为人们认知解释、价值信仰和实践行动的重要组成部分，在人类社会的发展进步中发挥着重要作用。[②] 中国共产党作为有明确意识形态指向的马列主义政党，党的意识形态不仅是党的思想和行为的重要指南，而且是国家意识形态的主流部分，在统一思想、整合社会和动员群众等一系列党和国家的行动中发挥着重大作用。党对意识形态的领导，是党的领导的重要内容和体现，历来受到党的高度重视。在不同的历史时期，适应和服务于党的路线方针政策的变化，党对意识形态的领导体制和管理方式也在发生着变化。由于意识形态问题和思想文化问题、政治问题和学术问题紧密相关，

---

① 参见林尚立《集权与分权：党、国家与社会权力关系及其变化》，载陈明明主编《革命后社会的政治与现代化》，上海辞书出版社 2002 年版，第 200—201 页。

② 参见林尚立等《政治建设与国家成长》，中国大百科全书出版社 2008 年版，第 242—243 页。

党在坚持"二为方向"和"双百方针"的同时，对意识形态的领导方式和管理体制也在不断地走向规范化和法制化的轨道。

6. 党的监督体系和制度

党的监督体系和制度建设，是党的自身建设的重要组成，是保证党的执政地位和执政能力的重要制度要件。中国共产党执掌全国政权以来，党的监督体系和制度虽然经历了几次大的变化和调整，但随着党员队伍的不断扩大和党的执政环境的改变，党的监督体系和制度建设的重要性日益凸显，体系和制度完善的步伐不断加快。党的监督体系和制度建设与党的各级领导组织及其制度建设紧密相关，不仅成为各个时期党的权力运转和党风廉政建设的标志，也成为各个时期党内民主法治状况的标志，是考察党的自身行为和制度建设的重要层次和部分。

以上六个方面是各个时期党的自身状况和制度建设的重要构件，是政党、国家与社会三元分析架构在党的系统中需要进一步细化研究的层次和对象。

（二）党和国家互动关系的制度性分析

作为中国社会发展制度变迁和制度创新的最高中心，中国共产党在不断推动自身制度健全和完善的同时，也是国家制度构建的主导者和领导者，党和国家（党政关系）的关系也就构成当代中国最为重要的政治关系。这主要体现在三个方面：一是党政关系的总体要求和原则；二是党推动国家本身的制度建设；三是党对国家政权领导的机制和途径。以上三个方面具体体现在国家政权组织的各个制度构件中，这构成了对党和国家关系进行分析的具体层次和对象。

1. 党政关系的总体要求和原则

中国共产党作为中国新民主主义革命的领导者，在打碎旧的国家机器、取得全国政权以后，以自己高度成熟和有效的党的组织为基本网络载体，推动国家的政权和制度建设便是自然和合理的选择。这便是"以党建政"的历史和逻辑起点，也是其后"以党代政""党政不分"的起始原因。在不同的历史时期，由于党的政治路线和方针的不同，加上客观的经济社会发展的形势和任务，党对党政关系提出了不同的总体要求和原则，也反映了各个时期党政关系的总体状况和态势。新中国成立初期，面对紧迫的国家政权建设和经济社会发展的重任，毛泽东重申和强化了延安时期党的"一元化"领导的体制和制度，进一步推进高度集中的计划经济，并最终形成了"政治化一体性社会"高度联动的党、国家与社会的关系。为适应改革开放的发展需要，邓小平大力推动"党政分开"的进程，并在党政相对分开的基础上积极推动国家制度和社会制度的健全及其功能发挥。中共十四大以后，为了有效领导市场经济条件下全面改革开放的各项任务，党中央及时提出了"总揽全局、协调各方"和"依法治国"的新要求。各个时期党的领导的总体要求和原则，是党中央适应不同历史阶段的形势和任务指导党的领导的根本思想，也是党领导国家建设和社会发展的总原则，并由党对国家、党对社会具体领导的机制和途径来加以保证。这是考察党和国家关系的第一个层次。

2. 党与国家权力机关的制度化关系

由当代中国国家政权的性质和政体形式所决定，各级人民代表大会作为人民行使国家权力的机关，在中国的政治生活中发挥着重大作用，因此，党与国家权力机关的关系是中国最为重要的党政关系。党对各级人大的领导状况及其各级人大自身制度和功能的发挥状况，是党政关系的重要体现和人民民主的根本标志。党与国家权力的关系主要体现在以下方面：一是党主导和推动人大制度的建立和健全，如各级人大及其常委会制度的建立健全、人大及其常委会、各专门委员会工作和会议制度的建立等；二是党自觉领导和保证人大功能的发挥，如党对重大立法工作的领导和法律草案的审批、党支持人大监督职能的发挥等；三是党对人大重要领导干部的任用管理；四是通过人大常委会中的党组和党员干部发挥作用，人大常委会中的党组是党对人大工作领导的具体组织途径。各个不同历史时期，伴随整个中国政治形势和民主发展的变化，党与国家权力机关的关系具体表现时有不同，这是各个时期党内民主和人民民主状况的反映，也是党政关系协调与否的第一指标。

3. 多党合作和政治协商的制度建设

中国共产党领导的多党合作和政治协商制度，是历史形成的重要政治制度和民主形式，也是加强党对各种党外力量领导、实现广泛统一战线的组织形式。虽然多党合作和政治协商制度经历曲折的发展过程，但在改革开放的新时期，其制度完善和功能发挥进入了快速发展的轨道，并逐步形成了党对其领导的主要制度化机制。这就是中国共产党自觉领导和推动多党合作和政治协商制度的健全和功能发挥，并通过各级政协委员会主要领导人的任用和中共党组来发挥具体的领导作用。在多党合作和政治协商制度的政权建设意义和民主制度价值越来越重要的趋势下，中国共产党对多党合作和政治协商制度领导的规范化和制度化，就是执政党和国家政权关系的主要内容。

4. 党与国家行政机关的制度化关系

各级人民政府作为国家权力机关的执行机关，担负着大量繁重而具体的日常行政管理工作，是国家制度和功能自主性的重要体现，历来受到执政党的高度重视。在新中国成立初期党的"一元化"领导原则的指导下，在党政不分的体制逻辑中，以党代政、党对政府的"对口领导"体制不断强化，并在"文化大革命"时期的"革命委员会"体制中走向"党政一体化"的极端。改革开放以来，党在主动领导和推动政府的民主法治建设的同时，与国家行政机关的关系也逐步走向规范化和法制化。各个不同时期的党与国家行政机关的关系需要从以下几个方面来考察：一是党领导和推动政府机关和制度的建立、调整和改革；二是党对政府主要领导人的任用和管理；三是党对政府重大决策、重大工作部署和重要部门的领导和组织；四是党通过政府各部门中的党组和党员干部领导政府的重大事务。在民主政府和法治政府不断加强的趋势中，在国家制度自主性和有效性逐步加强的同时，党与国家行政机关的关系必将进一步走向协调和规范。

5. 党与国家司法机关的制度化关系

国家司法机关作为国家权力机关授权并对其负责的法律执行机关，是国家政权机器的重要组成部分，也是党与国家政权关系体现的重要层次和领域。党对国家司法机关的领导体制，在新中国发展中经历了不同阶段，从新中国成立初期的"党内审批制度"，到"文化大革命"中的砸烂"公检法"，再到改革开放以来"党委政法委员会"制度，不同的制度安排反映了不同时期的政治社会发展状况和党对司法机关的主要领导方式。在建设法治国家和依法治国的进程中，在加强和改善党的领导的同时，保证和推动司法机关依法独立行使职权，提升党与国家司法机关关系的规范化和法制化水平，依然是重大而艰巨的政治任务，也是促进党和国家关系制度化建设的重要层次。

以上五个方面是各个时期党与国家关系制度化状况的重要构件，是政党、国家与社会三元分析架构在党和国家关系层面需要细化研究的层次和对象。

（三）党和国家与社会关系的制度性分析

由于党与社会、国家与社会关系涉及广泛的内容和层次，是一个较难处理的问题领域，故为了更为明确地关注主题和凸显制度研究的主线，我们的分析架构在这一领域问题的处理上必须做出适当的收缩和简化，这既有现实复杂性的缘由，也是学理简明性的需要。

第一，党和社会、国家与社会关系的一体性质。按严格的学理逻辑关系，分析党、国家、社会的三元关系，应分别分析党和国家的关系、党与社会的关系、国家与社会的关系。由于共产党是新中国各项事业的领导核心，在新中国成立以后，基本形成了党、国家与社会的基本关系架构："党领导国家、国家主导社会，党通过国家或自身组织主导社会。"① 由于党领导国家和党领导社会的基本方式是一致的，都是通过制度建构、政策制定、组织人事、具体事务等来实行其领导作用的。而且党领导社会和国家领导社会在法律政策、组织人事上也是基本一致的。在党政不分、以党代政情况严重的时期，在具体政策和活动中很难把党与社会、国家与社会这两者具体分开，甚至也没有必要加以区分。因此，为了简明起见，在我们的分析中将把党与社会的关系、国家与社会的关系这二重关系合为"党和国家与社会的关系"来分析。

第二，党和国家对社会的政治领导、思想文化领导主要是通过政策制定、组织领导、宣传教育来实现的，与党对国家领导的方式是一致的，其运行机制和过程也是一致的。在我们分析每一历史时期党的自身建设和党对国家的领导中也有所涉猎和论述。故在分析"党和国家与社会的关系"中，我们将主要分析党和国家通过控制经济、社会的组织和资源对社会的改造和整合。

我们的分析将主要关注以下领域和层次的制度变迁及其对公民个体和社会组织自主活力的影响。

1. 农村经营体制的变迁及其对农民行为的影响

土地是农民生存之本，农村土地的生产经营体制直接影响着农民的生产和生活方式。经历了解放前后的土地改革运动、快速的农业集体化运动、

---

① 林尚立：《当代中国政治形态研究》，天津人民出版社 2000 年版，第 322 页。

急剧的人民公社化运动，一直到改革以后的土地承包制改革和城乡一体化战略，中国农民的命运与党和国家的政治社会发展的政策和制度紧密相关。在不同时期的农村经营体制下，农民生产生活的主要收入来源是什么，不同的经营体制对农民的行为方式和价值取向有哪些制度性影响？农民的活动空间和活动自由有多大，农民与党和国家在各个时期的关系是否和谐，广大农民的自主性和积极性在不同体制下有哪些不同表现，农村基层党组织和村民自治组织的关系如何协调，党和国家的基层组织和政权在乡村社会的治理中如何发挥作用，城乡一体化战略的实施对保护农民权利、提高农民平等国民待遇有哪些影响，这些在不同历史时期不同农村体制下的问题，就是我们要关注的党和国家与农村社会关系问题的主要制度层面。

2. 所有制形式和社会资源分布的制度性影响

经济发展是一个社会进步的基础，也是人们生存和生活的基础。不同的所有制结构形式，决定着人们在生产活动中不同的地位和关系，决定着不同的社会资源分布状态，也决定着人们生活之源和依赖对象的不同。在新中国的发展中，所有制结构经历了新民主主义社会时期的多种所有制共存，到传统社会主义的单一公有制，再到改革以后的以公有制为基础、多种所有制形式共同发展。在不同的所有制结构下，国家控制资源的范围和程度有多大，社会资源的分布状况如何，人们的生活之源在多大程度上依靠国家控制的资源和单位组织，人们自主活动的经济基础如何，这是在所有制结构层次上需要关注的党和国家与社会关系的层面，主要着眼于经济基础之上的人们自主活动的制度空间和可能。

3. 经济体制和社会建设的制度性影响

经济体制的不同，决定着经济和社会发展的总体样态和活力，形成人们生活方式和行为方式的总体制度架构。新中国成立以来，中国的经济体制经历了从市场体制和计划体制并存，到高度集中的计划经济体制，再到社会主义市场经济体制和社会建设全面推进的过程。人们在不同经济体制下的收入来源、社会保障、活动方式和活动空间等方面都各不相同，从而影响着整个经济社会的自主性和活力释放。而这一切都与党和国家的政治经济的战略部署及其决策密切相关，这是从宏观的经济和社会制度方面来考察党和国家与社会关系的层面。

4. 身份社会的制度性关系

适应于从计划经济体制到市场经济体制的历史变迁，党和国家主导控制社会的各项制度也相应地发生着变化。政治性的阶级身份、经济性的阶层身份、分割性的户籍身份、分配性的单位身份都在跟随宏观的政治经济形势经历着产生、演变和衰亡的过程。身处不同身份体系中的人们，赋有不同的生活机会和待遇，各种身份体系对人们的生活方式和活动自由给予直接的制度性限制和影响。改革开放以来，随着政治性阶级身份的终止、经济性阶层身份的凸显、分割性户籍身份的瓦解和分配性单位身份的弱化，以及中国民主法治进程的推进，中国社会正在发生着从身份社会到平等公民社会的历史性进步。这是党和国家的政策和制度给予公民社会生活直接影响的具体制度性层面。

以上从四个方面分析和关注党和国家通过经济社会的组织和资源，对社会和公民生活的制度性影响。同时经济社会的发展状态和公民生活状况也反过来对党和国家的政策制度提供了反馈性信息，推动着党和国家对经济社会政策制度的调整改革。对以上四个方面的制度性关系的分析，虽然经过了范围收缩和层次简化，但仍然显得有些宽泛和游离，如对公民个体生活和家庭生活等更加私域范围的行为就缺乏分析和述评，对经济体制和政策如何影响公民和社会组织行为的机制路径也需要进一步实证性地分析阐明。这说明了党和国家与社会关系分析的复杂性和艰巨性，但以上的分析初步阐明了党和国家主导和控制社会生活的基本制度层面。

（四）党、国家与社会关系的阶段性特征

以上从党的领导和执政的制度化分析、党和国家互动关系的制度化分析、党和国家与社会关系的制度化分析三个层面的架构细化分析，是着眼于三个方面内部的横向性制度分析，在于把问题分析引向细化和深化。但在不同的历史时期，以上三个方面的制度性安排呈现不同的制度结构，具有明显的阶段性特征。故以上三个方面的分析架构还需要按照历史发展的进程进行阶段性区分，在历史和逻辑相统一的基础上表明其历史性差异。我们按照新中国现代化进程中政治体制和经济体制的基本特征，把新中国成立以来的发展变迁划分为五个阶段。

1949—1956年，中国经历了从新民主主义的国家和社会，到社会主义的国家和社会的历史变迁。初步建立了社会主义的基本政治制度、经济制度和社会制度，并在高度集中的计划经济体制的基础上，建立了党、国家与社会高度联动的"政治化一体性社会"。并以"政治化一体性社会"

的组织和动员方式开始了大规模的社会主义建设。

1956—1966年，在快速推进的社会主义建设中，党内急躁冒进的思想开始膨胀，党内权力和决策趋于集中，党的"一元化"领导体制不断强化，党的组织和制度对国家的制度及其功能出现制度替代和制度覆盖，经济社会生活进一步组织化和集体化。党、国家与社会高度联动的"政治化一体性社会"的机制进一步趋向极端，党的决策通过这一机制放大到国家和社会的通道完全形成，而对党和国家权力监督制约的机制逐步虚化。

1966—1976年，中国的现代化进程遭受严重挫折的时期，这一挫折的发生，既与"政治化一体性社会"的联动机制紧密相关，也通过这一机制得以放大和扩散，并在这一过程中使党的制度、国家制度和社会制度发生总体性扭曲病变，给党、国家与社会关系的规范化和制度化建设带来严重创伤。

1976—1992年，经过短暂的徘徊以后，中国现代化的战船重新启航。适应改革开放的全新形势和发展需要，党的"一元化"领导体制开始调整，"党政分开"切实推进，党、国家、社会的各种组织和制度全面恢复健全，"政治化一体性社会"联动机制松动调整，党、国家与社会的规范化和制度化关系开始重建和完善。

1992—2008年，中国的全方位发展带来全面的制度建设。在中国社会急剧发展进步的这一时期，民主政治和法治国家目标明确，党的领导和执政的民主法治水平不断提高，国家政权的制度和功能持续健全，经济社会自主活力保障的制度体系全面建立。党、国家与社会互动合作的制度化关系形成巩固，为未来中国的发展奠定了民主法治的基本制度架构。

以上的阶段性特征表明，在各个不同的历史阶段上，党、国家与社会的具体制度性关系既有关联又有差异。在阶段性时代背景下，深入细分党的领导和执政、党与国家关系、党和国家与社会关系的具体制度和机制层面这一结合历时性的阶段分析和共时性的结构分析的三元分析架构，希望能对新中国现代化进程中的党、国家与社会关系有一个比较全面和贴近的梳理和把握。

六 基本的方法论原则

政党、国家与社会三元分析架构的提出及其应用于当代中国发展的研究，有一些基本的方法论思想指导。其根本的原则是马克思主义市民社会的基本原理和当代中国现代化发展实际的结合。具体来说有以下基本方面。

（一）　以当代中国现代化实践进程作为历史和现实依据

马克思主义从历史的和现实的社会矛盾运动过程来把握国家与社会的分离及其相互关系的原理，为从当代中国发展的历史背景和现实过程出发，来全面分析政党、国家与社会的关系提供基本指南。近代以来中国现代化进程被迫启动以后，面对内忧外患双重压力下全面的国家危机和社会危机，中国共产党高度组织性和严密纪律性组织的出现，为重整国家政权和社会秩序提供了高度有效的权力组织网络。在中国共产党取得全国政权以后，以成熟完整的党的组织为基础，主导和重整国家制度和社会制度，便具有历史合理性。这便是当代中国发展进程中政党领导国家、党和国家主导社会的历史起点和逻辑起点。这也要求正确合理的分析架构只能是从当代中国现代化进程发生的历史渊源、社会基础和现实任务等出发，而不是从抽象的国家与社会二元对立的模式来剪裁中国的现实进程。这是我们建构三元分析架构的宏观历史基础和根据。

（二）　依据历史和逻辑相统一的原则

当代中国现代化起始和演进的历史进程，决定了中国共产党在此进程中的全面领导和主导的政治地位。是先有党的组织和权力网络，后取得全国政权，逐步推进社会主义国家的各项制度安排，再通过党和国家的组织重构社会秩序和社会制度，所以，无视党的组织和作用，当代中国的国家与社会制度建构将成为无本无源之物；而把党的组织和作用融入国家的架构，实际上是把第一位因素混入第二位因素，这种有意无意的无视和混同都将舍弃中国问题中最为根本的决定性因素。当代中国发展进程展示的政党、国家与社会的历史进路，要求我们的分析架构必须观照这三个重要因素，并按照这三要素的历史进路展开我们的逻辑分析架构。所以政党、国家与社会的分析架构，既是历史发生的架构，也是逻辑推演的架构，符合历史和逻辑相统一的原则，我们正是依据这一逻辑架构和逻辑展开次序来剖析当代中国各个历史阶段的。

（三） 以制度分析方法为基本分析线索

如果说三元分析架构是显在的分析框架，那么以制度和制度关系为主要分析对象就是本架构在适用中的潜在线索。由于制度结构和制度安排决定着人们的主要行为动机和行为取向，也决定着人们的活动空间和行动自由。所以，我们把制度作为问题分析中的内生变量，重点关注政党、国家与社会关系变迁中的制度结构、具体制度安排和制度之间关系的变化。由于本书中的有关制度分析的概念隐含在对中国问题的具体分析论述中，所以有关制度的概念是未加明确界定的，有的甚至是笔者自己提出的，只是为了更为准确地在上下文语境中表达一定的含义。本文中运用和隐含的制度性概念按照制度关系的逻辑可以分组如下：

一是制度结构—制度安排—制度绩效。这一组概念是指从宏观制度结构到具体制度安排，再到具体制度安排下的制度效用性的分析，如对计划经济体制下国营企业中生产效率的制度分析。

二是制度安排—制度约束—制度性动机—制度性行为。这一组概念拟说明一定制度安排构成一定的约束性条件，从而影响到在此制度下活动的人们的动机和行为。如对农村集体劳动"大锅饭"制度下"磨洋工"的普遍性的制度性根源的分析。

三是制度相关—制度覆盖—制度替代—制度虚化。这是对功能相关的一组制度之间出现的某一制度覆盖甚至替代另一制度的负相关性的描述，其结果是被覆盖和被替代的制度的虚化。如在"党政不分"状况下政党制度及其功能对国家制度及其功能的覆盖和替代。

四是制度一体—制度废置—制度坏死。这是指某一制度对另一制度的完全覆盖和替代，导致被替代制度的终止运行直至废除。如"文化大革命"中的人大制度、政协制度、人民检察制度等制度的终止运行。

五是制度隔离—制度缓冲—制度保护。这是指两种制度之间设计一些起隔离和缓冲作用的制度安排，防止甲制度的病变传递和影响到与其密切相关的乙制度，甚至丙制度等现象出现，以阻止制度病变的连锁反应。如国家制度、政府制度、政党制度之间的制度隔离和"不同构"设置，以保障政党的轮替和政党制度的变化只是影响到政府内阁的更换，而不致影响政府制度和国家制度的改弦更张。

六是制度互补—制度配套—制度闭环。这是对一组制度之间结构相应相适、功能互补互强等正相关性的描述。如保障法官独立审判的法官任命制度、法官终身雇佣制度、法官收入独立保障制度等一系列制度形成了共同促进强化法官独立地位的制度闭环。

以上的各组制度性概念，只是或隐或现地包含在具体的中国问题的论述中，蕴含着笔者一些初步的思考和概括，是另外一个需要进一步加以深思熟虑的问题域。这里呈现出来，只是勾画出笔者探究的思想脉络，标记出思路起步和暂歇的地方，如想深入系统地明了，还须未来更大的迈步。

当代中国民主建构之路

——"发展导向型参与民主"的路径分析

当代中国的社会主义现代化进程，在 30 多年改革开放的强力推动下，经济和社会发展取得了举世瞩目的成就，中国的社会面貌和社会结构发生了深刻多样的变化。

中国社会主义现代化发展道路初现形态，各种学术理路也努力对中国发展道路做出理性解读。其中，中国政治现代化[①]和政治发展问题引起国内外多方关注和探讨，而作为政治现代化和政治发展内在目标和核心内容的民主建构尤其引人深思：在现代化推进中民主建构处于何等地位和发挥了什么作用，中国的民主建构之路呈现了什么样的路径特征，这些路径特征对未来中国的民主建构有哪些限定作用，未来十年中国的民主建构将在哪些制度路径上实现突破和扩展，本文尝试对这些问题做出概括性解读和回答。

一 什么是"发展导向型参与民主"？

在对当代中国社会主义现代化发展道路的理论总结中，作为政治现代化内在目标的"中国民主"是怎样建构和扩展的？能否概括出中国民主建构的基本路径特征？这一路径特征是如何产生的？它在中国现代化进程中起到什么政治作用？未来民主建构又如何提升和进一步完善？

对于民主的追求，作为中国人民近代以来革命与自由的百年梦想，伴

---

① 在本文中，"中国政治现代化"是指当代中国的政治发展和政治建设进程，这是中国社会主义全面现代化的重要组成部分，其目标是完善和发展中国特色社会主义政治制度，推进国家治理体系和治理能力现代化。参见《中国共产党第十八届中央委员会第三次会议文件汇编》，人民出版社 2013 年版，第 4 页。

随中国社会主义现代化发展在各个层次和领域的不断推进和展开，在当代中国的现代化进程中次第展现。总结新中国成立60多年来，特别是改革开放30多年来的中国民主建构和扩展的方式和路径，可以初步地概括出中国特色社会主义民主建构的基本路径特征。

这便是当代中国全面现代化进程中的"发展导向型参与民主"，如此概括和解读的学理依据，可以从以下几个特征来理解。

第一，以现代化发展为国家根本目标选择。

在各种内外发展压力和生存危机的限定性约束条件下，中国共产党执政的新政权，以社会主义现代化发展，尤其是经济社会发展为根本目标选择，虽然历经了对现代化道路探索的艰难曲折的过程，但以实现社会主义现代化作为国家根本发展目标的选择始终未变。"社会主义现代化建设是我们当前最大的政治，因为它代表着人民的最大的利益、最根本的利益。"[①]

社会主义现代化能否实现，决定着中华民族的前途命运，事关中国人民的百年梦想。全力集中国家权力和国家资源，以国家主导力量引领现代化进程，以推动经济社会发展为首要任务选择，依次递进实现经济现代化、社会现代化和政治现代化。[②] 此即为当代中国"发展导向型"国家现代化建设进程。

第二，以民主促进和服务于现代化发展进程。

在此社会主义现代化发展快速推进中，限于"全面现代化"的目标不可能同时铺开、一步到位地全面实现，共产党执政的国家政权，采取了以经济社会现代化优先发展、依次渐进推进现代化的战略路径选择。这便是当代中国现代化的展开逻辑："先把经济搞上去，一切都好办。现在就是要硬着头皮把经济搞上去，就这么一个大局，一切都要服从这个大局。"[③]

故当代中国的政治现代化服务于经济社会现代化，政治现代化紧紧围

---

① 《邓小平文选》第2卷，人民出版社1994年版，第163页。

② 本文中概括的中国全面现代化实现的阶段性特征：经济现代化—社会现代化—政治现代化有其依次递进、逐渐展开的实现逻辑。但并不是说一个阶段只能推进一种现代化，而是说在一个发展阶段，一般以一种现代化为中心任务，其他的现代化发展只是围绕和服务于中心性现代化的任务实现，依次递进地推进社会主义全面现代化的实现。

③ 《邓小平文选》第3卷，人民出版社1993年版，第129页。

绕经济现代化，现代化发展逻辑压倒民主建构逻辑，民主建构以有利于和服务于经济社会发展为根本指向，民主参与扩展的领域、层次、次序，以及何时放开民主参与，以何种方式实现民主参与等，都以不妨碍或有利于推进经济社会发展为根本轴心和依归。这便是以民主参与推进现代化发展，即为"发展导向型民主"的路径选择。

第三，在现代化发展进程中扩展和深化民主。

在新时期改革开放的持续推进中，经济社会发展始终是核心的任务，是紧迫的第一优先选择，扩展和深化民主只具有服务于发展的手段性或工具性价值。民主逻辑依据发展逻辑而展开，扩展民主是为了调动广大人民参与经济社会建设的积极性，"调动积极性是最大的民主。至于各种民主形式怎么搞法，要看实际情况"。①

同时扩展民主，也是为了适应经济社会现代化推进中不断高涨的民众权利意识和参与要求，以民主扩展和政治发展来制度化地吸纳、同化公民参与，保障经济社会发展必须有一个稳定的社会条件和秩序架构。"民主是我们的目标，但国家必须保持稳定"，② 也就是说，扩展民主参与始终是以保证政治秩序和有利于现代化发展为根本前提的。

第四，扩展和深化民主的主要方式是扩大参与。

正如"中国式的现代化，必须从中国的特点出发"③，中国式的民主化，也必须内在于中国全面现代化的整体发展逻辑。这就决定了中国式民主发展的基本进路是民主服务于现代化发展，在现代化发展中扩展民主。所以为了以民主促进现代化发展，必须做到民主的扩展是可控的、有序的，有利于调动广大民众参与现代化发展的积极性和创造性。

由此，决定了当代中国民主扩展的主要方式和重点形式是有序扩大参与，即在参与扩大中深化民主进程。有序扩大参与，即在不同的现代化发展阶段、围绕现代化发展的中心任务，分领域、分层次、分深度地扩大参与。也即有序扩大公民个体、社会组织和新闻媒体等各种社会力量，在立法程序、政策制定和权力监督等各领域、各层次中的参与进程和深度。此即为"参与民主"。

---

① 《邓小平文选》第 3 卷，人民出版社 1993 年版，第 242 页。
② 同上书，第 285 页。
③ 《邓小平文选》第 2 卷，人民出版社 1994 年版，第 164 页。

综合以上路径特征和内在逻辑关联，便可归纳和概括出具有当代中国特色的民主构建模式："以发展为导向、以参与为重点"的民主建构路径，简练概括为"发展导向型参与民主"。以现代化发展为优先目标选择，推动民主建构是为了促进现代化发展，在现代化发展中扩展民主，扩展民主的主要方式是有序扩大参与。这是中国式民主构建一路走来的路径总结，也是未来中国民主继续提升的路径选择。

二　为什么选择"发展导向型参与民主"？

从中国现代化进程启动之初，在西方列强的侵略压力和国内统治衰败的生存性危机中，救亡图存、百废待兴的现代化发展逻辑压倒一切，国家发展和民族富强成为中华民族第一位的选择，这是由中国所处的"被迫上路的现代化"[①] 初期的阶段性特征和历史条件所决定的。

中国共产党执掌新政权后，缘起于革命性政党的政治性质和社会主义理想的目标定位，当代中国走上了社会主义现代化发展道路。社会主义政治制度建立以后，经过艰难曲折的社会主义现代化发展道路的探索，当代中国走上了改革开放的现代化推进之路，而此后的快速经济社会现代化进程，是在社会主义政治制度架构的基础上展开的。国家现代化发展的优先目标选择和共产党执政的政权逻辑，决定了新时期当代中国民主构建的"发展导向型参与民主"的基本路径选择。

第一，全面现代化依次展开的推进逻辑。

限于国内紧迫的经济发展压力与人民生活的生存要求，作为最大发展中国家的中国，当代中国的现代化展开逻辑只能是从最基本的经济现代化起始，经济发展成为第一位的选择和压倒一切的大局，集中全力推进经济现代化，并在经济发展的基础上依次推进社会现代化和政治现代化。

这样便奠基了当代中国现代化发展依次递进推进的内在逻辑：一切为了现代化发展，一切服务于现代化发展，依次递进推进经济现代化、社会现代化、政治现代化，最终实现社会主义全面现代化。

第二，国家主导的现代化实现战略。

[①]　周少来：《东亚民主生成的历史逻辑》，中国社会科学出版社 2013 年版，第 24 页。

　　当代中国的社会主义政治制度的基本架构，加上中国共产党长期执政以推进国家现代化实现的发展逻辑，更是强化了集中国家权力和集中国家资源，以实现国家战略性发展和现代化目标的国家主导型现代化战略。这种现代化实现战略，在东亚地区的现代化发展中具有一定的相似性：国家主导的威权型"发展型国家"①，集中国家政治权力和保障国民经济权利，即集中国家权力，推动国家主导的战略性长期发展，实行相对高效稳定的社会管制，有序吸纳现代化进程中公民参与的扩大，为经济社会现代化提供政治保证和政治秩序；同时保障国民一定的经济社会权利，调动国民投入经济现代化的积极性，形成充足的生产性激励，为国家主导的现代化提供强劲的发展动力。②

　　现代化发展进程中国家权力的相对集中性、不开放性，决定了以发展为中心的现代化过程中，民主扩展只能是有序参与、服务于发展的"参与型民主"。

　　第三，民主阶段性渐次扩展的建构选择。

　　在民主逻辑服务于发展逻辑的核心原则下，当代中国的民主扩展，只能是服务于现代化发展不同阶段、不同任务、不同需要的渐次扩展，也即呈现阶段性建构的路径特征。但就民主作为目标性价值来说，民主是中国共产党和中国人民始终追求的目标和理想，是中国共产党执政始终高扬的旗帜，人民民主是社会主义的生命。"没有民主就没有社会主义，就没有社会主义的现代化。当然，民主化与现代化一样，也要一步一步地前进。社会主义愈发展民主也愈发展。"③

　　这就决定了当代中国特色的民主建构路径选择，只能是把民主扩展的工具性、阶段性与民主价值的目标性、终极性有机统一起来，即在保证中国社会主义现代化依次推进、全面实现的过程中，以民主参与促进现代化发展，在现代化发展中渐次扩展民主，在民主扩展提升中实现政治现代化，最终实现中华民族全面现代化的中国梦想。

---

　　①　[美]禹贞恩编：《发展型国家》，曹海军译，吉林出版集团有限责任公司2008年版，第44—47页。

　　②　参见房宁等《自由、威权、多元——东亚政治发展研究报告》，社会科学文献出版社2011年版，第17页。

　　③　《邓小平文选》第2卷，人民出版社1994年版，第168页。

三　"发展导向型参与民主"有何路径特征

当代中国的现代化实践进程中，发展逻辑压倒民主逻辑，民主成为现代化发展各个阶段的工具性手段，民主建构服务于经济发展，民主逻辑围绕发展逻辑，即有利于经济发展的民主参与即被认可和实施，不利于经济发展的民主参与即被遏制或控制，以保证"有序的民主参与"有利于现代化发展。

但从最终目标和长远进程来说，现代化发展的最终目标是中国的社会主义全面现代化，应对和处理全面现代化进程中的矛盾和问题，特别是制度性和结构性问题，需要国家治理体系和治理能力的现代化。改革开放不断深化的体制性改革进程，也是中国治理现代化不断深化的体制性改革进程。

治理现代化离不开政府、市场、社会和公民个体的多方参与和合作，是多元主体的参与互动、合作共赢的现代治理过程。改革开放的变革进程，即不断在经济、社会和政治领域中扩大公民有序参与的过程，没有广大人民的积极自主参与，国家治理体系和治理能力的现代化就会缺失最广泛、最根本的主体构成，也就根本不可能最终完善和制度性成熟。

从改革开放以来呈现的鲜明中国特色社会主义民主建构路径与未来国家治理现代化的制度要求中，可以看出，中国民主发展的基本路径是以现代化发展为根本任务，有序扩大公民参与，在参与中促进发展，在发展中扩大参与。从内在发展逻辑和制度演进路径来概括，可以概括为以下路径特征。

第一，在社会主义政治制度稳定架构下的民主参与。

从中国共产党执政之初，中国共产党执政制度、人民代表大会制度、共产党领导的多党合作和政治协商制度、民族区域自治制度的社会主义政治制度体系，就其基本的制度架构和制度要素而言，就一直保持了稳定性和连续性。① 改革开放以来的政治体制改革和政治建设的变革进程，只是其制度结构和制度功能的自我完善和发展。这是新时期中国经济社会现代

---

① 参见史卫民《"政策主导型"的渐进式改革》，中国社会科学出版社 2011 年版，第126页。

化不断推进的政治保证，也是中国经济社会腾飞的政治根源，实现了中国现代化快速发展中的有序、高效和稳定。

所以，改革开放30多年来的中国民主建构，是在服务于国家现代化发展的根本目的，在社会主义政治制度稳定架构下的扩大民主参与。也就是说，当代中国的民主建构，有其扩展的根本和基本政治制度架构和制度限定，这些根本和基本的政治制度架构，决定了当代中国民主在根本和基本制度层面是如何运作和如何实施的，也决定了当代中国民主是这些根本和基本制度架构下所包容和限定的民主，这就是当代中国扩大民主参与的根本和基本制度空间和扩容范围。[①] 这也为中国未来民主建构限定了基本的历史逻辑和制度空间。

第二，与经济社会发展相协调的民主参与。

在"发展是硬道理、稳定是硬任务"的刚性执政逻辑中，政治改革是为促进经济社会发展，民主参与同样也是为了促进经济社会发展。扩大民主参与，根本的原则是有利于经济社会发展，并与经济社会发展的阶段任务、规划步调、结构变迁相适应。所以，民主参与的领域、层次、重点、方面，以及什么时间参与、在什么环节参与、什么主体参与、如何组织参与、参与意见如何处理，都要与经济社会发展的速度和规划相协调，都要有利于社会主义现代化发展阶段，都要有利于政治秩序的稳定和社会的和谐。

这就要求民主参与是在适应社会主义现代化发展阶段和任务进程中，以扩大民主参与促进现代化发展，以现代化发展的节奏、进程决定民主参与的节奏、进程，并在现代化推进中继续扩展民主参与，保证民主参与与经济发展的互动互强、协调共进。

第三，以多样化参与机制实现公民利益的民主参与。

随着中国30多年高速现代化进程的强力推进，当代中国的社会结构已发生了深刻复杂的变迁，阶级阶层分化、利益诉求多样、参与主张多元，这就给中国的民主扩展提出了尖锐而强烈的挑战。如何制度化地吸纳公民及其组织的民主呼声和参与要求，同时又保持经济社会发展的秩序和活力，中国各级的党政部门创新了各种各样富有成效的民主参与方式和路

---

① 参见周少来《当代中国民主建设的历史逻辑与制度空间》，《中国社会科学报》2012年10月12日。

径。如加强基层人大代表选举力度的直接选举参与，加强各个层次、各个领域协商民主的政策参与，加强基层群众民主自治的自治参与，等等。

总体来看，创新改革中的多样化参与机制和制度形式，就一般规律来说，民众参与程度与制度绩效密切相关：越是与公民的利益相关，越是参与的成本较低，越是参与的成效显著，就越是受到民众的欢迎和重视。据中国社会科学院政治学所 2012 年政治参与问卷调查统计，当被问及"哪一类政治参与对自己最为重要"时，在进行有效选择的 6145 名被试者中，根据被试者选择的有效百分比排名如下：第一位是"参加人大代表、村委会、居委会选举"的"选举参与"，有效百分比为 45.96%。第二位是"参加社区建设和基层群众自治"的"自治参与"，有效百分比为 18.71%。第三位是"支持和参与社会团体活动"的"社团参与"，有效百分比为 11.83%。第四位是"以上访、集会等方式维护公民权益"的"维权参与"，有效百分比为 10.50%。第五位是"参与政策讨论"的"政策参与"，有效百分比为 8.90%。第六位是"在互联网上发表个人意见"的"网络参与"，有效百分比为 4.10%。[①] 从调查中可以看出，越是在基层的参与，越是民众身边的参与，越是直接有效的参与，越是与自己切实利益相关的参与，民众就越重视并越有效。多元的阶层诉求，多样的利益格局，流动而开放的社会样态，不断推动着以多样化的民主参与机制切实保障公民的现实利益和权利主张。这是当代中国更具实质意义的民主参与形式和实现机制。

第四，选举性民主与协商性民主共同推进的民主参与。

当代中国的民主建构，是选举性民主与协商性民主的协调互补、共同推进。广大民众在基层城乡自治选举和县乡人大代表选举中，以直接参与的形式实践着直接性选举民主权利，这是以人民代表大会制度和基层群众自治制度为基本制度路径和形式的选举性民主，是当代中国民主建构的基本制度形式之一，也为协商性民主的扩展和延伸奠定了基本的制度基础和制度支持。

在基层以及基层以上的政治活动和政策制定中，为了保证稳定有序的民主参与，当代中国的民主建构更多地是以参与协商的形式实践着协商性

---

① 参见房宁主编《中国政治参与报告（2013）》，社会科学文献出版社 2013 年版，第 31—32 页。

民主。健全社会主义协商民主制度，推进协商民主广泛多层制度化发展，已被执政党高度强调为社会主义民主实现的基本形式之一。

从各层次、各领域扩大公民有序政治参与，分层级、分类型创新和推进协商民主形式，是中国式协商民主的路径特征，也是未来中国式协商民主推进的路径走向。① 这是因为，经济社会的急剧发展引发了大量的与民众切实利益直接相关的利益矛盾和利益纠纷，广大民众有了强烈的参与意识和权利要求。为了维护政治社会稳定和解决利益纠纷，就需要建立民众参与的利益诉求表达和利益纠纷调处的制度和机制。在中央和地方的各个层面和各个领域，在党政部门主导下，各种形式的协商民主的参与机制，在各级政府层面和基层社会、在各种领域和各种公共决策中被创新出来，如各种立法听证会、价格听证会、民主恳谈会、政策协调会、项目论证会等，都以扩大公民参与、实现民生利益为主要诉求的协商民主形式被创新出来并制度化推行。

广泛多层制度化协商民主的不断创新和丰富，为中国的民主构建注入了更多的制度生机和活力，也在与选举性民主的互动互促中提升了中国民主建构的空间和品质。

第五，党政主导的可控有序的民主参与。

当代中国最大的政治现实和政治事实是中国共产党执掌国家政权，这决定了当代中国国家主导的现代化实现路径，也决定了"发展导向型参与民主"建构的党政主导。

在主导规划推进经济社会现代化发展的进程中，共产党领导下的各级党委和政府同样决定、规划、引导和监控着扩大民主参与的各种形式和进程，其民主参与的领域、方面、层次以及参与的广度、深度、节奏、步骤等，都在党政主导的可控范围和统一指导之中，这是"有领导、有秩序的民主参与"，也是"可调控的、可适应的民主参与"。这是由"民主参与是为了促进发展"的根本现代化逻辑所决定的，同时也适应了民众民主权利意识不断提高的历史发展大势。以党政主导的可控有序民主参与促进了经济社会发展，在经济社会发展中深化了民主参与，在深化民主参与的进程中提升了中国的民主品质。这是当代中国现代化高速推进中能够实现有序、效率和民主协调共进的根本制度性原因，也许可以说是当代中国

---

① 参见房宁《民主的中国经验》，中国社会科学出版社 2013 年版，第 271—274 页。

发展"之谜"的最终"谜底"。

四　"发展导向型参与民主"与中国的全面现代化

中国的全面现代化是中国人民自近代以来的百年梦想，是一项庞大复杂而长期艰巨的巨型系统工程，不可能全面铺开、一体推进和一举成功。中国全面现代化发展的阶段性和规律性，决定着中国现代化的推进逻辑，必然是先急后缓、先易后难、依次递进推进和开展的。是一个通过"发展的阶段性"不断接近"目标的全面性"的历史渐进过程。

中国社会主义全面现代化的阶段性特征：经济现代化—社会现代化—政治现代化有其递进逻辑。但并不是说一个阶段只能推进一种现代化，而是说在一个发展阶段，一般以一种现代化为中心任务，其他的现代化进程只是围绕和服务于中心性现代化。如以经济现代化为中心时，政治现代化是以保证经济现代化推进为前提，社会现代化是以保证社会秩序和社会稳定为前提，政治现代化中民主参与以及社会现代化中公民自治，都要以有利于保障和促进经济现代化的快速增长为服务轴心和宗旨，以经济发展的任务、节奏和展开进程决定着民主参与、公民自治的任务、节奏和展开进程。

这便是当代中国依次递进实现现代化的路径特征，也是中国在推进现代化进程中保持高效有序、活力涌现的制度根源。而一些发展中国家在工业化、城市化尚未完成时，即快速开放民主化进程，各种现代化进程同时推进，各种政治、经济和社会矛盾同时爆发、交织叠加，导致参与爆炸、政局不稳和社会动荡，现代化发展陷入进退摇摆、停滞反复的困局之中。这与中国的现代化路径和局面形成了鲜明的治理路径和治理绩效对比。

在中国社会主义全面现代化推进中，展现出矛盾依次显现、问题依次解决、国家治理体系依次完善、国家治理能力依次提高的递进过程。在此过程中，先行推进经济发展和经济扩展，快速实现工业化和城市化的进程，保持经济现代化过程的高效平稳；并在城市化进程中进一步推进社会现代化，构建现代城市社会治理的制度体系，在社会流动基本稳定，阶层分化合理稳定，社会结构相对稳定，经济现代化、社会现代化基本完成，社会和谐基本形成后，再行推进以民主化为核心的政治现代化。这种在经济社会现代化发展中有序扩大民主参与的"发展导向型参与民主",其制度绩效保证了中国全面现代化进程的稳步推进、递进实现。

在经济现代化、社会现代化的推进过程中,扩大民主参与是为了促进发展,并在发展中持续扩大民主参与,由此形成现代化发展与民主参与相互适应、相互协调的互动共进循环。这便是中国特色社会主义民主依循中国特色社会主义现代化进程而依次展现、不断扩容的民主生成逻辑,这便是中国特色社会主义"发展导向型参与民主"依次递进、不断完善的民主生成路径。

社会主义全面现代化是中国现代化的最终目标,是中国人民百年之梦的基本实现,中国特色社会主义民主建构的进程也将在这一全面现代化实现中渐进展现,并将在"发展导向型参与民主"的不断推进中,扩展中国民主的空间,提升中国民主的品质。

五　"发展导向型参与民主"未来
提升的建构路径

中国共产党的十八大报告和党的十八届三中全会的决定,已全面规划了未来 10 年中国现代化进程的蓝图和方案,中国未来全面深化改革的路线图和时间表已经确定并付诸实施。

从中国执政党的布局谋略中,中国特色社会主义现代化发展道路的既往制度路径和制度优势得到高度肯定和认可,并将在未来的全面现代化实现进程中继续得到强调和延伸。

从经济现代化到社会现代化,再到政治现代化的现代化展开逻辑必将继续延伸;以民主参与促进现代化发展,在现代化发展中扩展民主,在发展与民主的互动提升中,实现全面现代化的民主生成逻辑也将继续延伸。

只有在这样的中国特色社会主义现代化历史发展逻辑和民主化生成逻辑所限定的历史路径和制度空间中,才可以看出未来 10 年中国特色社会主义民主建构的基本路径走向,这也是未来中国特色社会主义民主建构制度化和法治化的重要领域和开拓空间。

按照中国特色社会主义民主建构的既有路径特征和生成逻辑,未来中国民主建构的基本原则是开掘现有民主制度的潜在功能,创新多元的民主实现形式；基本目标是通过"发展导向型参与民主"的制度扩展和机制创新，实现中国民主建构的制度化和法治化水平。

根据以上中国特色社会主义民主建构的内在逻辑，结合多年来对中国政治发展和民主建构的研究和观察，本文从理论性探讨和预期的视角，认为中国未来 10 年的"民主蓝图"可以概括为"四大民主、一大监督"的基本架构和路径走向。① 依据近期（大约 2014—2015）、中期（大约2016—2017）、远期（大约 2017—2020）依次递进提升、不断深化的一般序列，具体的可操作性制度改革可分述如下。这些预期和建议只是笔者自己的理论性研究预期，仅代表笔者自己的一孔之见。

（一）党内民主

以党内民主带动人民民主，是未来中国民主扩展的基本路径指南和原则，最终以实现每个党员的民主参与权利为根本标准，以完善党的代表大会制度和党内选举制度、党内协商制度为重点，发挥党内民主给予人民民主的强大示范和带动效用。

1. 近期

以完善和创新干部选拔任用制度为重点，扩大普通党员和基层组织在干部选拔任用中的参与范围和决定权重；试点党内重大事项和决策与普通党员或党员代表协商决定的制度规则。

2. 中期

试点和推行各基层党委（包括乡镇、县区两级）由本单位所有党员

① 以下文中对"四大民主"的分析，是指党内民主、代议民主、协商民主、基层民主协同共进的民主建构路径，并不意味着四个民主是完全分离和孤立的，而只是遵从一般的分类习惯并能够相对深入地进行分析。这四大民主之间有相互的交叉和包容，并能够相互促进和推动，但并不影响对四大民主进行相对独立的分析。如"党内民主"当然包含着党代表大会制度之中的党代表的"代议民主"，也包含着党内决策中各个层面所进行的"协商民主"，当然也有党内基层组织的"基层民主"。"基层民主"中也包含着在基层决策中的"协商民主"，"代议民主"中也包含着人大代表间接选举中的"协商民主"和在基层民主中的"代议民主"。这和党的十八大报告中所说的"保证人民依法实行民主选举、民主决策、民主管理、民主监督"这四个民主并不矛盾。也就是说，"四大民主"是从民主实现的领域和层级来分类的，"四个民主"是从民主实现的制度形式和权利主张来分类的，如党内民主，当然包括党内的民主选举、民主决策、民主管理、民主监督；基层民主当然包括基层治理中的民主选举、民主决策、民主管理、民主监督。参见胡锦涛《坚定不移沿着中国特色社会主义道路前进　为全面建成小康社会而奋斗——在中国共产党第十八次全国代表大会上的报告》，人民出版社 2012 年版，第 25—27 页。

直接选举产生，县级以上各级党组织的全委会、常委会由本级党代表大会直接选举产生；推行和完善党内重大事项和决策与普通党员或党员代表协商决定的制度体系。

3. 远期

在完善基层党组织直接选举产生、县级以上党组织间接选举产生的制度体系后，推行各级党组织向本级党员大会或党的代表大会汇报工作并接受其监督和质询的制度、党内重大事项和决策协商机制的制度化和法规化。

（二）代议民主

人民代表大会制度是人民民主实现的根本政治制度，是民主建构的最高制度形式和实现机制。人民代表大会制度的完善和发展，主要是现有制度结构的完善和功能的充实，真正使人民代表大会制度由"虚"到"实"、由"软"到"硬"，真正使人民代表大会制度的功能落实到位。这涉及人民代表如何更好地履行职责，如何更好地加强代表与选民的制度化联系，如何精简代表人数、推进代表专业化水平，强化代表职权和代表性，如何进一步加强人民代表大会及其常委会对"一府两院"的监督。

1. 近期

全面实现各级人大代表联络机制的制度化和日常化运作，试点精简县乡两级人大代表的数量，并推进代表专业化水平。

2. 中期

推进县级以上人大代表精简数量和实行专业化试点，并推进试点县级"一府两院"向本级人大会议报告工作并接受其监督质询的制度化。

3. 远期

精简全国人大代表数量并加大推行代表专业化水平，实行"一府两院"和各部委行政首长接受全国人民代表大会监督和质询的制度。

（三）协商民主

如何推进协商民主的广泛多层制度化发展，如何在政府、人大、政协、人民团体、自治组织、社会团体等各个层面，将协商民主的程序纳入决策的制定和执行之中，保证协商民主真正制度化、公开化和有效化。推进协商民主深度和质量的不断提升，重点是扩大协商民主的范围，提高协商民主的质量。

1. 近期

继续完善和充实各级政协组织、基层政府和自治组织中协商民主的制度化和法制化水平，真正在"协商议题如何设置、协商主体如何选择、什么人主持协商、以什么程序进行协商、协商结果如何运用和反馈"等方面制定出完整的制度规范。

2. 中期

探索各级人大、各级政府在立法、决策和任命等过程中的协商民主的制度化规范。

3. 远期

各级政协组织职权和职能充实和法治化，以全国政协为主体制定《中国协商民主总章程》，省级政协分级、分类制定《协商民主实施细则》。

（四）基层民主

这是中国公民更为直接、更为有效的民主参与形式，要在巩固基层自治组织民主选举的基础上，进一步加强民主决策、民主管理和民主监督，以加强基层群众民主参与的实效，保证快速城镇化中农民的基本权利和利益，在基层民主参与的基础上保证城镇化进程的有序高效。

未来 10 年将是中国新型城镇化快速推进的阶段，要探索适应快速城镇化发展给基层民主带来的挑战和冲击。要探索城乡基层民主互通一体的制度化保障体系，要在降低城镇化门槛、加快农民融入城镇化进程的过程中，制定农民在村级自治组织中的权利与进入城镇后在城市社区自治组织中权利相互衔接、相互配套的制度规范，形成城乡一体的基层民主参与的一体化制度体系。

1. 近期

尽快制定村民在土地征用、房屋拆迁、土地流转等重大公共事务中民主参与的制度规范，保障农民在乡村公共事务中的权利和利益；探索进城农民工在工作生活城镇中民主参与等政治权利、教育医疗住房等经济社会权利如何落实保障的制度规范，解除农民工融入城镇的权利歧视和制度障碍。

2. 中期

在巩固村民选举制度体系的基础上，加快完善保障村民民主决策、民主管理、民主监督的法制化制度体系；制定实施农民工融入城镇后，作为城镇居民实现民主选举、民主决策、民主管理、民主监督权利的制度规范。

3. 远期

在实现城乡一体、互通一致、无差别化国民待遇后，制定和实施中国基层民主统一化的制度体系和法律规范。

（五）权力监督

在推进法治中国建设的进程中，以法治化运行权力为根本原则和宗旨，构建把权力关进制度笼子的完整制度体系，推进让人民监督权力的制度化建设，实施让权力在阳光下运行的公开和透明制度，是未来10年中国民主建构的重要一环，也是以法治化和民主化监督权力的重要步骤，成为独具特色的中国民主蓝图的重要组成。

强化权力运行的制约和监督体系，事关执政党的生死存亡，事关党和政府的形象和威信，事关反腐倡廉事业的成效和实绩，深受人民群众的高度关注和认同，具体的权力监督制度体系建设必须在法治化和民主化的轨道上扎实推进、务求实效。

1. 近期

完善各级党委和政府内部权力的合理配置和制度化规范；试点法院检察院司法权力和纪检监察监督权力，相对自主和独立行使的制度和机制，探索司法权力和纪检监察权力的去地方化、去行政化的制度和法律保障。

2. 中期

在明晰各级党委和政府部门权力清单的基础上，制定各级党委权力配置和运行的党内法规，制定各级政府及其部门权力运行的行政法规；制定和实施司法权力和纪检监督权力垂直化管理的制度和法律体系。

3. 远期

修改人民法院和人民检察院组织法等相关法律，以全国人大立法的形式保证法院、检察院依法独立行使司法权；整合党组织系统的纪检部门、行政系统的监察部门和预防腐败局、检察院系统的反贪局等机构，构建单一、独立、统一、垂直化领导的国家反腐败组织体系，并以全国人大立法的形式制定统一的国家反腐败法。

当代中国全面现代化的蓝图已经绘制，政治发展和民主建构的路径日趋成熟，关键的还在于落实和行动。在民主建构中熟悉民主，在民主学习中完善学习，这不仅需要政治智慧，更需要政治勇气。"发展导向型参与民主"，既是中国全面现代化实现的政治保证，也是中国民主全面提升和进步的制度之路。

当代中国的政治体制改革与民主建构
——历史逻辑、现实进程与路径特征

当代中国的政治体制改革，是在波澜壮阔的改革开放历史进程中相伴相生和拓展深化的。政治体制改革，作为当代中国社会历史发展的客观需要和人民民主权利的迫切要求，是围绕和服务于经济建设中心和现代化事业大局的。政治体制改革为中国现代化事业的全面推进提供了政治保证，同时，政治体制改革也为中国的政治现代化和民主政治建设奠定了制度基础和实现机制。

在不断深化的政治体制改革推动下，通过健全和完善社会主义基本政治制度，创新和丰富民主实现机制和形式，保证民主实现的制度化和法制化，推进社会主义法治国家建设，当代中国的政治体制改革与民主政治建设取得了历史性的进步和成就，并逐步探索和形成了中国特色的社会主义政治发展和民主建设之路。

本文将从"中国现代化进程"这一大的历史视角，对当代中国政治体制改革与民主政治建设的历史逻辑和制度空间、基本脉络和现实进程、制度逻辑和路径特征、未来趋向和路径突破几个方面进行系统的梳理和分析，以期对政治体制改革与民主政治建设有一个基于历史脉络的更深理解，从中也可以看出中国政治发展和民主建设的基本规律和路径特征。

一 政治体制改革与民主政治建设的历史逻辑与制度空间

中国从近代以来追求民族自由和国家富强的现代化进程，为当代中国新时期的全面现代化建设提供了历史场景和社会基础，也为当代中国的政治体制改革与民主政治建设确立了"全面服务于现代化建设"的历史定位和历史逻辑。在中国共产党的领导下，社会主义革命的成功和各项社会主义基本制度的确立，使中国走上了社会主义现代化建设的历史发展之路，这就历史性地规定了政治体制改革的现实属性是社会主义政治制度的健全和完善，以及通过社会主义政治发展之路建设中国特色的社会主义民主政治，从而也历史性地决定了政治体制改革与民主政治建设的制度空间。

　　因此，当代中国的政治体制改革与民主政治建设是和中国共产党的整个革命、建设及改革的历程紧密相关、相伴而生的。

　　从中国近代以来的现代化历史进程来看，有两个根本的历史主题和历史定位：一是近代以来中国所面临的内外交困的总体性危机形势，历史性地决定了中国近代以来的历史主题是"救亡图存"；二是共产党的执政理念和政治逻辑，决定了当代中国社会主义现代化的历史命运，决定了当代中国政治改革与民主发展所依存的基本制度形态。①

　　从以上历史背景可以看出，考察中国政治体制改革与民主政治建设的基本视角和切入点是，现代化的历史逻辑和历史主题决定政治逻辑和民主逻辑，历史空间决定政治空间，政治空间决定民主空间。在当代中国的现代化和政治发展中，并没有撇开历史场景和历史主题独立建构的政治改革与民主逻辑。这有以下具体解读。

　　第一，从近代至今的中国历史主题依然是现代化。被迫上路的中国现代化进程，面临着的首要任务一直是救亡图存和国家富强，唯一能实现此目的的正途就是现代化发展。中国近代以来发展的过程，就是现代化因素不断增多、现代化内容不断丰富、现代化生活方式不断成长的过程。这是任何民族国家要立于世界之林都无可逃遁的命运，也是中华民族的历史宿命。直到今天，中国的现代化依然"在路上"，"中国道路"依然漫长。

　　第二，由中国的现代化"历史主题"所决定，中国的政治和民主建设，只能是服务于现代化发展的保障和手段。紧迫的历史主题和历史任务始终决定了政治制度和政治体系，只是具有手段性和工具性，只是为了服务于国家的生存、发展和现代化。能够实现和胜任这一历史主题的政治制度就能生存和维系，从这一历史逻辑可以说明两个问题：一是为什么近代

---

　　① 参见周少来《当代中国民主建设的历史逻辑与制度空间》，《中国社会科学报》2012年10月12日。

以来中国政治制度一直倾向于集权和集中的体制，因为这一体制有利于集中和整合国家有效资源全力实现现代化。二是民主一直是依附于政治制度体系中的一种属性并存在于一定空间。也就是说，政治服务和依附于现代化，民主服务和依附于政治。

第三，当代中国政治与民主的社会主义性质和逻辑。由于中国共产党在中国革命逻辑中的胜出，中国现代化进程转向到社会主义现代化的轨道，社会主义政治基本制度体系得以建立。所以当代中国的政治与民主发展，就被定位在社会主义的属性上和社会主义政治制度的发展轨道上。

第四，当代中国政治与民主有基本的政治制度架构和制度限定：由中国共产党领导和社会主义性质，决定了中国民主赖以存在和运作的政治制度架构，就是当代中国的基本政治制度。这些基本政治制度，决定了当代中国民主在基本制度层面是如何运作和如何发展的，也决定了当代中国民主是这些制度架构下所包容和限定的民主，这就是当代中国民主发展的基本制度空间和扩容范围。

第五，当代中国民主发展的基本路径主要有两条：共产党的民主执政制度和以人民代表大会制度为核心的人民民主制度。这就决定了中国民主发展的基本路径："以党内民主带动人民民主"，这便是未来中国政治体制改革与民主政治建设的根本途径。①

中国自近代以来的现代化发展的历史逻辑与制度空间，决定了当代中国政治体制改革与民主政治建设的基本视角和逻辑脉络。不论从理论还是现实意义上，如果承认历史过程，面对现实问题，中国的政治改革与民主发展就必须在以上的制度架构和制度空间中前行和开拓。

二 政治体制改革与民主政治建设的基本脉络和现实进程

当代中国的政治体制改革与民主政治建设，是伴随着新的历史时期改革开放的伟大进程前进的，其制度基础是新中国成立以后逐渐建立和完善的社会主义基本政治制度，其基本脉络和现实进程是围绕和服务于改革开

---

① 参见周少来《当代中国民主建设的历史逻辑与制度空间》，《中国社会科学报》2012 年10 月 12 日。

放的发展需要和现代化建设的大局的。

（一）基本脉络

自近代以来，中国在西方列强的侵入威胁下，被迫走上了图存自强的现代化道路。其中，在国家独立与国家主导下，发展社会生产、推进国家的现代化建设，就成为最大的历史性主题和任务。帝制架构下地主阶级的自强运动和变法新政没有完成这个任务，民主共和下资产阶级的改良和革命也没有完成这个任务，最终这个任务落到了代表社会最先进生产力的阶级身上。

工人阶级及其先锋队带领中国人民，完成了新民主主义革命，经过社会主义改造运动，社会主义政治制度和经济社会制度基本建立。中国建立了人民民主专政的社会主义国家，其最主要特征，在政治上是建立了以中国共产党为核心的"一元化"政治体制。这种"一元化"政治体制在一定时期内保障了人民群众的基本权利，促进了国民经济的发展，并且维护了社会主义国家的主权和领土完整。但是其后的社会主义建设探索中遭遇了严重挫折，特别是"文化大革命"的冲击，使中国社会生产力遭到严重破坏，社会主义现代化建设举步维艰。在此过程中，一元化的政治制度和集中集权体制也显现了诸多弊端和问题：严重的官僚主义、权力过分集中于中共中央和党委、家长制现象突出、干部领导任职终身，还有形形色色的特权现象出现，这些都严重阻碍了中国的现代化事业发展和政治文明建设。

在20世纪70年代末，经过以邓小平为核心的中共第二代领导人的拨乱反正，废止了以阶级斗争为中心的政治路线，确立了以经济建设为中心和改革开放的新的政治路线和基本国策，使中国的现代化建设和政治发展走上了新的历史征程。

新时期现代化建设全面推进的历史大局和中心任务，决定了当代中国最主要的历史任务是进一步解放和发展社会主义生产力，建设社会主义现代化国家，实现中华民族的伟大复兴。中国的现代化建设是"以经济建设为中心"，这就决定了政治体制改革的历史地位和基本脉络。在现阶段的中国现代化建设中，经济建设起着最为重要的关键基础作用，可以说经济建设是社会主义现代化建设的发动机，经济的发展极大地推动着中国的全面现代化进程。政治建设是围绕和推动现代化建设的不可缺少的政治保障，在现代化事业的建设中起着最为关键和核心的领导作用。

所以，政治体制改革与民主政治建设的基本脉络是，在现阶段的社会主义现代化中，政治体制改革与民主政治建设要围绕和服务于新时期的以经济建设为中心的现代化事业发展，要为经济建设和文化建设、社会建设和生态文明建设保驾护航，其根本的目的是围绕和服务于"五位一体"的现代化全面进程和中华民族的伟大复兴。

（二）现实进程

1976 年"文化大革命"结束以后，经过两年多的徘徊时期，政治体制逐步从"文化大革命"的无序混乱状态恢复到正常稳定的阶段。其主要的政治发展是在粉碎了极"左"集团后，调整了各级领导班子，清理了混进党内的极"左"分子；平反冤假错案和初步恢复社会主义基本政治制度和经济社会体制。

其中，在这两年中，政治上最大的成果有两项：一是逐渐恢复了党作为社会主义现代化事业的领导核心的地位，中国共产党成为现代化事业的权力、决策和组织的中心，并且恢复了党的纪律检查机构。[①] 二是五届人大一次会议修改宪法，规定"全国人民代表大会是最高权力机关"，社会主义根本政治制度得以恢复正常运行。[②]

到 1978 年的党的十一届三中全会全面地、彻底地否定了新中国成立以来的"左"倾错误，实现了党的中心工作从"以阶级斗争为纲"到"以经济建设为中心"的伟大转折，重新确立了党的社会主义现代化建设的基本路线，中国进入了改革开放的新的历史时代，政治体制改革与民主政治建设也由此进入了崭新的改革时期。

1. 第一阶段：从 1978 年十一届三中全会到 1982 年十二大

这一阶段是中国的政治体制和民主法制进一步恢复稳定的阶段，并且在这一阶段开始了政治体制和民主建设方面的初步改革。

第一，十一届三中全会在思想上和组织上拨乱反正。1978 年召开的党的十一届三中全会，对政治生活进行了全面的拨乱反正。在思想上，全

---

① 周少来：《制度之规 和谐之道——当代中国政党、国家和社会》，世界知识出版社 2010年版，第 202 页。

② 迟福林主编：《中华人民共和国政治体制史》，中共中央党校出版社 1998 年版，第338 页。

会强调"坚持实事求是，一切从实际出发，理论联系实际的原则"。这就表明中国共产党果断结束了新中国成立以来一直向"左"转、到"文化大革命"中"以阶级斗争为纲"而达到顶点的"左"倾路线，确立了"以经济建设为中心"和改革开放基本政治路线。在组织上，全会改组了当时的中央领导机构，一大批德才兼备的老干部重新出来工作，实质上形成了以邓小平为核心的党的第二代中央领导集体。全会在政治体制改革的意义上，重申了对"社会主义民主和法制"的强调。① 十一届三中全会在新时期的政治发展和民主建设中，具有扭转乾坤的里程碑式的标志性意义。

第二，改革党的中央领导机关。根据十一届三中全会的精神，除了对中央的人事工作进行了部署以外，还对中央领导机关进行了调整。1980年的十一届五中全会，恢复了党的八大所要求设置的中央书记处，理顺了中共中央机关的关系，改变了过分集权的领导体制。书记处的设置既是拨乱反正，又是为了适应保证党的领导和集体领导的长期稳定的需要。② 书记处的恢复设置，健全了党的四级中央领导机关，保证了集体决策和民主集中制的运行。1981年的十一届六中全会，党的主席和军委主席人事变更，更加年富力强、富有改革精神的领导人成为党的负责人。

第三，干部人事制度改革。政治路线决定组织路线，十一届三中全会规定了正确的实事求是的政治路线，这就会在组织路线上显示出来。这主要有两点：一是逐步废除领导干部终身制，中国的干部管理制度存在着一个严重的缺点，即"能上不能下，能进不能退"，这就导致有大批领导干部年龄偏大、文化水平低、业务水平不高。党中央逐步确立了废除领导干部实际上的终身制，并确立了领导干部的离退休制度，保证了干部的新老交替的正常进行。二是确立了管理干部的标准，根据"德、能、勤、绩"的标准，考核和选拔干部，并且规定了干部队伍"革命化、年轻化、知识化、专业化"的方针，用以替代以前的"又红又专"标准。

第四，确立政治体制改革的基本方针。邓小平十分重视政治体制问题与民主法制建设，早在1979年的讲话中，他就高度强调："没有民主就没

---

① 参见杨海蛟主编《回顾与展望——改革开放以来的中国政治发展》，人民出版社2008年版，第88页。

② 参见迟福林主编《中华人民共和国政治体制史》，中共中央党校出版社1998年版，第375页。

有社会主义，就没有社会主义的现代化。当然，民主化与现代化一样，也要一步一步地前进。社会主义愈发展，民主也愈发展。"① 这不但明确了政治体制改革的根本目标是社会主义民主政治，也指明了社会主义民主是中国现代化事业的根本组成部分。在 1980 年的中共中央政治局扩大会议上，邓小平做了《党和国家领导制度的改革》的历史性讲话，成为指导中国政治体制改革的纲领性文件。邓小平在讲话上指出了当时的政治体制中存在着权力过度集中、兼职过多、党政不分和人员老化的问题，明确强调在"政治上，充分发扬人民民主，保证全体人民真正享有通过各种有效形式管理国家，特别是管理基层地方政权和各项企业事业的权力，享有各项公民权利"②。并提出自觉地更新各级党政领导机关，逐步实现领导人员年轻化、专业化等诸多方针原则。这一讲话为中国进行政治体制改革指明了基本的方向和改革路径。

在这一时期还改革了地方政权组织和人大代表选举制度，在县级以上人民代表大会设置常务委员会，给予省级地方政权相应的立法权力，等等。

2. 第二阶段：从 1982 年的十二大到 1992 年党的十四大

这一阶段的十年是中国的政治体制改革积极推进的十年，也是出现了波折，甚至反复的十年。在这十年中，党的十二大和党的十三大的召开，确立了进行政治体制改革的方针和路径。这十年也是以邓小平为核心的党的第二代中央领导集体审时度势，领导中国的现代化建设的关键十年，这一阶段也产生了党的第三代领导集体。这一阶段又可分为两个时期。

第一时期：党的十二大及其确立的政治体制改革的新局面。

1982 年召开了党的十二大，确立了"全面开创社会主义现代化建设新局面"的方针，这一时期的政治体制改革就是在这个方针下进行的。

第一，党的十二大加强和改善党的领导。十二大明确党是社会主义现代化事业的领导核心，这种领导核心主要体现在党的政治领导、思想领导和组织领导上。要求党必须在宪法和各种法律下活动，党必须保证国家的各种政权机关独立自主地工作。选举出新的中央委员会、中央顾问委员会和中央纪律监察委员会，确立中央委员会领导中央顾问委员会和中央纪律

---

① 《邓小平文选》第 2 卷，人民出版社 1994 年版，第 168 页。
② 同上书，第 322 页。

监察委员会的工作。中央不再设主席和副主席职位，设总书记，负责召开政治局会议；并且强调了民主集中制和党的纪律。党的十二大还实现了中央领导集体的新老合作和交替，一大批老同志从第一线退出，一大批年轻的领导干部进入了中央委员会并担负起中央的领导工作，[①] 极大强化了党中央领导集体的凝聚力和战斗力。

第二，"八二宪法"及其对政治体制改革的影响。根据党的十二大的精神，1982 年五届人大五次会议审议和通过了新宪法，用国家的根本大法，肯定了政治体制改革。在宪法中要求国家机构实行民主集中制原则，恢复人民民主专政的规定，确认了党必须依法办事的原则；确立了差额选举，从人大代表到国家领导人副职都实行差额选举，地方的和中央的正职在法律上也实行了差额选举。加强了全国人大常委会的制度建设，增强人大常委会的能力建设。全国人大常委会成了主要的立法机关，并设立了专门的委员会。扩大了地方的自主权，设立地方人大的常委会机构。最为重要的是废除了领导干部的终身制，规范了领导干部的权力交接问题。并且设立国家主席和副主席职位，设立中央军事委员会，规定国务院实行总理负责制。

第三，民主和法制建设的新局面。根据党的十二大的精神，这一阶段的民主和法制建设也取得了新的进展。人民代表大会制度不断完善，各级常委会也积极发挥自己的作用。进一步推进了人民代表的选举工作，完善选举制度，扩大直选的范围。继续完善共产党领导下的多党合作制度，保障各民主党派的民族权利。恢复和完善了民族区域自治制度，保障了各族人民当家做主的权利。加快立法工作，大力推进建设社会主义法制体系，并且加强了对法律的宣传和普及工作。

在这一时期，政治体制改革的理论也取得进展。党的十二大提出建设社会主义高度民主，确立了民主建设是社会主义现代化建设的重要的组成部分。1986 年，邓小平连续四次发表重要谈话，着重强调政治体制改革，明确指出：现在经济体制改革每前进一步，都深深感到政治体制改革的必要性，不改革政治体制，就不能保证经济体制改革的成果。邓小平为政治体制改革指出的总体目标是，第一，巩固社会主义制度；第二，发展社会

---

① 参见杨海蛟主编《回顾与展望——改革开放以来的中国政治发展》，人民出版社 2008 年版，第 638 页。

主义生产力；第三，发展社会主义民主，调动人民的积极性。① 并为政治体制改革设定了具体的改革内容：首先是党政要分开，解决党如何善于领导的问题，这是关键，要放在第一位；其次是权力要下放，解决中央和地方关系问题；最后是精简机构。邓小平的一系列讲话为未来的政治体制改革指明了基本方向和路径架构。

第二时期：党的十三大确立的政治体制改革的路线图。

1987 年召开的党的十三大，确立了党在社会主义初级阶段的基本路线，在这个基本路线指导下，制定并实施了政治体制改革的路线图。

第一，确立政治体制改革的目标和内容。党的十三大的政治报告是一份政治体制改革的宣言书，报告提出：中国政治体制"改革的长远目标，是建立高度民主、法制完善、富有效率、充满活力的社会主义政体体制"。"改革的近期目标，是建立有利于提高效率、增强活力和调动各方面积极性的领导体制"②。党的十三大报告还强调党的政治领导，指明了进一步进行政治体制改革的路线和方针，从七个方面论述了未来政治体制改革的内容。党的十三大提出的党政分开、权力下放以及人事制度改革，是当时政治体制改革的重点和突破口。

第二，党内制度改革和党政分开。党的十三大不仅在理论上为政治体制改革提供支持，而且在行动上也开启了新一轮的政治体制改革。党的十三大采纳了"中央政治体制改革研讨小组及其办公室"的若干项建议，把差额选举引入新一届中央委员选举。当时差额很小，只有 5%，即在大约 185 名候选人中选出 175 名中央委员，有 10 名差额。并且在党政分开上，进行了实质性的改革：一是调整中央与国家机关的工作关系；二是撤销设在政府机关中的党组；三是调整地方党的组织机构和人员设置；四是改变基层党组织的职能，推行厂长（经理）负责制；五是推行党的基层组织属地化领导；六是党纪政纪案件分别查处。③

第三，推动干部人事制度改革，规划建立公务员制度。党的十三大要求改革"国家干部"管理制度，合理分解，科学分类，建立国家公务员制度。公务员制度也就是法制化的政府机关工作人员的人事管

---

① 参见《邓小平文选》第 3 卷，人民出版社 1993 年版，第 176—178 页。
② 中共中央文献研究室编：《十三大以来重要文献选编》上，人民出版社 1991 年版，第 35—48 页。
③ 参见吴伟《中共"十三大"前后的政治体制改革》，《领导者》总第 43 期，2011 年 12 月。

理制度。① 1988 年进行了理论探讨和法规制定，提出了《国家公务员暂行条例》。1989 年以后，首先在中央国家机关进行试点，1991 年，又在选择地方进行试点，积累了大量的管理经验。但是由于种种政治现实原因，并没有按照原来的计划推行公务员制度。

第四，推行政府机构改革。根据党的十三大的要求，国务院积极拟订计划，推进自身改革，在 1988 年的七届人大一次会议上，审议通过了国务院改革方案。国务院机构改革的长远目标是建立一个符合现代化管理要求，具有中国特色的功能齐全、结构合理、运转协调、灵活高效的行政管理体系。这次国务院改革主要是下放权力，精简机构，以转变政府职能为主。这次改革根据"三定原则"，定职能、定机构和定人员编制，撤销不合理的机构，根据要求设置新的机构。改革取得了良好的效果，精减人员20％，撤销 12 个部委一级机构，新建 9 个部委一级机构，保留 32 个部委一级机构。② 地方政府机构改革也在积极推进，基本思路是理顺关系、转变职能、提高效率。

第五，社会主义民主和法制建设。根据党的十三大精神，这一阶段加强和完善人民代表大会制度，坚持和完善多党合作和人民政协制度，积极推进基层人民自治制度。在这一阶段，加强立法工作，完善政法体系，加强政法队伍建设，有力地推进了社会主义法律体系的建设。1988 年，根据中共十三大"党政分开"的精神，中央撤销了各级政法委员会。但是到 1990 年，根据现实情况，中央和地方各级政法委又相继恢复了工作。③

在这十年中，中国的政治体制与民主政治建设改革取得了各方面的进步，也得到了有益的经验教训。总的情况是，成就突出，问题不少。在政治风云遽变的 80 年代末 90 年代初，党的第二代中央领导集体完成了自己的政治使命，退出了历史舞台，新的领导集体继续领导中国的改革开放大业一路前行。

3. 第三阶段：从 1992 年党的十四大到 2002 年党的十六大

20 世纪 80 年代末 90 年代初，经济改革在徘徊中停滞不前，政治改

---

① 参见迟福林主编《中华人民共和国政治体制史》，中共中央党校出版社 1998 年版，第499 页。

② 同上书，第 495—499 页。

③ 参见周少来《制度之规 和谐之道——当代中国政党、国家和社会》，世界知识出版社2010 年版，第 339 页。

革更是无从说起。社会主义现代化建设到底怎么走下去？人们在苦苦地思索着。1992 年年初邓小平同志的南方谈话，再次要求坚持社会主义，坚持改革开放，坚持发展经济，大力推动改革开放。南方谈话指明了深化改革开放的方向，统一了人们的思想，给 90 年代的改革开放提供了巨大的动力与活力。

鉴于改革开放以来的正反两方面的经验，第三代领导集体积极稳妥地推进政治体制改革。第三代领导集体反思 80 年代的政治体制改革，改变了 80 年代最主要的政治体制改革突破口"党政分开"和"权力下放"，突出强调人民民主的制度化与社会主义法治建设。

第一时期：党的十四大提出积极推进政治体制改革。

党的十四大提出，在推动经济体制改革的同时，必须按照民主化和法制化紧密结合的要求，积极推进政治体制改革，建立有中国特色的社会主义民主。并且强调指出，人民民主是社会主义的本质要求和内在属性。

第一，加强和改善党的领导。早在 1990 年，江泽民就明确指出：党的领导要通过政治原则、政治方向、重大决策的领导和思想政治工作、向政权机关推荐重要干部来实现。要善于把党的有关国家的重大事务主张经过法定程序变成国家意志。并且坚持党要在宪法和法律的范围内活动。①在新的改革阶段，伴随着邓小平同志逐渐退出政治舞台，新的中央领导集体强调集体领导和分工负责。根据党的十四大的要求，在党内建立和健全民主集中制，加强党的民主决策的能力，也是这一阶段工作的重点。

第二，推动干部人事制度改革，确立了公务员制度。1993 年，国务院总理签发了《国家公务员暂行条例》，标志着国家干部体制改革进入新的阶段。到 1997 年年底，各级政府机关基本完成了职务分类和人员过渡，这就为建立和健全高效廉洁的国家公务员队伍打下了良好的基础。在建立和健全国家公务员制度的同时，国家也加强了对领导干部管理体制、国有企业领导干部管理体制和司法干部管理体制的改革。

第三，进行新的行政机构改革。90 年代初期，中国的国家机构膨胀严重，冗员冗费到了惊人的地步。这次改革的要求是，依据建立社会主义市场经济体制的要求，按照政企分开和精简、统一、高效的原则，转变职

---

① 参见中共中央文献研究室编《十三大以来重要文献选编》中，人民出版社 1991 年版，第 942—943 页。

能，理顺关系，精兵简政，提高效率。转变政府职能是这次改革的重点。国务院改革是围绕建立社会主义市场经济的宏观调控体系而展开的，实行政企分开。这次的改革中，精简人员、撤销机构的幅度很大，但这次改革还是过渡性的、探索性的，并没有实现精兵简政的目标。①

根据党的十四大提出的建设社会主义市场经济的要求，立法机关围绕这一主题，加快了推动建立社会主义市场经济体制方面的立法，并且同时推动了其他方面立法工作的快速进步。社会主义民主制度建设在这一阶段也取得了快速发展，有力地推进了人民民主的制度化和法制化进程。在这一阶段还实行了分税制改革，进一步理顺了中央和地方关系，在维护中央的权威下，发挥了地方的积极性。

第二时期：党的十五大继续积极推进政治体制改革。

1997 年年初，邓小平去世，中国革命的一代彻底退出了历史舞台，同年中共十五大召开。20 世纪 90 年代中期，改革也进入攻坚阶段，社会矛盾突出，传统的"正确处理人民内部矛盾"的治理方式已经渐渐失去了效力，新的治理模式亟待提出。党的十五大第一次正式确立了"社会主义法治国家"的概念，提出了"依法治国"的基本国策，这就为政治体制改革与民主建设注入了新的活力，提供了制度保障。

第一，确立依法治国方略。党的十五大上正式提出"建设社会主义法治国家"，并且把"依法治国"确立为党领导人民治理国家的基本方略。依法治国是要充分发挥人民群众的主体地位，在党的领导下，依据宪法和各种法律法规治理国家的政治经济和文化事业。各级组织和社会团体、公民个人都要在宪法和法律的规范下活动，法律面前人人平等，任何人都没有超越宪法和法律的特权。在依法治国中，党要发挥总揽全局、协调各方的作用，这就给新时期党的制度化建设提出了更高的要求。

第二，推进国家机构改革。十五大以后国务院进行了雷厉风行的大规模机构改革，基本上走出了精简—膨胀的循环怪圈。② 1998 年 3 月，全国人大通过了《国务院机构改革方案的决定》，根据方案要求，国务院撤销了 11 个部委，从原来的 40 个部委减少到 29 个部委，向社会分流

---

①　参见迟福林主编《中华人民共和国政治体制史》，中共中央党校出版社 1998 年版，第547—550 页。

②　参见毛寿龙《中国政府体制改革的过去与未来》，制度分析与公共政策网，http://www. wiapp. com/ 12/05/2003。

50%的公务员。① 这次改革是在社会主义市场经济蓬勃发展的时代背景下进行的，改革的目的是撤销具有计划经济色彩的政府机构，建立新的符合市场经济发展的政府机构。这次改革是要把政府职能转变到宏观调控、社会管理和公共服务等方面来，把生产经营的权力真正交给企业，并且厘清政府职能，按照权责一致的原则精简机构、转变职能，建设法治政府。②

第三，加强社会主义基层民主建设。基层民主自治制度是中国社会主义政治制度的重要组成部分，也是人民群众可以切身享受到的直接民主权利，对于巩固和推进社会主义民主建设具有重要的基础意义。1998年，九届全国人大常委会第五次会议通过了《中华人民共和国村民委员会组织法》，这就标志着农村基层民主自治有了制度化的法制保障和规范机制，全国各省级地区也先后制定了该法的实施办法和具体规定。从此，以民主选举、民主决策、民主管理和民主监督为核心内容的村民自治，在全国60多万个农村基层组织中蓬蓬勃勃地开展了起来。中国的民主建设和民主发展在中国的大地上有了雄厚的社会根基和民意基础。

在这十年中，中国的经济体制改革不断取得进步，政治体制改革也稳步进行，改革开放事业取得了辉煌的成就。但是面对市场经济的深入发展和社会主义现代化事业的整体推进，中国开放而多元的社会结构日益形成，各个阶层和群体的利益诉求多样而复杂，人民的权利意识和法治观念日益高涨，这一切都对政治体制改革与民主政治建设提出了更大的挑战和要求。

4. 第四阶段：从2002年党的十六大至今

中共十六大的召开，标志着党的第三代领导集体退出了历史舞台，中央政治权力实现了和平和顺利交接，新的领导集体带领中国的现代化事业和政治发展进入了新的历史时期。

21世纪初，中国的经济改革取得了突破性的深化发展，社会主义市场经济体制不断完善。经济和社会的急剧变革给政治体制改革和民主政治建设提出了新的要求和历史任务。中国的政治改革和民主发展开始了新的

---

① 参见周天勇、王长江、王安岭主编《攻坚——十七大后中国政治体制改革研究报告》，新疆生产建设兵团出版社2007年版，第160页。
② 参见俞可平主编《中国政治发展三十年（1978—2008）》，重庆出版社2009年版，第172页。

征程，在党中央的统一领导下，继续积极稳妥地推进政治体制改革和民主政治建设，并取得了新的历史进步和发展成就。

第一时期：党的十六大积极稳妥地推进政治体制改革。

第一，新的指导思想的提出。2002 年，中共十六大召开，这是在 21世纪第一次召开的党的全国代表大会，这次会议对社会主义现代化建设具有重要的指导意义。党的十六大高度强调了"三个代表"重要思想，这是党的指导思想的一次伟大创新，也是党对新时期新问题做出的全面而有力的回答。

在社会主义现代化建设中，中国共产党始终面临着一个艰巨的课题，即从革命党到执政党的转变。什么是执政党，一个执政党怎样做好执政，这是新时期党面临的最大问题。"三个代表"重要思想有力地回答了这个问题，解决了党面临的"立党之本、执政之基、力量之源"这个历史命题。用"三个代表"思想武装全党，是中国社会主义现代化事业的政治保障，也是推进政治体制改革与民主政治建设的政治保障。

第二，社会主义政治体制改革的新要求。党的十六大报告要求"发展社会主义民主，建设社会主义政治文明"，继续积极稳妥地进行政治体制改革。高度强调"要把坚持党的领导、人民当家做主和依法治国有机统一起来"。党的十六大报告还指出，中国进行的政治体制改革是社会主义制度的自我完善和发展，要有利于增强党和国家的活力，发挥社会主义制度的特点和优势，充分调动人民群众的积极性和创造性。① 党的十六大还从 9 个方面论述了政治体制重要的改革领域，给进一步的政治体制改革和民主政治建设指明了前进方向。

第三，尊重保障人权，保护私有财产。党的十六大报告提出"尊重和保障人权"，这就给中国社会主义人权事业的进一步发展打下了坚实的基础。2004 年 3 月 14 日，十届全国人大二次会议通过《中华人民共和国宪法修正案》，"国家尊重和保障人权"被写入宪法，这是破天荒的法律进步，是中国政治体制改革和民主法治建设取得的重大历史性进步。在这次会议上确定的宪法修订案，明确要求"公民合法的私有财产不受侵犯"，这有利于公民权利的法治化保障，有利于推进社会主义法治国家建设。

----

① 参见中共中央文献研究室编《十六大以来重要文献选编》上，中央文献出版社 2005 年版，第 24 页。

第四，进一步加强和改善党的领导。党的十六届四中全会做出了加强党的执政能力的重大决定，提出努力建设科学执政、民主执政、依法执政的执政党，这就要求党的工作要科学化、民主化和法治化。十六届六中全会做出了《构建社会主义和谐社会若干重大问题的决定》，要求全面建设社会主义和谐社会，加强民主、法制、司法、公共财政、收入分配和社会保障制度的建设，保障社会公平正义。

根据党的十六大关于积极稳妥地进行社会主义政治体制改革的精神，中国的社会主义政治制度得到进一步的完善和发展。2003 年，中央明确要求建设社会主义政治文明，强调坚持和完善人民代表大会制度和中国共产党领导的多党合作和政治协商制度。2003 年，在加入 WTO 的大背景下，国务院进行了机构改革，提出建设透明政府。2004 年，国务院印发《全面推进依法行政实施纲要》，提出经过 10 年左右坚持和努力，基本实现建设法治政府的目标。2005 年，全国人大常委会通过了《中华人民共和国公务员法》，从法律上规定了公务员的条件、义务与权利、职务与级别、录用和考核、职位升降和任免等 9 项基本义务和 16 项纪律规范，是公务员的管理走向制度化和规范化的标志和保障。

第二时期：党的十七大继续积极稳妥地推进政治体制改革。

党的十七大以来，中国继续推行积极稳妥的政治体制改革方针，积极适应全面建设小康社会的宏伟目标，努力推进新时期中国特色的政治发展之路和民主建设目标。

第一，确立政治体制改革的方针。2007 年，中共十七大报告强调政治体制改革作为中国全面改革的重要组成部分，要求在深化政治体制改革中"坚持正确政治方向，以保证人民当家做主为根本，以增强党和国家活力、调动人民积极性为目标，扩大社会主义民主，建设社会主义法治国家，发展社会主义政治文明"①。党的十七大报告要求，扩大人民民主，保证人民当家做主；发展基层民主，保障人民享有更多更切实的民主权利；全面落实依法治国基本方略，加快建设社会主义法治国家；壮大爱国统一战线，团结一切可以团结的力量；加快行政管理体制改革，建设服务型政府；完善制约和监督机制。政治体制改革的最终目标是建立"具有强大生命力的社会主义民主政治"。

---

① 《中国共产党第十七次全国代表大会文件汇编》，人民出版社 2007 年版，第 27—28 页。

　　第二，进一步推进机构改革。2008 年，中共十七届二中全会做出了《关于深化行政管理体制改革的意见》，要求按照建设服务政府、责任政府、法治政府和廉洁政府的要求，着力转变职能、理顺关系、优化结构、提高效能。相应地国务院于 2008 年开始了第五次机构改革，也就是精简国务院的机构，这也是国务院改革一直坚持的改革路线。这种机构改革路线的重点是科学民主决策，依法行政，建设法治政府和接受各方面的监督，这是实质意义上的政府行政机构改革。这次改革的力度较大，针对的是 2003 年国务院改革中"没有大幅度精简机构，也没有大幅度转变职能"。通过这次改革，涉及调整变动的机构有 15 个，正部级机构减少 4 个，除国务院办公厅外，国务院组成部门调整至 27 个。① 这次改革也称为"大部制"改革，改革把职能相关的部门组合在一起，成为一个"全面"负责相关工作的部门。

　　第三，促进基层民主建设。在党的十七大报告中，要求发展基层民主，保证人民依法直接行使民主权利，管理基层公共事务和公益事业。十七届三中全会做出的《关于推进农村改革发展若干重大问题的决定》，也强调健全农村民主管理制度，要求发展农村基层民主，加强基层政权建设，扩大村民自治范围，保障农民享有更多更切实的民主权利。该决议还要求加强农村基层组织、农村基层干部队伍、农村党员队伍和农村党风廉政建设，全面建设小康社会。2010 年，十一届全国人大常委会第十七次会议修订通过《中华人民共和国村民委员会组织法》，新设"村民监督委员会"，这就使农村基层政权的制度体系得到进一步完善。农村基层政权在基层党组织的统一领导下，村民委员会发挥自治作用，监督委员会发挥监察作用。三委统一，既可保证和加强党对农村工作的领导，又可以保证村民自治权的发挥，还可以确保党风廉政建设取得成绩。在今天，村民自治作为中国民主的一种最为直接、最为丰富、最为广大的民主实践，必将继续发挥着社会主义民主的基础和根基作用。

　　第四，积极推进依法治国战略。依法治国是中国政治体制改革和民主政治建设的重要方面。从党的十七大召开以来，依法治国取得了显著的进步。2008 年 12 月，中共中央转发《中央政法委关于深化司法体制和工作

---

　　① 参见杨海蛟主编《回顾与展望——改革开放以来的中国政治发展》，人民出版社 2008 年版，第 562 页。

机制改革若干问题的意见》，从加强政法队伍建设、改革司法保障体制等方面，提出 60 项改革任务。2010 年 10 月，国务院发布《国务院关于加强法治政府建设的意见》，该文件规定了提高行政机关工作人员依法行政的意识和能力、加强和改进制度建设、坚持依法科学民主决策、严格规范公正文明执法等八个方面的任务。

截至 2010 年年底，中国立法机关制定现行有效法律 236 件、行政法规 690 多件、地方性法规 8600 多件，中国特色社会主义法律体系基本形成，为依法治国的推进提供了法律基础保障。① 从制定法律到执行法律，依法治国方略得到各级党政机关和广大人民的高度重视和衷心认同。

经过 30 多年的政治体制改革和民主政治建设，中国的政治改革和民主建设取得了巨大的历史性成绩。党的民主执政和依法执政水平不断提高，人民当家做主的权利落实和实现形式不断丰富，依法治国战略和法治社会不断得以实现，逐步探索和形成了中国特色的社会主义政治发展之路，政治体制改革与民主政治建设深入推进，中国特色的社会主义民主政治前景广阔。

三　政治体制改革和民主政治建设的制度逻辑和路径特征

当代中国的政治体制改革与民主政治建设，是当代中国社会主义现代化事业的内在组成，是围绕和服务于现代化建设的根本大局和中心任务的，这是由中国社会的历史进程所决定的客观的历史逻辑和历史定位。在这一历史逻辑和历史定位下，政治体制改革与民主政治发展的现实属性只能是社会主义制度的自我修正和自我完善。由其历史逻辑和现实定性双重约束所限定，当代中国的政治体制改革与民主政治建设有其独特的制度逻辑和路径特征，这便构成了中国特色的社会主义政治发展之路和民主政治发展之路。

（一）制度逻辑

政治体制改革与民主政治建设，由于其基本的属性是社会主义制度的

---

① 参见郑志文《党的十六大以来政治体制改革大事记》，《人民日报》2012 年 5 月 14 日。

自我完善，所以其基本的制度变迁逻辑是在基本政治制度方面的完善民主制度，同时在地方和基层民主方面的丰富民主形式。

1. 完善民主制度

在中国共产党的领导下，当代中国在社会主义建设和改革时期，逐步建设起基本的政治制度架构：人民代表大会制度、中国共产党领导的多党合作和政治协商制度、民族区域自治制度和基层群众自治制度。这些基本政治制度在中国的政治生活中发挥着关键性的制度功能，构成了运转国家与社会治理的基本政治体系骨架。改革开放 30 多年来，政治体制改革与民主政治建设的基本制度逻辑，首先就是这些基本政治制度的自我完善，也就是根据制度本身的发展规律，不断地适应时代提出的要求，做出相应的完善和巩固。

（1）人民代表大会制度。

人民代表大会是中国的权力机关，人民代表大会制度是中国的根本政治制度，在中国的政治制度体系中占有首要的位置。经过 30 多年的不断改革完善，人民代表大会制度在中国的政治体系中发挥着越来越重要的作用。人民代表大会自身的制度建设和功能作用不断健全和完善，初步确立了中国的基本法律体系，同时各级人民代表大会监督作用也越来越强，人大代表的选举制度不断完善，人大代表素质也不断提高。[①] 人民代表大会制度是保证人民当家做主的根本政治制度和最高实现形式，其发展的最核心主题是，进一步更为有力和健全地保障广大人民当家做主的地位和权利，在社会主义民主政治建设中发挥更为重要的主渠道制度功能。

党的十八大报告提出：支持和保证人民通过人民代表大会行使国家权力。要善于使党的主张通过法定程序成为国家意志，支持人大及其常委会充分发挥国家权力机关作用，依法行使立法、监督、决定、任免等职权，加强立法工作组织协调，加强对"一府两院"的监督，加强对政府全口径预算决算的审查和监督。健全国家权力机关组织制度，优化常委会、专委会组成人员知识和年龄结构，提高专职委员比例，增强依法履职能力。[②] 根据这些精神要继续推行人大常委的专门化和常任化，加强人大常

---

① 参见俞可平主编《中国政治发展三十年（1978—2008）》，重庆出版社 2009 年版，第3—4 页。

② 参见胡锦涛《坚定不移沿着中国特色社会主义道路前进　为全面建成小康社会而奋斗——在中国共产党第十八次全国代表大会上的报告》，人民出版社 2012 年版，第 26 页。

委会的专门委员会的职能，严格履行人大的问责制。人民代表大会本身拥有根本的宪法依据和宽广的制度空间，是人民民主实现的根本途径和最高形式，如果进一步在改革完善中做实做强，一定会极大地推动中国特色民主的深化和提升。

（2）中国共产党领导的多党合作和政治协商制度。

中国共产党领导的多党合作和政治协商制度，是中国的一项基本政治制度。这项制度是中国政党制度的基本特征，也是中国整个政治体系的重要制度架构之一。多党合作和政治协商制度集中体现了中国社会主义民主政治的历史特殊性和优越性。改革开放以来，中国共产党领导的多党合作和政治协商制度不断得到完善和巩固，各民主党派的基本参政议政权利得到不断加强和保障。各级人民政协中制度化的政治协商、民主监督和参政议政，已经成为各级党政机关实行科学决策、民主决策的重要制度环节。同时，多党合作和政治协商制度，是中国共产党提高执政能力的重要制度基础，也是发扬和实现社会主义民主的重要制度渠道和保障。

人民政协的最主要作用是政治协商、民主监督和参政议政，为了更为有效地保证政协的功能发挥，就必须用立法保证政协监督的法律地位，确保政协监督的规范化和制度化，确保监督的有效性和常态化。党的十八大报告提出"充分发挥人民政协作为协商民主重要渠道作用"，"把政治协商纳入决策程序，坚持协商于决策之前和决策之中，增强民主协商时效性。深入进行专题协商、对口协商、界别协商、提案办理协商。积极开展基层民主协商"。① 这就指出了人民政协作为协商民主主要制度形式的重要意义，其中最关键的环节是把协商环节制度化地纳入决策程序，保证更为有效地发挥政治协商的政治功能和民主功能。

（3）民族区域自治制度。

根据马克思的民族理论，结合中国的实际情况，中国确立了民族区域自治制度，作为中国的基本政治制度之一。民族区域制度是在中国共产党的领导下，少数民族在民族自治地区，管理本民族、本地区的事务，其核心是保障各民族当家做主，维护各民族团结互助，促进各民族共同发展。改革开放以来，在中国共产党的领导下，中国的民族区域自治制度取得了

---

① 胡锦涛：《坚定不移沿着中国特色社会主义道路前进　为全面建成小康社会而奋斗——在中国共产党第十八次全国代表大会上的报告》，人民出版社2012年版，第27页。

进一步的完善和发展，在党的领导下制定了各种民族区域自治方面的法律法规，从法律体系上保障民族区域自治制度和落实，同时，制定各项倾斜性民族政策，促进民族地区发展和繁荣。

党的十八大提出"坚持和完善民族区域自治制度，牢牢把握各民族共同团结奋斗、共同繁荣发展的主题"，"加快民族地区发展，保障少数民族合法权益，巩固和发展平等团结互助和谐的社会主义民族关系，促进各民族和睦相处、和衷共济、和谐发展"。① 这就表明民族区域自治的最主要目的是促进各民族团结发展，进一步完善民族区域自治制度就应当根据这项要求，以促进各民族共同发展为第一要务，让各民族共享改革开放和现代化建设的伟大成果。

（4）基层群众自治制度。

基层群众自治制度是中国的一项基本政治制度，也是改革开放以来政治体制改革的焦点。基层民主自治制度，是广大人民群众在城乡社区治理、基层公共事务和公益事业中实行群众自我管理、自我服务、自我教育、自我监督，是人民依法直接行使民主权利的重要方式。改革开放以来，中国的基层民主取得了突破性的巨大发展，特别是村民自治，成为中国社会主义民主制度的最广泛基层实践。村民自治是中国的第一次大规模直选，使亿万基层群众直接享受到了民主权利。② 由于基层民主自治制度取得的重大成就，以及在未来中国民主发展中的重要基础性意义，党的十七大报告明确把"基层群众自治制度"列为中国四大基本政治制度之一。

党的十八大提出"要健全基层党组织领导的充满活力的基层群众自治机制，以扩大有序参与、推进信息公开、加强议事协商、强化权力监督为重点，拓宽范围和途径，丰富内容和形式，保障人民享有更多更切实的民主权利"③。这就表明中国的基层民主仍然是政治体制改革的重中之重，必须进一步大力推进。基层民主的实质是基层社会中的公民自治，不能仅局限于"基层"看基层民主，而应当把基层民主提高到国家和社会关系

① 胡锦涛：《坚定不移沿着中国特色社会主义道路前进　为全面建成小康社会而奋斗——在中国共产党第十八次全国代表大会上的报告》，人民出版社 2012 年版，第 30 页。

② 参见俞可平主编《中国政治发展三十年（1978—2008）》，重庆出版社 2009 年版，第 8 页。

③ 胡锦涛：《坚定不移沿着中国特色社会主义道路前进　为全面建成小康社会而奋斗——在中国共产党第十八次全国代表大会上的报告》，人民出版社 2012 年版，第 27 页。

的高度。马克思主义认为社会主义社会是个"半国家",国家对内(群众)镇压的职能没有了,让人民群众自我管理、自我负责,最终使国家回归社会。这就更加凸显了基层民主自治在社会主义民主政治建设中的长远性基础意义。

2. 丰富民主形式

通过政治体制改革与民主政治建设,在不断完善基本政治制度的民主功能的同时,各级地方党委和政府也在不断地通过创新各种民主形式,丰富地方民主实现的途径和渠道,保障广大人民在各级地方治理中的民主参与和民主权利。这便是全国各地蓬蓬勃勃、生动有效的创新民主机制、丰富民主形式的伟大实践活动。试列举几个典型民主创新形式,以期对丰富民主形式的地方创新实践有更深的了解。

(1)"四问四权"的"以民主促民生"制度机制(杭州模式)。

据调查,杭州市、区有700多处老旧庭院,涉及3300多幢房屋和55万多人口。杭州市政府决定从2008年开始,由市城管办牵头,实施"庭院改善"三年行动计划。

庭院改善将直接影响每户人家的日常生活,不同楼栋,甚至不同楼层的居民对"改不改,改什么,怎么改"等一系列问题都有不同,甚至对立的意见。面对这样繁杂的利益协调问题,只有靠制定一套表达利益和利益整合的制度程序,这便是"四问四权"机制的"问题推动"背景。

第一,"问情于民"落实知情权,"项目上不上"由民主机制定夺。

某一庭院"改不改",实行"问情于民",落实公民的知情权,由庭院居民决定"项目上不上"。对居民的改善意愿进行问卷调查,调查要求全覆盖,同时2/3以上的住户有改善要求的庭院,方可列入改善计划。

第二,"问需于民"落实选择权,"项目改什么"靠民主机制解决。

一是实行"应改尽改"。对属于22项庭院改善内容之内的项目,只要多数居民要求"改",都应予以改善。

二是设计方案征求民意。工程施工前,设计方案必须经过"三会一公示一会审"(调研会、听证会、设计座谈会、设计方案公示、会审)征求民意。

三是实行多数人决定制度。对22项以外的项目,按照尊重多数人意见,有50%以上的住户要求改善的可列入设计。

第三,"问计于民"落实参与权,"项目怎样改"用民主机制确定。

　　一是各方代表内审制度。即在居民听证、方案公示、专家会审"三位一体"审查基础上，再增设"设计内审关"，邀请市、区、街道及社区代表，重点对设计中的敏感部位、关注焦点、棘手问题进行探讨和修改。

　　二是专家"问诊搭脉"制度。建立专家顾问组，全过程参与前期论证，所有设计方案会审均邀请专家参与，专家组检查施工现场覆盖率达到100%。

　　三是强化市民意见处置。建立市、区、街道信访处置三级工作网络，每件意见层层落实，定期汇总、分类研究，解决复杂问题。

　　第四，"问绩于民"落实监督权，改善结果"好与坏"用民主机制评判。

　　一是公开各类信息。公开工程信息让居民了解家门口工程的进度，公开联系方式方便居民联系、沟通，公开建材规格随时接受监督和检验。

　　二是过程群众监督。由居民楼道长和沿线商家自己选出的代表对工程进行全过程监督，指定专人负责信访投诉，落实每幢房子都有1名监督员。

　　三是工程效果回头看。在工程即将结束，施工队未撤离前，向改善项目涉及的住户发放《征求意见表》，征求百姓对施工质量、效果等方面的意见。

　　四是居民满意才验收。未开展"问绩于民"回头看活动、市民提出的意见未整改和市民不满意的工程不得进入工程验收程序，竣工验收时必须邀请庭院居民代表参加。

　　在市、区、街、社"四级联动"的组织体系强力领导和有效协调下，通过52个市级部门和单位通力合作和扎实工作，使"四问四权"的"以民主促民生"机制得到切实落实，使庭院改善工作取得了让群众满意的显著成绩，极大地提升了老旧庭院的环境生活品质，有力地推动了人民的政治生活品质，城市的民主治理获得了市民的广泛参与和认同。①

　　（2）山东省乳山市"党内民主"改革（乳山模式）。

　　乳山市根据党的十六大和党的十七大精神，结合本地的实际情况，以发展党内民主为核心，带动了人民民主，通过创新民主形式，推进党内民

---

　　①　参见房宁、周少来《民主民生共促和谐发展的制度之路——杭州市"以民主村民生"战略的民主治理意义》，《政治学研究》2010年第5期。

主深化。

一是在创新组织制度中扩大民主。在市一级，从 2003 年 1 月开始进行党代会常任制试点，实行年会制，审议市委工作，实行代表任期制。在镇一级，2004 年 4 月在 3 个镇进行党代表直选镇党委领导班子试点，市委不提名候选人，由党代表直接差额选举镇党委书记、副书记和委员。在村一级，从 2000 年 7 月开始推行"两推直选"村党支部书记。

二是在拓宽直选范围中扩大民主。从 2008 年开始，进一步扩大基层党组织成员公推直选范围，党内民主向机关、企业、学校、医院、社会组织等延伸拓展。

三是在干部选拔任用中扩大民主。实行"定位公推"，公开考选，竞争上岗，并且实行全方位、多层次监督。并且最终带动了人民民主的发展。

（3）上海普陀区社区民间组织管理体制改革（长寿模式）。

长寿模式的核心是通过民间组织服务中心这一载体，建立政府与公民社会的伙伴关系。2002 年以来，上海市普陀区长寿路街道办事处建立了社区民间组织服务中心，这是全国第一家此类性质的组织。

社区民间组织服务中心的主要的目的是对民间组织提供帮扶和扶持，促进民间组织健康良性发展，探索出"管理寓于服务、服务渗透管理"的社区民间组织管理新体制。

长寿模式的最主要特点是建立社区民间组织服务中心，将"服务、协调、管理、预警"整合一体，促进社区内的社会民间组织发展，并且使之承担社会功能。将服务渗透于管理，将管理寓于服务中；转变政府职能与培育民间组织相辅相成；培育民间组织与社区建设、服务社区居民相联系；党的建设与民间组织管理相联系。① 这种模式是要建立一种以社会良性治理为目标的政府与公民社会的伙伴关系。

（4）山东青岛市多样化民考官改革（青岛模式）。

政府的绩效考核机制改革也是中国现阶段政治体制改革的重要的一部分，建立廉洁、高效和透明的政府是政治体制改革的目标之一。

建立一套有效的政府绩效考核机制，可以极大地促进中国的政治体制

---

① 参见周红云《政府与公民社会的伙伴关系——上海普陀区社区民间组织管理体制改革"长寿模式"案例分析》，《社团管理研究》2010 年第 8 期。

改革。山东省青岛市在政府考核中，推行多样化民考官，把行政体制改革从技术层面上升到了价值理念层面，是一场由技术化行政到民主化行政的改革。青岛模式是一种整体推进型绩效评估模式，指的是以"人民群众满意度"考核评价区市党委政府以及市直政府部门的工作绩效。传统的目标绩效考核只是对政府内部管理流程的评估，强调评估政府机构的执行力和效能。青岛模式强调的是人民群众的参与，以民意指标来量化并考核党委政府部门的工作绩效，提高绩效考核的导向性、真实性和权威性。这种模式注重"调查对象多元化、调查内容民本化、调查途径多样化"，确立绩效考核标准。"多样化民考官机制"的意义在于在行政程序中引入民主机制，以民主约束官员、通过公众参与优化政府流程、以民主促民生。[①]

（5）深圳市社会组织登记管理体制改革。

党的十七大要求建立"党委领导、政府负责、社会协同、公众参与的社会管理格局，健全基层社会管理体制"。传统的社会组织登记管理体制实质上是一种以限制和控制为主要取向的双重管理体制。[②] 深圳市深刻领会到党中央关于社会管理体制改革的精神，积极推动其辖区内的社会组织登记管理体制改革。从 2004 年起，深圳市通过三个"半步"，逐步探索社会组织由民政部门直接登记、规范管理、无业务主管单位的新体制。第一个"半步"，指的是 2004 年深圳市成立行业协会服务署，统一行使行业协会业务主管单位的职责，并积极推动与原业务主管单位脱钩。第二个"半步"，指的是 2006 年组建市民间组织管理局，在全国最早实现了行业协会由民间组织管理部门直接登记、无业务主管单位的新型管理体制。第三个"半步"，指的是 2008 年出台《关于进一步发展和规范我市社会组织的意见》，进一步扩大了直接登记、无业务主管单位的新体制适用的社会组织的类别。现在深圳市已经初步建立起了以直接登记、服务优先、综合监管为主要特征的社会组织登记管理新体制。[③]

中国的各级地方党政部门在政治体制改革与民主政治建设中发挥着大

---

① 参见陈雪莲《论从技术化行政到民主化行政——以青岛市"多样化民考官"机制的发展轨迹为个案》，《理论与改革》2011 年第 3 期。

② 参见俞可平等《中国公民社会的制度环境》，北京大学出版社 2006 年版。

③ 参见何增科《深圳市社会组织登记管理体制改革的案例研究》，《甘肃行政学院学报》2010 年第 4 期。

胆探索、先行先试的"第一线"创新作用，是最广泛、最生动的丰富民主形式的实践者。在各个地区和各个党政层级，都有众多的民主创新形式，丰富了广大人民民主参与和民主权利的制度机制，在地方的民主治理实践中发挥着重大的制度功能。这些丰富民主形式的创新实践活动，对于中国推进政治体制改革都是宝贵的试点探索经验。在政治体制改革和民主政治建设中，要充分发挥地方党委和政府的积极性和创造力，鼓励地方政府率先突破和大胆探索。中央政府要及时积极引导，并把各个地方的创新经验加以制度化推广，上下合力、共同创新，才能使中国特色民主实践更为深入和有效。

（二）路径特征

30多年的政治体制改革与民主政治建设的伟大进程，已经极大地推动和保证了中国现代化的全面进步，中国的政治文明和政治发展之路也已经初现形态。中国也已经从"国家社会一体化"结构，日益转型为一个蓬勃发展的开放多元社会。整个的政治体制改革与民主政治建设进程，呈现出明显的路径依赖和路径特征，这些路径特征也是中国政治发展和民主建设进程的民族特征和制度特征。

1. 服务于整个现代化的进程和主题，带有更多的阶段性和工具性特征

中国的政治体制改革和民主政治建设，其历史地位和历史逻辑，就是围绕和服务于以经济建设为中心的社会主义现代化建设，这就决定了政治体制改革要服务大局，要服务于整个现代化建设的进程和主题。政治体制改革和民主政治建设，其根本目的是发展经济和保障现代化建设，这是其工具性和依存性的体现。中国的改革开放是分阶段进行的，并且各个阶段具有不同阶段性目标，这就要根据社会的发展需求，实施不同的方针和政策，服务于和保障各个阶段经济发展和现代化进程的需要，政治改革和民主建设也就相应地显现出其阶段性特征。如政治体制改革与民主政治建设，在20世纪80年代主要是服务于对内搞活、对外开放，在20世纪90年代主要是服务于建立社会主义市场经济体制和建立社会主义法治国家，21世纪以来主要是服务于落实科学发展观和构建和谐社会。

2. 党政主导进程

在各级党政组织的主导和协调下进行，包括改革的目标、方案、步

骤、评估及修订等。中国是共产党执政的人民共和国，党处于政治体系的核心位置，也是政治权力的核心组织。中国的各项经济、政治、社会和文化工作都是在党的统一领导下，发挥其他组织和个人的积极性进行的。在政治体制改革和民主政治建设中，中国共产党始终发挥着统领全局、协调各方的主导型和决定性作用。因此，中国的政治体制改革，不但在"顶层设计"中，而且在各个层级的党政创新中，在广大的基层民主自治中，都是在党组织的领导下进行的，并且党主导着政治体制改革的每一进程和步骤。党政主导，保证了中国的政治改革和民主发展，不走僵化封闭的老路，不走改旗易帜的邪路，坚定地坚持党的领导、人民当家做主和依法治国的有机统一，走出一条中国特色的政治发展和民主建设之路。

3. 有序渐进推进

以政治稳定和社会有序为根本限定，分阶段、分步骤渐进推进政治改革和民主建设，坚强地保证了经济建设和现代化发展所必需的政治控制和发展秩序，这是中国政治发展和改革进程的最重要特征之一。一般的政治改革可以根据改革的剧烈程度，分为渐进式改革和激进式改革。中国的政治体制改革有良好的改革基础，有强大有力的中国共产党的领导和积极稳妥的方针，这就客观上避免了激进式改革的发生。有序渐进的政治体制改革和民主政治建设，可以把改革的成本、冲击等不利方面降到最小的程度，最大限度地争取社会共识和民众认同。渐进式的有序改革，要在战略规划下，保证政治稳定和社会有序，要分阶段和分步骤地推进改革路线图。但也要清楚地认识到，渐进式的改革不能成为不改革，甚至反改革的的挡箭牌，需要以更大的政治智慧和政治勇气坚定地推进政治改革和民主建设。

4. 行政政策取向

以行政改革和政策调整为主轴，及时针对改革中出现的各种问题，以行政改革和政策调整作为应对之策，作为政治体制改革和民主政治建设的主要行为取向。在改革开放30年的社会主义现代化建设进程中，中国共产党在总结国际和国内改革模式和路径基本经验和教训中，依靠其强大的执政能力和路径特征，逐渐摸索出一种"行政政策取向型"的改革路径和治理模式。在这种行为取向指导下，中央根据社会发展现实和趋势，及时制定短期的各种政策来主导社会经济和社会发展，待政策运行一段时间成熟和稳定以后，在总结政策经验和制度意义的基础上，再通过立法的方式把"政策法律化"[①]。以这种适应性政策有效法制化的方式，为经济发展和现代化建设提供可靠的法治化制度保障。行政政策取向可以避免政治基本架构突变带来的剧烈动荡，降低改革的政治和社会成本，保证改革在积极稳妥的适应性政策"试错"实践中，可以反复试点和及时调整。行政政策取向可以通过及时短期政策的小的改变，从而避免长期战略大的错误的出现，保证了改革具有一种相对简便快捷的"纠错机制"。政治改革的行政政策取向，可以保证政治改革始终处于中国共产党的有序主导和控制之中，确保政治改革的方向是社会主义政治文明。

四 政治体制改革与民主政治建设的未来趋向和路径突破

面对未来，政治体制改革与民主政治建设将继续服务于社会主义现代化建设的根本大局，将继续遵循完善民主制度、丰富民主形式的制度逻辑，在党政主导和有序渐进的政治发展道路上深化发展。

2012 年年底召开的党的十八大，在当代中国的政治发展历程中具有重大的承前启后的意义，党的十八大报告高扬人民民主的光辉旗帜，坚持走中国特色社会主义政治发展之路，为未来五年的政治改革与民主建设提供原则纲领和行动指导。

（一）未来趋向：中国特色的民主之路

中国是中国共产党领导的人民民主专政的社会主义国家，是一个拥有十三亿人口的正在快速现代化的大国，是一个有五千年文明的东方国家。全面建成小康社会、实现社会主义现代化和中华民族的伟大复兴，依然是当前首要的第一任务。经过三十多年的艰难探索，中国已经走上了一条中国特色的社会主义政治发展之路。中国政治发展之路的未来目标，即中国特色的社会主义民主。这就决定中国的政治体制改革的未来趋向是中国特色的民主之路和社会主义法治国家。

---

① 史卫民：《"政策主导型"的渐进式改革——改革开放以来中国政治发展的因素分析》，中国社会科学出版社 2011 年版，第 647、673 页。

1. 人民民主——中国的特色民主之路

党的十八大报告高度强调：人民民主是我们党始终高扬的光辉旗帜，继续强调人民民主是社会主义的生命，并提出为实现最广泛的人民民主继续努力。

中国是人民民主专政的社会主义国家，这就要求中国的民主之路必须是"人民民主"。人民民主必然要求人民的主体性。也就是这个制度是以人民为核心，是要保证人民的权利，是要维护人民的利益的。人民民主同时要求中国共产党的领导地位。中国共产党是中国人民的先锋队，是领导我们进行社会主义现代化建设的核心，没有共产党的领导，就不会有人民当家做主，就不会有人民民主。人民民主必然要求人民当家做主。人民当家做主的根本制度形式就是人民代表大会，要真正地使人民代表大会成为国家的权力机关，真正地使人民行使国家主人的权利。人民民主还必须同时继续扩大基层人民直接的民主参与，保障基层人民民主自治的有效性和品质提高。

2. 依法治国——社会主义法治国家

党的十八大报告继续强调全面推进依法治国，继续推进科学立法、严格执法、公正司法、全民守法，并首次提出"提高领导干部运用法治思维和法治方式深化改革、推动发展、化解矛盾、维护稳定能力"①。重申党领导人民制定宪法和法律，党必须在宪法和法律范围内活动。任何组织或者个人都不得有超越宪法和法律的特权，绝不允许以言代法、以权压法、徇私枉法。

依法治国是社会主义民主政治的基本要求，这就要求全面落实依法治国基本方略，加快建设社会主义法治国家。这就要求中国的民主建设也应当是"法治型民主"。法治型民主必然要求宪法和法律的首要地位。要求社会主义政治体制改革是要符合宪法和法律的，是要保障宪法和法律的实施。法治型民主必然要求保障人权。在法治国家中，国家必须保障和发展人权，促进人民的政治、经济和社会的权利不断提高，保证人民的政治自由。法治型民主必然要求保护少数。法治要求在法律面前人人平等，法律要对每个人实施平等的保护。通过社会主义法治国家的建设，不断提高社

---

① 胡锦涛：《坚定不移沿着中国特色社会主义道路前进　为全面建成小康社会而奋斗——在中国共产党第十八次全国代表大会上的报告》，人民出版社 2012 年版，第 28 页。

会主义民主的制度化和法治化水平。

（二）路径突破

根据党的十八大报告的战略性规划和原则，在政治体制改革与民主政治建设方面，未来五年能在以下方面加大改革的力度，实现政治体制改革的路径突破。

1. 继续深化党内民主制度

党的十八大报告强调，积极发展党内民主，增强党的创造活力。要坚持民主集中制，健全党内民主制度体系，以党内民主带动人民民主。保障党员主体地位，健全党员民主权利保障制度。如在落实党员知情权、参与权、选举权、监督权方面实现突破。在落实和完善党的代表大会代表任期制、试行乡镇党代会年会制、深化县（市、区）党代会常任制试点、实行党代会代表提案制等方面实现突破。①

党内民主是党的生命，这既是一种原则，又是一种作风，还是一种制度。如果从党内民主强调的"党员的主体性"来说，党内民主指的是每个党员在党内都有平等的权利参与、决定和处理党内事物的一种原则。这种原则体现在制度上就是党内选举制度、党内监督制度、党内决策制度和党务透明公开制度。

党内民主就是要完善党员的主体地位和民主权利，完善党的代表大会制度和党内的选举制度，完善党内的民主决策制度。这就要求党的各级领导机关要根据党员意志差额选举出来，不称职的可以随时罢免；党的各级代表大会和委员会必须按时举行，不得随意推迟；党的会议上必须平等地讨论，平等地进行表决；各级党委必须向各级党的代表大会汇报工作，接受党员的监督。②

党内民主可以作为政治体制改革的路径突破，从而实现从党内民主到人民民主的制度突破。但是党内民主不会天然地向人民民主转变，党内民主只是社会主义民主的一个领域，并不能包括和代替人民民主，并且党内民主与人民民主是两种不同的民主。党内民主要求公开性和竞争性，人民

---

① 参见胡锦涛《坚定不移沿着中国特色社会主义道路前进　为全面建成小康社会而奋斗——在中国共产党第十八次全国代表大会上的报告》，人民出版社2012年版，第51—52页。
② 参见高放《中国政治体制改革的心声》，重庆出版社2006年版，第181页。

民主也要借用公开性和竞争性的原则。关键是实现从党内民主到人民民主的制度关联和制度突破。

2. 不断落实人民代表大会制度

党的十八大报告再次重申：人民代表大会制度是保证人民当家做主的根本政治制度，要支持和保证人民通过人民代表大会行使国家权力。要善于使党的主张通过法定程序成为国家意志，支持人大及其常委会充分发挥国家权力机关作用，依法行使立法、监督、决定、任免等职权，加强立法工作组织协调，加强对"一府两院"的监督，加强对政府全口径预算决算的审查和监督。[①] 在人大设立代表联络机构，完善代表联系群众制度。

人民代表大会本身就体现着人民民主，但是必须要从这种"体现"过渡到现实的民主制度设置和运行。这就要求，根据宪法和法律以及中国的社会现实，进一步完善和落实人民代表大会制度，其核心问题是保证人民代表大会能够真正代表人民的意志和利益。

完善人民代表大会要做到如下几点：第一，要求确保选举出真正代表人民利益、为人民说话办事的人大代表，剔除那些不为人民利益奔走呐喊的人。第二，要求建立人大代表的监督机制，确保人大代表可以监督到政府机关和法院检察院的工作，更为重要的是要确保监督最终落到实处，监督要落实到个人，要有人负责任。第三，各级人大常委会是人民代表大会的常设机关，常委工作的好坏，也可以说就是人大工作的好坏，要保证常委会的工作，使常委专门化和常任化。

3. 健全社会主义协商民主制度

党的十八大报告指出：社会主义协商民主是中国人民民主的重要形式。要完善协商民主制度和工作机制，推进协商民主广泛、多层、制度化发展。通过国家政权机关、政协组织、党派团体等渠道，就经济社会发展重大问题和涉及群众切身利益的实际问题广泛协商。加强同民主党派的政治协商。把政治协商纳入决策程序，坚持协商于决策之前和决策之中，增强民主协商时效性。深入进行专题协商、对口协商、界别协商、提案办理协商。积极开展基层民主协商。[②] 这是第一次把"社会主义协商民主"提

---

① 参见胡锦涛《坚定不移沿着中国特色社会主义道路前进　为全面建成小康社会而奋斗——在中国共产党第十八次全国代表大会上的报告》，人民出版社2012年版，第26页。

② 同上书，第26—27页。

到新的高度，赋予其与以人民代表大会制度为载体的"社会主义代议民主"同等的地位。同时对协商民主的制度载体、协商领域和层级、协商的类型都做了明确的规范。"健全社会主义协商民主制度"将成为未来地方民主创新的重要领域和制度创新途径。

现阶段，中国的社会主义现代化建设取得了辉煌的成就，面对人民群众的参与政治、参与公共事务、保障自己合法权益的民主意愿，只有鼓励各种形式的协商民主和地方民主创新，才能满足不断增加的人民群众的民主需求。

鼓励各种形式的协商民主和地方民主创新，首先，中央要明确态度，要大力支持地方的民主创新和民主探索，中央要敢于开口子，敢于放权，要对地方优秀的创新成果加以制度化推广。其次，地方要解放思想，抓住机遇，认清自己的创新方面和领域，因地制宜，大胆改革。最后，学术界和理论界要为各种形式的协商民主和地方民主创新提供智力支持，要从理论上论证地方协商民主创新的可行性，要为地方民主创新出谋划策，促进社会主义民主政治建设稳步前进。

五　结语

党的十八大明确提出，坚持走中国特色社会主义政治发展道路，要求继续积极稳妥推进政治体制改革，积极推进更加广泛、更加充分、更加健全的人民民主。坚持党的领导、人民当家做主、依法治国有机统一，以保障人民当家做主为根本，以增强党和国家活力、调动人民积极性为目标，扩大社会主义民主，加快建设社会主义法治国家。要更加注重改进党的领导方式和执政方式，保证党领导人民有效治理国家；更加注重健全民主制度、丰富民主形式；更加注重发挥法治在国家治理和社会管理中的重要作用，维护国家法制统一、尊严、权威，保证人民依法享有广泛权利和自由。[①] 这些都是未来 5 年中国政治体制改革与民主政治建设的根本原则和行动指南，必将推动中国的民主发展迈上一个新的历史阶段。

总结当代中国 30 多年来政治发展和民主建设的制度之路，可以使我

---

① 参见胡锦涛《坚定不移沿着中国特色社会主义道路前进　为全面建成小康社会而奋斗——在中国共产党第十八次全国代表大会上的报告》，人民出版社 2012 年版，第 25 页。

们更深刻地认识到，中国民主发展不是"一无是处"，更不是"无从谈起"，除非发生"革命"，另起炉灶，否则就必须在现有的基本制度空间中开拓和拓展。中国民主发展也不是"另类最好"，更不是"无须改善"，否则人类政治文明就无须吸收，中国政治文明也就无须进步。①

　　在不断推进当代中国社会主义现代化进程的伟大实践中，进一步拓展政治文明和政治发展的内涵、丰富人民民主的实质、提升人民民主的品质，必将开拓未来中国政治改革与民主发展的制度空间和解释空间。

---

　　①　周少来：《当代中国民主建设的历史逻辑与制度空间》，《中国社会科学报》2012 年 10 月 12 日。

中国语境下的政治参与与民主治理

引 言

只有参与，才有民主；没有参与，就没有民主。

公民参与的多少决定着民主的多少，不论就民主的哪种意义而言可能都是如此。直接民主，公民直接参与；间接民主，公民选举代议人士代为参与。

在选举、决策、协商、监督等各个政治过程中，公民是否平等地参与其中？公民参与的广度和深度，决定着民主的真伪和品质。参与为零，即民主为零；虚假的参与，即虚假的民主；"半拉子"参与，即"半拉子"民主。只有真实的参与，才能成就真实的民主。

譬如，管理你的官员，你是否参与了选举？影响你的决策，你是否参与了制定？每个公民自身最有发言权，这在日常的政治生活中自有切身感受，一生没有参与一次投票过程、一生没有参与一次决策过程的人，所谓的"民主"，对他可能毫无意义，对他也是莫大的讽刺。

没有公民的真实参与，所谓的"代表型民主"，也许可以称为"代主"，最多也只能是"代民做主"，是自己没选的"主子"为你"做主"。

没有公民的持续参与，所谓的"代议型民主"，也许可以称为"选主"，是自己选出"主子"为你"做主"。

行动最有说服力，没有公民参与的行动，哪里来的公民的"民主"？参与政治生活的民主，才是行动中的民主，才是最真切的民主。

国家作为人民的国家，当然必须人民来参与，只有人民参与的国家，才是民主的国家，只有人民参与的国家治理，才是现代民主的国家治理。

奠基于公民权利平等和参与机会平等，现代政治是一种典型的参与性政治，公民的广泛参与及其与国家的互动合作，型构了现代社会的民主治理和生活样态。

处于急剧现代化转型之中的当代中国，改革开放释放出来的权利意识和利益诉求，强大而急切地推动着各个层次、各个领域公民的广泛政治参与，在此过程中，党和政府的自觉引导和主动合作有效推动了中国特色的政治参与和民主治理，建构着中国现代化持续推进的制度基础和制度保证。

本文正是从现代化背景下政治参与与民主治理的视角切入，系统分析和梳理了当代中国语境中如下具体问题：何谓政治参与？为何需要政治参与？需要什么样的政治参与？如何实现政治参与？政治参与中的平衡性及其非平衡性问题，有效政治参与推进民主治理。以期对认识和建构当代中国的政治参与和民主治理制度体系能够有所启发和推动。

一　何谓"政治参与"？

政治参与，是现代政治学中经常使用的概念，用以描述国家政治生活和政权开放进程中公民进入和影响政治生活的活动和过程。因为，传统社会是不允许参与的社会，而现代社会是允许参与的社会。[①] 政治参与是随着西方现代化进程中民主扩展和演进的过程，而不断凸显和扩大的，其界定是有着西方现代化的社会背景和政治内涵的。有些政治学者甚至指出，19 世纪末叶以降的欧洲政治史，本质上就是一部"政治参与渠道"的扩展史，按照他们的见解，西方民主政治的演化实际上是因循两种方式推进的，一是"政治参与之权利项目"的逐渐增加，例如选举权、请愿权、诉愿权、结社权等权利逐一添增；二是分享"政治参与权利之人数"的逐渐增多，例如选举权的历史，便是渐渐取消经济条件、教育程度、种族及性别等限制，从而使得享有选举权的人数逐步增多，终至成为全体公民共享权利的一个过程。[②]

因此，政治参与的概念和理论，虽是形成于 20 世纪六七十年代政治发展理论勃兴之时，也是为了描述第二次世界大战以后广大第三世界国家

① 参见 ［美］格林斯坦、波尔斯比编《政治学手册精选》下卷，储复耕译，商务印书馆1996 年版，第 189 页。
② 参见郭秋水《当代三大民主理论》，新星出版社 2006 年版，第 131—132 页。

的政治发展状况的，但其内在的实质和标准却和西方现代化及民主化的历史内涵紧密相关。但在当代中国的政治环境和政治发展现实中，有一个本土化转化和界定的问题。

（一）西方学者对政治参与的经典定义

诺曼·H. 尼和西德尼·伏巴认为："就政治参与这个术语来说，我们指的是平民或多或少以影响政府人员的选择及（或）他们采取的行动为直接目的而进行的合法活动。"即"旨在影响政府决策的行为"。[①] 在此定义中，他们排除了非暴力反抗及政治暴力、政变，以及巩固政府的行为和政府所动员的政治行为，核心特征限定为平民的合法参与行为。

而巴恩斯和凯思在其政治著作《政治行为：五个西方民主国家的群众参与》中，则把政治参与界定为："政治参与是在政治的各个层次中意图影响政治抉择的公民的一切自愿活动，它也包括抗议和暴力行为。"[②] 此政治参与定义的核心特征，包括了合法参与和非法的暴力抗议，但强调自愿性参与而排除了非自愿性的动员性参与。

《国际社会科学百科全书》第十二卷中对政治参与的定义为："政治参与是指社会成员在选择统治者，直接或间接在形成公共政策过程中所分享的那些自愿活动。"[③] 同样强调的是政治参与的自愿性。

塞缪尔·亨廷顿和琼·纳尔逊在其著作《难以抉择——发展中国家的政治参与》中，则系统分析了政治参与的界定："我们把政治定义为平民试图影响政府决策的活动。"[④] 这一核心定义的关键要点如下。

第一，政治参与包括活动而不包括态度，由此把客观的政治活动和主观的政治态度区别开来。

第二，政治参与是指平民的政治活动，由此把政治参与者和政治职业者区别开来。

第三，政治参与是指试图影响政府决策的活动，这类活动的目标指向

---

① ［美］格林斯坦、波尔斯比编：《政治学手册精选》下卷，储复耕译，商务印书馆1996年版，第290页。

② 转引自帕特里·J. 孔奇《政治参与概念如何形成定义》，《国外政治学》1989年第4期。

③ 转引自李铁映主编《中国人文社会科学前沿报告》（2010年卷），中国社会科学出版社2003年版，第358页。

④ ［美］塞缪尔·亨廷顿、琼·纳尔逊：《难以抉择——发展中国家的政治参与》，汪晓寿等译，华夏出版社1989年版，第5—7页。

公共当局，由此把针对政府的公共活动和针对企业或社会的公共活动区别开来，也即把政治参与和经济参与、社会参与区别开来。

第四，政治参与包括试图影响政府的所有活动，而不管这些活动是否产生实际效果和是否合法。因此，抗议、暴乱、示威游行甚至那些企图影响公共当局的叛乱行为，都属于政治参与活动。

最后，政治参与，不仅包括行动者本人自发的影响政府决策的自动参与活动，也包括行动者受他人策动而发生的动员参与活动。因为自动参与和动员参与在实际行为中的界限难以区分，二者也随着时间和空间的变化而相互转化。

（二）　中国学者对政治参与的主要定义

塞缪尔·亨廷顿和琼·纳尔逊可以说给出了政治参与的核心界定和关键区别，但在中国的现代化和民主发展的语境中，政治参与还是有一个参照中国政治发展现实的本土化定义问题，中国学者对政治参与的主要定义如下。

李景鹏较早给出政治参与的明确界定："一般认为政治参与是指人民通过投票、组党、加入政治团体等活动来直接或间接影响决策的行为。或者也可以说，人民通过参加政治生活，以各种不同方式影响不同层次的政治决策的行为。"① 他还最早揭示政治参与的实质是相对于政治管理自上而下的权力支配的一种反向的政治支配，是一种自下而上或从外部向中心的权力运动，是人民将权利要求转化为权力运作的过程；并明确指出，民主制度是政治参与的前提，为政治参与提供一定的政治环境、政治原则、政治权利和参与方式，没有民主制度的存在与发展，政治参与也就无法顺利实现。

《中国大百科全书·政治学》中对政治参与的定义是："公民自愿地通过各种合法方式参与政治生活的行为。它反映了公民在政治系统中政治活动的地位、作用和选择范围。"该定义强调了公民参与的主体性、自愿性和选择性。②

王浦劬则给出较为详尽的定义："政治参与是普通公民通过各种合法

① 李景鹏：《权力政治学》，北京大学出版社 2008 年版，第 128—130 页。
② 《中国大百科全书·政治学》，中国大百科全书出版社 1992 年版，第 485 页。

方式参加政治生活，并影响政治体系的构成、运行方式、运行规则和政策过程的行为。"① 该定义强调的是政治参与的合法方式和对整个政治体系和活动的影响。

（三）本文对政治参与的定义

基于当代中国现代化的展开进程，结合中国政党主导型的现代化实际，依据政党主导的中国政治制度和民主发展架构，参照中国党政系统的层级多重性和政治参与的多样性，具有中国特征的政治参与可以定义为：政治参与是指普通公民通过公民个体或公民群体和组织，以合法方式试图影响各个层级党政系统的制度构建、主体构成、体系运转、政策决策以及政府性工程，以实现其权利和利益的各种活动和行为。这一定义的核心特征有以下要点。

第一，从政治参与的主体上来看，包括以普通公民身份进行的各种个体性和群体性影响活动，不包括体制内的政治职业者以职业身份进行的政治活动和过程，但政治职业者以普通公民身份参加的政治性活动包括在内。

第二，从政治参与的对象来看，由于中国共产党在中国政治制度和政治发展中的特殊地位，党的各级组织具有政治性的公权力，因此，不仅针对政府的影响活动，针对各个层级党的组织的影响活动也属于政治参与。

第三，从政治参与的方式来看，以宪法和法律规定的各种合法方式进行的影响活动都属于政治参与，如听证、集会、游行、示威、上访等合法活动，但不包括以非法暴力方式和恐怖活动试图影响政治运作的行为。

第四，从政治参与的内容来看，不仅针对各级党政系统的政策的决策和执行，而且针对各级党政系统的设置、构成、运行的影响活动如人民群众针对地方党政系统的机构改革、干部选任、绩效评估以及党政主办的各种公益工程和民生工程的各种参与活动，也属于政治参与。

第五，从政治参与的实质来看，是普通公民以合法的权利为依据，以实现其利益为核心的影响活动，是公民将其合法权利转化为影响党政系统运作的权力的政治支配行为，是人民主权和人民主体性的体现和实现方式。

---

① 王浦劬：《政治学基础》，北京大学出版社 1995 年版，第 207 页。

以上的定义也许不够简明，但它的确较好地适应了中国特色的政治发展现实，可应用于广阔地域和多重层级中各种党政系统中发生的政治参与实践。

二　为何需要政治参与?

从发生学过程来看，政治参与是伴随着近代以来现代化推进和民主化演进而逐步扩展和深化的。因为在传统社会，政府和政治通常只与少数精英有关，随着市民社会的壮大和公民权利的扩张，公民及其组织要求参与政治进程的诉求不断高涨，近代国家的制度建构和运作活动也在不断地改良和改革的推动下，适应社会的参与要求，调整政治运作的方式和机制，开拓政治参与的渠道，国家与社会共同推动了现代民主体系的进步。因此，从长远来看，社会和经济的现代化导致了政治参与的扩大，"政治参与扩大是政治现代化的标志"。[①] 这是从宏观意义上来说的，政治参与的扩大适应了社会现代化的要求，推动了民主政治和民主生活的发展，同时，政治参与和民主体系保证了现代化进程的持续推进和水平提升。

从具体的政治参与实践来看，"民主即民治。民治是一种人民自治的制度"，[②] 民主即意味着人民直接或间接地参与政治活动，参与即民主的基础，政治参与的扩展也就是民主政治的扩展，政治参与的水平也就代表着民主发展的水平。也是从这种意义上来说，政治参与以民主制度的开启为前提，政治参与是现代民主体系的过程和体现。

从政治参与的公共效益来看，可以从工具性价值、发展性价值和沟通性价值三个方面来说明。工具性价值是指政治参与的目的是促进和捍卫参与者的利益，参与是以权利为根据，以利益为核心，人们是否参与将取决于对预期收益及成本的估判，取决于对自己实现目标的力量的评价。发展性价值或教育性价值，是指参与能够增进和提高参与者的道德、社会和政治方面的觉悟和责任，有利于公民人格和公民文化的培育和发展，也即参与与民主互为滋养。沟通性价值是指参与的广泛和有效，有利于公民与政

---

① ［美］塞缪尔·亨廷顿、琼·纳尔逊:《难以抉择——发展中国家的政治参与》，汪晓寿等译，华夏出版社1989年版，第1页。

② ［美］科恩:《论民主》，聂崇信、朱秀贤译，商务印书馆1988年版，第6页。

府、公民与公民平等的对话、沟通和协商，有利于公共利益的界定和实现。①

　　回到现实的中国现代化和政治发展的国情和语境，为何需要政治参与，可以从以下几个方面来理解。

　　第一，政治参与是经济和社会现代化发展的必然要求。中国的现代化进程是政治与经济、社会互动共进的过程，适应现代化发展趋势的政治路线和政治改革的启动，推动了经济和社会现代化的快速提升。广大人民在积极投入经济建设和社会发展的同时，人民的主体意识、权利意识和利益诉求不断增强，必然要求对政治事务和国家活动的介入和参与。执政党和政府主导的有序扩大公民政治参与，正是适应了经济和社会现代化发展的客观要求和趋势，同时也为经济和社会现代化的进一步发展奠定了政治基础和保证。

　　第二，政治参与是政治现代化的内在规定。中国的现代化是全面发展的现代化，理应包括政治的现代化，而政治参与是政治现代化的标志和基础性工程。有序合法地扩大政治参与，不仅体现着立党为公、执政为民的政治理念，落实着人民民主的本质要求，也不断扩大和充实着执政党和国家的民众基础。政治参与的水平和质量，也表明了政治现代化和民主成熟的水平和质量。

　　第三，政治参与是保障人民主体地位和公民权利的有效方式。人民的主体地位和主权在民，不仅体现在经济、社会生活中，也应体现在政治、法律、文化生活中，政治参与是政治领域人民主权和公民权利的落实和实现，也是其经济、社会权利在政治生活中的延伸和扩展，政治参与是公民权利的制度化实现方式。

　　第四，政治参与是化解人民利益矛盾的重要途径。中国工业化和城市化的急剧扩展和深化，在市场经济的基础上，人民内部在根本利益一致的基础上，也出现了大量的具体利益上的纠纷和矛盾。这就要求有政治性和公共性化解的制度化机制，有序的政治参与，人民群众在平等参与和平等表达的基础上，通过与党政部门以及人民之间的平等对话和协商，有利于充分的利益表达和利益整合，有利于公共利益和人民利益的最大实现，是

---

　　① 参见［英］戴维·米勒、韦农·波格丹诺编《布莱克维尔政治学百科全书》，邓正来译，中国政法大学出版社 1992 年版，第 564 页。

一种制度化的化解人民内部利益矛头的途径，有利于人民的满意与和谐社会的构建。

第五，政治参与是实现民主治理的要素和动力。规模庞大、结构复杂和利益多样的中国现代化进程，急需政治管理和社会管理方式的调整和转变。从高度统一、集中管制的统治方式，转变到党政主导、社会协调、公民参与的民主治理方式，决定着未来中国现代化的质量和和谐社会的程度。而广大人民有序的政治参与，既是党政系统民主治理的重要组成要素，也是推进其民主治理的制度构建和水平提升的强大动力，有利于党政系统的民主运作、正确决策和高效执行。

三　需要什么样的政治参与？

建基于个人本位和自由民主之上的西方政治参与的理论和实践，强调和推崇的政治参与，是以自由平等的公民权利为依据，平等参与、理性对话、共同协商的参与，是以保障和实现个人权利和个人利益最大化为宗旨的。正如麦克弗森所倡导的那样："公民只有直接不断参与社会和国家的管理，自由和个人发展才能充分实现。"[1] 政治参与理论也因此认为，政治系统的民主化程度越高，为公民提供的参与形式和途径就越多。政治参与是民主发展的基础和标志。

对于作为最大发展中国家的中国来说，我们需要什么样的政治参与，这自然取决于中国现代化的进程和阶段特征，取决于中国政治制度的架构和政治发展的实践。实现全面的现代化，是目前中国压倒一切的首要任务，政治发展必须围绕和服务于这一大局和中心。共产党领导的政治体系和民主制度为政治参与设定和提供了制度空间和制度机制。中国的政治参与必须适应中国全面现代化发展的现实需要，必须适应人民政治参与积极性不断提高的要求，坚持国家一切权力属于人民的根本原则，从各个层次、各个领域扩大公民有序政治参与，最广泛地动员和组织人民依法管理国家事务和政治事务。具体来说，中国需要的是如下的政治参与。

第一，依法参与。对于处于发展黄金期和矛盾凸显期的中国社会来说，

---

① ［英］戴维·赫尔德：《民主的模式》，燕继荣等译，中央编译出版社1998年版，第336页。

保持长久的和谐稳定是一切发展的前提和基础。政治参与同样必须有利于稳定和发展，这就要求依法参与，一是参与的权利必须有宪法和法律的依据，暴力性的非法抗议和恐怖活动要严加禁止，这就要求推进落实宪法和法律赋予的公民权利和政治权利；二是参与的过程必须有法定的制度和机制，要有法制化的参与途径和渠道。依法参与，既是政治生活和社会生活法治化的组成和要求，也是中国民主成长的有效生成路径和重要构件。

第二，有序参与。民主政治和传统政治区别的一个主要点在于，普通民众和公民对政治过程介入和参与的有序性。越是民主成熟和巩固的政治体系，政治参与的有序化程度越高。有序参与，一是要求依法参与，要求参与的法制化程度提高；二是要求制度化参与，要求参与过程的程序化、稳定化；三是组织化参与，政治组织和公民组织能够有效聚集和整合公民的参与要求和利益诉求，能够把纷繁多样、差异冲突的意见和主张在组织内部加以协调、集中和统一，并通过组织化的渠道和机制输入政治体系之中。组织化参与能够减少和集中参与方的数量，加强和提升参与方的质量，消减和限制无序参与。同时，组织化参与也能增强公民个体的参与效能感和参与的整体有效性，有利于加强对参与过程和政治体系的监督。

第三，平等参与。公民政治参与的有序性，首先要求参与的平等性，即各个公民、群体、组织和阶层都有平等的政治参与权利和参与机会。绝不能根据某个阶层的社会地位或经济地位来确定其政治参与的重要性，更不能因为该社会阶层的社会地位或经济地位而为其提供特殊的政治参与权。市场经济机制的运行，必然导致社会阶层之间的经济不平等，但这种不平等导致的对社会公正和秩序的负效应，应当由政治民主来调整，应当由公民平等的政治参与、民主协商来矫正。① 这也同时要求，主导政治参与的党政系统应该依据法治程序来平等对待和保证各个阶层公民的平等参与权利和平等参与机会。

第四，自主参与。政治参与是在市场经济的基础上、民主政治的架构下产生的现代政治现象，是基于公民的法定权利依据，为保障公民权利和利益而自主、自愿产生的政治行为。自主参与区别于动员参与，动员参与往往是依赖于自上而下的权力系统来发动和组织，普通公民往往被动消极

---

① 参见郭道晖《社会权力与公民社会》，凤凰出版传媒集团、译林出版社 2009 年版，第331 页。

的加入，目的也是围绕与个人利益遥远的政治目标和政治运动而进行的。自主参与是围绕公民的个人权利和利益，但并不意味着无视和拒绝公共利益和国家利益，而是在保证和促进公共利益和国家利益的基础上，落实和实现个人的权利和利益，是集体利益和个体利益的共赢和统一。

第五，合作参与。中国的党政主导的现代化进程，同样决定了中国式政治参与的党政主导特征。在当代中国，政党、国家与社会是一种在根本利益和长远目标一致基础上的互动合作关系。政治参与取决于执政党和政府对人民参与要求的有效回应，并及时开拓参与的制度和渠道，鼓励各个层级吸纳政治参与的民主制度创新；另外，公民个体和公民组织应当认同和支持党和国家的法律、政策，在保障国家利益的基础上，合理、依法、有序地进行参与，并不断积极地保持与党政系统的沟通和合作。中国式政治参与的发展程度，最终取决于党政系统与参与各方互动合作、协商共进的程度。

四　如何实现政治参与？

再好的理念和理想，要发生作用和实效，就必须有切实可行的实现形式和落实机制，政治参与的理念同样如此，这就涉及如何实现政治参与的实现机制和形式问题。

实行资本主义自由民主体制的国家，其政治参与的形式是在民主宪政的政治架构下，在自由竞争性选举制度、多党竞争制度、普选议会制度和组党结社自由、利益集团压力等制度空间中进行的参与。其形式主要有以下几种。

塞缪尔·亨廷顿和琼·纳尔逊把政治参与划分为选举活动、院外活动、组织活动、接触参与、暴力参与五种形式。①

阿尔蒙德则从利益集团的视角把政治参与形式分为非正规的、非社团性的、机构性的、社团性的。然后，又可根据利益集团参与政治的渠道分为两种：其一是合法的接近渠道，如个人联系、精英人物代理、政党、立法机构、内阁和政府行政机构、抗议示威和其他非暴力抗议；其二是强制

① 参见［美］塞缪尔·亨廷顿、琼·纳尔逊《难以抉择——发展中国家的政治参与》，汪晓寿等译，华夏出版社1989年版，第13—14页。

性的接近渠道，如罢工和阻挠、暴力。①

　　约翰·克莱顿·托马斯在《公共决策中的公民参与》研究中，从公民对公共政策的可接受性视角，将公民参与划分为以获得公民信息为目标的公民参与、以强化公民对政策理解的公民参与、以促进公民与公共管理机构合作关系的公民参与。②

　　由于政治原则和制度架构的不同，资本主义国家的政治参与形式并不能完全适应当代中国。中国的政治参与形式，是在中国特色社会主义的民主体制下，基于共产党领导、人民当家做主和依法治国有机统一的政治原则，在共产党领导的多党合作制度、人民代表大会制度、民族区域自治制度和基层民主自治制度的制度空间中进行的政治参与。其实现形式和机制主要有以下几种。③

　　第一，选举参与。中国公民的选举参与，主要涉及县、乡两级人民代表的直接选举，以及村民委员会、居民委员会的直接选举。其中，村民委员会选举的选民参与水平最高，人民代表选举次之，社区居民委员会选举的居民参与水平最低。

　　第二，接触参与。中国公民的接触参与大致可通过 13 种参与渠道：接触上级领导，单位内部解决，接触人大代表，接触政协委员，依靠人民团体，依靠民间组织，依靠熟人网络，依靠法律途径，上访，向媒体反映，游行等抗争，罢工罢课，暴力抗争。这 13 种接触参与方式又可分为四个层级：第一个层级是单位内部解决方式，是民众最可能采取的方式；第二个层级是依靠法律途径，是民众较可能采取的方式；第三个层级是接触上级领导、接触人大代表、上访 3 种，是民众可能采取的方式；第四个层级是接触政协委员、依靠人民团体、依靠民间组织、依靠熟人网络、向媒体反映、游行等抗争、罢工罢课、暴力抗争 8 种方式，基本上是民众较少采取的方式。

　　第三，政策参与，即公民和公民组织在政策制定和执行过程中的参

---

　　① 参见［美］加布里埃尔·阿尔蒙德、小 G. 宾厄姆·鲍威尔《比较政治学——体系、过程和政策》，曹沛霖、郑世平、公婷等译，上海译文出版社 1987 年版，第 199 页。

　　② 参见［美］约翰·克莱顿·托马斯《公共决策中的公民参与》，孙柏瑛等译，中国人民大学出版社 2010 年版，译者前言，第 3 页。

　　③ 参见史卫民主编《政策主导型的渐进式改革——中国政治发展的因素分析》，内部课题报告，第 52—55 页。

与。根据调查，中国公民的政策参与意愿还不是很强，至少有50%的人缺少自主参与的意识。参与状况尤其是网络的政策参与并不是很理想，只有1/3的人有可能参与政策讨论。政策参与的满意度不高。

第四，组织型参与是除了各级人代表、政协委员参与外的其他组织参与。包括中共党员的政治参与、村民自治中的村民参与、城市社区居民自治中的居民参与、基层工会组织中的工人参与、基层妇女组织中的妇女参与。

第五，参与冷漠，即政治参与行为的缺乏，中国民众在参与冷漠方面的表现并不是很突出，主要表现在几个方面：对选举的冷漠、对领导人更换的冷漠、对政府行为的冷漠、对改革的冷漠、对政策的冷漠、对接触性参与方式的冷漠、对参与各种社会组织的冷漠、对基层群众自治和人民团体的冷漠。

中国公民政治参与的形式，人们更多的是关注全国层面和中央层面的参议形式，对于民众在地方性政治事务和公共事务的参与形式，如地方公共财政预算的民主恳谈、地方政府政策和绩效的民主评议、地方干部公推公选中民众参与等关注较少。对于这些地方创新纷呈、形式丰富多样的公民政治参与形式的伟大创新，理论界和政策制定者应该给了更多的关注和支持。

五　政治参与中的平衡性及问题

政治参与，从长远来说，是民主体制的运行基础和民主水平的标志。但并不意味着政治参与越多越好，政治参与越多民主越稳固。这其中有一个关键的平衡性问题：政治参与推动的政治发展与工业化、城市化推动的经济社会发展的平衡问题，政治参与广度和深度的扩大与政治制度吸纳和同化能力的平衡问题。如果政治参与和政治发展单兵突进，与经济社会发展和政治制度化失去平衡，就不但不能够带来政治发展和民主提升，还极有可能导致政局动荡、社会混乱。泰国近年来政治参与的急剧扩大和脆弱的政治制度化水平，导致"红衫军""黄衫军"轮番上阵，你争我夺游行示威的混乱局面，就是一个反证典型。

亨廷顿最早关注了政治参与的失衡问题，他认为，发展中国家"政治上首要的问题就是政治制度化的发展落后于社会和经济变革"。社会动员和政治参与的扩大日新月异，而政治上的组织化和制度化却步履蹒跚，结果是必然发生政治动荡和骚乱。① 这是因为，对国家构建和制度构建落后的新兴发展中国家来说，现代化扩大政治参与的速度往往比它导致发展现代参与型政治机构的速度更快，这就造成了执政官掌权的混乱和暴力局面，并缺少合法的政治程序来解决政治问题。从这种意义上来说，政治不稳定可能是社会经济现代化的政治产物。② 而革命是政治参与爆炸的极端情形。

由此，亨廷顿总结出著名的政治参与的剧增导致政治动乱的转化公式：

社会动员 ÷ 经济发展 = 社会挫折

社会挫折 ÷ 流动机会 = 政治参与

政治参与 ÷ 政治制度化 = 政治动乱③

因此，亨廷顿认为，政治参与是一种比初看起来远为复杂和模糊的现象。在一定的社会一经济发展背景下，政治参与的水平、形式和基础取决于下列因素：精英、群体和个人把政治参与当作发展目标时给予它的优先次序；它被当作争取其他目标的手段时在他们眼中具有的价值；政治参与在何种程度上是发展的副产品和发展的结果。④

最后，亨廷顿得出了看似保守和悲观的结论：对于处于现代化之中的发展中国家来说，"首要的问题不是自由，而是建立一个合法的公共秩序"。要根除发展中国家国内政治的动荡和衰朽，发展中国家必须建立其强大政府，舍此无他路可走，强大政府的构建和维持端赖强大政党的缔造和巩固。而所谓的强大政府，就是有能力制衡政治参与和政治制度化

---

① 参见 ［美］塞缪尔·P. 亨廷顿《变化社会中的政治秩序》，王冠华等译，生活·读书·新知三联书店 1988 年版，第 5 页。

② 参见 ［美］格林斯坦、波尔斯比编《政治学手册精选》下卷，储复耕译，商务印书馆 1996 年版，第 207 页。

③ 参见 ［美］塞缪尔·P. 亨廷顿《变化社会中的政治秩序》，王冠华等译，生活·读书·新知三联书店 1988 年版，第 51 页。［美］西里尔·E. 布莱克编：《比较现代化》，杨豫、陈祖洲译，上海译文出版社 1996 年版，第 80 页。

④ 参见 ［美］塞缪尔·亨廷顿、琼·纳尔逊《难以抉择——发展中国家的政治参与》，汪晓寿等译，华夏出版社 1989 年版，第 173 页。

的政府。①

在更为具体的公共政策制定层面，同样有一个公民参与和决策质量的平衡问题。因为，公民参与必然深度地影响甚至改变公共管理者制定政策和从事管理的方式。问题的关键仍然在于：如何将公民积极参与的热情和行动与有效的公共管理过程有机地平衡起来，即如何将有序的公民参与纳入公共管理的过程中来，在公共政策的制定与执行中实现积极、有效的公民参与。其中，悖论性的紧张关系在于，如果决策质量的要求越高，公民参与决策的限制性就越大；而如果公民对决策的接受性要求越高，则参与的力度就会越大。具体而言，公民参与公共决策的难题在于：公共管理者必须决定在多大程度上与公众分享决策权力，公共管理者必须决定由公众中的谁去参与公共决策过程，公共管理者必须决定选择特定的公民参与形式，公共管理者必须充分了解和把握如何与公众互动。②

中国现代化进程中的以政治参与推动的政治发展，也必须服务经济社会发展这个中心，围绕全面现代化这个根本，同样有一个政治参与政治制度化、政治参与推动的政治发展与工业化、城市化推动的经济社会发展的平衡问题。具体来说，值得关注的有以下几个层次和方面。

一是政治参与、政治发展、民主建设与经济社会参与、经济社会发展、经济社会建设的平衡协调、互动合作、共同进步的问题，即政治改革与经济改革、社会改革的平衡协调、互补共进的问题。

二是政治参与推动的民主发展与共产党领导、依法治国的协调平衡及其制度衔接问题，与此相关的是，对国家事务的政治参与和对执政党事务政治参与的协调平衡和制度衔接问题。

三是地方各级层次上的政治参与形式创新与中央层级政治参与改革、全国层面政治参与制度推广的协调平衡和制度衔接问题。

四是政治参与与政治制度化水平的协调平衡、制度配套的问题，即以及时的政治制度化完善和配套来充分吸纳、同化、支持日益扩展的政治参与，同时，政治参与也不能急剧膨胀而超越政治制度化的吸纳能力。

在具体的政治参与层面，由于中国特色的执政体系和政治制度架构，

---

① 参见 ［美］塞缪尔·P. 亨廷顿《变化社会中的政治秩序》，王冠华等译，生活·读书·新知三联书店 1988 版，第 7 页；中译本序，第 5 页。

② 参见 ［美］约翰·克莱顿·托马斯《公共决策中的公民参与》，孙柏瑛等译，中国人民大学出版社 2010 年版，译者前言，第 3 页；正文第 8—9 页。

中国的政治参与具有自己的特点，如党政主导型参与，党政系统主导政治参与的议题发动和议程设置，以及政治参与渠道和制度的开启和设计；外力推动型参与，政治参与往往是起因于公共性事件或群体性事件，而自下而上、由外至内的压力推动型；媒体传动型参与，各级、各类媒体在参与事件的发起、传播、沟通和推动方面起了关键性的传动作用。①

根据更为深入的调查总结，中国政治参与存在的问题，大致可以归纳为以下七类：一是既有的选举制度未能给予公民更大的参与空间；二是能够发挥公民监督作用的参与机制不够健全；三是各个公民群体面临不同的参与途径缺乏问题；四是经济地位、地域差别和文化层次等因素影响公民的参与水平；五是政治参与所需要的信息不足；六是公民文化缺失和公民社会发育不良；七是政治参与缺乏必要的法律保障。②

总之，政治参与是现代化全面发展的必然要求，既能带来民主扩展的收益，也能导致政治混乱的风险。关键点是政治参与扩大中的平衡协调问题和政治制度化建设，直面风险和问题，重在制度化和法治化建设，才能保证政治发展与经济社会发展的全面提升，才是和谐社会的制度之本。

六　有效政治参与推进民主治理

现代化变革突飞猛进的当今中国，面临着经济结构多样化、阶级结构分层化、社会身份多重化和利益诉求多元化的急剧变革形势，面对错综复杂、诉求强烈的利益关系和权力关系的调整，各级党和政府肩负着沉重而繁忙的治理任务。如何在法治的轨道上积极地推进民主治理，就不仅成为当前发展问题的解决之策，也是长久和谐稳定的战略之谋。有序有效的政治参与，便为党政系统的民主治理提供了源源不断的动力之源和组成要件。

第一，有效政治参与推进执政党民主执政、依法执政。中国共产党的领导和执政，是当代中国全面现代化的领导核心和政治保证，也是中国复杂社会变迁治理中的组织核心和决策中心。共产党长久执政的地位和绩

---

① 参见蔡定剑主编《公众参与：风险社会的制度建设》，法律出版社 2009 年版，第 15—17 页。

② 参见史卫民主编《政策主导型的渐进式改革——中国政治发展的因素分析》，内部课题报告，第 52—55 页。

效，端赖于作为执政党满足全面现代化发展需要和人民要求的程度和水平，端赖于作为执政党民主执政、依法执政的程度和水平。有序有效的政治参与，可以把人民的意志和要求通过制度化渠道充分地表达出来、反映上来，构成民主执政、依法执政的民意基础和社会基础，也是持续完善民主执政、依法执政的强大动力之源。作为执政党的民主执政，也是整个党政系统民主治理制度体系建构的制度核心和关键。

第二，有效政治参与推进国家体系的民主法治建设。国家体系中的组织和机构，既与执政党的组织和机构紧密相关，也是执政党体系与社会系统关联互动的组织枢纽和治理中介，国家体系的民主法治水平，直接关系着执政党意志和决策的贯彻实施，直接关系着民主治理的质量和绩效。公民参与立法过程，保障了公正立法和法律优良；公民参与行政过程，推动了高效行政和行政公平；公民参与司法过程，护卫着司法透明与司法正义。公民有效的持续政治参与也因此成为国家体系持续推进民主提升、法治完善的社会动力。

第三，有效政治参与推动公民社会中的"生活世界民主"。公民有效的政治参与，不仅推动着执政党和国家系统的民主法治进程，提高了公民对执政党和国家的认同和支持，也在制度化的持续参与中，培育着公民之间、公民团体之间的理解和协同，孕育着公民责任和公民文化的生成和成长。公民自身和公民团体成熟、壮大，并持续地参与地方性的公共生活，就能够使民主生活成为一种制度化的生活，成为公民日常的生活方式和样态，成为公民生活世界的民主。① 这是中国民主法治建设长久的社会基础和文化土壤。

第四，有效政治参与推动着执政党、国家与社会制度化的互动合作。公民持续有效的政治参与，不仅推动了执政党、国家、社会各自系统中的民主法治建设，也在权力与权利自上而下、自下而上的互动调整中，推动着执政党和国家、执政党和社会、国家和社会关系的制度化和法治化水平。在执政党的自觉主导下，充分发挥多元主体各自的优势和潜能，形成执政党、国家与社会互动合作、共促和谐的制度化关系，这是中国现代化发展中民主治理的制度结构。

---

① 参见潘一禾《生活世界的民主——探寻当代中国的新政治文化》，社会科学文献出版社2010年版，第12—13页。

　　总之，中国语境下的政治参与，是服务于中国全面现代化的政治参与，是人民主体能动参与的政治参与，这既是中国现代化发展的必然产物和应然趋势，也是中国执政者、民众和公民的自觉选择和自主要求。在持续有效的公民政治参与的强大推动下，在中国共产党的坚强领导和自觉主导下，执政党民主执政、依法执政，国家体系民主运作和依法运行，公民社会有序参与、自主自治。执政党、国家与社会制度化合作互动、共同进步，形成中国发展道路中的民主治理，这便是中国现代化推进提升、全面发展、社会和谐、人民幸福的制度之路。

公众参与城市民主治理的制度之路
——"以民主促民生"战略的民主治理意义

民主民生是公民立身之本，和谐发展是国家命脉之源。

经过 30 多年改革开放政策的强力推动，中国各地的城市化和现代化水平大幅度提升。在"摊大饼"式的快速城市化进程中，面对急剧膨胀的城市规模、不断分化的社会结构、多元交错的利益纠葛，如何健全民主、保障民生，科学持续地促进本地区的和谐发展，是各级党委政府和本地区公民面临的严重挑战，也是各级党委政府和本地区公民必须完成的神圣职责。

杭州市市委、市政府多年来在中央和省委省政府的正确领导下，一直积极致力于推动本地区的改革开放和持续进步，在民主民生共促和谐发展的道路上取得了巨大成就。21 世纪以来，面对快速城市化发展新阶段带来的新问题，着眼于构建"生活品质之城"的高标准城市定位，杭州市市委、市政府积极探索民主民生共促和谐发展的机制和途径，适时提出了"以民主促民生"的"民主民生战略"，并不断健全完善"以民主促民生"的实现形式和制度机制，使以公众广泛参与的"四问四权"为制度创新典型的机制程序在各级政府工作和重大民生工程中得以贯彻执行。以"四问四权"为制度典型的"以民主促民生"工作机制的贯彻实施极大地推动了杭州市民主与民生的互动提升，取得了"让生活品质之城的阳光洒满每个庭院和每户人家"的可喜成绩，被新华社《瞭望东方周刊》评为中国最具幸福感城市第一名。

杭州市"民主民生战略"的有效实施，探索出了一条"公众参与城市民主治理的制度之路"，这是在急剧发展的中国城市化进程的宏伟进程中具有中国特色的地方民主治理，其中蕴含的民主治理的精神原则和制度机理对于未来中国的科学和谐发展具有重大的理论和现实意义，值得在城市民主治理理论和发展战略的高度认真梳理和总结。

一 民主治理的制度典型

素有"人间天堂"之美誉的杭州,改革开放以来,同样经历了城市化急剧膨胀和过大过快的压力,面临着从城市空间形态、历史名城保护到城市生态、交通、住房、农民工、城中村等城市发展和人民生活品质方面各种各样的挑战。① 在持续探索民主民生互动提升、不断改善人民生活品质的过程中,杭州市市委、市政府积极探索"以民主促民生"的各种实现形式和制度机制,其中公众广泛参与的"四问四权"制度机制最为典型和有效,并在杭州市的"庭院改善"民生工程中得到全面执行和体现。完整准确地分析"以民主促民生"工作机制中的"四问四权"制度创新之链的各个环节,对于理解"公众参与城市民主治理的制度之路"的探索,具有"解剖麻雀"的典型功效,这是具有中国特色的地方民主治理的微观制度机制,值得仔细深入的梳理和解读。

(一) 庭院改善及其制度创新的缘由

2004 年下半年,杭州市市委、市政府根据群众要求,实施了以路平、灯明、水畅等为主要内容的背街小巷改善工程,此项工程成功改善了近3000 条背街小巷,基本完成了主城区所有街巷的改善修缮。接下来的问题是:小巷改善了,小巷周边的老旧庭院怎么办?据调查,杭州市区有700 多处老旧庭院,涉及 3300 多幢房屋和 55 万多人口。这些老旧庭院功能缺失、设施陈旧,院内路面坑洼、环境凌乱,与"生活品质之城"的定位差距很大,居住在这些庭院里的许多市民纷纷要求尽快改善。为了顺应民意、改善民生,杭州市市委、市政府决定从 2008 年开始,由市城管办牵头,实施"庭院改善"三年行动计划,把城市治理的改善工程从老百姓的墙门外,延伸到墙门里、家门口。为了顺利推进这项工作,市城管办于 2007 年下半年组织实施了"庭院改善"的工程试点。在此基础上总结经验并于 2008 年全面推开。

与背街小巷改善工程相比,庭院改善工程是一项在老百姓"家门口"

---

① 参见王国平《城市论》上册,人民出版社 2009 年版,第 65—99 页。

实施的近距离、高频度、宽范围接触的工程，与市民生活更加密切，改善内容更加繁多、利益关系更加复杂。并且居住在这些老旧庭院中的市民，有不少是困难群众、弱势群体和低收入阶层，对利益关系的改变更为敏感。还有庭院改善涉及从供水、供电、供气、排水、排气、照明、通信、绿化、停车、墙体立面美化、垃圾房、公厕改造等20多种工程内容，涉及几十个政府部门和单位的协调合作。庭院改善虽不是什么浩大工程，但"群众利益无小事"，此项工程涉及的方方面面的利益关系却更为难以协调。最为麻烦的是，由于是在老百姓家门口实施的工程，将直接影响和改变每户人家的日常生活，不同楼栋，甚至不同楼层的居民对"改不改、改什么、怎么改、谁来定"等一系列问题都有不同，甚至激烈对立的意见。面对这样具体繁杂的利益协调问题，如果仅靠简单的行政命令来强制执行，不仅不能令各方满意，也极易激发群体性冲突；但也不能完全由每户人家来自发协调，那样可能耗时耗力而难以达成行动共识。因此，只有靠制度创新、民主治理，制定一套表达利益、利益协调和利益整合的制度程序，公正合理地协调各个方面的利益，做到既尊重大多数，又顾及少数人，使各个利益相关方都能得到一个较为满意的结果，这便是"四问四权"以民主促民生制度机制的"问题推动"背景。

（二）"四问四权"的"以民主促民生"制度机制

为了破解庭院改善过程中存在的困难，杭州市市委、市政府始终按照"围绕一个目标（改善民生）、把握一条主线（发扬民主）、坚持一个标准（百姓满意）"的要求，积极探索制度机制创新。依靠公众力量，发挥公众智慧，保障公众充分民主的参与，在庭院改善工程实施的全过程中，建立起以"四问四权"为核心的民主治理机制，初步形成了一套破解"民生难题"、以民主促民生的制度机制。

1. "问情于民"落实知情权，"项目上不上"由民主机制定夺

以前，一些市民对政府实施的项目，存在"决策时不了解、施工时不理解、竣工时不满意"等各种情况。庭院改善工程首先在项目决策的第一道关口"工程立项"时，就建立起公众广泛有效参与的民主机制。某一庭院"改不改"，实行"问情于民"，落实公民的知情权，由庭院居民决定"项目上不上"。

一是实行全覆盖调查制度。确定庭院改善项目前，对居民的改善意愿

进行问卷调查，调查要求全覆盖，同时 2/3 以上的住户有改善要求的庭院，方可列入改善计划。

二是实行多数人同意可以更改设计方案的制度。

三是实行解决居民意见分歧的票决制度。

例如，凤起路 558 号庭院，有居民对院内停车棚的顶面改善成小公园的设计方案有不同的看法，希望拆除原车棚，改成绿地和休闲空间。改善工程居民听证会上，区城管办对居民的意见十分重视，决定以入户调查方式征求意见，让居民自己来决定是否拆、如何拆、拆后如何改。调查结果 90% 以上的居民赞同拆除车棚增设休闲空间，据此设计方案进行了调整。

2. "问需于民"落实选择权，"项目改什么"靠民主机制解决

对列入改善计划的庭院项目，通过政府网站、设置社区公告栏、开通热线电话、发放居民需求调查表等形式，让居民选择具体"改什么"的内容，落实居民的选择权。

一是实行"应改尽改"。对属于 22 项庭院改善内容之内的项目，只要多数居民要求"改"，都应予以改善。

二是设计方案征求民意。工程施工前，设计方案必须经过"三会一公示一会审"（调研会、听证会、设计座谈会、设计方案公示、会审）征求民意，全力征求居民建议，满足居民要求。

三是实行多数人决定制度。对 22 项以外的项目，按照尊重多数人意见与顾及少数人诉求的要求，有 50% 以上住户要求改善的可列入设计，并组织专家、居民代表现场听证座谈，现场完善设计。

四是实行"跨一步带一把"。对居民私人提出的一些自家设施改善要求，在资金、材料居民出，改善条件允许的情况下，可"跨一步带一把"，帮助居民改善。

例如闸弄口街道濮家新村是个建于 20 世纪七八十年代的老小区，居民中老人和残疾人较多。听证会上，居民代表提出小区道路设计虽然漂亮，功能完善，但台阶式的路端给年长居民和伤、病、残人的通行带来不便。为解决这一问题，区城管办修改了设计方案，很快一条既与周边环境互相映衬，又美观实用的残疾人坡道呈现在居民面前。

3. "问计于民"落实参与权，"项目怎样改"用民主机制确定

项目"上不上""改什么"解决了民生的需求问题，实行"问计于民"则是明确"项目怎样改"，落实群众参与权，这也是提高市民满意度

的重要保证。

一是各方代表内审制度。即在居民听证、方案公示、专家会审"三位一体"审查基础上，再增设"设计内审关"，邀请市、区、街道及社区代表，重点对设计中的敏感部位、关注焦点、棘手问题进行探讨和修改，最大限度地实现多方互利共赢。

二是专家"问诊搭脉"制度。建立专家顾问组（涉及人文历史、城建规划、建筑景观、园林绿化、市政工程、灯光照明、道路交通 7 个方面），全过程参与前期论证，所有设计方案会审均邀请专家参与，专家组检查施工现场覆盖率达到 100%。

三是强化市民意见处置。建立市、区、街道信访处置三级工作网络，每个意见层层溯源、层层落实，定期汇总、分类研究，解决复杂问题，实现落实一个意见带动一类问题解决。

四是编发指导手册。为了使居民明了改善工作的设想，各区广发《庭院改善指导手册》，内容涉及工程目标、机构分布、属地原则、改善内容、工程类别、单体工程实施小知识等，使居民群众心中有底并可通过手册与政府沟通。

4. "问绩于民"落实监督权，改善结果"好与坏"用民主机制评判

在庭院改善中，广泛实行"问绩于民"，落实公民的监督权。庭院改善项目质量的"好不好、居民满意不满意"完全由庭院居民来评判改善效果，把"改善成果让市民共享、由市民检验"作为以民主促民生理念的最终体现。在实行居民对改善工程全过程监督的情况下，更加注重居民对工程全过程的绩效评价。

一是公开各类信息。公开工程信息让居民了解家门口工程的进度，公开联系方式方便居民联系、沟通，公开建材规格随时接受监督和检验。通过限制施工时间、加强执法监督、增加防范措施、提高服务水平等措施，减少了施工过程中的扰民问题。

二是过程群众监督。由居民楼道长和沿线商家自己选出的代表对工程进行全过程监督，指定专人负责信访投诉，落实每幢房子都有 1 名监督员，全市共聘请了 2000 多名义务监督员和 1700 多名青年志愿者。

三是工程效果回头看。在工程即将结束，施工队未撤离、脚手架未卸下前，对改善项目涉及的住户发放《征求意见表》，征求百姓对施工质量、效果等方面的意见。同时，在改善庭院内定点设置咨询服务台，接受

百姓对改善工程的咨询、建议、投诉。庭院改善的组织单位、施工单位和监理单位对"问绩于民"活动收集到的建议和意见进行分析梳理，必须做好查漏补缺和落实整改工作。

四是居民满意才验收。未开展"问绩于民"回头看活动、市民提出的意见未整改和市民不满意的工程不得进入工程验收程序，竣工验收时必须邀请庭院居民代表参加。

据统计，在 2008 年已完成和正在实施的工程项目的立项、设计、施工过程中，共邀请了 1001 位（次）专家问诊搭脉，召开各类论证会、征求意见会 1217 次，发放调查表 118191 份，收到群众意见、建议（咨询）6767 条，每条都予以答复，其中采纳建议 2913 条。

（三）"四问四权"的"以民主促民生"机制成效显著

在市、区、街、社"四级联动"的组织体系强力领导和有效协调下，通过 52 个市级部门和单位通力合作和扎实工作，使"四问四权"的"以民主促民生"机制得到切实落实，使庭院改善工作取得了让群众满意的显著成绩，"让生活品质之城的阳光洒满每个庭院"。

1. 极大地提升了老旧庭院的环境生活品质

通过系统改善、整体提升，使老旧庭院改变了原先的落后面貌。改善后的庭院实现了基础设施更新配套、环境整洁舒适、服务功能升级、长效管理到位、历史文化延续等各项功效，居民环境生活品质得到了较大的提高。

据不完全统计，截至 2008 年 10 月 20 日，共实施改善房屋 1401 幢，涉及 58842 户，受益人口数达 20.6 万人。改造道路总长 17.7 万米，总面积 66.1 万平方米。新建雨水管 7.7 万米、污水管 7.6 万米，新建落水管 41 万米，截污水 1.8 万吨/日。整治外立面 507.7 万平方米，"平改坡" 414.7 万平方米，拆、改保笼 22.5 万个，改造晾衣架 7.4 万个，改造雨篷 10 万个。整治内立面 373.5 万平方米，新增楼道灯 1.2 万盏、路灯 365 盏，新增电子防盗门 1162 个。改造和增加绿地 26.7 万平方米。强弱电"上改下" 11 万米。拆除违章建筑 3000 平方米。改善和新增车位 6980 个。改造自行车棚 4.2 万平方米，新增公共休闲场所 13.1 万平方米，改善垃圾箱（垃圾房）1242 处。新建自来水管 1.3 万米、煤气管 7274 米。

2. 有力地推动了人民的政治生活品质

在庭院改善中，通过"自上而下"的党政主导与"自下而上"的民主参与的互动提升，人民群众的知情权、参与权、选择权、监督权得到进一步落实，公民素质和民主能力得到了较大提高，有力地推动了地方的民主治理和民主政治建设。

在背街小巷改善中，杭州市市委、市政府更多的是把"民主"作为提高"环境生活品质"的手段来运用。发展到庭院改善阶段，因为有了"四问四权"民主制度作为可靠保证，杭州的老百姓可以通过"建议""监督"和"评价"来直接表达民主权利，直接影响决策；民主制度机制的保障，做到了让人民来评判政府的工作，使更多的人拥有对政府决策的表达权和裁判权。

由于人们的认识进一步深化，治理实践进一步拓展，杭州市的民主治理已经大大超越了"手段"层面，而是把"以民主促民生""民主民生互动提升"工作制度化、常态化，提升为杭州市城市民主治理、提高人民"政治生活品质"的发展战略。在杭州的城市民主治理实践中，"民主"已不再是抽象的理想和教条，而是变成老百姓身边实实在在的"生活民主"，变成了民主的生活方式。

3. 城市的民主治理获得市民的广泛参与和认同

通过落实"四问四权"，公众实实在在享受和运用了"知情权、参与权、选择权、监督权"，在充分而真实有效的民主参与中，真正成了城市民主治理的主人和主体，参与推动庭院改善工程的热情空前高涨，充满了民主参与、民主治理的成就感。对已竣工庭院的问卷调查表明，大部分居民直接参与了改善工程，对改善效果普遍感到满意。如对凤起路558号和天水巷3号123户居民的调查，发出问卷123份，收回123份，其中88户居民认为自己参与了改善工程（72%）、108户居民认为政府在听取社情民意方面做得很好（88%）、119户居民对改善效果感到满意或非常满意（97%）。从对正在改善庭院的调查情况看，大部分居民对改善效果也充满信心，如对电信巷296户居民的调查，有239户居民对改善效果预期较好（81%）。①

①　材料来自杭州市人民政府城市管理办公室《以庭院改善为试验田，创新民主促民生工作机制》，2008年10月25日。在此特别感谢蓝蔚青先生接受我们的访谈并提供有关资料。

（四）"四问四权"的"以民主促民生"制度机制的启示

杭州市在庭院改善中创造的公众参与的"四问四权"民主民生互动提升机制，带有"问题推动"的"应对式制度变迁"的特征，但却具有民主民生紧密关联、互促共进的完整制度形态，揭示了现代城市民主治理的基本规律和制度逻辑，对于目前全国各地进行的科学发展、构建和谐的各项事业和工作具有很多的制度性启示。

第一，先进的执政和治理理念必须有可靠的制度机制来落实。以人为本是科学发展观的核心，民主是社会主义的生命。杭州市市委、市政府始终坚持"以群众呼声为第一信号，以群众利益为第一追求，以群众满意为第一标准"的民主治理理念，不断在发现问题、解决问题、推动和谐发展的伟大实践中创新制度和机制。"四问四权"的"以民主促民生"制度机制，就是"以人为本，以民为先"治理理念的制度实现形式和机制保障，是真正让广大人民以主人翁地位和精神参与现代城市民主治理的制度创新。

第二，民主问题和民生问题紧密相关、互促共进。民生问题关涉人民群众的基本生存和全面发展，民主问题同样关涉人民群众的基本生存和全面发展。解决民生问题是为了给人民办实事、办好事，但民生问题的解决离不开人民的参与和监督，离不开民主的制度和机制，否则就可能把实事办"虚"，好事办"坏"。"四问四权"的"以民主促民生"制度机制，就是以民主的制度机制办好民生，在民生问题的解决中提升民主，做到民主与民生互动共进，这是以人为本、和谐发展的根本性制度之路。

第三，民主问题和民生问题的解决要求同样的制度逻辑。要解决好民生问题，就必须了解人民群众的所需、所求并让人民满意，要解决好民主问题，同样必须让人民群众表达出所需、所求并让人民满意。二者都同样离不开满足、保障、落实人民群众的知情权、参与权、选择权、监督权，离不开公众广泛有效的民主参与。"四问四权"的制度机制，是在民生问题的解决中落实"四权"，在发展的具体实战中推进民主。"四问四权"既是解决民生问题的制度逻辑，也是解决民主问题的制度逻辑，在公众广泛深度的有效参与中，以民主方式推进民生改善，在民生改善中推进民主提升，在民主民生互动共进中推动科学和谐发展。体现了公众参与城市民主治理的制度路径和基本规律，是能够在各级党政部门的作为中和各项事业工程的建设中普遍推广的民主治理方式。

二　民主治理的制度扩展

公众参与的"四问四权"的民主民生互动提升机制，在以庭院改善为制度典型的一系列公共事业和民生工程中得以落实和执行，使杭州市的各项民生工程取得良好的社会效益和经济效益，这是"四问四权"民主民生互动提升机制在纵向上制度逻辑的完整体现。同时，杭州市市委、市政府为了更广泛深入地推动"以民主促民生"的民主民生战略，在市、区（县）、街道等各个政府层级和各级政府的各个职能部门中大力推进"以民主促民生"的工作机制，不断探索和丰富民主民生互动提升的制度实现形式。这是"四问四权"民主民生互动提升的制度逻辑在各层次、各方面的集中运用和体现，是公众参与民主治理的制度扩展。这体现在一系列党政部门与社会组织、广大市民互动合作、民主协商的治理机制之中。

（一）党政、市民、媒体"三位一体"的民主决策机制

作为地方发展的领导力量和主导系统，各级党政部门的决策在地方社会的科学发展、构建和谐中同样具有主导作用。各种决策是否反映民意、集中民智，是否保障和落实广大民众的知情权、参与权、选择权、监督权，就成为决策正确和有效的关键，这是党政主导的地方民主治理的第一环节。

杭州市各级党政部门的民主决策，在制度机制上集中体现在市政府的开放式民主决策中。包括在决策会前充分征集民意，将政府决策事项提交市政府常委会，决策会中邀请人大代表、政协委员和市民代表列席会议发表意见，广大市民也可以通过网上留言或网上视频直播参与决策讨论，会后由政府有关部门24小时内给予回应等一系列制度和机制。

从1999年开始，杭州就开始了开放式民主决策的探索，当年5月，杭州制定了《关于进一步完善全市经济和社会发展重大事项行政决策程序的通知》，提出"坚持决策民主化、科学化的原则，市政府对全市经济和社会发展重大事项的决策，要广泛听取人民群众和社会各界的意见，同时要认真征求市人大常委会、市政协及人大代表、政协委员的意见"。从

此，杭州市在开放式民主决策的探索中不断跨越，在国内首创了"12345"市长公开电话，从 1999 年 6 月到 2007 年 12 月，共接到 130 万个电话；成立了人民建议征集办公室，向社会公开征集办实事项目方案；建立市领导班子成员联系企业家、科技人员、文艺界人士的制度，完善专家学者政策咨询机制，成立杭州市决策咨询委员会，制定城市重大工程建设民主参与机制，等等。

在民主民生互动提升战略的推进中，杭州市政府民主决策步伐迈得更大，更加注重发挥媒体的作用。2007 年 4 月 16 日，市政府下发《杭州市人民政府关于进一步完善全市经济和社会发展重大事项行政决策规则和程序的通知》。2007 年 11 月 14 日，市政府举行第 17 次常务会议，首次邀请 6 位市人大代表和政协委员列席。会后，市政府下发了《关于加强政府与人大代表政协委员联系的通知》，其中规定：市政府在制定重要规划、方案、政策时，在对涉及群众切身利益、社会关注度较高事项进行决策时，应事前主动征求人大代表、政协委员的意见，并采纳相关合理建议。2007 年 12 月 11 日，市政府发出《关于对涉及群众切身利益的行政规章和公共政策实行事前公示的通知》，决定对涉及群众切身利益的行政规章和公共政策，应当在正式决策前向社会公示，或在政府初步讨论后公示。对一些涉及面广、与群众利益密切相关的事项，在公示后，还应通过召开座谈会、听证会等方式进一步征求市民群众和人大代表、政协委员、民主党派人士的意见。

2008 年杭州"两会"之前，市政府将《政府工作报告》的草案在网上公示，征求到各类意见 938 人次（件），最后有 68 条意见被直接吸收写进政府工作报告。4 月 2 日，市政府第 26 次常务会议首次邀请中央、省级媒体参加，并通过"中国杭州"政府门户网站现场直播。5 月 19 日，第 28 次市政府常务会议在网络直播的基础上，加入网民与市长视频互动的环节，第一次实现了普通百姓可以"看"到会议的全过程。7 月 8 日，第 30 次常务会议再有创新，6 位通过网络报名最后被甄选出来的市民代表第一次走进政府决策现场，不但作为旁听者，而且作为参与者充分、直接、真实地表达意见和诉求。自此，普通市民参与市政府决策过程进入常态化。7 月 8 日，6 位市人大代表和政协委员及 6 位普通市民列席第 39 次市政府常务会议，他们不但全程旁听决策过程，而且还可以参与讨论，毫无保留地发表自己的意见建议，并有可能被吸纳进决策之中。至此，全程网络视频直播政府常务会议，邀请市人大代表和政协委员及市民代表列席会议成为一种制度常态。

从 2007 年 11 月 14 日至 2008 年 12 月 10 日，杭州市政府常务会议已先后邀请 114 位人大代表、政协委员和 54 位市民代表列席，并通过网上视频直播接入 69 位市民与市长互动交流。2008 年 4 月以来，政府门户网站会议视频直播市政府常务会议页面累计浏览量达 16117 人次，视频直播论坛累计点击量达 75803 人次，市民通过网站直播论坛以发帖形式提出意见建议 2259 条。①

（二）党政、市民、媒体"三位一体"的民主沟通机制

媒体在现代社会的资讯交流和公共舆论中发挥着重要作用，杭州市在实施民主民生互动提升的战略中，积极探索各种媒体公信力和引导力发挥作用的渠道和机制，加强了党政系统和社会各界、广大市民的沟通交流，为广大市民知情权、参与权、选择权、监督权的实现提供了丰富的制度机制，使媒体在民主民生共促和谐发展中大有作为。

2008 年春节前夕，省委常委、市委书记、市人大常委会主任王国平在与市属两大媒体集团负责人座谈时，专门提出了"民主促民生，民主保民生"的治理理念，指出民主是科学发展的动力，民生是科学发展的重点，民生民主是社会主义和谐社会的重要内容。他要求市属两大媒体集团高度关注民生民主，积极探索建立党政、市民、媒体"三位一体"民主沟通机制。由此，杭州市党政、市民、媒体"三位一体""以民主促民生"的工作机制全面启动。

此后，杭州市属两大媒体集团积极筹划，推出了一批"以民主促民生"的新栏目，以各种媒体为渠道丰富了"四问四权"民主民生互动提升制度实现形式。

一是杭州电视台综合频道在《新闻 60 分》中开设了《民意晒场》专栏，通过热线电话、短信、频道网站留言等形式倾听民声，反映民意。新闻部收集整理来自各个方面的有效信息，或选择作为新闻素材采访，或向职能部门反映，正确引导了舆论。

---

① 参见蓝蔚青执行主编《构建党政、市民、媒体、"三位一体"的"以民主促民生"工作机制》（杭州市决策咨询委员会政治组 2008 年报告），2008 年 12 月。

二是西湖明珠频道在《阿六头说新闻》中开设了《七嘴八舌》专栏，利用品牌节目的吸引力，通过招募"阿六街坊评论员"的形式，建立一支街坊"阿六头、阿六嫂"队伍和 9 个社区联络网点，寻找民生话题，收集民众建议。同时又在"明珠看点"和"将心比心"两个栏目里设置"民生民言"专栏，分别针对社会公共热点问题和百姓投诉的问题制作主题报道，发表评论，展开讨论。生活频道新设"小夏议议吧"栏目，着眼具有广泛性的民生问题，记录市民的问题、话题、意见、建议。

三是杭州人民广播电台新闻综合频道将"民情热线路路通"改为"市民议事厅"，作为"民主促民生"的宣传互动平台。在原有市人大代表、政协委员走进直播间的基础上，又聘请了 11 位代表、委员和 9 个街道的 9 位社区党委书记（主任）作为节目的顾问和嘉宾，参与节目的访谈和互动。让听众通过热线参与讨论，出谋划策，化解矛盾，达成共识。该频率还在品牌节目《早新闻》中推出"记者再报告"，对群众关心的热点问题进行深度报道和深入讨论，推进问题的解决。

四是汽车电台西湖之声在《城市加速度》节目里，开设了"民主促民生，有话好好说"专栏，围绕解决"行车难、停车难"问题，通过热线和短信的方式，让市民发表意见建议，架起了政府与市民沟通互动的桥梁。

五是杭州交通经济广播在《小马指路》节目中推出新栏目"小马说民生"，对发生在听众身边的民生问题，讨论协商解决的方法。

六是杭州日报报业集团下属的时政类主流媒体也都开设了以民主促民生的栏目，如《杭州日报》的《市民议事广场》、《每日商报》的《民生议事厅》、《城乡导报》的《民生·社会》、《萧山日报》的《社会民生》、《富阳日报》的《民事众议厅》等，组织报道，开展讨论，征求意见，民主协商解决民生问题。《萧山日报》还公开征集热心人士参加民间调解团，招聘一批市民记者提供线索。《城乡导报》则与区政协合办《议政与建言》栏目。

七是杭州的新闻门户网站设立《民生在线》栏目，使之成为党政、市民和媒体围绕民生问题随时沟通的重要平台，而且充分发挥反馈及时的优势，组织网上投票，显示多数意见。杭州网还请政协委员在网上"晒提案"，请网民出谋划策，使提案能更好地反映民意。

党政、市民、媒体"三位一体"民主沟通机制第一次大规模运作，就是"光复路 148 号厕所分配问题"报道和引导。报纸、电视、广播、网络等多种媒体对事件进行全面追踪，《杭州日报》、《都市快报》、杭州网每天都在重要位置追踪事件的最新进展，通过热线电话、网络投票等方式，提供市民参与民主协商的平台。湖滨街道和岳王路社区更是不下 30次进行民主协调和沟通，最终使这件 3 户居民的烦心事得以解决。"光复路 148 号厕所分配问题"虽然仅仅是危旧房改善工程中的一个偶然事件，只涉及 3 户人家，但是媒体的有关报道却受到广大市民的强烈关注，两轮社会讨论都有大批热心市民积极参与，短短 3 天里收到上万份热心市民对解决方案的投票。这充分证明，关系到老百姓切身利益的民生问题是市民关注的焦点，也是民主参与的热点。这是一次城市民主治理的鲜活案例，是党政、市民、媒体"三位一体"的民主沟通机制的成功运作。

　　党政、市民、媒体"三位一体"的民主沟通机制还被纳入政府的日常工作机制中。市委副书记、市长蔡奇在首设市民席的市政府第 30 次常务会议上强调："老百姓有权知道政府在干什么，要最大限度把群众呼声体现到政府决策中。凡是涉及百姓利益的建设工程、实事项目、政策措施，都要向群众公开，具体的实施过程，也要努力让群众了解和参与，充分尊重群众的民主权利。"①

（三）党政、市民、媒体"三位一体"的民主评估机制

　　民主的决策要得到卓有成效的执行，就必须建立民主的监督机制，保障广大市民的监督权，由人民群众以人民利益为标准进行民主治理评估。

　　从 2000 年起，杭州市就开始在市直机关进行评选"满意单位不满意单位"的活动。广大市民通过问卷调查和其他途径对政府的工作提出了大量意见和建议。经分析发现市民最为关注的是"七难问题"：一是机关作风问题；二是贫困群体的生活和就业问题；三是由于交通拥挤而造成的"行路难、停车难"问题；四是城市卫生中的"脏、乱、差"问题；五是由于药价过高而导致的"看病难"问题；六是"上学难"和优质教育资源少且分布不均的问题；七是由于房价上涨过快而导致的"住房难"问题。

　　此后，杭州市以此为依据，把解决市民反映最为集中的"七难"问题作为杭州市政府各项工作的"重中之重"，列为年度评估的基本项目，每年在"满意单位不满意单位"评选活动中，把征集到的意见建议准确反馈给市直单位。各单位在收到"满意办"反馈的意见和建议后，通过上门访谈、发放问卷、开座谈会等形式，对民众的需求和愿望作更加全面深入的了解和把握。在摸清情况、找准原因的基础上，制订整改计划并向工作对象公开。有些工作牵涉面广、市民反映也比较强烈的单位还在报纸上公开自己的整改计划，广泛听取各方面的意见和建议。在广泛发动和组织市民参与、集思广益的基础上，由市政府和市属各部门根据有关法规和财政承受能力正式确定整改计划。

　　2005年，为进一步深化"满意单位不满意单位"评选活动，市委、市政府决定，将"满意单位不满意单位"评选与目标考核相结合，并增加领导考评，对市直单位实行"三位一体"的综合考评，并将"满意不满意单位"评选改用"社会评价"这一名称。综合考核评价办法的总体框架由目标考核、社会评价和领导考评三个部分组成，总分为100分。其中，社会评价占分最多，为50分，目标考核占45分，领导考评占5分。社会评价是指市直单位的服务态度和工作效率、办事公正和廉洁自律、工作实效和社会影响，主要沿用满意不满意单位评选活动的方法。在社会评价过程中，市考评办广泛收集社会各界对市直单位工作的意见和建议，为市委、市政府确立工作方针和重大举措提供决策参考，同时将社会评价意见整改工作列入市直单位年度目标考核，形成"评判—整改—再评判—再整改"持续改进的工作机制。

　　进行综合考评的单位，按照得分高低进行排序，分成优胜单位（满意单位）、先进单位、达标单位、未达标单位和未达标末位单位（不满意单位）。想要被选为满意单位，除了得分要高外，还必须同时符合两个条件：领导班子建设、党风廉政建设、社会治安综合治理、计划生育4项工作中，没有被"一票"否决的；年度内单位未发生重大责任事故。按照规定，综合考评未达标末位单位和非综合考评不合格单位，将由市委、市政府予以通报，并扣发其工作人员当年年终奖。连续3年不合格的，依照有关规定和干部管理权限，对领导班子进行调整。

　　2008年，杭州市综合考评委员会办公室首次在《杭州日报》上向社会正式公开发布《2007年度杭州市市直单位综合考评社会评价意见报告》，通报了 2006 年度市直单位对社会评价意见的整改情况，分析了 2007 年度社会评价意见的主要内容和基本特点，并提出了相应的对策和建议。《报告》根据市民代表，外来务工人员，党代表，人大代表，政协委员，省直机关、老干部、专家学者、行风评议代表，区、县（市）四套领导班子成员，区县（市）的部委办局及街道（乡镇）党政负责人，社区党组织和居委会负责人，企业代表等 9 个层面意见形成，社会评价共收集到各类群众意见和建议 10630 条，经梳理归并为 5122 条，其中涉及"七难"加两个新热点的意见、建议共有 1997 条，占意见总数的 39%。[①]这些意见客观反映了社会各界对市直单位的服务态度和工作效率、办事公正和廉洁自律、工作实效和社会影响的评价，充分体现了综合考评的民主取向，增强了综合考评工作的透明度，畅通了民情民意渠道，扩大了公民有序政治参与，是有利于落实公民监督权的党政、市民、媒体"三位一体"的民主评估机制。

从以上的民主治理制度扩展中，我们可以不同程度地看到"四问四权"民主民生互动提升机制的"基线"，可以不同程度地看到公民知情权、参与权、选择权、监督权的运用和体现。"四问四权"的制度机制成为民主治理的规律性制度特征：在民主治理的制度扩展中，凡是对"四问四权"的制度机制落实得越到位，民主治理的成效就越好，人民群众的评价就越高。"四问四权"的制度机制落实的水平，成为民主治理的成效标志，成为人民满意与否的标志，也成为未来民主治理发展的方向和标志。

三　探索中国特色的民主治理之路

21 世纪以来，处于发展关键期和矛盾凸显期的中国社会，经过 30 多年经济和社会的高速发展，成就在累积，矛盾也在积淀。如何在科学发展的轨道上，调节利益，化解矛盾，推动持续和谐的发展进步，就成为中国各级党政部门必须考虑和应对的关键问题。杭州市市委、市政府带领广大市民，坚持"以人为本，以民为先"的核心价值，不懈努力推进公众参

---

①　参见蓝蔚青执行主编《构建党政、市民、媒体、"三位一体"的"以民主促民生"工作机制》（杭州市决策咨询委员会政治组 2008 年报告），2008 年 12 月。

与的民主民生互动提升的制度机制，为探索中国特色的民主治理之路摸索出一整套制度实现形式，对全国各地的科学发展、构建和谐具有深刻的制度性启迪和借鉴意义。

（一）全面发展中"问题推动"的民主治理

作为最大的发展中国家，中国当前的根本任务依然是发展，发展是硬道理，发展是第一要务。但发展应是经济、社会、政治、文化及人的全面发展。作为人均 GDP 超过 10000 美元的杭州市，发展更应是在雄厚经济基础上的人的自由全面发展。为了应对和解决从交通、住房、名城保护到教育、生态、品质生活等一系列城市过大过快发展中的急迫问题，并在解决问题的过程中做到利益关系的协调均衡和各方的认同满意，杭州市市委、市政府带动社会各界和广大市民，持续不断地探索民主民生互动提升的各种途径和方式。因此，杭州市的一系列民主治理的有效制度和机制，是在服务于全面发展和紧紧围绕全面发展的过程中，出于对"发展问题"应对之策的制度解决之道。杭州市的民主治理之道之所以持续有效并得到人民群众的大力支持，正是因为它源于城市现代化实践中的发展问题，并以民主治理的方式制度化解决，还要接受解决问题效果如何的民主检验。它拒绝抽象的教条和模式，具有深厚的实践基础和群众基础，是在错综复杂的现代化实践中"问题推动"的民主治理，这也是任何政策和制度具有生命力的根本所在。

（二）党政主导的可控性民主治理

很多发展中国家经济的高速发展都具有政府主导的体制性特征，中国30 多年的改革开放进程更是具有党政主导的特色，这是中国政治制度的特征和优势，是集中力量办大事的组织资源和制度保障。杭州市在积极推进民主民生互动提升的制度机制中，建立和执行了党政、市民、媒体"三位一体"的工作机制，充分发挥党政的主导力、市民的主体力和媒体的引导力。党政的主导力体现在政策法规的制定、资金资源的保障、各方关系的协调、发展方向和规划的制定等诸多方面，集中体现为党政的执政能力和领导能力。正是这种高效集中的控制能力，使民主民生互动提升、全面发展的进程，在面对错综复杂的利益纠葛和大规模快速的城市扩张的局面下，依然处于党和政府的可控范围之中，党政主导的可控性民主治理，使民主民生协同共进，科学持续地推动了和谐发展。

（三）　渐进有序的民主治理

渐进有序的改革，是中国 30 多年改革成功的路径特征。这与发展中"问题推动"的改革模式有关，更与党政主导的可控性改革特征有关，也由中国社会的复杂国情和发展阶段所决定。渐进有序的改革，一是可以避免急剧大规模的社会动荡和混乱；二是尽量降低每次改革的社会成本和冲击，争取更多的社会认同和支持。杭州市的民主治理实践，是从老百姓身边的利益关系密切的生活实践出发，在每次的民生改善工程中实施民主机制，保障广大公众的参与权利，用民主机制保障公民的民主权利和工程的高质量高效益，并通过民生工程中民主的参与来提高公民的民主能力并提升民主水平，形成民主与民生互动提升、共进双赢的良性循环。从生活出发，服务于发展，在每次民主民生互动提升中建立和积累的制度机制，一条条地丰富着民主的制度资源，一点点地开拓着民主的空间范围，一步步地提升着公民的民主素质，使民主治理成为制度，使民主生活成为常态。这就是渐进有序的民主治理之路，也是中国未来民主发展的可行路径。

（四）　人民主体参与的民主治理

全心全意为人民服务是中国执政党和各级政府的根本宗旨，人民民主是社会主义的生命。人民的主体地位和主人翁作用，是在参与创造历史和发展的实践中得以体现的。要真正做到"发展为了人民、发展依靠人民、发展成果由人民共享、发展成效让人民检验"，就必须让人民广泛深入地参与到民主治理的实践之中。杭州市在民主民生互动提升的战略推进中，开拓和健全各种各样的制度途径和形式，切实保障人民对公共事务的有效民主参与，使市民的民主权利有了制度性的实现机制和根据。应充分发挥市民的主体力，充分调动市民参与的积极性，使民主治理成为人民主体的治理，成为人民共建共享的治理。

（五）　人民监督和满意的民主治理

人民的主体地位，不仅体现在民主治理过程的人民参与上，更重要的是人民对治理过程的监督和对治理绩效的检验。杭州市建立和健全了市民对民生工程的全过程监督机制，并由社会评价机制对党政各部门的工作绩效做出评估,这些制度机制不但保障了人民监督权的落实执行,也保障了民主治理成果的人民检验和人民共享,这也是保障普惠性社会公平的制度机制。民主治理的人民监督和人民满意,既是民生工程的根本要求,也是民主质量的根本要求,只有做到人民监督和人民满意,才能为科学发展、和谐构建奠定持续雄厚的民意基础和社会认同。

伟大的中国现代化实践日新月异,中国特色的城市民主治理之路还处于持续的探索中。杭州市创新的以公众参与为根本的民主民生共促和谐发展的制度机制,为我们任重而道远的民主治理之征途提供了制度性的启迪和借鉴,还须紧跟以人为本、全面发展的伟大进程,在问题中进一步推进,在实践中进一步完善。

四　公众参与城市民主治理制度之路的理论性探究

杭州市在落实科学发展、构建和谐社会的新的发展阶段,大力实施"民主民生"战略,积极推进"以民主促民生"工作机制,在调动和保障广大公众有效参与的基础上,使杭州市全面提升"生活品质之城"战略取得了骄人的成绩,同时也探索出了一条"公众参与城市民主治理的制度之路"。为了更进一步地提升"民主民生"战略的重大理论意义和现实意义,为"民主民生"战略的深入持续推进提供学理依据,这里进一步提出几个相关的理论性问题,并给出我们初步的理解,以期推动民主民生共促和谐发展制度建设的持久深入发展。

(一) 发展阶段与发展主题

人类文明的进步是沿一个个的台阶拾级而上,不同的历史阶段具有不同的发展条件和发展思路,因而历史呈现出不同的发展阶段。而不同的发展条件和发展思路,决定了不同阶段所关注的发展任务和发展主题也不同。对于决策者来说,最为重要的是清楚地认识自身所处的发展阶段,清楚地认识自身的发展主题,这样才能有所作为、有所成就。

作为最大的发展中国家,当代中国的发展呈现阶段性特征。新中国的成立,建立了社会主义的基本政治制度和经济制度,建立了初步的工业体系和经济体系,也确立了社会主义的基本价值追求。改革开放之初,在迅速恢复和健全基本政治制度的同时,确立了以"经济建设为中心"的基本路线，"效率优先"的市场化经济发展之路突飞猛进，中国经济连续 30 年高速增长，使中国成为全球第三大经济体。但在经济高速发展的同时，过度关注经济增长和经济效率，使我们也有意无意地忽视了环境生态问题、贫富分化问题、社会公平问题以及腐败问题，等等。21 世纪以来，科学发展观、和谐社会的提出和推进，正是因应了时代的发展要求和人们的需要。这为中国的地方政府在新时期的发展主题和发展任务指明了方向。

浙江省作为全国人均收入居第三位的省份，在全国的发展中更是"先行一步"，起到了"发展先行、问题先现、经验先出"的"带领作用"。杭州市作为省会城市，更是"先行先进"。2008 年，杭州全市人均GDP 按户籍人口和常住人口计算，分别达 10199 美元和 8699 美元。① 这已是中等发达国家的水平。在这样的发展阶段上，发展的主题和重任已不仅仅是效率优先和经济发展了。杭州市市委、市政府正是在这样的发展阶段，确立了科学发展、全面发展的新的发展战略，让发展的过程人人参与、让发展的成果人人享有。特别是适应一系列重大的涉及千家万户的民生工程，如"背街小巷改造""庭院改善""西湖综合保护""运河综合保护""西溪湿地综合保护""破七难"等，在工程实施的全过程中，以民主促民生，民主和民生共促和谐发展。杭州市的民主民生战略，以民主促民生机制是适应杭州发展新阶段的战略之举，是为推进新的发展主题和发展任务的制度之路，是在新的历史时期探索民主民生共进、共同构建和谐社会的地方创新。

（二）竞争性民主与协商性民主

不同的发展阶段具有不同的发展条件，就有不同的发展主题，这一道理同样适用于民主问题。

民主是人类政治生活的理想，同样是发展中国家的政治追求。但由于大多数发展中国家诞生于殖民地、半殖民地的屈辱地位，并被束缚于自给自足的落后经济状态，因此寻求民族独立和经济社会发展就成为发展中国家压倒一切的主题和任务。还有，发展中国家的后发现代化"赶超战

---

① 参见杭州市人民政府办公厅、杭州市统计局、国家统计局杭州调查队《杭州概览2009》，第 24 页。

略"，已处于发达国家崛起强大的国家竞争环境之中，很难有充足的时间和过程来"自然"地发展，这就必然要求集中国家的权力、整合社会所有的资源来实现"赶超式"发展，这便是广大发展中国家的现代化战略多是"国家主导型战略、国家引导的发展"的根源。

"国家主导的发展"，决定了大多数后发现代化国家采取了"发展第一""经济第一"，甚至"先经济、后民主"的发展战略。这在韩国、新加坡和中国台湾地区有明显表现。这自然地促成了两个后果：一是民主发展暂时让位于经济发展；二是竞争性民主让位于协商性民主。以全面普选为主要机制的竞争性民主，由于往往会消耗大量社会资源和注意力，易于引起社会政治性对抗和冲突，甚至出现撕裂族群和社会的现象，在后发现代化初期往往不是一个"优选方案"。而以平等权利、共同参与、集体协商和集体议事为特征的协商性民主，由于具有可控制性、渐进性和"一事一议"等优势，往往受到快速变迁中的后发国家的青睐。[①]

当今中国处于发展的机遇期和矛盾的凸显期，社会经济结构、阶层结构、利益关系急剧分化和复杂化，大规模竞争性民主机制的引进，必然会加剧和加深已经存在的社会分化和利益冲突。杭州市作为中国经济社会的先发达地区，频繁的、大规模的社会民生工程必然牵动千千万万人的切实利益，"弄不好，好事就可能变坏事"，甚至出现群体性事件和冲突。如何在发展中促进和谐秩序，在发展中共建共享，这是一个复杂的利益调整和利益整合的过程。以参与性和协商性民主来促进和保障民生工程的实施，正是调动每位利益相关者的主体责任，从身边事做起，从生活中出发，从一事一议、一点一滴中学会民主，在科学发展的道路上改善民生，在和谐社会的共建中推进民主。所以，杭州市的"民主民生"战略，是"先行一步"的和谐社会构建战略，协商性民主的推进对其他地区有很重要的借鉴意义。

（三）工程推动与制度推动

杭州市的"民主民生"战略和"以民主促民生机制"，着眼于杭州市的发展阶段和发展主题，着眼于杭州市"生活品质之城"的全面提升，

---

① 参见何包钢《协商民主：理论、方法与实践》，中国社会科学出版社 2008 年版，第34—36 页。

是构建和谐社会的重要之举，也是地方政府民主治理的创新之举。

但综观整个战略的实施过程和案例，"民主民生"战略主要是以"项目推动"的。如"背街小巷改造工程""破七难工程""庭院改善工程""西湖综合保护工程""运河综合保护工程""西溪湿地综合保护工程""中山路综合保护工程"等。以最具有典型意义的"庭院改善工程"为例，为了破解庭院改善过程中存在的困难，工程始终按照"围绕一个目标（改善民生）、把握一条主线（发扬民主）、坚持一个标准（百姓满意）"的要求，创新工作方法。依靠群众力量，发挥群众智慧，在庭院改善工程实施的前、中、后，建立起以"四问四权"为核心的民主工作机制："问情于民"落实知情权，"项目上不上"由民主机制定夺；"问需于民"落实选择权，"项目改什么"靠民主机制解决；"问计于民"落实参与权，"项目怎样改"用民主机制确定；"问绩于民"落实监督权，改善结果"好与坏"用民主机制评判。在工程的确立和实施中，初步形成了一套破解"民生难题"、落实为民办实事的有效机制。①

"工程推动"的"民主民生"战略，从老百姓的身边事做起，与老百姓利益息息相关，最能调动人民群众参与的积极性和主动性，也是一个循序渐进培养公民素质的过程，也容易为党政部门主导和控制，不易造成失控和无序，是一个有序扩大公民参与的过程。但工程项目千差万别，每个工程项目中，什么人参与、什么时候参与、通过什么途径和程序参与、参与效果如何评价等都可能不同。还有"工程项目"有始就有终，"工程"一结束，就意味着市民参与的结束。如何保证市民在和谐社会共建中持续地参与，既保证公民参与、协商民主的不断巩固和扩大，又保证公民利益表达机制和协调机制的法制化，这都有赖于"民主民生"战略的"制度推动"：用法制化的制度建设来保证"民主民生"战略实施的统一性、持续性。杭州市享有副省级省会城市的立法权，杭州市人大常委会可以通过总结和提高近几年来杭州市"民主民生战略"的实施经验，对凡是涉及重大社会影响的民生工程和公共事业项目，对党政、企业、媒体、社会组织和公民个体等各自的职责和参与程序等做出硬性规定，特别是用法规的规定保证公民有序参与的扩大和持续进行。还有，对民生工程中的"四

————

① 参见杭州市人民政府城市管理办公室《以庭院改善为试验田、创新民主促民生工作机制》（内部报告），2008年10月25日，第8—11页。

问四权"参与主体、参与程序、参与效果评价等也可以通过市委、市政府制定统一的规章和制度。最终使"民主民生战略"的实施从"工程推动"走上"制度推动"的长效机制和法治化道路。

（四）制度创新与制度衔接

"以民主促民生工作机制"，反映了杭州市市委、市政府面对快速城市发展中的问题，以科学发展观为指导、以构建和谐社会为目的，以人为本、以民为先、为民办实事的治理创新。这其中涉及一系列的制度创新，如党政、市民、媒体"三位一体"的工作机制，市、区（县）、街道、社区"四级联动"的保障机制，"四问四权"的市民参与程序等。这一系列制度创新的贯彻落实，有力地推动了"民主民生战略"的实施，极大地调动了工程项目各个参与方的积极性和责任感，明显地提高了工程项目的质量和品质，是民主参与和民生改善互动双赢的惠民利民工程。

但同时也要考虑到，在地方治理的制度创新中，既积极而为、大胆创新，又关注制度创新的连续性和"制度衔接"。关注"制度衔接"、保障制度的持续有效，这有两个方面的含义：一是与既有的基本政治制度的衔接，基本政治制度是人民当家做主的基本制度保障，是公民日常行使政治参与权利的基本渠道，有国家宪法和基本法律的法理依据。如公民通过人民代表大会制度行使各项民主权利，通过政治协商会议制度行使参政议政权利，通过基层民主自治制度行使各项直接民主权利。"民主民生战略"实施中的制度创新，尽量与现有的基本政治制度衔接，并充分发挥现有制度的潜力和空间，这样既是对国家宪法和法律的基本遵守，也可以最大限度地节约制度创新和制度实施的成本。如在民生工程实施监督中，可以充分发挥各级人大代表的作用，使各级人大真正行使地方国家权力机关的职能。二是与先行的制度创新相衔接，如杭州市在 2008 年之前"培育和发展社会复合主体"的制度创新，在促成新型社会创业平台和机制，推动党政界、知识界、行业界、媒体界等不同身份的人员的共同参与，构建新型社会创业主体方面形成了一系列行之有效的制度。① 2009 年市委、市政府大力推进的"以民主促民生工作机制"，就应该充分发挥"培育和发展

---

① 参见王国平主编《培育社会复合主体——研究与实践》，杭州出版社 2009 年版，第327—333 页。

社会复合主体"中形成的制度资源和制度体系,如"培育和发展社会复合主体"中对以行业协会为代表的社会组织的高度重视,并有鼓励社会组织参与复合主体的制度安排。在"以民主促民生工作机制"的制度创新中,就可以承接复合主体培育中对社会组织参与的制度安排,这样既保持了政策和制度的连续性,又有利于节约制度创新成本并扩大制度效益。

(五) 个体化参与与组织化参与

杭州市在实施"民主民生战略"和"以民主促民生工作机制"中,非常重视与工程项目有关的群体和市民个人的广泛参与和有效监督,这是工程项目质量和品质提升的制度保障,也是扩大公民有序参与,积极推进协商民主的重要之举,是老百姓身边的民主,是生活形态的民主。但从已有工程项目的实施过程总来看,公众参与的主要形态还是个体化的参与,组织化参与不平衡且不足。

公民个体化的参与,导致当前的公民政治参与力量很弱,在相关事务上的发言不能产生所预期的效果。单独的公民力量在信息的获取、相关背景材料的调查取证、参与的成本等方面都会产生一定的困难,他们的利益诉求由于缺乏社会组织力量的客观压力,并不能被相关职能部门所重视或采纳,并进而在相关决策中得以体现,使得诸如部分听证、建议建言、网络民主等往往形式意义大于实质意义。在目前的杭州市公民政治参与中,很大程度上都是公民个体化的分散式参与。无论是重大工程的参与,还是互联网公共论坛抑或人民建议征集活动,公民的利益聚合都不尽如人意。公众声音的过度分散也给政府决策带来一定难度,使其难以准确把握民意的重心所在。[①]

由于公民的参与主要是个体化的参与,故在组织化程度上各个阶层和群体表现的能力和力量就不同。这可能导致以下后果:一是在党政主导的参与过程中,哪个人或组织与党政机关越密切,越能对党政机关施加影响,就可能在工程参与中起到越大的作用;二是哪个群体的组织化程度越高,越能形成组织合力,就能节约参与的成本,形成越大的参与声音和参与力量;三是弱势群体由于人数众多、组织化成本很高,且单个个体的力

---

① 参见杭州市决策咨询委政治组调研报告《公民有序政治参与和制度创新的杭州经验》(内部报告),第 37 页。

量很弱，故在参与中自身利益往往得不到有效的表达和维护，这在诸如农民工群体、下岗职工群体、出租车司机群体等方面表现明显。如以调查的网络参与现象为例，从职业分布看，网民中学生的比例仍为最高（当然包括以玩游戏为主的上网学生），达到了36.2%；其次是企业单位工作人员，占总数的28.9%；排在第三位的是学校教师及行政人员，所占比例为7.4%；国家机关、党群组织工作人员所占比例为6.2%；事业单位工作人员所占比例为5.6%；而占人口极大部分的普通工人、农民的网络参与几乎空白。数字鸿沟的严重程度已变得非常严峻，可见公民获取信息的程度与其参与政治生活、获取政府服务的程度呈正相关。①

这就要求"立党为公、执政为民"的党和政府，在主导公民有序参与的过程中，注意各种组织力量的培育和平衡，让各个群体都能够有和其人数相当的组织化程度和组织力量。特别是人数众多的弱势群体组织化程度的培育和提高，如农民工协会、出租车司机协会等的建立和发展。组织化的公民参与，一是可以让各个群体的声音和利益得到同等程度的表达和维护，有利于实现社会公平和正义；二是组织化参与，可以初步整合和凝聚公民个体分散的利益要求，既可以保持有序的公民参与，又可以得到清楚表达的利益要求，有助于党政的决策和执行。

扩大公民有序参与，提高组织化参与水平，应是今后推进"民主民生战略"的一个方向和重点。组织化参与的水平，也是一个社会整体民主品质的标志和反映。

民主民生共促和谐发展中涉及深刻复杂的理论问题，如党政主导与社会主体问题、发展型社会中民主是目的还是手段的问题等。对这些问题的研究和辨明有益于深刻理解"民主民生共促和谐发展"在中国现代化进程中的重大意义，有助于"民主民生战略"的持续推进。

总之，杭州市在实施"民主民生战略"中，努力推动人民主体作用的发挥，在公众参与的"四问四权"制度典型及其扩展中，探索出了一条以公众参与为根本的城市民主治理的制度之路。在公众参与中了解民意，在公众参与中调节利益，在公众参与中化解矛盾，在公众参与中让人民满意，真正在制度机制上实现了以民主促进民生，在民生改善中落实民

---

① 参见杭州市决策咨询委政治组调研报告《公民有序政治参与和制度创新的杭州经验》（内部报告），第43页。

主。民主、民生互动提升，共同推动城市的民主治理，这种扎实有效的制度性探索，在急剧现代化和城市化的当前中国大变革中，不仅是民生改善的提升之路，也是民主成长的生发之径，这不正是中国现代化进程中主题性问题的制度解决之道吗？

辛亥革命的制度变迁意义及民主启示

　　中华文明自成一脉、源远流长，自秦始皇统一六国，创制秦帝国以来，2132 年间经多少王朝更替、兴衰沉浮。然皇位易主，皇权专制的政体结构却从未改变，其间不乏变法、革新、造反、动乱，却从没有政体更替意义上的制度性革命。① 辛亥革命一声霹雳，拦腰斩断了千年帝制的上层结构，实现了根本制度意义上的政体转换，从此开辟了中华政治文明的崭新道路和发展空间，"这是胜过过去无数次起事的伟大业绩"。②

　　今天我们在此纪念辛亥革命，就需要从中国现代化百年来艰难曲折的历程中深刻反思：为什么两千多年维系不坠的帝王体制在 20 世纪之初如此不堪一击，制度衰败何以至此？为什么看似完美的民国共和体制，如此脆弱，共和国转瞬成为"幻象"？为什么近代中国的民主共和之路如此曲折漫长，民主共和体制需要什么样的基础条件和结构性支持？这是一些很大的问题，本文尝试给予初步阐释，以求教于方家。

　　制度是人类行为和生活交往中的基本规范，政治制度更是规范政治权力的来源、授予、运作、监督和交替的基本规则和原则，在国家的政治生活和社会生活中发挥着根本性的主导作用。政治制度的有效和持续，取决于政治制度体系的环境适应性、结构合理性、功能有效性和正当合法性。政治制度体系这四种属性的整体协调、互动提升是一套制度体系活力和存续能力的关键。我们对以上三大问题的解释，即是在政治制度这四种属性的分析框架下进行的。这只是发展政治学分析问题和解释问题的视角之一，并不排斥其他的视角和分析架构。

----

　　① 参见钱穆《中国历代政治得失》，生活·读书·新知三联书店 2001 年第一版，第 166—167 页。

　　② ［美］费正清编：《剑桥中华民国史》上卷，杨品泉等译，中国社会科学出版社 1994 年版，第 200 页。

一 为什么两千多年的帝王体制,至晚清却陷入制度衰败的不归之路?

中华政治文明发育早熟,自成一脉。公元前 221 年,秦始皇统一中国,大一统的中央集权的政治制度架构基本建成,其间经历了众多的王朝更替,分合变幻,甚至被外族侵入和统治,但帝王体制经过不断的变法和革新,在干扰和修复中终能保持基本制度架构于不坠。这得益于帝王体制的复杂结构和适时调适,得益于农耕文明的基本生产和生活方式的不变,还得益于中华文明的相对封闭性和对异域文明的同化包容。

然而进入 19 世纪以后,西方先发国家以工业文明为基础的国力日渐强盛,殖民扩张野心难以遏制。古老的中华文明帝王体制遭遇了数千年未有之大变局,在列强的不断侵扰和打击下,外扰和内乱的持续激荡和升级,使千年帝王体制跌入不断衰竭的制度衰败之路。从政治制度体系结构和功能的分析视角来看,主要体系在以下方面。

其一,帝王体制腐朽僵化,适应性衰竭。政治制度是人类政治生活的规范和保障,是在一定的社会和政治环境中生成和运作的,制度有效性首先取决于制度适应社会变迁和政治发展需要的及时性和灵活性。中华帝制在两千多年的农耕文明相对封闭的环境中,通过不断的微调和改善而能居高临下地应对和同化异域文明的冲击,而浑然保持延续和生机。然而在工业文明和现代国家勃兴之际,在国门渐开、列强环伺的大变局中,晚清政府故步自封、墨守成规,迟迟不能迈开变革的步伐。就是在 1840 年鸦片战争之后,国门被强行打开、遭受极大屈辱之后,帝王体制也"全无反应",不能及时适应巨变,快速革新。只是在时局的强力推促之下,直到 1860 年第二次鸦片战争再败之后,才不得不兴办自强自救的洋务运动,但也只是在"器物"层面上急于"自卫",幻想"师夷之长技以制夷"。可惜此时,"最低限度,它使中国抛掷了 20 年宝贵时间"[1]。帝王体制相延已久,体系庞杂,难以革新,稍有喘息机会,即苟且偷生。每次变革,都是在遭受巨大冲击和屈辱之后,而不得不为之的被动无奈之举,而少有主动积极的自觉性适应革新。"冲击—反应"

---

[1] 黄仁宇:《中国大历史》,生活·读书·新知三联书店 1997 年版,第 255 页。

的被动适应性模式，也成为晚清政府所谓变革的基本路径模式。1895 年
中日甲午战争，泱泱大国惨败于蕞尔小国，30 多年的"洋务事业"转瞬
灰飞烟灭，痛定之后才无奈推行"戊戌变法"。1900 年"庚子国变"，
慈禧太后和光绪皇帝被吓破了胆后，才忍痛推行所谓的"清末新政"。
体制性僵化，适应性衰竭，内忧和外患，强行拖着老大帝国的体制一步
步地走向崩溃瓦解。

　　其二，帝王体制盘根错节，结构性固化。任何政治体制，都是生存
和服务于一定社会政治统治的系统体系，具有复杂的结构要素和结构关
系，适应于一定的环境，输出一定的政治功能。结构决定功能，结构和
功能的互动调适，维系着政治体制的生机和活力。所以，结构要素和结
构关系的适应调适，是政治体制环境适应性和功能有效性的根本和关
键。从秦帝国至晚清，中华帝制的结构体系，在基本架构维持不变的情
况下，在君权和相权、中央政府机构设置、中央政府与地方政府关系等
方面都有不少变革和调整，以维持在社会变迁中的结构合理性。然晚清
以来，帝王体制积习陈旧，结构体系盘根错节，附着于结构体系之上的
利益关系更是根深蒂固，加上最高统治者的狭隘偏私，帝王体制的结构
性变革迟迟无法推进。19 世纪 60 年代之后的洋务运动，只是在维护传
统帝制结构不变下，以军事技术为核心的"器物"层面的自救自强。
1895 年遭受甲午战争重创之后的"戊戌变法"，则是企图在政治上层架
构中有所变革，但稍微侵害上层保守集团的结构性利益即遭毁灭性打
击，"戊戌变法"转瞬即成"戊戌政变"，无疾而终。20 世纪初的清末
新政步履维艰，其中的"预备立宪"一再拖延：1906 年 9 月清廷发布预
备立宪诏；1907 年 9 月公布《九年筹备立宪清单》；1908 年 8 月颁布
《钦定宪法大纲》，规定大清帝国万世一系，预备立宪以 9 年为期；1910
年 10 月在国会请愿运动的压力下，清廷不得不宣布立即组织内阁，表示
1913 年召开国会；1911 年 5 月清廷公布内阁名单，"满九汉四"的"皇
族内阁"出炉。立宪派分享政权的希望完全破灭，最后一刻，连梁启超
也抛弃了立宪的幻想，转而支持革命。清末新政也许不乏"真诚"，但
为时已晚，"整个问题像滚雪球似地从外围发展到核心"。① 根基已经腐

① ［美］李侃如：《治理中国——从革命到改革》，胡国成、赵梅译，中国社会科学出版社
2010 年版，第 24 页。

烂，朽木不可雕也，越来越多的人对立宪改良失去信心。结构性革新拖延的代价终于要得以清算，"姗姗来迟的变法，已经不能挽救病入膏肓的清王朝，改变不了它必然倾覆的命运了"，① 根本性国家制度"革命"在所难免。

其三，帝王体制失衡紊乱，功能性失效。政治体制的功能是政治体系在一定的环境中的政治输出和产品，是体系环境适应性和结构合理性的体现和反映，也是政治体系维持活力和持续绩效的保证。好的政治体制的标准，最终体现在政治体系的功能输出上，如能够保证国家安全、政治稳定、经济发展和社会繁荣。中华帝制几千年得以延续，反映了在封闭农耕环境中政治体系的相对有效性，也使中华文明得以在几大古老文明中绵延不绝、薪火相传。但 19 世纪中叶以来，晚清帝制日益呈现出功能性失衡和紊乱，一个接一个的丧权辱国条约的签订，国家领土和主权的被蚕食，说明帝王体制在工业文明时代功能性残缺，已经不能提供保护国家安全和领土完整的对外政治功能。对内，帝王体制的政治功能也不能提供基本的社会稳定和秩序，软弱无能的统治者、腐败横行的官员、人口的压力和资源的匮乏，加上列强的侵扰，内忧外患一步步地推促中国社会陷入了社会的动荡和失序。仅太平天国运动（1850—1864）、捻军起义（1853—1868）、西南回民起义（1855—1873）、西北回民起义（1862—1878）四次起义，就造成了巨大的社会动荡和破坏，并有约 1 亿人丧生。② 最后，迫不得已而为之的不协调的结构性革新，也造成了中央与地方权力的失衡，中央权威流失，地方绅权扩展，并直接促发了反抗风潮。1909 年清王朝决定在全国各省成立咨议局，咨议局立即成为保护地方利益、对抗中央王权的组织化和制度化机构，如 1911 年 5 月在四川咨议局领导下发生的对抗中央铁路国有化的"保路风潮"。帝王体制功能性失衡，政治统治和政治整合失效，地方分权和地方自治倾向蔓延。1911 年 10 月 10 日，武昌起义一声枪响，各地政府纷纷响应，短短一个月内，全国宣布脱离清廷独立者已达 13 个省，千年帝制顷刻瓦解。

其四，帝王体制威信尽失，正当性枯竭。政治体制的正当性，是指政

---

① 王宪明、蔡乐苏主编：《中国近现代史述要》，清华大学出版社 2008 年版，第 88 页。
② 参见［美］李侃如《治理中国——从革命到改革》，胡国成、赵梅译，中国社会科学出版社 2010 年版，第 22—23 页。

治共同体成员对政治体制的构成和政治权力运行的认同和支持。这种认同和支持是对体制合法性和功能有效性的认可和肯定，是从长期的政治实践中得以形成和验证的，也以一定政治意识形态作为基础和理论支撑。简单地说，政治正当性是对意识形态说服力和体制有效性的认可和认定。政治正当性越丰厚的体制，越能得到政治成员自觉自愿的服从和支持，越能减少政治运作成本，提高体制功能效益。这对现代体制是如此，对传统体制也是如此。

中国传统帝王体制的意识形态，是以儒家的意识形态为基本理论的，其中包括以家庭伦理为中心、以忠孝仁义为基础的价值观、大一统仁政理想的社会观和"天不变道亦不变"的哲学观。①"奉天承运""君权天授""主权在君""忠君爱民""三纲五常"等，构成了这一意识形态的基本规范，也在维系着几千年帝王体制的运行。但"仁政德政""爱民如子"等理想，最后是要靠良好的体制运作效益来检验的，这也构成了"内圣外王"理想和子民生活困境之间持续的紧张。19世纪以来中国的悲惨境遇，外不能抵御列强，内不能安定民生，列强强加的屈辱、内乱造成的失序，不断侵蚀着帝王体制的正当性资源。特别是帝王体制的适应性衰竭、结构性固化和功能性失效，使帝王体制的正当性支持急剧流失。1900年"庚子国变"之后，空前深重的社会危机、蜂起的民变与此消彼长的革命火焰交错更迭、相互激荡，表明清政权已经失尽人心。从1902年到1911年，各地民变多达1300余起，平均每两天半发生一起。②此外，加上西方自由学说的传播和革命党人不懈的抗争，"主权在民"、国民平等、民主共和等观念逐渐深入人心。这一切都在耗损着帝王体制的正当性资源。

当历史老人终于迈进20世纪，中华大地处于剧变的前夜，从功能性的"器物层面"到结构性的"制度层面"，再到意识形态性的"文化层面"，千年帝王体制的威严尽失，作为正当性基础的"共尊共信"全无，中国社会全面性危机蔓延，最终导致制度性"革命"难以阻挡，新文化运动呼之欲出。

---

① 参见金观涛、刘青峰《开放中的变迁——再论中国社会超稳定结构》，法律出版社2011年版，第69—71页。

② 参见陈旭麓《近代中国社会的新陈代谢》，上海社会科学院出版社2006年版，第313页。

二　为什么急速成功的制度性"革命"，也急速地逆转为"共和国幻象"？

　　"革命是唯一让我们直接地、不可避免地面对开端问题的政治事件。"① 辛亥革命的伟大划时代历史意义正在于此。"辛亥革命的最大成就就是推翻了两千年来的帝制而确立了适应世界潮流的共和制度，这是一次大的国家结构模式的转换"，② 它使运行了 2132 年的帝王体制突然终止，从此为中国政治文明的延续开启了崭新的道路和空间。

　　辛亥革命使民主共和观念广为传播、深入人心。在革命党人和支持共和革命的志士的不断抗争下，现代政治文明的观念得以在中国古老帝制的政治环境中传播开来。辛亥革命后，1912 年 3 月颁布的《中华民国临时约法》，更是以根本大法的尊严明确规定了"中华民国之主权属于国民全体""中华民国国民一律平等"、国民享有各种自由民主权利等现代民主观念。这是对"君权天授""忠孝仁义"等传统政治观念的革命性颠覆，使民主共和国的政治发展之路成为未来百年中国政治发展的必然趋势，也使"敢有帝制自为者，天下共击之"成为天下人的共识。

　　辛亥革命使现代资产阶级的政治制度得以建构并初步实践。孙中山先生领导的同盟会等组织已具备现代政党的组织雏形，推动了中国现代政党制度的形成。《中华民国临时约法》明确规定了总统制、责任内阁制、议会制、选举制和国民权利保障等一系列现代政治制度形式，使民主共和制的政治形态在中国得以落地实现并初步运行。

　　辛亥革命的成果给了帝王体制致命一击，帝制从此难以复活。但辛亥革命促成的民主共和之子却成长艰难。为什么民主共和国制度转瞬逆转为"共和国幻象"？这同样可以从民国初年共和体制的环境适应性、结构合理性、功能有效性和正当合法性四个方面加以阐释。

　　第一，民国初年的共和体制难以适应当时中国社会紧迫的政治任务和国情现实。民主共和制度虽然美好，但只能是未来的目标和理想。共和体制在当时的国际国内条件下，难以适应抵御列强侵扰、保证国家主权和领

---

① ［美］汉娜·阿伦特：《论革命》，陈周旺译，译林出版社 2007 年版，第 10 页。
② 罗荣渠：《现代化新论续篇》，北京大学出版社 1997 年版，第 110 页。

土完整的紧迫任务，难以适应国内保证秩序稳定、发展经济和安定民生的急切需要，难以适应中下层社会结构基本未变的残酷现实。民国成立之时，"当日所写之宪法与下面一大群农村组织之关系极微，因为乡民的识字率一般认为只有5%"①。或者说"只是皇帝的龙牌被摘下来而已，农村社会秩序并没有变化"。② 1912年12月持续到1913年1月的县议会、省议会和国会两院议员的选举中，全国登记的选民仅占全国人口的4%—6%。③ 从西方移植过来的现代制度体制，并不完全适应中国落后的社会现实和国情，因而，发生制度性逆转也就在所难免了。

第二，民国初年共和体制的制度结构，难以得到各派政治力量的持续支持。政治制度体系的结构合理和有效运行，不仅需要宪法性规定的周密严谨，更为重要的是必须得到各派政治势力的遵守和支持，而各派政治势力之所以自觉和被迫遵守宪法规定，实为各派政治势力的制约和均衡所致。如果有哪一派政治力量胆敢破坏法律制度规则，必然得到反对力量的制约和法律的制裁。而民国初年虽有总统制和内阁制、两党制和多党制、单一制和联邦制等种种政治辩论，有国民党、进步党和旧官僚派三大势力，但各派政治力量只是根据自身的政治利益对共和体制加以阐发，对民主共和体制衷心拥护和支持者少之又少。共和体制成了各派可以根据自身利益随意加以解释和更改的政治工具，国民党对共和体制也许痴心拥护，但因有心无力而无法抗衡袁世凯；进步党对共和体制认同接受，但内心对袁世凯抱有幻想，期盼着"开明专制"；旧官僚派对共和体制无奈默认，但时刻关注旧时的体制和利益。袁世凯表面上接受共和，实为了得到大总统职位，暗中却一步步剪除异己，走向专制。1913年宋教仁的被暗杀，国民党人被迫"二次革命"及其旋即失败，标志着共和体制的被架空和废止，民主共和制成为"幻象"。

第三，民国初年的共和体制，功能输出无法有效。由于民国初年的各派政治力量少有真心拥护共和体制的真诚，加之共和体制属于"上层革命"，和广大的中下层社会阶层几无关联，无法形成雄厚的社会支持基础

---

① 黄仁宇：《中国大历史》，生活·读书·新知三联书店1997年版，第269页。

② 金观涛、刘青峰：《开放中的变迁——再论中社会超稳定结构》，法律出版社2011年版，第142页。

③ 参见［美］费正清编《剑桥中华民国史》上卷，杨品泉等译，中国社会科学出版社1994年版，第214页。

和民意基础。支持共和的人没有政治力量和决策权力，有政治力量和决策权力者又不真心支持共和。袁世凯假共和之名，行集权之实，可想而知共和体制的命运和结局。虽然以孙中山为首的南京临时政府在短短的三个月时间内颁布了三十几道革命法令，如改用阳历、限期剪辫子、废除跪拜、禁止缠足、禁止吸食鸦片、禁止刑讯、销毁刑具、颁布一些关于"振兴实业，改良商货"的通告等，无一不带有移风易俗、革故鼎新之效，但短命的共和体制随即被袁世凯专制和军阀混战所替代，民主共和的强大功能无法发挥，共和体制的正当性也就自然被人质疑和批判了。

第四，共和体制的正当合法性遭受质疑。民主共和体制的运行和维系需要一系列社会和政治条件：发育健全的公民社会、多元互补的开放文化、平等竞争的政党制度、自由竞争的市场经济等，更需要各派政治力量的平等、协商、宽容、竞争的精神。但当时中国时局任务紧迫复杂，共和体制仓促构建，各派政治人物甚至不知体制如何运作。共和体制没有强大政治力量的支撑，致使功能难以充分发挥。陈旧的帝国体制已经拆除，而稚嫩的共和体制无力施展。以军事力量为基础的"实力政治"横行于世，阴谋和政变成为家常便饭，军事实力的较量成为掌权的唯一依据。"军阀割据使刚出生的中华民国丧失了所有尊严，这情形也造成了十多年的憔悴和失望。"[①] 何止十年！共和体制功能不彰，也造成了国人对民主共和正当性的持久的质疑和诘难。

三　为什么近代中国的民主共和之路如此艰难，需要什么样的社会条件和结构性支持？

问题是复杂的，而回答只能是简单的。从近代中国政治发展的历史曲折中得出的启示是，从制度变迁的意义上，民主共和体制需要适应社会发展不同历史阶段的趋势和任务，紧紧围绕国家的独立富强和人民幸福的阶段性主题；需要民主共和体制的宪法性规定合理严谨，并能够得到各派政治力量和社会民众的真诚支持；需要民主共和体制能够有效运作，充分保证政治整合、经济发展和社会进步；需要民主共和理念的深入人心，民主文化的落地生根，民主成为民众的生活方式。这需要民主生活的伸展、民

---

① 黄仁宇：《中国大历史》，生活·读书·新知三联书店 1997 年版，第 271 页。

主生活的累积。而近代中国的时局和形势，并没有给予多少民主共和体制自然生成的时间和空间。

"革命尚未成功，同志仍需努力"，孙中山先生的遗训，时刻激励着中华民族的优秀儿女。值此纪念辛亥革命一百周年之际，海内外的中华儿女都应奋力推进中国的民主共和建设。

民主共和建设任重而道远，需要扎实而有序地推进，奠定更加坚实的经济基础和社会条件，完善健全而有效的法治体系，包容各方积极的政治力量，维护持久和平的发展环境，民主而繁荣的中华民族的复兴就一定能够实现。

中国民主发展的制度特征与功能特征

发展，是一个社会灵魂的觉醒。

作为世界上最大的发展中国家，中国现代化的发展奇迹吸引了全世界的目光。

"中国谜团"？

"不一样的中国"！

"巨龙出水"！

"中国崛起"！

"中国道路"……

当全世界把惊诧和赞叹献给中国的时候，人们在费力地解读这个"并非神话的中国发展故事"。

"秩序、效率、民主"——独具特色的中国社会主义民主发展道路，也许正是其答案之核心。

当代中国人民在自己的革命、建设与改革实践中，经过长期艰苦地探索，找到了一条以实现人民当家做主为根本目的，以共产党领导、人民当家做主和依法治国有机统一为本质特征，以人民代表大会制度、共产党领导的多党合作和政治协商制度、民族区域自治制度、基层民主自治制度为制度框架的民主发展道路。

经过60多年不懈的发展和完善，民主制度更加健全，民主形式更加丰富，民主水平不断提高，保障了人民当家做主权利的有效行使，实现了秩序、效率和民主的协同共进，这是中国现代化之梦实现、中华民族伟大复兴的坚强政治保证。

一 有秩序的民主

世界各国现代化发展的经验和教训证明：秩序和稳定是发展的前提。

作为最大的后发现代化国家，中国的现代化进程具有政党和政府主导型特点，现代化进程是由政党和政府启动、组织和领导的，是自上而下地持续推进的。

现代化意味着变革、开放，意味着民主、法治，这必然要求原有的政治秩序做出相应的调整或革命，但这种调整或革命必须保持有序地进行，并能以政治系统的有序和坚强有力推动经济秩序、社会秩序的有序变迁。

1840 年以来，中国不仅受尽了大大小小帝国主义列强的侵略和侮辱，国家内部也是割据混乱、动荡不已，经济社会无从发展，民不聊生，更遑论民主权利、政治建设。

以中国共产党为组织和权力核心的中国政治制度和运作机制，保证了中国现代化进程的有序推进，保证了中国民主的有序发展。

从成立之日起，中国共产党就高扬民主的旗帜，就以实现真正的人民民主为己任，向专制制度发起了彻底的不妥协的英勇斗争。中国人民正是在中国共产党的领导下，推翻了"三座大山"的压迫和奴役，第一次真正掌握了国家和自己的命运。从这个意义上而言，中国共产党的领导地位是历史的选择、人民的选择，符合中国现代化发展的历史规律。

在当代中国，中国共产党的领导和执政，是保障人民当家做主、充分行使民主权利的需要；是调动广大人民积极性、主动性和创造性，团结一心、共同推进现代化事业的需要；是维护国家统一、社会和谐稳定的需要；是保证中国梦实现、中华民族复兴的需要。中国共产党的领导和执政，符合广大人民的长远和根本利益，具有现实的合理性。

中国共产党领导和建立了一系列保证人民当家做主的制度和机制，领导和保证了各级国家机关的高效协调的运转，保证了政治改革和经济改革、社会改革的协调配套。这是一些陷入混乱、动荡的发展中国家所无法比拟的政治优势。

正是在中国共产党的统一领导、组织和协调下，中国现代化的各项改革开放事业顺利推进，中国特色的社会主义民主政治建设有序发展。

二　有效率的民主

当代中国的政治制度，源于中国共产党领导的新民主主义革命的胜利，是在争取民族独立和人民解放的斗争和向社会主义的过渡中逐步建立的。所以，当代中国社会主义民主发展的基础是在半殖民地半封建的贫穷落后的社会基础上开始的。

中国共产党领导中国革命成功之后，在当时的国际和国内条件下，按照马克思主义的指导思想和共产党的宗旨，加上当时紧迫的发展经济和改善人民生活的任务，只能走社会主义道路，并相继建立了一整套经济和政治制度。经济上，以公有制为基础，建立了计划经济体制，并迅速建立起独立的工业体系和国民经济体系；政治上，以共产党为组织和权力核心，建立了人民代表大会制度、共产党领导的多党合作和政治协商制度，在少数民族地区实行民族区域自治制度。以民主集中制为政治原则和组织原则，高度集中的经济权力和政治权力，对在较短时间内动员社会、发展经济做出了历史性的贡献；但长期的发展中也存在着许多需要解决的问题。

生产力落后、经济不发达、人民生活贫困，加之要在几十年的时间内跨越发达国家几百年走过的路，因此，中国现代化的发展速度必须是快速的甚至是超速的。

对于当代中国现代化发展，第一要务是调动人民的积极性，促进经济社会快速发展，提高人民生活水平。所以，效率也就成为政治发展目标的首要选项。

没有高效有力的政治系统，就不可能给现代化建设提供足够的动力和有效的组织和领导。中国现代化进程中的民主发展必须满足以下功能要求：政治决策的高效统一；行政和司法系统的高效有力；政治体系推动经济发展的高效持续；政治系统维护社会稳定、社会进步的高效全面。

有效率的民主，在国家政权层面，就要求各级国家机关统一、高效、协调运转，保证国家法律和政策的贯彻执行；在社会公共领域，要求丰富民主制度和形式，不断扩大公民有序参与，调动广大人民建设现代化国家的积极性。

当代中国 60 多年来的现代化进程，建立和发展了一系列民主制度和民主形式，既保证了人民当家做主权利的有效行使，又保证了国家机关的高效运转和法律政策的有效执行，是一个有效率的民主制度。

广大人民通过人民代表大会制度，行使管理国家政治生活和社会生活的权力。各级人民代表大会的组织制度和工作制度建设不断完善，使人民代表大会的权力不断加强和落实。

各民主党派和无党派人士及其各自所联系的群众通过共产党领导的多党合作和政治协商制度，发挥政治协商、民主监督和参政议政的职能，社会主义协商民主不断得以提升和完善。

各少数民族人民通过民族区域自治制度，行使少数民族人民在自治地方当家做主的权利，有力地保证了少数民族地区经济和社会全面发展。

各级政府和各级法院、检察院，由各级人民代表大会产生，对人民代表大会负责，受人民代表大会监督。在依法行政、严格执法和公正司法的同时，通过各种形式的政务公开、检务公开和人民陪审员、人民检察员等制度，有序扩大公民对政府和司法活动的参与，保证有效民主的实现。

在基层自治组织中，广大人民群众通过村民自治、社区自治和职工代表大会等制度形式，运用民主选举、民主决策、民主管理、民主监督的各项民主权利，实现了自我管理、自我服务、自我教育、自我监督的生动实践。

近几年来，通过建立和完善丰富的民主形式，广大人民的选举权、知情权、参与权和监督权不断落实，有效的民主功能充分发挥，如各级人大的民主立法、开门立法制度，人大对政府的监督制度，人大信访接待制度；政府的民主决策制度、听证制度；人民信访制度、社会和舆论监督制度等不断丰富和完善。

当代中国的民主，是有效的民主，这不仅体现在政治系统的高效运作中，也体现在有效的社会动员、国家整合中，改革开放以来中国的经济社会发展和政治文明建设所取得的成就、中国现代化的全面进步、中国梦的日益实现就是明证。

三　中国民主的制度特征和功能特征

当代中国特色社会主义的民主建设，所依据的中国国情和实际，最为根本的有两条：一是中国共产党的领导和社会主义制度，中国的民主是社会主义的民主；二是中国正处于并将长期处于社会主义初级阶段，发展和实现现代化是为迫切的第一要务。这就从根本上决定了当代中国民主发展的制度特征和功能特征。

从制度特征上来看，当代中国民主的特征是共产党领导、人民当家做主和依法治国的有机统一。这由中国近现代历史发展所决定，也为中国现代化现实发展所需要。

中国共产党的领导，就是领导、支持和保证人民当家做主，是人民当家做主和依法治国的根本保证。为完成这两条保证使命，中国共产党从组织上、制度上、作风上做到科学执政、民主执政、依法执政尤为重要，以党内民主带动人民民主尤为根本。

人民当家做主，是社会主义民主政治的本质要求，怎样实现这一本质要求，需要不断探索和发展保障人民行使民主权利的制度机制和有效形式。

依法治国，是市场经济条件下社会关系、利益关系复杂化的必然要求，是治国理政的基本方略。这就要求建立依法治国的制度体制和保障机制，通过司法体制的改革和完善，真正做到有法可依、严格执法、公正执法。

从功能特征上来看，中国为了完成最大发展中国家现代化的重任，中国的政治制度必须发挥秩序、效率和民主协同共进的政治功能。也即政治系统的秩序是建立在民主合法性基础之上的秩序，又是富有效率的秩序；政治系统的效率是秩序组织下的效率，又是公民积极参与、民主推动的效率；政治系统的民主是有秩序、和平的民主，又是有效率、有权威的民主。

中国民主政治中的共产党领导、人民当家做主和依法治国有机统一的制度特征，正是为了保证秩序、效率和民主协同共进的政治功能的发挥。

"民主不可能一夜之间成熟起来"，没有民主基础的发育和民主条件的生成，民主是不能靠强权和暴力从外而内、从上到下强制移植的。许多发展中国家匆忙建立的"民主形式"，之所以多数陷于困境或遭到颠覆，更多是由于没有政治效率、经济发展和社会进步的支持而处于流沙之上。

当代中国的民主建设是在共产党领导下的有秩序的民主，是保证经济发展、社会进步的有效率的民主，是秩序、效率和民主协同共进的民主。当代中国的民主政治为当代中国的经济发展和社会全面进步提供了坚实可靠的政治保障和动力源泉，这也许是"中国谜团"的"谜底"之一。

四　发展民主任重道远

现实中的社会主义国家都是在生产力落后的国家起始的，当代中国的社会主义政权建立以后，面临着急切的生存和发展的重任。这与发达资本主义国家的发展道路不同，也与马克思当年设想的理想社会主义不同。经过艰难曲折的探索，中国找到了社会主义市场经济的道路。由此带来所有制成分多样化、经济组织多样化、分配方式多元化、阶级阶层分层分化，人们的利益要求出现了分歧差别甚至矛盾冲突。为了适应和促进经济和社会的发展，为了保证现代化全面进步，必须进一步推进政治体制的改革，完善民主发展的制度和形式。

在复杂多变的国内和国际局势下，当代中国全面步入现代化发展的关键时期，机遇和挑战并存，当代中国的民主发展必须正视和解决以下问题。

第一，社会公平与正义问题。阶级阶层分化、利益多样化条件下的利益表达和协调机制问题，贫富分化、不平等、贫困等社会公正问题是影响社会和谐稳定、经济和社会长期持续发展的重大问题。

第二，执政能力和治理能力问题。公共权力的有效行使和监督机制问题，特别是遏制腐败问题影响到执政党和政府的形象，影响政府的治理能力，是关系执政党和国家生死存亡的问题。

第三，民主、和平发展问题。全球化进程加快，中国日益全面融入国际社会，担当着国际大国的责任，但同时，国际竞争激烈，面临全球化条件下的国际压力和挑战。

当代中国民主发展的核心问题是共产党的领导和人民民主的关系问题。但"党的执政地位不是与生俱来的，也不是一劳永逸的"，外有全球化条件下国际竞争的压力和挑战，内有利益分化条件下的贫富分化、社会不公和腐败，对执政党的执政地位和能力提出了严峻挑战。执政党及时提出加强党的执政能力建设，提高科学执政、民主执政、依法执政的水平；近年来同时也实施"党员权利保障条例""党内监督条例""党内纪律处分条例""党政领导干部选拔任用工作条例""建立健全教育、制度、监督并重的惩治和预防腐败体系实施纲要"等一系列党内法规和制度。

同时，在加强人民民主和依法治国方面，也有一系列积极的探索和发展完善和丰富民主的实现形式。如人大的加强立法和监督工作、立法听证等；政府的政务公开、价格听证等；司法改革以及"人民陪审员""人民检察员"等；基层民主也在不断深化和完善。总之，在完善人大、政协、民族自治、基层民主这些基本政治制度的同时，在政治生活和公共管理中积极探索民主管理的丰富形式，如票决制、公示制、听证会、问责制、评估、质询、审计、环境评估、公推公选、"三票制"等。各地的民主实现形式创新蓬蓬勃勃，未来取决于民主实践的不断探索和发展。

为了迎接挑战、解决问题，保证中国现代化事业和民主政治顺利推进，中国未来的民主政治发展需要把握以下几点。

一是坚持共产党的领导、人民当家做主和依法治国有机统一的基本方针，发挥社会主义政治制度的特点和优势。

二是坚定不移地走中国特色的民主发展道路，结合不断变化的中国发展实际和需要，积极探索和创新民主实现机制。

三是积极稳妥推进政治体制改革，坚持政治文明和物质文明、精神文明协调发展，构建社会主义和谐社会，服务于"两个百年"现代化目标的实现。

四是努力完善民主制度，丰富民主形式，推动民主建设的制度化、法治化水平，提高民主质量，提升民主品质，切实落实和保障广大人民当家做主的权利。

五是在国际事务中，主张国际关系的民主化和发展模式的多样化，推动建立公正合理的国际政治经济新秩序，坚决反对各种形式的霸权主义和强权政治，坚定地走民主、和平的发展道路。

当代中国特色社会主义的民主道路，是和平发展之路、国家富强之路、人民幸福之路，中国人民将坚定不移地沿着这条道路走下去，推动中国现代化的全面进步，实现中华民族伟大复兴的百年梦想。

全面现代化进程之中的政治改革

中国的改革开放事业是一场全方位深入的社会革命，它广泛而深刻地推动着经济、政治、文化及人本身的全面进步和发展。作为改革开放总设计师的邓小平同志始终关注着政治体制改革，他纵观历史，以马克思主义基本原理为指导，结合当代国际、国内现实，在不同时期、不同场合多次就政治体制改革问题做出重要论述，为中国政治体制改革的推进建构了战略性的总体构架，为政治体制改革具体政策措施的制定奠立了基本原则，也为中国特色的社会主义民主、法治的政治体制的建立描绘了全局性的宏伟蓝图。

一 政治体制改革的根本目的与原则

政治体制改革的根本目的，就是在坚持社会主义根本政治制度的前提下，推进具体的行政管理体制、机构设置、人员编制、职能关系、权力配置及运转、民主和法律制度等方面的进步与建设，推进社会主义政治制度的自我发展和完善。这既与社会主义根本政治制度有关，也与政治体制改革的根本目的有关。

早在改革开放之初的 1980 年，邓小平同志就在《党和国家领导制度的改革》这篇新时期政治体制改革的宣言和指导性文件中，论述了政治体制改革的根本目的问题。他认为，"改革党和国家领导制度及其他制度，是为了充分发挥社会主义制度的优越性，加速现代化建设事业的发展"。① 其后，随着经济改革的深入发展，政治体制日益暴露出不适应经济改革的缺陷和局限，政治体制改革的必要性和紧迫性日益强烈，1987

---

① 《邓小平文选》第 2 卷，人民出版社 1994 年版，第 322 页。

年党的十三大召开前夕，邓小平同志重申，中国的政治体制改革，不是要走西方式的民主道路，而是要通过改革巩固社会主义制度，巩固党的领导，有利于在党的领导和社会主义制度下发展生产力。这是马克思主义经济基础决定上层建筑、上层建筑反作用于经济基础这一基本原理在中国当代现实中的具体运用，也是符合中国人民的历史选择和根本利益的。

依据一贯坚持的政治体制改革的根本目的，邓小平同志论述了政治体制改革的目标问题，他分为两个层次来谈，首先他认为政治体制改革的总体目标有三：一是巩固社会主义制度；二是发展社会主义社会的生产力；三是发扬社会主义民主，调动广大人民的积极性。这一总体目标和他一再强调的政治体制改革的根本目的本质相通、内容相似，这也是贯穿邓小平同志政治体制改革思想的主线和根本宗旨。据此，他进一步认为，调动人民群众积极性的最中心环节，还是发展生产力，提高人民的生活水平。只要生产力发展了，人民生活富裕了，人民的积极性就调动起来了，社会主义国家的力量就增强了，社会主义制度就巩固了。总之，邓小平同志认为，政治体制改革是社会主义制度的自我完善和发展，其根本目的和总体目标是服务于社会主义本质，服务于发展社会主义生产力，服务于人民生活水平的提高。

在这一根本目的和总体目标的思想指导下，邓小平同志论述了中国政治体制改革的现实目标，首先是始终保持党和国家的活力，并认为这里说的活力主要是指领导干部的年轻化；其次是克服官僚主义，真正提高工作效率；最后是调动基层和工人、农民、知识分子的积极性。他着重指出："领导层有活力，克服了官僚主义，提高了效率，调动了基层和人民的积极性，四个现代化才真正有希望。"① 这是邓小平同志关于政治体制改革现实目标的明确表述，也为中国政治体制改革的推进提供了具体指导思想。

关于政治体制改革，邓小平同志虽然在 1980 年就提出来了，但没有具体化，政治实践上也没有大的举措和行动。随着经济体制改革的深化，邓小平同志在 1986 年就清醒地意识到，"不搞政治体制改革不能适应形势。改革，应该包括政治体制的改革，而且应该把它作为改革向前推进的

---

① 《邓小平文选》第 3 卷，人民出版社 1993 年版，第 179 页。

一个标志"①。并进一步强调指出:"政治体制改革同经济体制改革应该相互依赖,相互配合。只搞经济体制改革,不搞政治体制改革,经济体制改革也搞不通,因为首先遇到人的障碍。""我们所有的改革最终能不能成功,还是取决于政治体制的改革。"② 这是邓小平同志对政治体制改革的必要性和紧迫性的深刻论述。

但是,在社会主义初级阶段现实国情下的中国,政治体制改革怎样进行?是不是讲政治体制就是要实行西方式的自由民主?政治体制改革有没有一个前提和条件?这就是政治体制改革和坚持四项基本原则的关系问题,也即政治体制改革必须坚持的原则问题。

与政治体制改革的根本目的相一致,邓小平同志坚持认为:"改革党和国家的领导制度,不是要削弱党的领导,涣散党的纪律,而正是为了坚持和加强党的领导,坚持和加强党的纪律。"③ 这就说明,政治体制改革是社会主义根本政治制度在具体操作层次上的自我完善和自我发展,是在坚持社会主义根本政治制度的前提下进行的,这就要求在整个政治体制改革过程中,都必须旗帜鲜明地坚持四项基本原则,这是建设有中国特色社会主义现代化事业成功的根本政治保证,也是中国人民的历史选择。在中国这样一个历史悠久、人口众多、国情复杂的超大型社会,进行政治体制改革这种浩繁、敏感的系统工程,每个改革举措都要触及千家万户亿万人的利益,都要影响改革的整体推进,所以中国的政治体制改革必须是坚持社会主义道路的改革,坚持共产党领导的改革,是在中国共产党领导下有步骤有秩序地进行,不是狂热地照搬资本主义国家的那一套,也不是任意地搞资产阶级自由民主化,更不是乱哄哄地重演"文化大革命"式的"大民主"。我们的改革必须服务于经济建设这个中心,必须服务于巩固社会主义这个根本目的,这是政治体制改革中必须明确和坚持的原则性问题。

邓小平同志在 1989 年 10 月 31 日同美国前总统尼克松的谈话中再次强调和告诫:中国的政治体制改革是有前提的,这就是必须坚持四项基本原则,这是丝毫不能动摇的根本原则。

---

① 《邓小平文选》第 3 卷,人民出版社 1993 年版,第 160 页。
② 同上书,第 164 页。
③ 《邓小平文选》第 2 卷,人民出版社 1994 年版,第 341 页。

二　如何协调改革、发展和稳定的关系？

中国的政治体制改革是服务于巩固社会主义这个根本目的、服务于经济建设这个中心、服务于中国富强发展这个最高宗旨的，是在坚持四项基本原则的基础上有领导、有秩序地进行的，这就必须在一个安定团结的政治局势和稳定的社会环境下进行。

邓小平在 1979 年《坚持四项基本原则》的讲话中就明确强调："在坚决发扬民主的同时，大力稳定社会秩序，加强社会主义法制，确保安定团结。"① 以后邓小平同志又多次强调维护政治稳定、社会安定的重要性，1985 年他重申："总之，一个目标，就是要有一个安定的政治环境，不安定，政治动乱，就不可能从事社会主义建设，一切都谈不上。治理国家，这是一个大道理，要管许多小道理，那些小道理或许有道理，但是没有这个大道理就不行。"② 1987 年邓小平同志在会见喀麦隆总统比亚时谈到怎样评价一个国家的政治体制问题时，依据马克思主义政治学基本原理，创造性地提出评价一个国家政治体制、政治结构和政策是否正确，关键看三条：第一是看国家政局是否稳定；第二是看能否增进人民的团结，改善人民的生活；第三是看生产力能否得到持续发展。这里他把国家政局的稳定看成是评价一个国家政治体制成败得失的首要标准。这同样也可看成是评价中国政治体制改革成败得失的首要标准。

以后邓小平同志又把这一思想加以强调和引申，认为我们主张的稳定是两个稳定，一个是政局稳定，另一个是政策稳定，这样就可以避免出现大的动乱、动荡及反复无常、民心不稳。这样，中国建设事业才能有领导、有秩序和坚持不断地进行。1989 年 2 月，鉴于当时国际、国内形势，邓小平同志在会见美国总统布什时强调：中国的问题，压倒一切的是需要保持稳定。没有稳定的环境，乱哄哄地各行其是，什么都搞不成，改革开放、社会发展都无从谈起，就是已经取得的成果也会丧失掉。并重申中国政治体制改革的目标是建设有中国特色的社会主义民主政治，但改革发展的基础和前提是国家必须保持稳定。1989 年 10 月在会见美国前总统尼克

---

① 《邓小平文选》第 2 卷，人民出版社 1994 年版，第 162 页。
② 《邓小平文选》第 3 卷，人民出版社 1993 年版，第 124 页。

松时，邓小平同志再次强调："我们不能容忍动乱……目的就是要稳定，稳定才能搞建设。道理很简单，中国人这么多，底子这么薄，没有安定团结的政治环境，没有稳定的社会秩序，什么事也干不成。稳定压倒一切。"①

邓小平同志还看到，改革开放是多层次、全方位的系统工程，不免出问题，总会有风险，要讲究稳定，但稳定变成停滞不前就变成坏事，经济发展就要落后，人民就有不满和意见，就不可能真正地和持久地稳定。在当前国际国内形势对改革、发展有利条件下，我们应该抓住时机、抓住机遇，发展自己。不坚持社会主义、不改革开放、不发展经济、不改善人民生活，就不可能真正稳定，只能是死路一条。中国要走向现代化，只靠稳定的政治环境，只靠加强思想政治工作，这些都不够，最根本的保证还是改革开放，还是社会发展，发展才是硬道理。只有经过改革开放，经济发展了，人民生活富裕了，人民看到稳定带来的实在好处，看到现行制度、政策的好处，这样才能真正持久地稳定下去。所以，我们在强调稳定压倒一切的时候，只是在强调一个改革、发展的最基础的前提条件，但是稳定不能自发带来现代化，低速度就等于停步，甚至等于后退。从长远来看，改革的步伐不能太慢。最关键、最根本的东西只能是改革开放和社会发展，是不断深化全面的改革开放，是步伐更大更快的社会发展。

总之，在中国整个现代化建设事业过程中，要正确认识和处理改革、发展和稳定的关系，发展是目的、是根本，改革是动力、是重心，稳定是保证、是前提。我们要在坚定不移地深化改革的过程中，促进经济、社会全面发展，强化政治安定和社会稳定的基础，同时以发展支持改革、以稳定保障改革。也只有深化改革、促进发展，才能从根本上、大局上实现和保证社会的稳定和国家长治久安。这要求我们在当前社会稳定、经济发展的有利条件下切实深入地推进政治体制的改革。

三　如何合理配置政治权力？

社会主义中国的根本政治制度，决定了政党和政府、国家机构之间，中央和地方的权力关系不是西方式的权力分配关系，而是在坚持"议行

---

① 《邓小平文选》第3卷，人民出版社1993年版，第331页。

合一"政治原则下，合理分工、有效配置，更有效地实现国家内外职能的关系。改革开放以来，邓小平同志始终关注着这方面的问题。

坚持中国共产党的领导，这是中国人民从自身的切身体验中做出的历史选择，是中国革命和社会主义建设事业取得成功的根本保证。但是，由于中国共产党成立之后长期处于战争的艰苦环境，加之新中国成立后社会主义建设又采取苏联式的高度集中的计划管理体制，这就造成政治权力高度集中，党包揽一切、管理一切的现象。这对于管理关系日益复杂的现代社会和改革开放进程都十分不利，造成了严重的束缚和障碍。

邓小平同志最早在《党和国家领导制度的改革》中提出了解决党政不分、以党代政、党政职责不明等关于党政权力配置的问题。他认为中央一部分主要领导同志不兼任政府职务，可以集中精力管党，管路线、方针、政策。这样做，既有利于加强和改善中央的统一领导，又有利于建立各级政府自上而下的强有力的工作系统，管好政府职权范围的工作。

1986 年 6 月邓小平同志在《在全体人民中树立法制观念》的讲话中指出，纠正不正之风，打击犯罪活动中属于法律范围的问题，要用法制来解决，由党直接管理不合适。"党要管党内纪律的问题，法律范围的问题应该由国家和政府管。党干预太多，不利于在全体人民中树立法律观念。"① 并认为，我们要坚持党的领导，这是不能动摇的。党要善于领导，就不能对政府工作干预太多，这应该从中央做起。这样做不会削弱党的领导，反之，党对政府干预太多，搞不好倒会削弱党的领导。

1986 年 9—11 月邓小平同志在关于政治体制改革的几次谈话中谈到改革的内容时，认为首先要党政分开，解决党如何善于领导的问题，并认为这是政治体制改革的关键，要放在第一位。他还认为，官僚主义严重、政府机构工作效率不高同机构臃肿、人浮于事、作风拖拉有关，但更主要的是涉及党政不分，在很多事情上党代替了政府工作，党和政府很多机构重复重叠。他再次强调我们要坚持党的领导，不能放弃这一条，但是要正确处理好党和政府的权力配置关系，要加强和改善党的领导。

中国过去高度集中的计划管理体制不但管理着经济的运转，而且管理着政治生活、社会生活的方方面面，随之而来的是权力的高度集中，集中于中央，集中于党内，而又往往是集中于党内领袖一人之身。邓小平认

---

① 《邓小平文选》第 3 卷，人民出版社 1993 年版，第 163 页。

为:"权力过分集中,妨碍社会主义民主制度和党的民主集中制的实行,妨碍社会主义建设的发展,妨碍集体智慧的发挥,容易造成个人专断,破坏集体领导,也是在新的条件下产生官僚主义的一个重要原因。"① 他还认为,过去之所以造成权力过分集中的现象,是因为在加强党的一元化领导的口号下,不适当、不加分析地把一切权力集中于党委,党委的权力又往往集中于几个书记,特别是集中于第一书记手中,什么事情都要第一书记领导拍板。这样党的一元化领导,往往因此变成了个人领导,造成权力集中于个人手里,多数人无权参与决定,而少数有权决定的人又因负担过重而不能很好决策,这样必然造成官僚主义,必然造成独断专行,必然损害各级党和政府的民主生活、集体领导、民主集中制、个人分工负责制等。这种现象的根源同中国历史上封建专制主义的影响有关,也同共产国际时期实行的各国党的工作中领导者个人高度集权的传统有关。他还指出中国共产党的历史上多次过分强调党的集中统一领导,过分强调反对分散主义、闹独立性,很少强调必要的分权和自主权,很少反对一个人过分集权。

这时邓小平同志主要关注的问题还是组织内部个人和集体之间的职权配置关系,他是从自己的亲身经历和中国共产党历史的经验教训出发,极力反对个人高度集权的。同时他也提到中央和地方之间的分权,他认为过去历史上的几次分权,每次都没有涉及党同政府、经济组织、群众团体等之间如何划分职权范围的问题;并认为权力过分集中的问题,在中国共产党的历史上长期没有得到足够的认识,成为发生"文化大革命"的一个重要原因,现在这种状况越来越不能适应社会主义事业的发展,到了再也不能不解决的时候了。

1986年9月邓小平同志谈到关于政治体制改革的内容问题时,把权力下放作为政治体制改革的第二个主要内容,并着重提出解决中央和地方的权力配置关系,并认为只有下放权力,才能调动各级政府和广大工人、农民、知识分子的积极性、创造性,才能进一步发展和完善社会主义民主。

但是随着改革开放的全面深化、市场经济的不断发展,社会各集团、各阶层利益的不断分化和复杂,国家加强宏观管理和调控的职能要求不断

---

① 《邓小平文选》第 2 卷,人民出版社 1994 年版,第 321 页。

增强，邓小平同志明确地认识到在下放权力调动地方积极性的同时，必须加强中央的权威，宏观管理的权力必须集中在中央，而且必须管理得力。1988 年他在《中央要有权威》的谈话中指出，改革要成功，就必须在中央的统一领导下有秩序地进行。放权是为了增强活力，调动积极性，但不能各行其是、各自为政，"你有政策我有对策"。为此，党中央、国务院必须具有权威，必须加强宏观管理、宏观调控，但不是过去那种高度集权的直接计划管理，而是在地方、企业享有自主权和市场经济充分运行基础上的宏观管理，是综合运用财政、金融、产业等政策及法律、行政手段以间接调控为主的宏观管理，是在有关国计民生、社会发展方向等原则性大问题上加强管理，加强中央权威。这充分体现了邓小平同志在中央和地方权力配置关系问题上的辩证思想。

四　民主与法制建设更为根本

民主和法制问题，是政治理论与政治实践中的根本问题，民主程度和法律建设是政治体制改革深入发展与成败得失的标志。邓小平同志在《党和国家领导制度的改革》中就要求，政治上应该充分发扬人民民主，保证全体人民真正享有通过各种有效形式管理国家，特别是管理基层地方政权和各项企业、事业的权力，保障各项公民权利的实现、健全社会主义法制、充分调动人民群众的积极性。并深刻指出，旧中国留给我们的封建专制传统比较多，民主法制传统少。新中国成立后，我们也没有自觉地、系统地建立保障人民民主权利的各项制度，法制很不完备，而且长期不受重视。并指出过去我们发生的各种失误，固然与某些领导人的思想、作风有关，但更为根本、更为重要的是组织制度、工作制度、法制建设方面的问题。"这些方面的制度好可以使坏人无法任意横行，制度不好可以使好人无法充分做好事，甚至会走向反面。"① 这时邓小平同志主要是针对"文化大革命"的历史及其残余强调加强民主制度、组织制度及法律制度，并认为制度建设是更带有根本性、全局性、稳定性和长期性的问题。

邓小平认为，中国的民主政治只能是逐步地发展，不能照搬西方那一套，我们的社会主义民主与法制建设，必须在安定团结的条件下有领导、

---

① 《邓小平文选》第 2 卷，人民出版社 1994 年版，第 333 页。

有秩序地进行。1987 年 3 月，邓小平指出，我们搞改革开放的同时，还必须使人民有更多的民主权利，特别是要给基层、企业、乡村中的农民和其他居民以更多的自主权，并认为把权力下放给基层和人民，调动人民的积极性就是最大的民主。我们搞社会主义民主建设，这就是一个重要内容。并强调指出，在发扬社会主义民主的同时，必须加强社会主义法制，做到既能调动人民的积极性，又能保证我们有领导有秩序地进行社会主义建设。民主与法制，必须相互协调、配套推进。1987 年 6 月在会见美国前总统卡特时，邓小平重申，政治体制改革包括民主和法制，我们的民主和法制是相关联的，人们往往把民主同美国联系起来，认为美国的制度是最理想的民主制度，这种看法是不正确的。资本主义社会讲的民主是资产阶级的民主，实际上是垄断资本的民主，无非是多党竞选、三权鼎立、两院制，中国的根本制度是人民代表大会制度，是共产党领导下的人民民主制度。中国要建设社会主义民主，必须根据中国的实践、中国的国情来决定改革的内容和步骤。

中国的主要目标是发展，是摆脱落后，使国家的力量增强起来，使人民的生活水平得到改善，而这一切都必须有一个安定团结的政治环境。所以我们的民主建设、法制建设都必须围绕经济建设这个中心，服务于现代化事业这个大局。

五　坚决反对官僚主义和惩治腐败

官僚主义和腐败现象是邓小平同志一向深恶痛绝与坚决反对的，在《党和国家领导制度的改革》中，邓小平同志郑重告诫全党，在党和国家现行一些具体制度中，还存在不少弊端，妨碍甚至严重妨碍社会主义优越性的发挥，如不认真改革，就很难适应现代化建设的迫切需要，我们就要严重地脱离广大群众。并指出主要弊端就是官僚主义现象、权力过分集中现象、家长制现象、干部领导职务终身制和形形色色的特权现象。

邓小平指出，官僚主义是我们政治生活中广泛存在的一个大问题。它的主要表现和危害是滥用权力、脱离实际、脱离群众、思想僵化、机构臃肿、人浮于事、不讲效率、不负责任、互相推诿、压制民主、徇私行贿、贪赃枉法等。这里邓小平同志把腐败现象作为官僚主义的一种表现进行研究，并严重警告全党，官僚主义已到了令人无法容忍的地步。

邓小平同志系统地分析了官僚主义产生的根源。一方面，官僚主义是一种长期存在的、复杂的历史现象。我们现在的官僚主义同我们长期认为社会主义制度的计划管理体制必须对经济、政治、文化、社会都实行中央高度集权的管理体制有密切关系。我们的各级领导机关，都管了很多不该管、管不好、管不了的事，而这些事情让地方基层组织自主管理本来可以办得很好。邓小平同志切中要害地指出，这是我们目前所特有的官僚主义的一个总病根；另一方面，我们的各级管理机构长期缺少严格的行政法规和个人负责制，缺少对于每个机关乃至每个人的职责权限严格明确的规定，无章可循；干部缺少正常的录用、奖惩、退休、退职、淘汰制度。这些情况必然促成官僚主义的发作和蔓延。从官僚主义的危害及病根的诊断中，邓小平同志正确地指出，要根除官僚主义，必须从根本上改革这些制度。思想作风问题固然是一个因素，但制度问题更为根本更为重要，不解决制度问题，各项工作都不可能有效前进。这是邓小平同志用政治体制改革来根除官僚主义、腐败现象的重要思想，而中国公务员制度的实施，正是克服官僚主义、反对腐败现象、提高行政效率的重大举措。

随着改革开放的全方位深化，各种以权谋私、贪污受贿等腐败现象滋生和蔓延，并时有泛滥之势，造成党风、社会风气的败坏和民心的不稳。鉴于此，邓小平同志着重强调了惩治腐败的问题。他坚持 1982 年就提出的搞现代化建设要有两手的一贯思想，一手抓改革开放，另一手抓打击犯罪。而打击犯罪和腐败现象一是靠教育，二是靠法律，要依法处理，加强法制观念。并着重指出：惩治腐败，要抓大案要案，透明度要高，处理要坚决迅速，雷厉风行，要公布于众，要按照法律办事。高层领导的腐败现象要更为重视，要依照法律处理，以取信于民。在整个改革开放和现代化建设事业过程中，都要坚持一手抓改革开放，另一手抓住惩治腐败，两手要结合起来，两手都要硬，对大案要案更不能手软，要追查到底。而且惩治腐败不能一时紧、一时松，要依靠制度、法制作长期不懈的坚决斗争。

邓小平政治体制改革思想的总体构架，是从当代中国现实国情出发，运用马克思主义基本原理和政治学说解决当代中国实际问题的典范，它不仅在马克思主义政治学说的发展中具有重大的理论意义，也为中国全面现代化的推进和政治改革的实施提供了根本性的指导，必将在改革开放的全面深化和中国现代化事业全面发展的征程中，发挥历史性的重大现实意义。

如何把"密切联系群众"
制度化、民主化?

从成立时 50 多人的小党，发展为 8200 多万党员的大党；从成立时没有生存之地的革命党，发展为执掌东方大国政权的执政党，中国共产党走过了曲折艰难的辉煌之路。

支撑这一传奇之路的根基是什么？根本一条就是以毛泽东为首的第一代领导人所创立的群众路线，密切联系人民群众，紧紧依靠人民群众。这是中国共产党革命成功的生命线，也是中国共产党长期执政的生命线。

因此，人民群众是中国共产党的力量之源、执政之基，密切联系人民群众是中国共产党的优良传统和根本工作路线。

在中国现代化处于关键发展的新的历史时期，如何继承和发扬毛泽东的群众路线思想，如何把"密切联系群众"制度化、常规化，使中国共产党永葆和人民群众的血肉联系，代表人民、依靠人民，取得社会主义现代化事业的更大成功，这是中国共产党建设伟大工程的关键要素，也是推进中华民族复兴之梦实现的制度关键。

新一届党中央及时提出"开展群众路线教育实践活动"，得到了广大党员和人民群众的衷心拥护和自觉执行。但这一活动要从根本上取得实效并能保持长效机制，关键是继承和发扬群众路线的精神实质，找准新时期问题出现的根源，借鉴国际有益经验，并建立刚性的"联系群众的制度体系"，使"密切联系群众"成为党和政府的制度化、常规化的日常工作实践，这也是最好地继承和发扬毛泽东思想的当下实践。

一　毛泽东创立的"群众路线"的精神实质

毛泽东自早年投身于中国革命事业以后，努力致力于把马克思列宁主义与中国革命的实践相结合，探索符合中国革命实际和人民群众需求的路线方针。群众路线就是在中国革命和建设的实践中，以毛泽东为代表的第一代中共领导集体智慧的结晶。这是中国革命成功的生命线，蕴含着历史唯物主义和人民创造历史的伟大精神实质，值得我们在中国现代化建设新的历史时期更好地继承和发扬。

（一）人民群众是革命和建设的历史主体

中国共产党成立之后，中国社会发展面临着内外交困的复杂革命形势，中国共产党如何从一个少数知识分子组成的政党，成长为有能力领导中国革命和中国民族独立的政治力量，关键的问题是如何组织和发动人民群众投身于伟大的革命运动。毛泽东等第一代领导人从无数次革命失败和挫折的革命经验中，深刻地认识到，中国革命的"真正的铜墙铁壁是什么？是群众，是千百万真心实意地拥护革命的群众"。[①] 谁能领导和发动占中国人口绝大多数的农民群众，谁就能领导和组织中国革命，这是毛泽东探索"农村包围城市"中国革命道路的精神指南，也是毛泽东领导中国革命不断取得成功的力量之源。毛泽东从长期的中国革命和建设的曲折实践探索中，深刻地认识到"人民，只有人民，才是创造世界历史的动力"。[②] 人民群众是革命和建设的实践主体和历史主体，共产党再好的路线政策，要落实到实践中并变成创造历史的行动和效果，也必须依靠人民的行动来完成和实现。这是毛泽东领导中国革命和建设实践的历史总结，也是未来中国社会主义现代化事业取得成功的胜利保证。

（二）人民群众是正确路线方针政策的智慧之源

人民群众是创造历史的主体，也是正确政策的智慧之源。人民群众身处革命和建设的第一线，对革命和建设实践中出现的问题最了解也最有实际感受。中国共产党作为革命和建设的政治中心和组织中心，要做出符合中国革命和建设实践需要的正确路线方针政策，就必须反映实践发展的进

① 毛泽东：《关心群众生活，注意工作方法》，《毛泽东选集》第 1 卷，人民出版社 1991 年版，第 139 页。

② 毛泽东：《论联合政府》，《毛泽东选集》第 3 卷，人民出版社 1991 年版，第 1031 页。

程和实际，反映人民群众的需要和要求。所以，毛泽东多次强调，"群众是真正的英雄"，中国共产党要做出正确的路线方针政策，必须从群众中来、到群众中去，将群众的分散的意见集中起来，经过研究决策，做出贴近群众的正确的方针政策，这就是说，将群众的意见（分散的无系统的意见）集中起来（经过研究，化为集中的系统的意见）又到群众中去做宣传解释，化为群众的意见，使群众坚持下去，见之于行动，并在群众行动中考验这些意见是否正确。① 这不仅是毛泽东所坚持的中国共产党人的根本认识论，也是中国共产党人根本的工作路线和决策机制。从中国共产党艰难曲折的革命和建设实践中，也可以深刻认识到：凡是革命和建设实践遭受重大挫折或失败的，根本的一条就是党的路线方针政策脱离人民群众的需要和要求；凡是革命和建设取得重大胜利和成就的，根本的一条就是党的路线方针政策紧密反映人民群众的需要和要求。毛泽东晚年所犯的重大错误，从根本上来说，也是因为严重脱离了中国的国情与人民群众的需要和要求。

（三）服务于人民群众是中国共产党革命和建设的根本宗旨

人民群众既是中国共产党的生命之源、力量之源，也是中国共产党一切行动所要服务的根本对象。早在延安时期，毛泽东就多次强调，"群众观点是共产党员革命的出发点和归属"，所有的共产党员都要替人民着想。② 中国共产党人没有自己的"一己之私"，一切的革命和建设行为，都是为人民服务，"把群众的利益放在第一位"。在中国革命处于胜利转折的关键时期，1945 年在中国共产党第七次全国代表大会上，毛泽东郑重指出："总之，应该使每个同志明了，共产党人的一切言论行动，必须以合乎最广大人民群众的最大利益、为最广大人民群众所拥护为最高标准。"③ 正是因为真正代表和服务于人民群众的根本利益，中国革命和建设受到了人民群众真正的拥护和支持，这是中国共产党在装备不良的革命年代打败装备精良的国民党的最终根源；也是 1958 年以后，在中国社会

---

① 参见毛泽东《关于领导方法的若干问题》，《毛泽东选集》第 3 卷，人民出版社 1991 年版，第 899 页。

② 毛泽东：《切实执行十大政策》，《毛泽东文集》第 3 卷，人民出版社 1996 年版，第 71 页。

③ 毛泽东：《论联合政府》，《毛泽东选集》第 3 卷，人民出版社 1991 年版，第 1096 页。

主义建设时期，即使遭受重大的饥饿和痛苦，人民群众依然坚定地拥护和支持共产党的根本原因。

（四）人民群众是党和政府工作的监督主体

中国共产党根植于人民，始终以民族独立和人民幸福为根本宗旨，不论在革命年代还是执政时期，党和政府的一切政策和行为，其最终好坏的检验主体还是人民群众。早在 1945 年 7 月的延安时期，毛泽东在与黄炎培著名的"窑洞对话"中，就如何能跳出"其兴也勃焉，其亡也忽焉"历史周期率的支配，非常自信地回答："我们已经找到新路，我们能跳出这周期律。这条新路，就是民主。只有让人民来监督政府，政府才不敢松懈。只有人人起来负责，才不会人亡政息。"在其后的一篇讲话中，毛泽东重申："我们的责任，是向人民负责。每句话、每个行动、每项政策，都要适合人民的利益。"① 在执掌全国政权后，毛泽东还是多次强调："哪有马克思列宁主义者怕群众的道理呢？……我看不应当怕。有什么可怕的呢？我们的态度是：坚持真理，随时修正错误。"② 让人民负起责来，参与和监督党和政府的工作，既是人民历史主体地位的必然延伸，也是保证党和政府工作减少失误的制度要求，更是执政以后新时期社会主义民主发展的关键领域。从中国共产党的革命和建设的历史经验和教训来看，脱离了人民群众的参与和监督，党的工作和政策就容易出现错误和挫折；反之，党就会减少失误和少走弯路。

以毛泽东为代表的第一代中国共产党人，为中国革命的胜利做出了历史性的伟大贡献，为社会主义各项基本制度的建立奠定了基础，为中国共产党执政和改革开放提供丰富的精神资源。如何在改革开放的新的历史时期，继承和发扬毛泽东所创立的"群众路线"，把"密切联系群众"的精神实质制度化，真正做到发展为了人民、发展依靠人民、发展成果由人民共享，这是实现中国梦、不断为人民造福的基础性工程。

---

① 毛泽东：《抗日战争胜利后的时局和我们的方针》，《毛泽东选集》第 4 卷，人民出版社 1991 年版，第 1128 页。

② 毛泽东：《在扩大的中央工作会议上的讲话》，《毛泽东文集》第 8 卷，人民出版社 1999 年版，第 291 页。

二　为什么新时期加强"密切联系群众"更为重要?

中国的现代化进入了一个新的关键时期,改革开放在取得巨大成就的同时,也隐含着众多发展中的问题。办好中国的事情,关键在党。中国共产党在面临的众多风险和挑战中,"脱离人民群众"也许是最为危险的挑战,这可以从以下几个方面来理解。

(一) 党和政府掌握着巨大的经济和社会资源,直接和人民群众的切身利益密切相关

改革开放的 30 多年进程,使中国经济总量达到全球第二位的同时,也使中国政府成为世界上最有钱的政府。5 年来,中国经济保持年均 9%以上的增长速度,经济总量从 26 万亿元增加到约 52 万亿元,按现价计算翻了约一番。中国经济总量跃居世界第二位。财政收入从 5.1 万亿元,增加到 11.7 万亿元,也翻了一番。2012 年全年,中央财政收入 56133 亿元,比上年增长 9.4%;地方财政收入 (本级) 61077 亿元,比上年增长 16.2%。从支出情况看,2012 年 1—12 月累计,全国公共财政支出 125712 亿元,比上年增加 16464 亿元,增长 15.1%。[①]

党和政府的方针政策是否符合人民的需要和要求,是否真正为人民群众所满意,直接关系到经济发展、投资取向和人民群众的切身利益。

(二) 中国共产党从 50 多人的小党,发展成为 8000 多万名党员的执政党,各种负面和不良因素也必然在党内有所反映

革命时期的共产党,是在九死一生的极其险恶的环境中生存的,参加党和革命,根本不可能有个人眼前的好处和利益,还很可能面临杀头的生死考验,只有真正信仰革命的人,才可能为之赴汤蹈火。但执政以后,环境和条件为之大变,改革开放以来,更是利益和诱惑无处不在。入党者趋之若鹜,考公务员者更是挤破门庭。党和人民群众的关系和利益格局,在革命时期和执政时期,都发生了一系列复杂的变化,更要求执政党加强与

---

① 中央政府门户网站,www. gov. cn,2013 年 1 月 22 日 20 时 26 分,来源:新华社。

人民群众的血肉联系。让我们看看党员数目的变化。

中共一大时，全国只有党员 50 多人。

中共二大时，全国只有党员 195 人。

中共三大时，全国只有党员 420 人。

中共四大时，全国只有党员 994 人。

中共五大时，全国党员已发展到 57900 多人。

1945 年中共七大时，全国党员已发展到 121 万人。

执掌全国政权后，到 1956 年中共八大时，全国党员已达 1073 万人。以后，中共党员的发展更是快速增长，几乎以每年 100 万—200 万的人数在增长。

1969 年中共九大时，党员 2200 万人。

1977 年中共十一大时，党员 3500 多万人。

1992 年中共十四大时，全国党员已达 5100 万人。

到 2012 年中共十八大时，中共十八大代表共有 2270 人，代表党员 8200 多万人。

（三）党员和干部的作风直接关系到社会风气的走向，直接关系到党和政府的威信和形象

党是整个社会的表率，党风就是整个社会风气的风向标。党和政府的作风和风气，直接关系到社会道德风气的走向。"人心散乱更可哀"，"党心散乱更可怕"。长期的、居高不下的腐败问题更是直接影响着党和政府的威信和形象。

2012 年，各级纪检监察机关共接受信访举报 1306822 件（次），其中检举控告类 866957 件（次）。初步核实违纪线索 171436 件，立案 155144 件，结案 153704 件，处分 160718 人。其中，给予党纪处分 134464 人，给予政纪处分 38487 人。其中，处分县处级以上干部 4698 人，移送司法机关的县处级以上干部 961 人。①

2007 年 11 月至 2012 年 6 月，全国纪检监察机关共立案 643759 件，结案 639068 件，给予党纪政纪处分 668429 人。涉嫌犯罪被移送司法机关

---

① 中华人民共和国监察部网站，www. mos. gov. cn. 2013 年 1 月 9 日发布。

处理 24584 人。全国共查办商业贿赂案件 81391 件，涉案金额 222.03 亿元。① 2013 年以来，党中央坚决查处了薄熙来、刘志军、李春城等一批重大违纪违法案件，表明了中国共产党反对腐败的坚强决心。

（四）人民群众是执政之基和力量之源，人心向背直接关系到执政的合法性和正当性

中国共产党是从革命党走来，革命成功靠的是人民群众的支持和拥护，执政以后，执政基础的稳固与否，同样靠的是人民群众的支持和拥护。执政为了人民，执政依靠人民，执政成果由人民共享，人民，只有人民，才是我们工作价值的最高裁判者。共产党的最大优势是密切联系群众，党执政后的最大危险是脱离群众。世界各国执政党命运的兴衰也为此提供了深刻的借鉴。

1959 年至今，人民行动党在新加坡政治中一言九鼎，它控制政府、主导议会、支配社会、长期执政，但这种一党独大的政党体制并非异数。② 印度国大党（1947—1985）、马来西亚巫统（1957 年至今）、日本自民党（1955 年至今）、中国台湾国民党（1949—1987）、韩国党（1948—1987，先后有两个党独大）、瑞典社会民主党（1920—2006）、挪威工党（1935 年至今）、墨西哥制度革命党（1929—2000）、意大利基督教民主党（1945—1993）等 20 多个政党，都曾经或现在仍然长期执政，为什么有的政党能够长期执政，为什么有的政党在长期执政后又被推翻下台？其中一条根本的原因是，执政党的政策和作风是否符合人民群众的需要和要求，是否同人民群众同呼吸、共命运。

三　为什么新时期"密切联系群众"作风有所懈怠？

群众路线是我们党的生命线，在艰难残酷的革命战争年代，没有人民群众的支持、认同、人财物供给，党就没有立足之地，生命、生存尚且难保，遑论取得胜利并夺取政权！所以说是残酷的生存压力和革命信念，促

① 《反腐败重在制度建设》，《人民日报》2013 年 5 月 29 日。
② 欧树军：《"为人民而行动"——人民行动党长期执政之谜》，《人文与社会》2013 年 2 月 11 日。

使和保证了中国共产党必须时时刻刻"密切联系群众"。

　　但是，革命胜利执掌政权后，中国共产党的生存压力日趋缓解，党员干部的个人生命更无忧虑。特别是改革开放以来，市场社会的利益诱惑无处不在，发展型政府的权力和资源集中，赶超型经济增长对群众利益有意无意的侵夺，官员任命和负责机制的"对上不对下"，政府、资方、劳方利益关系的错综复杂，干部监督体系的缺陷和制度性漏洞等，在在都使"官民矛盾"日益凸显，"密切联系群众"的作风日渐懈怠。其根本的、制度性的原因主要有以下几方面。

（一）官员任命和负责机制的"对上不对下"

　　现行各级党政官员的"选拔和任命"，从决定性的权力来说，还是最终由"上面""说了算"。一个官员的前途、名誉、利益，甚至是个人的理想、抱负、志向，统统都取决于、关联于个人的官位升迁。"由上面"决定个人的"官位"，官员自然"一切眼睛盯着上面"和"唯上是从"。这并不否认有志向、有抱负、一心为民服务的官员存在，但决定大多数官员行为取向的还是个人的权力和利益。

　　"由上面决定官员的升迁"，自然决定了官员的负责机制也只能是"对上不对下"。"对上"决定着官员的权力与利益，"对下"也只是官员个人的工作作风和道德良心，"对上"负责对官员有绝对的"好处"，"对下"负责也只是官员的"好口碑"。在群众中"口碑"再好的官员，在官员升迁时，群众也不能起到决定性的作用。"升迁利益"的强制性、制度化驱使，使"密切联系群众"只能"衰弱"为"工作作风"或"个人道德"。

（二）"密切联系群众"往往停留在"软性作风"，而不能变成"刚性制度"

　　由官员"任命升迁"的根本性制度机制所决定，党政官员是否"密切联系群众"只能"衰弱"为由"上面"考察和考核的"工作作风"问题。

　　怎样做才算"密切联系群众"？是春节期间象征性地"访贫问苦"还是长期性地"住户蹲点"？做到什么程度才算"密切"？联系群众一年一次是"密切"还是一月一次是"密切"，还是一周一次是"密切"？官员在任期间，"密切"或"不密切"联系群众谁来考核评价？谁来奖励惩罚？说到底，"密切"或"不密切"联系群众对官员来说又有什么关系呢？

其实，为任一方的官员的行为和"好坏"，人民群众是"心知肚明"的，哪个官员联系或不联系群众，"密切"或"不密切"，作为联系对象的群众也是最有发言权的。但官员的"密切联系群众"问题，只是个人性的工作作风问题，也就只能是一个"软性的作风"问题，"可有可没有""可查可不查"。没有刚性的、制度化的法规性"联系制度"，"密切联系群众"也就在各级官员"忙得不可开交"的工作中，"沦为"口号、标语、作风或个人道德。没有公开的、群众可见的"联系制度"，一些象征性的"联系群众"活动，也就蜕变为对群众的"恩赐"和"福利"，人民群众更是无从监督和评价。

（三）"密切联系群众"与否，人民群众无法监督，也无从监督

人民，只有人民，才是创造历史的真正动力。同样，人民，也只有人民，才是实施监督的真正主体。

由"上面"决定着党政官员"升迁"的根本利益，"密切联系群众"也只是停留在"工作作风"和"个人道德"层面，甚至可有可无、可多可少，人民群众只能在"下面"期盼着来自"上面"的"联系活动"。

没有党纪和行政性法规硬性规定、刚性约束的"联系制度"，更没有保证人民群众监督官员"联系多少""联系实效"的公开制度，人民群众的知情权、选择权和监督权无从谈起。自然，人民群众对官员"联系群众"的多少、实效等，无法监督，也就无从监督。"上面"对官员有权监督，但鞭长莫及且不了解实情，不可能全部监督，更不可能真正监督；群众了解实情，甚至了解细节，但无权监督，更有官员打击报复"监督"。

四　"密切联系群众"的制度化民主化建设

群众路线是中国共产党的生命线，要保证生命线的延续，就不能把"密切联系群众"停留在"口号性"的纸质层面，也不能停留在"作风性"的道德层面。没有制度的内在逻辑和刚性，仅仅停留在"口号"或"作风"层面，"密切联系群众"就会衰变为"可有可无""可多可少"。

革命战争年代，是生存的压力，逼使中国共产党必须"密切联系群

众"。改革开放年代，就必须是刚性的制度规定，保证每个党员干部做到"密切联系群众"。

第一，探索和制定"党员领导干部接待和访问群众"的制度条例。

如总理—省长—市长—县长，各个级别的主要领导干部在一年之中什么时间、什么地点、什么方式、多少次接待或访问民众，接访意见如何登记、如何处理、如何转交，接交部门如何处理、处理意见如何反馈等制定具体的规定。执政党系统也可参照行政系统来制定相应的制度规定。

第二，探索和制定"人民代表大会代表接待和访问群众"的制度条例。

各级人大代表由人民所选，理应代表人民意见和利益，制定具体的"人大代表接待和访问群众"的条例，从法理上和体制上也较容易推行。可制定各级人大代表每年之中接待人民群众的次数、时间、地点及意见处理机制等。同时，可参照以上条例的运行情况，相应地制定"党代表大会代表接待和访问群众"的制度条例，以及"政协委员接待和访问群众"的制度规定。

改革源于理念创新，但改革进程及改革效果更根本地源于制度变革和制度保障，"密切联系群众"亟须制度的保障与落实。只有把"密切联系群众"制度化、民主化，才能使"密切联系群众"常规化、生活化，变成党员干部的日常生活中的实践，才可能不致沦为"喊口号"或"走过场"，这才是在新的历史时期民主法治中国所真正需要的。

台湾民众的国家认同倾向及其
对两岸政策的影响

一个中国架构下的两岸政策，事关两岸的和平发展与人民福祉，是一个重大而复杂的现实问题，其中一个重要的政策制定依据即台湾民众的国家认同取向。这不仅是台湾当局制定两岸政策的依据和民意基础，也影响大陆政府两岸政策的制定和考量。

本文将依据台湾民调机构有关台湾民众国家认同取向的现有调查数据，以及笔者在台湾的多次访谈经验，以一个大陆学者的视角和思考，对台湾民众国家认同的特征与趋势进行概括归纳，并进一步分析台湾民众国家认同的历史与现实根源，及在台湾民主普选的政治体制中对台湾当局两岸政策的作用机制，最后将在以上政策机制的分析基础上，对大陆和台湾当局在两岸政治战略和政策上的僵持和僵局做出进一步解析，同时提出推进两岸政策互进提升的战略理念和政策革新的些许建议。

一 台湾民众国家认同的特征与趋势

台海两岸有着错综复杂的历史纠葛和现实纠结，所以在台湾民众的国家认同及相关认同上，也就有着各种认同多样交错、相互印证的特征。但从大的结构性特点和认同趋势上来看，还是可以看出随着所提议题"从大到小、从虚到实"，民众认同越来越分歧、越来越冲突的趋势：也就是说议题越大越虚，分歧越少；而议题越具体越现实，分歧和冲突就越严重。

（一）台湾民众在"民族认同"上有高度的一致性

台湾现今的居民，除了极少数的原住民外，绝大多数居民都是先后从大陆上"移民"而来，只是移民时间有先有后而已，所以有台湾学者认为，对台湾人来说"我们都是外来人"。从种族血缘和民族渊源上来追溯的话，台湾绝大多数人都是中华民族的血脉遗存和后世子孙。

所以在"民族认同"这一大的渊源上，台湾民众有着高度的一致认同。据台湾《旺报》2013年3月1日刊载文章指出，台湾竞争力论坛所发表的一份最新民调显示，台湾民众认同自己是中国人的比例占61%，认同自己是中华民族的比例高达90.4%。由于这次台湾竞争力论坛所发表的民调问卷采取"融合式"提问，才得出完全不一样的结果。融合式提问法的前提是，台湾民众本来都是台湾人，无须再选择认同，关键在是否认同自己是中国人。果然，广义认同自己是中国人的超过六成。这种中国人认同的偏高，由于没有了"您是否认为是台湾人"的选择项，故认同中国人的选项也更多的是从"中华民族"的意义上认同自己是中国人。

同种同源的中华民族认同，奠定了两岸和平发展的最深厚基础，也是两岸共同认同"一个中国"的深厚社会基础。但这一大的历史渊源和民族源起的一致认同，在逼近越来越具体和现实的议题认同上，将会出现越来越歧义的认同差异，这也是两岸学人忧虑和政策僵局的根源所在。

（二）台湾民众在"文化认同"上的高度一致性

与民族认同上的高度一致性相对应，"同种同源"相应地带来了文化认同上"同文同值"，即相同的传统文化体系和文化价值取向。

第一，相同的语言和文字，使两岸人民的交流和互动更为亲切和便利，也使互动交流在心理人格上更少隔阂和隔膜，这奠定了两岸人民民间交流的良好基础。

第二，传统儒家的道德伦理在两岸的互动交流中提高了基础性的相同价值取向，使两岸互动交流在事物和行为的判断上有一个共同性的传统价值判断标准。这在两岸人民民间性宗教信仰上的几乎相同和相似中体现得更为深切。

第三，在传统文化的转型取向上有着相同的现代化价值目标，两岸遭受了相似的殖民侵略和掠夺，被迫走上了相似的传统社会和传统文化转型的现代化之路。虽然两岸在实现现代化的具体路径和模式上有差异，但两岸都致力于构建自由、平等、民主、法治的现代社会，都致力于人民的和谐发展、幸福安康。

此处特意把"文化认同"单独提出，是为了凸显"民族认同"和

"文化认同"的勾连和不同，也是为了凸显虽然"民族认同"和"文化认同"在两岸有着高度的一致性，但在更为具体的"国家认同"上，将会出现更多的分歧和差异。这是从学理上将"民族认同""文化认同"和"国家认同"进行明确的区别和分析，以便更为明晰两岸关系和两岸政策的僵持所在。

（三）台湾民众在"台湾人/中国人"认同上的分歧差异

在以上民族认同和文化认同高度一致的大背景下，当问题更为具体和现实时，台湾民众的身份认同便出现了明显的分歧和差异。根据台湾"国立"政治大学选举研究中心多年来的持续民调，当问题变成"您认同自己是台湾人、中国人或两者都是"，而且只能从中选择一项时，台湾民众的身份认同便出现相当大的差异，并呈现出一定的趋势（见图1）。

认同自己是"台湾人"的民众，从 1992 年的 17.6%，一路曲折攀升至 2009 年的 50% 以上，至 2012 年升至 54.3%，而且较大幅攀升是在 2008 年国民党重新执政、两岸互动交流大发展的大背景下。

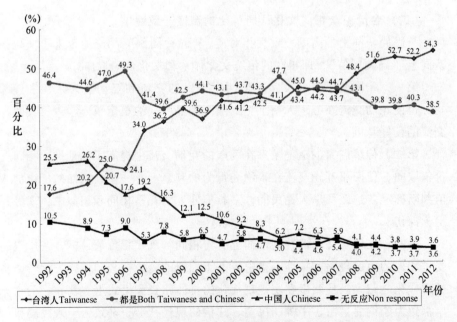

图1　台湾民众台湾人/中国人认同趋势分布（1992—2012.12）

资料来源：台湾"国立"政治大学选举研究中心网站，www. esc. nccu. edu. tw。

认同自己是"中国人"的民众，则从 1992 年的 25.5%，升至 1994 年的最高值 26.2% 后，一路下跌至 2012 年的 3.6%。

同时认同自己"二者都是"的民众则从 1992 年的 46.4% 上升至 1996 年的 49.3% 峰值后，一路平缓下降至 2012 年的 38.5%。

这便是学者们疑惑的问题：为什么从 2008 年以后，在两岸经济文化互动交流大发展的时期，台湾民众的"台湾人"政治身份认同反而上升，而"中国人"政治身份认同不断下降呢？这是否一种"经热政冷"的现象和趋势？这有待我们进一步分析和研判。

（四）台湾民众在"统独立场"的分歧差异

台湾民众在统一或独立的取向上，同样经历了多样的分化和变迁，同样是在 2008 年以后国民党重新执政和两岸交流大发展的时期，出现了"统独立场"的较大分化（见图 2）。台湾民众选择"维持现状再决定"的从 1994 年的 38.5%，经过跌至 1995 年 24.8% 的谷底后，一路曲折上升至 2012 年的 33.9%。而选择"永远维持现状"的则从 1994 年的 9.8%，一路曲折上升至 2012 年的 27.7%。而二者相加，主张"维持现状者"则高达 61.6%。"维持现状者"已经成为台湾社会的主流民意。

与此同时，台湾民众主张"尽快统一者"，则从 1994 年的 4.4% 几乎一路下降至 2012 年的 1.7%，"偏向统一者"则从 1994 年的 15.6% 下降至 2012 年的 8.7%。二者相加，则倾向统一的民众从 1994 年的 20.0% 下降至 2012 年的 10.4%。

台湾民众主张"尽快独立者"从 1994 年的 3.1% 一路徘徊略有上升至 2012 年的 4.8%，主张"偏向独立者"则从 1994 年的 8.0%，一路上升至 2012 年的 15.1%。二者相加，则倾向独立者从 1994 年的 11.1% 上升至 2012 年的 19.9%，这与偏向统一者的 10.4% 几乎相差 10 个百分点。

台湾民众中"维持现状者"成为主导性的主流民意，使台湾的执政当局在两岸政策上举步维艰，不敢迈出半步。无论是国民党的"统一"主张还是民进党的"台独"主张，一经提出立即可能遭到台湾社会主流民意的强烈反对。

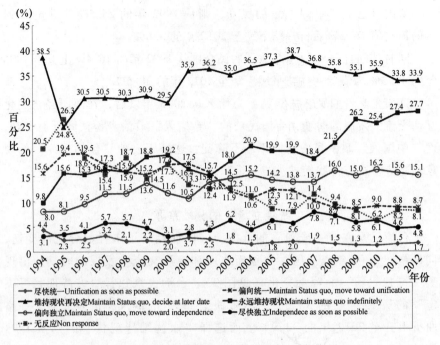

图2　台湾民众统独立场趋势分布（1994—2012.12）

资料来源：台湾"国立"政治大学选举研究中心网站，www. esc. nccu. edu. tw。

（五）台湾民众在"政党偏好"上的分歧差异

台湾在历经国民党一党独揽政权长期统治之后，在20世纪80年代后期随着民进党成立和"党禁"解除，经过一系列民主宪政改革的民主化，形成了在普选基础上多党竞争政权的自由民主体制。与此同时，台湾民众的政党认同偏好也经历了分歧和变化（见图3）。

台湾民众在政党倾向上持"中立无反应"立场者，几乎一致处于第一的领先地位，从1992年的62.3%虽然一路曲折下降，但至2012年还是保持着领先的35.1%。

与此形成鲜明对照的是，持鲜明极端立场的政党，无论是持"统一立场"的新党和亲民党，还是持"独立立场"的建国党和台联党，台湾民众的政党偏好一致处于低位并不断下降。如对新党的偏好从1995年的5.6%，一路下跌至2012年的1.0%以下，而对亲民党的偏好则从2000年的10.9%，上升至2001年的高峰值18.9%后，一路下跌至2012年的3.4%。而对建国党和台联党的偏好则一致处于1.0%以下的状态。说明具有"统一"或"独立"符号和标识的政党则基本上被台湾民众所抛弃，处于"泡沫化"的绝对边缘状态。

同时，台湾政治生态中，两大党博弈的政党体制基本定型，国民党虽经过大起大落的曲折磨砺之后，基本保持着第一大党的支持率，从1992年的34.4%，曲折变化后保持在2012年的32.7%。而民进党则从1992年3.3%的低值，一路攀升至2012年的25.7%。两大党保持在5%—10%差距。

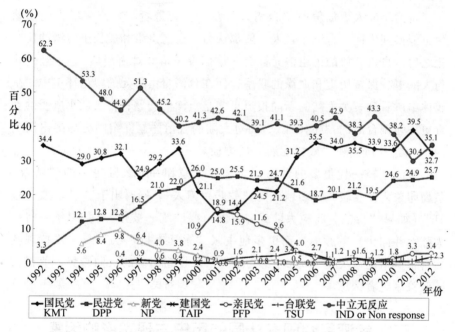

图3　台湾民众政党偏好分布（1992—2012.12）

资料来源：台湾"国立"政治大学选举研究中心网站，www.esc.nccu.edu.tw。

其后台湾民众对持"统、独"极端立场政党的抛弃，也逼使国民党和民进党尽量向"中间选民"靠拢，在"统一"或"独立"立场上尽量含糊其辞或有意回避。这一切也从政党视角佐证了"维持现状者"已成为主流民意的态势。

（六）台湾年轻人在"国家认同"上更趋"台湾主体意识"

年轻人代表着社会发展的未来，更是两岸和平发展未来的担当者，其至是两岸关系和两岸政策的未来制定者。所以年轻人的国家认同取向更值得关注。

据《天下》杂志 2009 年 12 月的民调，高达 62% 的台湾民众认为自己是台湾人，而认为"既是台湾人也是中国人"的降至 22%，认为自己是"中国人"的则只有 8%。18—29 岁的年轻人中更是高达 75% 的人认为自己是"台湾人"，只有 15% 的年轻人认为自己"既是台湾人也是中国人"。① 年轻人中高达 75% 的"台湾人"认同，这比同是 2009 年政治大学选研中心调查的 51.6% 的"台湾人"认同，高出了 12% 还多。

台湾年轻人更加偏向"台湾人"认同，在笔者与台湾年轻人的访谈中也能得到佐证。台湾年轻人一般都认为，自己出生和成长于台湾的民主化之后，自由开放的民主多元社会在他们看来是"理所当然"；年轻一代与大陆更少保持历史和血缘的联系；而在台湾自由多元的舆论环境中，从媒体中所看到有关大陆的新闻报道更多是负面的问题；自己从小所受的教育更加强调台湾的"主体性"，而对大陆的政治体制介绍则更加突出所谓的"一党专制"和"威权发展"的方面。

台湾年轻一代更多的台湾"主体性"意识和对大陆更多的"威权"负面印象，使年轻人更多地认同"我是台湾人"，同时出于"'台独'被打"（如果"台独"将被大陆武力打击）或"统一被化"（如果统一将被大陆吞并同化）的顾虑，而更多地主张"永远维持现状"或"维持现状后再根据情况来决定"。这可能是台湾未来日趋明确的认同趋势，值得大陆政策制定者深思。

二　台湾民众国家认同的历史与现实影响因素

为什么会出现上述民族认同、文化认同和国家认同三大认同的分歧与差异？为什么在两岸交流大发展的时期，甚至在大陆经济让利的情况下，台湾民众的国家认同还出现"离异倾向"？这是困惑大陆学政两界的重大问题，也是众多学者希望能够给予解释的问题。

其实，一个人的认同倾向受到很多因素的影响，并且是随着影响因素的变化而不断变化的。大致来说，三大类因素影响认同选择：情感、理智

---

① 刘奕伶：《国人国族认同趋势分析》，台湾《中央日报》网络版，2010 年 1 月 2 日。

和利益。情感因素如与大陆的地缘、血缘和亲疏关系等，理智因素如对个人权利、自由和民主等观念的理解和对两岸"统、独"问题的利弊权衡，利益因素如两岸交流是否影响个人和家庭的收入、企业投资效益等。

由于受多种因素的复杂影响，要实证性地以访谈或问卷调查等方式来研究清楚每个人的"国家认同"选择究竟是为什么或出于什么缘由，可能相当的不容易，被询问对象在做出回答时更可能自己也说不清楚是"为什么"。因为有时一个人的一时冲动或一闪而过的观念都可能对一个人的选择做出影响。

由于对"主观性"的内在个人动机很难做出"客观"的研究，所以学者一般只就能够影响个人认同选择的"客观性"影响做出归纳和概括，每个研究者的视角和立场不同，概括出的影响因素也就各有不同。大致归类，可以分为影响认同的历史因素和现实因素。

（一）历史影响因素

两岸学者对此给予了大量的研究和梳理，从台湾历史的进程来说，又细分为如下几点。

第一，所谓"外来政权"对台湾的长期统治给台湾人民所造成的受统治、被欺辱的"反抗心理"。在台湾人的本土意识看来，西班牙和荷兰人的殖民侵略和统治，到明郑氏政权的收复台湾，再到清政权的统一台湾，再到"割让台湾"给日本人统治，在在都是"外来"政权在统治着台湾，而台湾人从来都是被动的被统治者的服从角色。由此他们把1949年迁台的国民党政权也就"顺理成章"地归为"外来政权"。在这种"反抗和逆反"心理的长期熏陶下，台湾人的"自主"和"主体性"意识得以累积，在民主化后，特别是在民进党执政时期这一意识似乎得以自由释放。在两岸关系大发展的今天，本土意识越强烈的人，就越可能对和大陆走得更近的"统一倾向"，特别地持谨慎态度并有所顾虑。

第二，台湾当局长期的"反共仇共"宣传和"离散中国"的教育，使台湾民众对"统一倾向"有"抵触心理"。两蒋时代对中共大陆政权的"丑化攻击"和"反攻大陆"的宣传，使老一代台湾民众对大陆政治体制充满负面"专制独裁"的印象。而以民进党为首的"台独"分离论述攻势，特别是以"台湾主体性"为标识的台湾本土化教育，如中小学历史教科书的修改，使台湾新一代年轻人从小接受了台湾是主权独立政治实体的观念。不论是李登辉的"特殊两国论",还是陈水扁的"一边一国论",都起到"离散"台湾民心的作用。就是马英九上台后,也在不断强调"一中宪法""一个中国就是中华民国""不统不独不武"。在不断的"离散"和"分隔"的教育和舆论环境下,台湾民众对两岸政治关系走得更近或"统一倾向",累积了更多的"抵触心理"。这在台湾年轻一代的心中更为凸显。

第三,台湾国民党统治时期的"党国体制"和民主化后的"自由民主体制",使台湾民众对大陆的中共执政体制充满了"疑虑心理"。国民党一党独裁的"党国体制",给台湾民众造成了长久的"恐惧"专制统治的阴影,"二二八事件"以及国民党政权对异议人士、党外势力的镇压,更是国民党政权"专制独裁"的历史罪证和"原罪"。民主化后,台湾民众更是享受了所谓的"多元民主体制"和"多元自由生活"。与此形成相互参照的是,由于对中共执政的大陆民主体制的不甚了解,总是把中共"一党执政"的体制和国民党的"一党独裁"作比照,使台湾民众对中共执政的大陆政治体制充满"疑虑心理",从而更对有可能由大陆主导的"统一进程"充满了"恐惧心理"。年轻人更是害怕某种形式的"统一"后,台湾就可能丢掉得之不易的所谓"民主体制"和"自由生活"。

以上大的历史性因素只是台湾民众国家认同选择的历史背景和历史沉淀因素,对人们的选择动机具有长期的潜移默化的"心理暗示"和"价值引领"作用。而在人们做出选择时,历史因素是和现实因素一起作用于人的心理动机的。

(二)现实影响因素

在现实的政治和社会生活中,对国家认同选择的影响因素更多的是现实的因素,现实影响因素是更直接地对国家认同具有影响的因素,从人们做出选择时的动机构成因素来说,可以细分为以下几种。

第一,情感因素。情感联系和情感归属是人们做出选择时的重要影响因素,特别是在理念因素和利益因素不太强烈时更是如此。如台湾年老的几代人,如果现今大陆上依然有其直系的亲属和家族成员,并保持着经常的互访和交流,可能在做出国家认同时,更愿意选择"我是中国人"或"我既是台湾人又是中国人"。而对于原住民或先祖移民较早的台湾人来说,与大陆较少或几乎没有血缘、亲属的联系和沟通,在情感归属上更多地依附于台湾情感共同体，就更可能选择自己是"台湾人"。这在台湾所谓的"外省人"和"本省人"、台湾北部人和台湾南部人之间的认同选择差异上更为明显。

第二，理智因素。包括理念因素和理性因素，政治性的理念不同，如更认可自由民主的理念，还是更认可传统中国的伦理理念，可能对国家认同的选择都有影响。台湾年老的几代人，可能更多地认可中国传统的伦理理念，对自由民主理念了解不多，加之心理深层的民族认同和文化认同，更有可能做出"我是中国人"或"我既是台湾人又是中国人"的选择。而与此对照，年轻一代的台湾人，从小更多地接受西化的自由民主教育，对自由权利和民主普选会有更多的认可和体认，加之对中共政权所谓的"专制"的印象，更有可能选择"我是台湾人"或"我既是台湾人又是中国人"。

而理性因素，是指人们在做出选择时，更多的是从理性计算和理性权衡的角度来选择。更多的台湾人可能早已习惯了所谓"自由民主"的政治体制和社会生活，而担心两岸关系在政治上走得更近或趋向于"统一"会使现有的自由生活方式出现巨大的改变，甚至断裂和终止，从而在做出理性权衡后更多地倾向于"维持现状后再做决定"，甚至"永远维持现状"。

第三，利益因素。这是指人们从两岸交流和改变发展是否会给自己及家庭带来利益的角度，来做出自己的国家认同选择。在大陆有投资的台商，以及两岸经贸交流会给自己带来直接和间接经济利益的人，更可能选择"我是中国人"和"偏向统一"；而在大陆没有投资或认为两岸经贸交流没有给自己带来任何利益的人，更可能选择"我是台湾人"和"偏向独立"。

如台湾学者调查显示，认为两岸交流对台湾整体经济发展有利的民众，有将近七成认为自己是"中国人"或者"既是台湾人，也是中国人"；而认为两岸交流使台湾整体经济变差的民众，则有八成多认为自己是"台湾人"。同样，认为两岸交流使自身经济状况变好的民众，有77%认同自己是"中国人"或者"既是台湾人，也是中国人"；而认为两岸经济交流使自身经济状况变差的民众，有80%左右认为自己是"台湾人"。[①]

① 陈陆辉、陈映男、王信贤：《经济利益与符号态度：解析台湾认同的动力》，《东吴政治学报》2012年第30（3）期。

总之，台湾民众为什么会有如此的国家认同选择，这是一个错综复杂的问题，难以简单地回答和解析，这里既有历史性的积淀因素，也有现实性考量因素，既有社会性的普遍因素，也有个体性的特殊因素。由于作用因素的多样和复杂，台湾民众的国家认同也就很难在短期内有大的改变，只能在潜移默化中逐渐加以影响和改变。这也给两岸政策的选择空间和政策选项带来了基础性的民意制约。

三 台湾民众国家认同对两岸政策的作用机制

台湾民众的国家认同，是在历史与现实因素综合作用下的"既定事实"，短期内也很难人为地"急剧"改变，这构成了马英九执政当局的最大民意制约和社会存在。社会存在决定社会意识，这不仅对个人的认同选择来说是如此，对执政者的政策选择来说也是如此。

由于台湾已是民主化的自由社会，哪个政党想执政和拥有政策制定权，必须面对一人一票的"普选铁律"。这一政权更替逻辑，成为台湾民众国家认同对台湾当局两岸政策的根本作用机制，即国家认同民意——一人一票的普选—执政权力及政策选择。

也就是说，台湾民众国家认同的民意，针对执政党和反对党的两岸政策选项，而做出选择哪个执政党的普选选择；反过来，哪个政党想要拥有政权，就必须争取选民的选票，就必须考量到选民的国家认同取向。在国家认同民意，通过普选机制影响政权归属的"互动机制"和"普选铁律"链条中，具体有三种力量影响到这一"作用机制"的运作。

第一，执政党保住政权和政策制定权的"执政压力"。

执政党虽然拥有政权和政策制定权，但并不能安全按照自己的意愿"自主"制定两岸政策，特别是在两岸政治关系这样的重大政治决策中，更是"谨小慎微""如履薄冰"。因为必须考虑大多数台湾民众"维持现状"的认同压力，不想因为重大两岸政治关系变化而丢失选票，甚至丢失政权。这样强大的"执政压力"，可以解释 2011 年马英九公开将"议签和平协议"列入"黄金十年"，随后又在民进党的反对质疑声中马上附加上"十大保证"和"公投"条件，实际上使两岸"议签和平协议""遥不可及"。定期公开普选的政权更替规则，时时构成了强大的"执政压力"，使执政者只能"唯民意是从"，尽量争取最大多数的中间选民，而不敢在两岸政策上做出任何重大的政策"创新"。

第二，在野党时时反对执政者政策和随时准备"夺权"的"反对压力"。

执政党与在野党的政权互替逻辑和反对逻辑，是自由普选政治的基本生态和制度规则。作为台湾主要在野党的民进党，是天生的国民党的"死敌"，甚至"为了反对而反对"，一切为了"夺取政权"，漠视台湾全体民众的整体和长远利益。不仅如此，民进党"台独"的政治纲领，其"台湾主体性"的论述攻势，在"台独"几乎成为不可能的现实考量下，更使台湾民众萌发了"我是台湾人"和"维持现状"的国家认同。民进党对国民党执政者的任何政策，几乎一概地持反对态度，而国民党又怕丢失政权，十分忌惮民进党的"反对压力"。"反对压力"时时刺激和促发着"执政压力"，像一对"连体怪胎"，相互憎恶又相互不可分离，相互憎恶又不断地相互激发着憎恶。

第三，自由多元的媒体和多样化的公开民调所构成的"舆论压力"。

随着国民党一党威权体制的终结，国民党一党独揽媒体传播的"报禁"时期随之消融，台湾社会迎来了媒体自由多元的自由舆论新时代。自由的公共舆论，成为公民社会的民意代言人，也成为执政党及其政策选择的强大监督力量。

自由开放的媒体环境，使台湾社会的媒体多样化，并分割为具有不同政治倾向的阵营。执政党虽然也有支持或倾向于自己的媒体，但不可能"独揽天下"，完全掌控所有的媒体机构，更不可能有支持自己政策选择和走向的"舆论一律"。而反对党则可以利用自己掌控的媒体或支持自己的媒体，主导和引领一定的政策议题和论述，与执政党的政策议题和论述形成"分庭抗礼"。特别是在有大量"绿营"媒体存在的情况下，倾向于"台湾主体性"论述的舆论大量存在，特别是在两岸关系的议题上更为敏感，执政党任何被反对党视为"亲中"的政策，都可能被扣上"卖台"的大帽子。以民进党为首的反对党舆论的强大压力，更使国民党执政者不敢"越雷池一步"，在两岸政治关系的进程中举步维艰。

同时，与自由开放的媒体相呼应，台湾学术界也形成了多样化的独立民意调查机构，民调议题和民调数据的公开和传播，与自由媒体的议题和主张相互激荡，构成了更为强大的"公共舆论压力"，使执政者的政策议题和走向也必须不断地响应和顺从民意主流。近年来公布的马英九跌至

13%的支持率，以及"国立"政治大学选研中心公布的高达61.6%的"维持现状者"，都在促使执政者谨慎地"顺从"民意，不敢在两岸政治议题上"迈开半步"。

所以，执政党的"执政压力"、反对党的"反对压力"和自由媒体的"舆论压力"，逼使台湾的执政者背负着沉重的"政策压力"，在"普选铁律"的高度政治竞争架构下，交叠形成了台湾执政者的政治生态和政策背景："执政压力"＋"反对压力"＋"舆论压力"＝"政策压力"。

高压交错，这是台湾政治运作的基本架构和政策选择的基本路径，也是国民党执政者在两岸政治关系上举步维艰的制度性根源，岂是一句"马英九个性谨慎"所能涵括乎？

四　两岸政策在政治战略上的僵持与僵局

两岸的交流互动，在2008年国民党重新执政以后，迎来一个相对和平推进的新时期，特别是2010年两岸ECFA签署，更是将两岸经贸和文化交流提升至一个新的层次。但在经济文化热络交流的背后，其实是政治关系互动的冷寂和停滞，其根本的原因则是两岸在政治战略上的僵持，从而导致政治关系无法推进的僵局。

第一，台湾当局的政治战略，其根本主张和立足支点，从2008年以来其实质并没有什么变化，这就是马英九始终强调的："一中宪法""九二共识""一中各表""一个中国就是中华民国""不统、不独、不武"。虽然在2011年马英九为了应对大选需要，曾将"议签和平协议"列为"黄金十年"规划，但随后立即附加上"十大保证"和"公投"的刚性条件。

"十大保证"包括："一个架构"，是指在中华民国宪法架构下，维持台湾不统、不独、不武的现状。"两个前提"是指民众达成高度共识，两岸累积足够互信。"三个原则"是指国家需要、民意支持、国会监督。"四个确保"是指确保中华民国主权独立与完整，确保台湾的安全与繁荣，确保族群和谐与两岸和平，确保永续环境与正义的社会。所谓"公投"是指台湾议签和平协议之前，一定要经过全民公投。

第二，大陆当局的政治战略，其根本主张是"一个中国"的原则，但具体表述也经历了一个过程。

从最早的"老老三句"：世界上只有一个中国，台湾是中国的一部分，中华人民共和国政府是代表中国的唯一合法政府。到后来的"老三句"：世界上只有一个中国，台湾是中国的一部分，中国的主权和领土完整不容分割。再到最近的"新三句"：世界上只有一个中国，大陆和台湾同属一个中国，中国的主权和领土完整不容分割。

第三，两岸政治战略的僵局。两岸虽然都公开承认"九二共识"中的"一个中国"原则，但对于"一中各表"则存在各自有其"宪法"法理依据的表述：对于大陆方面，一个中国就是中华人民共和国；而在台湾方面，一个中国就是中华民国。

战略僵局在于，台湾当局限于国家认同主流民意和各种压力，只能公开宣示"中华民国宪法"的法理依据，并反复强调"一个中国，就是中华民国"，并在立场上短期内不能有任何改变和提升。而大陆方面，虽不再强调"一个中国，就是中华人民共和国"，但对于承认"中华民国"在政治实现中的存在，也惧怕陷于"一边一国"和"特殊两国论"的"台独"嫌疑，在公开场合坚持"一个中国"原则立场时，也不敢有任何进一步的阐释和提升。

五　两岸政策互动互进的战略革新

两岸经济和文化交流的大发展，在现有的两岸政治架构下发展到一定程度，必将要求两岸政治战略上的进一步革新和提升。这需要高远巨大的政治勇气和政治智慧。

台湾有学者提出"新新三句"："世界上只有一个中国"，"中华民国与中华人民共和国都是一部分中国"，"中国的主权和领土完整不容分割"。并在此基础上进一步提出"大屋顶中国"架构：在大屋顶中国下，中华民国是民主中国，中华人民共和国是社会主义中国，二者皆是一部分的中国，同属"一个（大屋顶）中国"，亦属"两岸主权相互含蕴并共同合成的一个中国"。[①]

这一预想的"大架构中国"理念，是否意味着未来的"中华联邦"

---

① 黄年：《两岸大架构：大屋顶下的中国》，（台北）天下远见出版股份有限公司2013年版，第177、21页。

或"中华邦联"？是不是未来可以考虑的战略思路？两岸政治家需要具有高远的对中华民族历史负责的政治使命感，在两岸政治战略上真正迈开革新提升的历史性步伐。

国家治理：中国能从新加坡
学习什么？

当今新加坡辉煌的治理成就令世人惊叹，然而在 1965 年，当新加坡被驱逐出马来西亚联邦，被迫独立时，新加坡经济还是相当落后，人均 GDP 还不足 320 美元。而到了 2012 年，在国际货币基金组织公布的世界各国人均 GDP 排名中，新加坡以人均 49922 美元超过美国。[①] 除了巨大的经济发展成就之外，如今的新加坡也是全球公认的法治严明、社会和谐、文明优雅的治理典范之现代城邦。新加坡成功有效的国家治理经验，值得现代化转型之中的中国政府加以借鉴。

一　新加坡国家治理的秘诀是什么？

从现代化进程中国家治理的视角来看，在全球竞争的现代化进程中，促进一个国家发展和有效治理的因素必定是多种多样的。新加坡国家治理的秘诀，从制度性因素来说，可简要归纳为以下几点。

第一，强而有力的执政党。新加坡人民行动党自 1954 年成立、1959 年执政以来，一直是主导新加坡国家治理和现代化进程的执政党，这是一个具有极高现代治理能力、发展意识的执政党。李光耀领导下的人民行动党更是表现出超强的组织能力和治理能力。但人民行动党历来注重党员质量，从不公开党员数量，据有关研究，党员数量不会超过 2 万人，只占新加坡 500 万人口的 0.4%。

第二，小而廉洁的政府。新加坡政府严格说来只有"一个半"层级，即"一个中央政府"加上"半个人民协会"。新加坡政府除总理公署外，

---

① 　参见匡导球《星岛崛起：新加坡的立国智慧》，人民出版社 2013 年版，第 20 页。

只有 14 个政府部门。总理和各个部长都可以直接面对社区和民众。① 人民协会是新加坡政府成立和主导的半政府性社会组织，是政府联系和沟通民众的主要制度渠道。新加坡拥有一个规模小、效率高、执行能力强的高效政府，是其国家治理能力中执行力的保障。

第三，制度化的政府与民众沟通机制。新加坡政府制定一系列制度规定，强制性保证执政党和政府人员如何做到与民众沟通的日常化、制度化。这主要体现在人民协会的沟通功能和议员接待选民日的制度实践中。制度化、顺畅的沟通渠道和制度机制，保证了执政党及其政府与日益强大的公民社会之间及时有效的沟通和协调。这也是人民行动党长期执政、保持民意支持的根本制度保障。

第四，对法治规则的高度认同。新加坡在执政党的强力推动下，从"严刑峻法"做起，一步一步扎实推进法治国家与法治社会的进程。从而在全社会树立起对宪法和司法的崇高权威和威信。包括执政者在内的全体公民对法治规则的高度认可与遵守，尤其是执政党和政府对法治的真心认同和尊重，使新加坡成为全球法治程度最高的国家和地区之一。如李光耀就在遵守法治规则方面率先垂范，遇到涉及李光耀本人名誉或财产方面的媒体舆论等事件时，李光耀不是用其总理的政治权力或政治威望去"摆平"对方，而是诉诸法律途径解决纷争。据李光耀父子代理律师的不完全统计，截至 2006 年，李光耀仅以诽谤罪为由向法院提起的诉讼就达 24 次。②

二　新加坡政府联系民众的组织体系

现代化的治理，需要政府与民众的有效沟通和协调，新加坡的基层社会治理主要依靠两大制度：人民协会和人民行动党的基层党组织。

人民协会在沟通政府与民众、巩固政府执政基础上起着关键作用。人民协会组建于 1960 年，是一个由政府主导建立的覆盖全国各个社区的组织，它的主要职能在于从上到下将政府的资源分配到各个社区的公共设施

① 参见 ［澳］约翰·芬斯顿主编《东南亚政府与政治》，张锡镇等译，北京大学出版社 2007 年版，第 271 页。
② 参见由民《新加坡大选：人民行动党为什么总能赢？》，经济管理出版社 2013 年版，第 192 页。

和民众手中，并从下至上将各个社区民众的意见反馈给政府，管理和协调所有的基层组织体系和日常运作。

人民协会下属三种类型的组织：第一是居民委员会或邻里委员会，主要负责了解民众生活的日常情况，协助国会议员和公民咨询委员会推行和促进整个选区的福利设施；第二是社会发展理事会或民众联络所，它的主要职责是给公众提供方便、低廉的各种公共服务或社会福利，其所提供的服务大到孩子教育、老年服务，小到娱乐健身、各种才艺辅导班，可谓无所不包、应有尽有；第三是公民咨询委员会，它是自上而下传达政府决策，以及自下而上反映民意的组织渠道，是新加坡基层社会治理体系中的核心组织。①

人民协会虽然由政府主导建立，但它最多只能算是一个半政府性质的组织。人民协会的领导者由所在选区的人民行动党的国会议员担任，但是他并不会干涉人民协会的日常工作。一般而言，人民协会的日常工作是由退休的政府官员、社工、各种 NGO 组织来具体负责。据我们考察，人民协会在新加坡的运转非常顺畅，它既向各个社区的民众提供了高福利，又向政府传达了各个社区的民意，将国家与社会紧紧联系在一起，对于社会稳定功不可没。

人民行动党的基层组织也是联系人民和选民的制度化组织体系，人民行动党的国会议员一般都会身兼他所在选区的党支部主席，他们每周都会提前告知时间、地点，在社区内定期接待民众，这已经成为人民行动党一项固定不变的制度化规定。同时，人民行动党还规定现任本党的国会议员必须在就任的两年内遍访自己选区的所有住户，收集他们的意见，解决他们的困难，这就为许多不便出门的老、弱、病、残人士提供了表达意见的机会。

在我们考察时，有一位单身母亲因为经济拮据交不起电话费，也来找议员反映情况。可见，民众对于这些制度也是非常信任和认可的。

三　新加坡议员"密切联系群众"的制度化机制

新加坡官员或议员"密切联系群众"的制度化机制，同样也是公开

---

①　参见吕元礼等《鱼尾狮智慧：新加坡政治与治理》，经济管理出版社 2010 年版，第242—247 页。

透明、精细到位。切实保证了新加坡执政党及时准确地了解民意，及时高效地服务民众。这是自 1959 年执政以来，人民行动党长期执政、人民行动党政府高效廉洁的基础性保障。人民行动党及其政府制定了一系列制度性规定，确保执政党高官和执政党议员"扎扎实实"地"密切联系群众"。

第一，人们行动党议员必须接受选区选民五年一次的"检验"。

新加坡的政体实行的是议会民主制，政府由国会中多数党组阁，政府总理及部长由多数党议员出任。自新加坡建政以来，人民行动党一直就是执政党。但人民行动党执政的合法性却来自一人一票的国会选举。

在 2011 年 5 月的国会大选中，执政党只有在 27 个选区（12 个单选区，15 个集选区）、87 个国会议员席位的争夺中，赢得过半数或绝对多数，人民行动党才可继续执政。而在每个选区中，都有反对党组成的竞选团队和人民行动党进行激烈竞争。人民行动党只有精心挑选精明能干，且能密切联系选区民众的本党候选人，方有可能胜选。所以，人民行动党的议员要想获得连任，特别是部长议员要想继续担任阁员，就必须时时刻刻保持和自己所在选区人民群众的"血肉联系"，这样才可通过五年一次的"大选检验"。

然而，就是在人民行动党保持高度警觉、勤勤恳恳服务民众的情况下，在 2011 年 5 月的大选中，以外交部部长杨荣文为首的人民行动党 5 人集选团队，在自以为势在必得的阿裕尼集选区完全输给了工人党团队。因为选民的这一"最终检验"，不仅让内阁大员杨荣文失去了国会议员的资格，也连带地失去了继续担任外长的资格，只好退休回家。

第二，人们行动党议员必须定期到选区深入联系民众。

除了五年一次国会大选的最终检验以外，当选的国会议员，不论是执政党的议员，还是反对党的议员，都必须定期到各自的选区深入地联系民众、服务民众。这些行动当然不是"走过场"，更不可能是"装样子"，因为日常生活中联系群众的"紧密程度"，最终决定着大选投票的取向，决定着官员或议员的"官位"和"利益"。人民行动党自 1959 年执政以来，形成了一系列"雷打不动"的刚性制度，即执政党议员必须遵守的"密切联系群众"的制度规定。①

---

① 参见匡导球《星岛崛起：新加坡的立国智慧》，人民出版社 2013 年版，第 91 页。

一是议员必须每周一次到选区接待选民，了解情况并解决问题。时间一般在业余时间或晚上，每个议员接访的具体时间可以自己来定，由这一选区的本党基层支部来协助完成。议员在一个简单的桌子前，一个接着一个地耐心接待民众，入学、就业、看病、住房等各种各样的问题，议员是有问必答，能当场解决的问题，就当场解决，不能解决的问题，登记下来提交有关政府部门解决，议员接待访民的场所被形象地称为"民事诊所"。这一制度，连总理也不能例外，李显龙总理也必须在自己的选区——德义区，每周三晚上（除了国事活动）接待选民并提供帮助，一年接待人数以千计。一般接待前会有广告单通知民众，接待只有开始时间，直到接待完最后一个访民，才能结束。

二是议员候选人或当选议员必须逐户走访选民，广泛了解民众生活实际。遍访居民是执政党国会议员制度上规定的当然义务。在大选提名后、正式投票前，议员候选人必须逐户遍访选民，相互熟悉并了解情况。新当选议员每年必须进行一次逐门逐户访问，民众意见可以通过国会议员直接到达国会和内阁。现任国会议员必须在两年内遍访自己选区的选民，访问次数由议员决定。一般在周日晚上走访，逐户敲门，向选民说明来意，有问题就记录下来，无问题递张名片、道声谢就离开。如果选民不在家，就留下一张印有中英等四种文字的小贴纸，告知居民，议员已来过，如需帮助，请在每个星期议员接见选民日前来会谈。

总之，通过以上主要的制度机制，新加坡执政党议员及官员"联系群众"的情况如何，其最终的监督评价权、奖励惩处权是要落在"人民群众"的手上。每个作为选民的民众，能够在每周一见的议员接访活动中、在接访意见的反馈实施效果中、在经常可见的逐户遍访活动中，最有发言权地切身体会到议员的"联系群众状况"，也能最终决定一个议员或官员的"升迁去留"。制度化的"密切联系群众"的机制，使新加坡政府与民众上下通畅、沟通及时，也是人民行动党能够保持长期执政的基础性制度。

四　新加坡如何保证官员或议员不滥用权力？

在"透明国际"连续公布的全球清廉指数排行榜中，新加坡官员的勤政廉洁举世公认，多年来新加坡政府的"清廉指数"排在世界前五位、亚洲第一位。新加坡清廉指数为什么如此之高，主要得益于其严格、周密的腐败控制机制，而这也足以保证国家公务员、国会议员、人民委员会工作人员等相关人员的清正廉洁。

首先，新加坡拥有详细、严厉的反贪腐法律，且这些法律的适用范围非常广泛，不仅仅局限于公务员。如新加坡1960年颁布的《防止贪污法》对"报酬（贿金）未作最低金额的规定"。就是说，在一定的情况下，给予或接受1元钱，都可以算作行贿或受贿。行贿受贿10元就要坐牢，就可能失去数十万元的退休金。[①] 其次，新加坡拥有可以说是全球权力最大的反贪机构——"贪污调查局"。按照规定，反贪机构只对总理（或总统）负责，不受任何人管辖或干涉，并且拥有着独立、完整、秘密的调查权，具体包括逮捕权（即使无逮捕证也可逮捕与犯罪有关的任何人）、调查权（在执行重大任务时还有特别调查权）、搜查权（在必要时可依靠武力进行搜查）、获取财产情报的权力（属于相关人及其配偶、子女的一切动产和不动产）、不明财产调查权（不能令人满意地说明其来源或合法所得，即被推定为犯罪所得）。最后，新加坡特别注重规范国家相关工作人员的行为，其中有许多严苛的规定，比如不许接受公众的礼物、迫不得已接受礼物需要报告并上交、必须实时记录自己的活动过程以备核查等。新加坡还制定了非常严格的财产申报规定，公务员在被录用、调动和升迁时，以及每年年终都要申报自己的财产，不能有丝毫马虎或不清楚之处，以备随时审核或查用。

同时，新加坡国家治理中高度严明的法治化程度，也是新加坡政府廉洁和社会清明的根本原因和社会基础，这主要体现在全社会对完善规则的追求以及对法治的推崇上。众所周知，新加坡既有维护社会公序良俗的鞭刑，也有一套严密的预防、惩治腐败贪污的法律制度。除此之外，在土地补偿、拆迁安置、城市规划、公共卫生等几乎所有领域，新加坡可以说都是立法先行、依法而行，是一个高度法治化的现代治理体系。

还有，新加坡法治社会的形成，还要归功于新加坡第一代领导集体的不懈努力。在以李光耀为代表的新加坡第一代领导集体中，许多人都有着在西方研习法律和从业律师的经历。当人民行动党执政后，李光耀等领导人始终抱有坚定的法治理念，同时凭借团结和强势的执政党及其政权，一

---

① 参见吕元礼《新加坡治贪为什么能？》，广东人民出版社2011年版，第90页。

直持续不断地坚决推进法治国家的建立与法治体系的完善。

例如，新加坡的许多领导人都能以身作则，严格遵守法律制度。众所周知，李光耀经常起诉国内或西方媒体侵犯自己的名誉或权利。通常来说，贵为一国总理，只要稍微动用手中的公共权力，无论大事小事都可能悄然"摆平"，根本不需要劳师动众、不厌其烦地走法律程序，但是李光耀没有这样做，而是坚定地维护宪法和法律的权威，严格按照司法程序，用诉讼打官司来解决问题。这在一定程度上也为新加坡民众做出了遵守法治规则的最高示范。

然而，新加坡的国家治理并非完美无瑕或毫无问题，尤其在当前全球化和民主化的冲击下，新加坡政府及人民执政党也遇到了一系列的挑战和治理问题。

简单来说，主要存在两大挑战，并且这两大挑战都与年轻人有关。第一个挑战是政府及执政党如何吸引年轻人，以补充新鲜血液。在经济发展、社会稳定的大背景下，现在的新加坡年轻人拥有非常多的职业选择，并不都一窝蜂地想当公务员。这种情况下，政府和执政党就都面临着如何吸引年轻人加入的问题。

第二个挑战是随着"80后""90后"逐渐成长起来，人民行动党在能否继续执政上也面临着前所未有的挑战。新加坡的年轻一代大多生长在良好的环境中，普遍都追求多元、个性、自主的价值观，很少具有老一代新加坡人那种在困境中形成的发展压力和国家危机意识。这样一来，就为反对党赢得更多的选票提供了社会基础和竞争机会。

就在新加坡2011年5月大选中，反对党前所未有地获得了国会中的6个席位，有近40%的新加坡人将选票投给了反对党。对于年轻人带来的挑战，人民行动党也已有清醒认识。大选结束后，新加坡前领导人李光耀和吴作栋突然宣布辞去内阁资政和国务资政。在声明中，他们说道，随着新加坡年轻一代希望获得更多的参与决策权，现在面临着一个"新的政治局面"，所以他们决定离开内阁，让更年轻的内阁成员团队联系并接触年轻一代，塑造新加坡的未来。可见，未来属于年轻一代，最终是年轻人决定着新加坡未来的政治走向，也决定着未来新加坡现代治理的发展和成效。

中国依法治国进程的难点与重点

党的十八届四中全会胜利召开，"法治盛会"成为全面深化改革时代的新的里程碑，"依法治国、依法执政、依法行政"成为国人共识，"法治国家、法治政府、法治社会"已为全民呼唤，中国法治进程必将在全面现代化进程中加速起航。

然而，"知易行难"，甚或"知"难"行"更难！要把"法治说法"变成"法治做法"，要把"法治口号"化为"法治现实"，要使"法治中国"的阳光普照中华大地，要让人民群众在每件司法案件中感受到公平正义，国家治理现代化的进程也许还有一段很艰难的"路程"要走！

究根溯源，从内在的制度规定性和体制性根源来考察，难在何处呢？从人类政治文明的发展经验和世界各国治理现代化规律来看，"公权力"的依法配置和依法行使，是政治治理中的核心制度性问题。也就是说，"公权力"如何依法行使才是"最难的制度性难点"，"公权力"如何依法监督才是"最终的制度性根本"。

故从国家治理体系现代化的视角来说，在全面推进法治中国的进程中，最难、最关键的核心就在于"依法治官"，最难、最关键的核心就在于"依法治权"。

全面推进依法治国进程，靠什么"攻坚克难"？靠的是政治家坚定强大的改革勇气，靠的是全国人民的坚定支持和践行。但依据制度的长期性和决定性作用视角，最终还是要依靠制度性的全面深化改革，依靠国家治理的全面现代化。这一切都取决于全面制度革新的实践进程和落实程度。

一　依法治国的难点

从人类政治文明的实践经验和实践理性来看，依法治国，本是现代文明国家治理的根本方式，是人类政治文明的法治化体现。宪法和法律的崇高尊严和普遍性规则，为多元开放的现代社会生活提供了根本规范和行为约束，为社会的秩序与活力并存、人类的全面自由发展提供了根本制度保障。

当下急剧转型的中国社会正处于全面深化改革的关键时期，新型城镇化方兴未艾，社会结构快速变迁、利益结构急剧调整、思想观念多元纷呈，如何在全面现代化加快推进的同时，构建中国智慧、中国风格的政治文明和治理体系，"全面推进依法治国"正当其时，正可谓"根本治理之道"。

这其中，执政党和国家政府行使的"公权力"，由于其在社会生活中具有如此广泛性的"示范性和引导力"，更由于"公权力"掌握巨大资源而具有决定性的"能量和作用"，不言而喻，"公权力"如何依法行使和依法监督，在依法治国的全面提升中就具有核心性的价值和作用，更是一项"艰难而根本"的"命脉工程"。

"公权力"的依法行使，具有全社会范围的广泛示范性。代表执政党、国家和政府的各级公权力，其行使的范围、行使的内容、行使的方式、行使的绩效，直接代表着党和国家的形象和使命，直接与国家的资源和公共财政的分配息息相关，也与每位公民的权利、利益和福利的公平分配，与老百姓的切身利益和实际感受息息相关，直接影响着党和政府的公信力和执行力，因此，具有全社会范围的影响力和示范性。特别是在当今中国这样一个开放多元的信息社会，网络化信息的多元传播和高速及时流动，更使一个县，甚至一个乡的"公权力"的错误性行使，具有全社会，甚至全世界的影响力，近年来多发频发的群体性事件，也往往与公权力的不当行使和不依法行使直接相关。

执政党和国家政府领导人民制定了宪法和法律，依法治国、依法执政、依法行政也已成为新时期执政党治国理政的坚定信念。所以，各级党和国家的公权力，如果能够坚决地在宪法和法律的框架和规范下，依法行使和依法接受人民监督，必将在全社会的范围内树立起坚定依法治国的先锋模范作用，树立起全社会依法治国的标杆和风向标。

"公权力"的依法行使，具有全社会范围的广泛引导力。公权力的行使过程，几乎都是组织性、国家性权力在社会公共生活中的行使，是否依法行使或依据法律程序行使，直接对社会组织和公民个体的行为取向具有广泛影响和引导力。特别是各级行政机关和司法机关所代表的公权力行使，其行使内容是否于法有据，行使程序是否合法，行使方式是否正当，行使结果是否具有权威和执行力，都对公民个体涉及利益纠纷的处置行为具有直接的引导力。为什么广大信访民众宁愿历经千难万险信"访"不信"法"？为什么广大信访民众奔赴北京信"权"不信"法"？为什么多年来各级、各部门"信访量"高居不下，而各级国家司法机关却在众多海量的"信访"案件中"无所作为"？在当前涉及土地征用、房屋拆迁、工程建设、利益纠纷等群体性事件频发的情况下，不断强化和引导公民通过司法程序和有法律保障的调节程序，依法维护个人权益和解决利益纠纷事件，并使司法裁决的结果具有绝对的权威和执行力，是引导全社会和每个公民遵从宪法和法律的基础性工程，也是法治中国建设和依法治国提升的基础性工程。

党的十八届四中全会以后，"依法治国"进程将会加速起航，"法治中国"建设也将再踏征程，这是当前推进国家治理体系和治理能力现代化的根本保证，也是中国全面深化改革现代化进程顺利推进的根本保证。针对目前依法治国进程中存在的"最难问题"和"根本性体制缺陷"，必须在"公权力"的依法配置、依法行使和依法监督方面，全面"加大、加强"制度化和法治化建设的改革力度和深度。

"公权力"的配置，必须进一步依法具体化。公权力的配置是否合理和明晰，是公权力依法行使的制度前提和条件，对于各级党和政府及其部门权力的设置和配用，必须依据宪法和上位法的根据，做到尽可能的具体化和明晰量化。"法无授权不可为"和"政府权力清单"制度的建立和完善，是依法行使权力的制度核心和基础。制定权力设立和配置的法律和制度，应尽可能压缩模糊权力、擦边权力、交叉权力、灰色权力以及任意自由裁量的权力空间。什么机构、什么职位配置什么权力、行使多大权力、有什么样其他权力相互制约和平衡，都应该有法律的依据和具体的法律程序性规范。党的十八届四中全会提出的"政府组织法"和"政府程序法"的制定和实施，必将使政府权力的设立和行使有法治化的"权依法授"。

"公权力"的行使，必须进一步依法公开化。公权力的行使，关涉公权力的人民性和国家性，是人民权利和国家权力的委托行使，必须进一步加强公开化、法治化建设。除非涉及国家机密和国家安全的特殊公权力，否则一切公权力的行使过程都必须有法律具体规定的公开化程序或公开化规定。用法治化的问责机制保证"坚持以公开为常态、不公开为例外原则"的落实到位，只有明确制定公权力行使的刚性公开化规定，才能使"让权力在阳光下运行"有法律制度化保障，才能使"让人民监督权力"有法治化的基础和前提。也就是说，只有"权力"公开了，人民才能"知情"；只有"知情"了，才能保证人民"监督权力"，才能真正做到法治化的"权依法行"。

"公权力"的行使，必须进一步依法加强监督。公权力的依法"具体化配置"，是公权力依法行使的前提；公权力的依法"公开化规定"，是依法加强对公权力监督的制度保障和基础。然而，再明晰的公权力设置，也可能存在自由裁量的空间，再公开的公权力行使，也可能存在人为暗箱操作的漏洞。因此，最终堵塞公权力行使中的"寻租漏洞"，防止公权力异化腐败的根本保障，是进一步依法加强对公权力的制度性、常态化的监督和制约。所以，必须加大推进公权力进一步的明晰化和公开化，强化公权力在人民看得见的阳光下运行。只有加大"制度化监督力量"，动员党和政府、人民团体、社会组织、媒体舆论和广大公民，动员全社会都参与到对公权力监督运行的全过程中来，形成"监督公权力的法治化合力"，才是实现公权力"依法监督"的最终和根本保证，才能真正做到法治化的"权依法督"。

随着全面推进依法治国进程的不断落实，国家治理现代化的要求必将使公权力的配置进一步"依法明晰具体"，使公权力的行使进一步"依法公开透明"，使公权力的监督进一步"依法加强合力"。充分发挥公权力"依法行使"的法治化示范性和引导力，才能最终克服"依法治国"的"最难之处"，才能解决"依法治国"的"体制性缺陷"。也只有如此扎实推进，"法治中国"的阳光才能普照神州，每个公民才能在每天的生活中感受到"法治正义"，中华民族伟大复兴的全面现代化事业才会有法治化的制度保证。

二　依法治国的难点

官员手中掌握着大量的"权力和资源"，其推进法治的"正能量"与扭曲法治的"负能量"正可谓"相辅相成"。此即"治国先治官"，依法治国，难就难在"依法治官"。

"官大一级压死人",是中国老百姓的生活感受,也是中国官场生态的传神描绘。于"人"如此,于"法"亦如此,"官大"还是"法大"也因此成为"法治中国"前行路上持久的"纠结"。

"依法治国"是执政党"四个全面"战略宏图的内在组成,是当代中国全面现代化的战略举措,赢得朝野上下多数共识。然知易行难,"依法治国"要落地生根,还有艰难路程要走,难在何处呢?"治国"先"治官",难就难在"依法治国",首先必须做到"依法治官""依法治权"。

在百姓看来,各级"官员"理应是"人民公仆",公正守法自应是其"天职"。然而在"前腐后继"的腐败循环链条上,人们看到的却是太多的官员"知法犯法""贪赃枉法"。究其根源,从体制和文化上考察,可以概括如下。

(一) 官员权力的规范运行体系不健全,"任性裁量"空间巨大

法治是现代国家治理的根本方式,权由法定、权依法行是法治的内在要求。中国从中央、省级、市级、县级到乡镇,五级党政机构和部门,设立什么机构、配置什么职位、行使什么权力、权力怎样行使,并没有多少明确的政府机构法和政府程序法来做出刚性规定,这就给官员权力的"任性裁量"留下了巨大的"寻租空间"。

党政部门有什么管理职能,官员行使什么职权,在并没有法律规范约束的情况下,加之"部门一把手"往往集权独断,这使作为国家公器的公共权力反转为官员手中可随意行使的个人化工具,"公权私用化"随时随地可能发生,由此也为官员利用手中的权力"徇私枉法""违法腐败"等行为留下众多制度漏洞。

由以上"公权私用"的制度漏洞来考察,官员手中"公权力"愈大,愈有可能发生"权力寻租",官员腐败枉法的可能性就愈大。这也从党的十八大以来查处的腐败发生的部门特征和权力特征中得以验证。作为国务院部门的"发改委",素有"小国务院"之称,位高权重,众所周知,而其中的价格司、能源局更是权力场中的"重中之重",手握项目审批、价格审定、煤矿监管等重大权力,这就不难理解党的十八大以来仅发改委就有17位官员因权力腐败落马,而其中能源局就有6位,其中能源局一个副司长就因收受贿赂而在家中窝藏现金高达一个亿。

官员掌握的权力愈大,就愈有"正能量"为公共利益服务,但如果权力设置不当、运行"任性"，就愈有"负能量"违法腐败。而官员"公权私用"的腐败，不仅造成公共利益的巨大浪费，也给"依法治国"的形象和公信力造成极大的损害。各级大小官员本应是法律的制定者和坚定执行者，"官不从法，民何从之"？

（二）官员权力的责任监督机制不到位，"暗箱操作"难以监督

现代国家的法治化治理，不仅就官员权力如何设立、如何运行有明确的法律规定，而且依法规定官员权力的运行必须公开透明，以便于广大公民和社会媒体的监督和制约。以此保证即使权力设立不当、权力行使出现违法现象，也能通过公开透明的程序规定，制度化地制止和及时纠正权力违法行为，所以官员权力的责任监督机制的法制化规定，正是依法治国和预防腐败的重要制度环节。

中国目前的权力监督体系，主要依靠执政党主导的各级纪律监察系统。它的功能发挥和监督作用主要依赖两大因素，一是"领导重视"，上级领导越是强势有力，越是重视某一部门或领域的问题，这一部门的权力运行就可能越规范，违法乱纪的"腐败"现象就越有可能得到遏制。二是"自上而下"，各个部门和单位同级设立的纪检监察机关往往"低配设置"，对于同级主要领导的权力行使根本就不敢监督或难于监督，这就普遍出现同级监督部门的"虚置虚化"。一旦违法腐败的现象十分严重，引起上级领导的"高度重视"，"自上而下"地派驻纪检监察组就成为能够遏制腐败的最常见手段。这也是党的十八大以来"中央巡视组"威力巨大、47次巡视"弹无虚发"的制度性原因。

由于以上的监督制度所决定，对于一个部门或一个官员权力行使的监督，"上级监督"有效而往往"不知情"、临时而无法长期有效，"同级监督"知根知情而往往无法监督。加之权力行使没有政府程序法严格规定的公开透明要求，人民群众和社会舆论也很难参与到知情监督的过程中，这就给各级官员权力行使的"暗箱操作"留有极大的"寻租空间"。山西女商人丁书苗能够在短短的几年内，"爆发"几十亿元的非法所得，靠的就是刘志军任铁道部长时的"权力操作"。高铁工程的招投标中，"表面上"都有各种程序化的制度规定，但作为铁道部"老大"的刘志军，往往都能够"暗中"运用自己手中的"任性权力"，通过丁书苗的"中介"，而能够做到高铁工程"想给谁就给谁"，从中谋取高额的

非法"利益"。

官员手中权力的"暗箱操作"和"不受监督",践踏的不仅是公共利益和公共秩序,危害更长远的、更潜在的是,践踏着公民和社会组织对法律和制度的内心尊崇和由衷遵守。

(三) 官员权力掌握的资源和特权巨大,"干预司法"时常发生

现代法治文明国家,法律体系对社会正义和公民权利做出"刚性"的制度性规定,任何组织和个人不得做出"非法"侵害。如果违法"侵权"行为发生,司法程序就是公民个人和社会组织维护权利的最后救济渠道。所以,司法公正是社会正义的最后防线,是实现依法治国的坚强堡垒。司法公正也因此是一个国家法治化水平和公民权利保障程度的最终标志。

从已经发生的中国司法腐败的案件来看,司法腐败案的发生大致可分为两类,一是司法人员本身的腐败行为,"吃完原告吃被告式"的徇私枉法行为;二是各级官员利用手中"特权"干预司法过程和司法公正的行为,使司法过程和程序受到外力强制性"扭曲",司法公正无从实现。这两种情况的发生,都与中国目前司法体制的制度性缺陷密切相关,司法体制难以有效保障司法人员依法独立行使职权,并受到制度化的严格监督。

但大量案件中各级官员干预司法的情况普遍发生,官员手中掌握大量的资源和特权,地方"一把手"在当地更是"绝对的领导",司法机构和司法人员自应对当地领导"唯命是从"。官员权力在缺乏有效监督和制约的情况下,官员利用手中的权力、资源和人脉关系,往往能够"轻松"左右和决定司法审判过程和结果,加之缺乏独立性的司法体制也给官员干预司法留有通道和漏洞。这两个权力"变异"过程的叠加,导致官员干预司法现象普遍发生。

从"重庆事件"王立军侦查英国人伍德被害案件的过程中,人们可以清楚地看见一个官员手中权力"有形"或"无形"的能量和影响,高官夫人的杀人案可以"轻松"地在侦查人员的手中使"证据"化为"一缕青烟"。

官员干预司法,使权利受到伤害的人们"求告无门",从而内心深处无法相信法律的威严和司法的公正。不能得到司法最后权利救济的"司法不公",极大地侵蚀着人们心中最后的公正底线。因此可以说,司法不

公是对依法治国进程的最大伤害，而官员权力的非法干预，往往最有可能侵害到司法公正。

（四）"官本位"文化普遍存在，给官员违法提供了文化土壤和生态

法治文明的现代社会，法律体系为全社会行为者界定出明确的行为框架和行为底线，权由法定、权依法行，官员带头守法，公民自觉尊法，法治文化和公民文化蔚然成风，成为每位官员和公民的内在信念认同和行为生活习惯。

中国几千年的皇权体制造成的文化积淀，使其文化附生物"官本位"文化积习已久、影响深远。"官"在社会分层体系中的"上位"及其"能量"，使人们往往深信"有权就有一切"，从而"有权就能摆平一切"。相信"权比法大"，"有事"就找"关系"，"找人摆平"，形成了"人情关系大于法律规则"的"潜规则文化"，通过权力关系结成的"人脉网络"渗透于整个社会各个领域，这就使得在此"官本位"文化中发生的腐败案件必然是"腐败窝案"。

"信访不信法""有事找关系"的文化生态，给"官本位"的"权力腐败"行为及官员不法行为提供了深厚的生存土壤和政治生态，"有权可以超越法律"与"官本位"的政治文化的互动叠加，使得依法办事、守法律、讲规则的行为习惯迟迟难以养成，更使得当代中国法治文化生成之路异常曲折。

"上有所好，下必甚焉"，行为习惯如此，法治进程亦如此。各级官员作为公共权力的行使者和社会利益的代表者，"其德如风"，起着"上行下效"的法治示范和带动作用，是中国法治进程前行路上的"关键少数"，其"一言一行"都可谓法治进程的"风向标"。而官员手中掌握着大量的"权力和资源"，其推进法治的"正能量"与扭曲法治的"负能量"正可谓"相辅相成"。此即"治国先治官"，依法治国，难就难在"依法治官"。

当代中国民主发展与政治参与
——现代化进程中的民主化生成视角

政治参与是民主政治的核心内涵，是政治现代化的基本标志，它在一个国家的现代历史演进大背景中展开和实现，与一个国家的整体现代化进程和民主化生成互动相关。概而言之，国家现代化方式和特征限定了民主化进程，民主化进程限定了政治参与方式和特征。反之，政治参与方式和特征也决定着一个国家的民主化进程和特征。

当代中国现代化正在路上，处于全方位推进的关键时期，需要经济建设、政治发展与社会治理协调共进。在此现代性转型的重要关头，如何理解当前中国公民的政治参与，如何更好地推进政治参与及民主发展，这就不能仅就政治参与谈政治参与，需要联系更为广阔的中国现代化进程及民主化路径。

本文依据现代化、民主化与政治参与依次限定及互动共进的视角，拟对当代中国的政治参与进程和特征加以历史性和制度性解读，并延伸涉及政治参与进一步提升的制度创新和路径突破。

一　现代化道路限定民主化进程

推进现代化，是近代以来世界各国发展的必然宿命，是一个注定要展开和实施的国家性战略。国家现代化，不仅是国际竞争的压力所迫，更是各国人民的内在追求。所以，一个国家的现代化推进方式是与本国的历史传统和现实条件紧密相关的。不同的社会历史条件，决定着不同的现代化道路和方式。民主化作为现代化的内在构成，则是在现代化的进程和架构之下展开，因此，不同的现代化道路也限定了一个国家的民主化进程。

当代中国的现代化道路及进程，根本上决定和影响着当代中国的民主化方式和特征。这是一个历史性因素和制度性力量综合作用的发展过程，具有以下特征。

（一）　现代化是国家发展的唯一"主题"，民主化从属于现代化

中国的现代化进程，是从近代中国遭遇西方威胁侵略开启的，是"被迫上路"的无奈选择，是在巨大的外部压力和内部危机中一路艰难前行的，[①] 具有国家主导的"后发追赶型"现代化的典型特征，国家富强和民族独立的发展"主题"具有压倒一切的紧迫性和重要性。当代中国的现代化进程，接续近代以来中国现代化的历史遗产和路径特征，最近30多年来的"一路狂奔"式发展，更是进一步强化和提升了发展"主题"，现代化发展成为唯一的"硬道理"。加之，中国没有经历全面彻底的资产阶级民主革命，民主化的结构性和制度性变革也从未成为中国社会的历史主题和紧要任务。

因此，中国的民主化进程从未成为一个独立性的变革主题，从近代以来，一直从属于和依附于国家的现代化进程，时刻围绕和服务国家现代化的需要和任务，当代中国更是进一步强化和固化了这一路径特征。中国民主发展的战略、步伐和路径、举措，是必须围绕和紧跟国家现代化的战略和节奏的。

（二）　国家现代化具有目的性，国家民主化只有工具性

当代中国的民主化从属于现代化、服务于现代化，由此决定了国家现代化具有目的性，而国家民主化只是具有工具性的价值手段。民主化的规范性价值意义，从未得到国家层面的高度重视和倡扬，与民主的价值意义紧密相连的公民权利和自由也就一直处于边缘和依附状态，有时甚至受到"打压"和"蔑视"。以公民权利为本位的民主体系无从得到系统性构建，民主化发展所需的内在权利基础和法治化保障也无从全面落实。

从国家发展的层面提倡"发扬民主"，是为了调动人民投入国家建设的积极性，激发在经济、社会领域的自主创新和主动活力，而"调动积

---

① 参见罗荣渠、董正华编《东亚现代化：新模式与新经验》，北京大学出版社1997年版，第4—5页。

极性是最大的民主"①。在地方治理的层面，各地推行"协商型民主"，也只是为了更顺畅地推进地方发展和维护社会秩序，是在"民生工程"意义上的"参与性民主"，这在"以民主促民生"这一地方性发展口号中得到充分体现。

（三）国家主导现代化进程，也主导民主化进程

国家主导（内在的是执政党主导）现代化战略部署和政策实施，是当代中国现代化取得巨大成就的根本特征，具有巨大的制度性优势，也取得了举世瞩目的成就。由此执政逻辑和制度惯性依附于现代化逻辑的民主化逻辑，也自然是国家主导下的展开过程。

由国家主导民主化进程，同样具有制度优势和制度绩效：一是能够掌握民主化步骤和举措，使其紧密服务于现代化建设，不致使民主化发展偏离现代化的主题和方向。二是能够掌握民主化的进程和节奏，不致使民主化过快和突变而影响社会秩序和政治稳定。在国家强力主导的逻辑下，也隐藏着自下而上民主化活力不足、民间社会组织化程度不高、公民社会力量不强，以及社会对国家监督不力等结构性问题。

（四）国家现代化阶段性依次推进，民主化也阶段性依次推进

当代中国的现代化进程，是在承继近代中国积贫积弱的历史脉络中，在新中国前30年危机重重的艰难探索基础上向前推进的。压倒一切的经济发展任务，决定了新时期现代化展开是在经济领域首先重点实施，而经济发展需要稳定的社会秩序，社会的稳定与活力也就成为发展的前提和保障。经济发展引发的社会流动和社会结构的不断变化，提出了社会建设和社会保障的相关任务和要求。

当然，现代化是一个系统的建设工程，政治、经济和社会的各个方面紧密相关、互动共进。然而，当代中国的现代化推进，还是有着一个依次展开、循序深化的变革逻辑。每个历史时期和发展阶段，都有一个重点任务和工作重心，这就是社会稳定和秩序—经济改革和开放—社会建设和社会保障。在此进程中，依次渐进地推进现代化，政治体制改革、行政体制改革、法治建设步骤、民主发展实施都紧跟经济社会改革的任务和需要，

---

① 《邓小平文选》第3卷，人民出版社1993年版，第242页。

政治改革和民主发展是为了给现代化发展提供一个坚强的政治保证和政治支持。民主化推进是为了保证国家现代化发展的根本宗旨，开放民主和政治参与是为了调动人民的参与发展的积极性，同时吸纳同化经济社会变革中释放的各种政治力量，此即"发展导向型参与民主"的基本内涵。① 因此，以政治参与为核心的民主化进程也呈现出历史性依次展开的阶段性特征，在什么时间放开政治参与，在哪些领域推进政治参与，什么人进入政治参与，政治参与需要改革和完善哪些制度机制，这都以现代化推进中各个发展阶段的经济社会任务为核心。

二　民主化进程限定政治参与方式

正如国家现代化进程限定国家民主化进程，国家民主化进程同样限定政治参与进程。国家民主化事关政治变革和制度革新，涉及党和国家的关系、党和政府的定位、法治国家的建设、公民权利的保障、民间社会的自组织程度和自主活力等。政治参与虽是民主化建设的核心内容和根本标志，但也是在整个国家的民主制度架构和民主化进程中展开和实施的，同样受限于整个民主化的理念目标、制度体系及发展进程。

（一）　中国民主化的目标理念，是政治参与的价值追求

社会主义民主，从理念来说，应是在吸收和借鉴资本主义民主经验基础之上更高形态的民主形式，理应追求和实现人人平等、人人参与的真实公正民主。这是人民主权原则的崇高要求，也受到中国现行宪法的庄严规定和保障。

这种"高起点"的民主理念，要求人人平等参与国家管理和社会事务，但落地实现就必须有一系列的制度与机制，保障公民民主权利和政治参与。当然，这种制度与机制也需要一定的社会条件和公民文化的培育。权利的保障和实现是需要成本的，"权利有预算成本，也有社会成本"，是必须在现代化进程中需要付出一定成本和代价才能实现的。② 当代中国

---

① 周少来：《发展导向型参与民主：中国民主建构的路径分析》，《政治学研究》2014 年第2 期。

② ［美］史蒂芬·霍尔姆斯、凯斯·桑斯坦：《权利的成本——为什么自由依赖于税》，毕竞悦译，北京大学出版社 2004 年版，第 8 页。

民主化建设"高起点、低基础"的现实条件，以及民主化服务于现代化的内在逻辑，决定了中国的政治参与扩展是一个艰难的博弈过程，需要国家与社会、国家与公民的互动调适，需要在现代化进程中扩展民主，在民主扩展中扩大参与。虽然，当前的利益结构和制度体系对有序的政治参与造成了压力和约束，但人人平等参与、公民自由参与的社会主义民主本质，依然是政治参与的终极目的和价值追求。

（二）中国民主化的制度体系，是政治参与的制度架构

中国共产党执政下的政治制度体系，构成中国公民及社会组织政治参与的制度性前提和制度性约束。这是中国根本性的政治制度要求，也即政治参与只能在既有制度体系下进行参与，决定了政治参与的制度空间和发展空间。

中国共产党长期执政的政治原则，意味着其是实质性的权力中心和组织中心。共产党组织中的政治参与状况，决定着共产党党内民主的运行状况，也影响和示范着人民民主的运行状况，这是提出"以党内民主带动人民民主"民主路径的根本原因。[①] 这有两个政治意图：一是普通党员的党内政治参与，是为了提升党内民主的活力和执政党的治国理政能力；二是人民民主的参与状况，不能冲击和威胁中国共产党的执政地位。

例如，人民代表大会制度，是人民政治参与的根本性制度，也是人民行使民主权利的最高形式。县、乡两级人民代表的直接选举，县级以上人民代表的间接选举，以及各级人民代表行使民主权利的状况，是直接影响和标志中国民主品质的制度实现形式。因此，公民政治参与的最主要渠道，应是通过各级人民代表大会制度来实现，这也是选举性政治参与的主渠道。

又如，基层群众自治制度，是基层人民群众实现政治参与的制度渠道，基层群众要直接参与基层组织的民主决策和民主治理，也必须符合《村民组织法》等基层自治的制度规范。

近年来不断兴起的基层协商型民主，是基层人民通过协商讨论、协同合作，推进基层治理优化的民主参与形式，也亟须各级政协制度的拓展和创新，构筑更为完善和制度化的协商民主议事平台。

---

① 《中国共产党第十七次全国代表大会文件汇编》，人民出版社 2007 年版，第 49 页。

（三）　中国民主化的推进方式，决定着政治参与的推进方式

中国共产党长期执政的执政理念、中国现代化依次阶段性推进的发展逻辑，决定了中国民主化推进方式不可能是短期内实现革命性政治变革的"激进民主化"方式。因此，循序渐进的民主化推进方式决定着政治参与的循序渐进。

渐进民主化主要有两种推进方式，一是既有政治制度民主潜能的挖掘和充分实现，完善充实现有民主制度，如加强党内民主，充实党内制度的民主功能；加强人民代表民主职能，充实人民代表大会制度的民主作用，使代议民主制度能够实现；二是创造和试行新的民主实现机制，丰富和扩展民主实现新形式，如浙江温岭的基层"民主恳谈"等制度创新。

同时，在试点和推进民主创新形式的基础上，通过不断总结提升和制度完善，把新时期创新性民主实现形式提升为国家层面法治化的民主制度。如基层群众自治制度经过 20 多年不断完善后，在中共十七大报告中提升为国家层面的基本民主政治制度。

通过挖掘现有制度的民主潜能，同时创新民主实现形式以促进"增量民主"，这种渐进性民主化推进方式也是新时期政治参与两种基本的开放和实现方式。

（四）　中国民主化的实现形式，决定着政治参与的实现形式

执政党和国家主导的民主化推进方式，同样决定着民主化实现形式，除了越级上访、围堵交通、群体性集会等非制度化政治参与方式外，国家决定着民主化"闸门开闭"主导权，也即国家开放哪种形式的民主渠道，公民才有参与哪种形式的民主机制的正式制度平台。

例如，国家为了适应新时期农村生产"大包干"的现实，决定开放村民自治的民主形式，于是有了新时期基层民主自治的丰富实践，后又在村民民主选举的基础上，进一步推进民主决策、民主管理和民主监督等政治参与新形式。

而在村民直接选举村委会基础上，四川、云南等地在 20 世纪 90 年代末创新的"乡镇长直选"民主形式，因为与党管干部原则、基层人民代表大会制度等的制度衔接问题，以及可能带来自下而上的政治冲击效应，就被上级部门强行"关闭"，从而公民不再享有直接选举乡镇长的政治参与。

又如，开放"民主决策"的民主形式，就有了其后各地广泛开展的
"价格听证会"等决策型政治参与。开放"民主监督"的民主形式，就有
了其后各地开展的"民主评议会""市民参与政府绩效评估"等各种政治
参与。

又如，开放和推进基层"协商民主"的形式，就有了近年来各地不
断创新的"民主议事会""财政预算民主恳谈会""村务会商"等各种政
治参与形式。[①]

三 政治参与的水平决定着民主化的品质

在国家现代化进程限定民主化进程、民主化进程限定政治参与方式的
"双重限定"下，当代中国政治参与还是蓬勃发展、一路向前。这是由于
多元开放社会的结构性发展提出的政治参与的必然要求，以及随之的公民
权利意识和民主参与意识的日益高涨。

同时，公民及其组织的政治参与，也不是完全被"限定"和"被动"
的，"民主恳谈"等基层民主形式的自发创新，也说明公民政治参与具有
强大的自主性和能动性。

所以，政治参与虽然受到历史条件和制度架构的约束，也推动和决定
着特定历史时期的民主化水平和品质。

（一）政治参与的范围，决定着民主化的范围

政治参与作为公民试图影响政府决策的活动，[②] 依据人民主权的正当
合法性原则，作为人民人格化代表的公民个体，理应参与政治事务和公共
事务的决策和管理。但古代雅典式的全体公民直接参与政治并行使权力的
统治形式，在现代广土众民的民族国家政治共同体中难以为继，不仅由于
直接民主成本高昂且效率低下，还由于发展中国家有着稳定秩序与发展经
济的紧要重任。

---

① 参见何包钢《协商民主：理论、方法和实践》，中国社会科学出版社 2008 年版，第
176—188 页。

② 参见［美］塞缪尔·亨廷顿、琼·纳尔逊《难以抉择——发展中国家的政治参与》，汪
晓寿等译，华夏出版社 1989 年版，第 5 页。

现代国家的民主体系，更多地采用"复合共和制"的治理体制，不仅有宪政设计的顶层架构，有法治原则的贯通国家与社会，还有民主制度安排的分层运作。^① 这便是现代代议制民主的基本制度格局。广大公民以间接民主选举代理人行使重大政治和公共权力，而在地方或基层则以直接民主行使自治性公共权力。由于间接民主的间歇性和代理人存在滥用权力的风险性，要求扩大公民直接政治参与的"协商性民主"近年风行起来。

但由于主权者的抽象性、虚置化，任何个体公民无从代表主权者，而统治者实体性、实权化，并有庞大国家机器和国家资源作为支撑。因此，在现实政治运作中，主权者与统治者，权利与权力的格局，实际上存在巨大的不平衡性和力量不对称性。统治者在开放公民政治参与的问题上具有"决定性权力"：在什么问题、什么领域、什么时间开放公民参与，这依赖于统治者的开明、智慧和勇气，也有赖于国家与社会的政治博弈和抗争合作。从发展中国家民主化经验和教训来看，政治参与的范围并非越广越好，但在现代国家的治理形式中，政治参与的范围有多大，民主化覆盖的范围就有多广。

（二）政治参与的广度，决定着民主化的广度

政治参与的范围是指在什么领域和问题上允许公民参与，政治参与的广度则指在此问题上允许什么人参与，或什么人有权利可以参与。如果说"民主广度的实质是社会成员中参与决策的比例"，^② 那么，公民政治参与的广度决定着民主化的广度。

由于在现代国家治理中，人民主权原则和宪制体系具有普遍正当性，公民具有普遍平等的政治参与权利，成为各国法治化普遍认同的基础规制。一人一票、平等竞争的选举性政治参与，成为公民政治参与的基本制度。现代性的民主化扩展过程，实质上就是公民争取政治参与权利的过程，世界各国都有一个努力消除财产、知识、种族等不平等限制，而争取普遍政治参与权利的反复抗争、多次博弈的过程。^③ 但法治化、制度化的

① 参见［美］文森特·奥斯特罗姆《复合共和制的政治理论》，毛寿龙译，上海三联书店1999年版，第134—160页。

② ［美］科恩：《论民主》，聂崇信、朱秀贤译，商务印书馆1988年版，第13页。

③ 参见［美］莱斯利·里普森《政治学的重大问题》，刘晓等译，华夏出版社2001年版，第107—113页。

平等参与权利，依然是现代民主的基本标志，虽然普选的政治权利也时常受到政治冷漠、金钱政治的干扰。

为了抵消形式化一人一票竞争性选举参与的扭曲和虚化，增加政治参与的广度和实效的协商性参与民主在世界各国的地方和基层被广泛运用。囊括各个层级的自治性共同体可以在公共事务治理时，灵活广泛地召集利益相关者参与协商，在平等参与、协商讨论、协同合作中达成共识，在一切可能的自治性公共事务中最大限度广泛吸纳各方参与协商，在代议制体系不可能根本改动的架构下，协商性民主的广泛参与实践一点一滴地扩增了民主化的参与广度。

同样，由于公民与国家权力的不对等，国家及其各级政府在什么人可以参与选举或协商的决定中依然具有主导权。如果不愿意开放公共权力，主导者具有强制力来缩减政治参与的广度，延缓民主化进程。

（三）政治参与的深度，决定着民主化的深度

如果说政治参与的广度揭示了有多大比例的利益相关者参与决策，是一个数量标准，那么，政治参与的深度则指政治参与的深入层级及充分与否，是一个质量的性质标准。

在一人一票的竞争性选举参与中，形式上人人平等的决策权受到了庞大数量的选民的"数量稀释"，从而一个选民在决定权上的参与深度受到影响。再加上一个选民的投票行为受到金钱、权力和暴力等的威胁和利诱，选民投票的理性选择更可能受到扭曲。还有数量众多的政治冷漠选民的弃权投票，更加凸显了竞争性选举参与的广度和深度上的制度性缺陷。

共识性的协商参与，虽然在多样化的共同体中扩大了参与的广度，但由于协商过程主导者的权力存在，在参与的深度上也有差别，由浅入深可以分为三类。

一是"咨询性协商"的浅层参与，主导方的方案已定，只是邀请专家、公民和相关方就已有方案提出咨询性的修改建议，是否最终被吸纳或起作用，还是由主导方定夺。

二是"商议性协商"的中层参与，主导方可能只是有初步的议题或想法，被邀请的参与各方就议题提出各自的办法和建议，相互碰撞、互动修正，最后形成纲领性的政策共识，而最终方案的设计和制定还是由主导方定夺。

三是"决策型协商"的深层参与，各方参与者基本处于对话交流、共同决定的平等地位，协商会议是由中立的第三方主持，参与各方就问题性质、解决方案进行深入的讨论和辩驳，如果能取得共识，就在此共识基础上做出决策；如果不能取得共识，各方通过"一人一票"的票决机制决定决策方案。

不同于竞争性选举参与的"一人一票"的"刚性多数规则"，共识性协商参与的"多数共识规则"往往是弹性的，这就给协商的主导方通过操纵"谁来参与、在什么问题上参与、在什么层级上参与"等，留下了背后操纵、暗箱操作的巨大空间。这样，共识性协商参与也可能流于形式化。要拓展民主化的深度，就要拓展政治参与在最终决定权的参与深度。

（四）政治参与的功效，决定着民主化的功效

在什么范围参与、什么人参与、在什么层次上参与，基本描述的是参与过程的概念，但参与只是手段，参与的目的是保护公民的政治权利和经济利益。从目的上来判断，参与功效比参与过程更为重要，是参与目的能否实现的最终标准。

参与的功效，可以分为内在的功效（感）和外在的功效。内在的功效感是参与者自己对影响政治能力的评价，外在的功效则是参与各方在公共决策的协商和决定中实际决定权的大小和实效。[1] 这取决于参与主导方，政府或公共组织对参与者意见的回应程度，也取决于参与方参与权利的巩固程度和各自实力的大小。

政治参与的功效，依据选举或协商的实际过程而有所不同。一般来说，参与决策或决定的人数多少与参与的功效大小成反比。参与者人数越少，每个人参与决定的权重越大，参与者的实际功效就可能越大。[2] 当然，这是在除独裁、极权和威权决策，或者假借民主名义而实为独裁决策的情况下，就一般所谓民主参与的过程来说的。由于在基层多样化的小共同体中，公民可以直接广泛参与"共识性协商民主"，这不但可以培养公民的民主素质和公民美德，还有实实在在的参与功效，即萨托利所谓的

① 参见［德］托马斯·海贝勒、君特·舒耕德《从群众到公民——中国的政治参与》，张文红译，中央编译出版社 2009 年版，第 15 页。
② 参见郭永秋《当代三大民主理论》，新星出版社 2006 年版，第 73、215 页。

"只有在小团体的范围内，参与才是有意义的和真正的参与"①。同样，这也是"小而实"的自治性民主蓬勃推进的原因之一。

政治参与的功效性，是在一次又一次的单个民主活动中体现的，取决于参与过程的公开性、公正性和刚性程度。无论是选举、听证、咨询、协议、协商还是其他自治性参与，所有民主参与形式的功效性总和，构成一个国家一定时期的民主化功效性的体现。

（五）政治参与的推进过程，也是民主化的深化过程

民主是各国政治共同体的价值引领，但各个国家走向民主化的道路可谓复杂多样、百折千回。

虽然各国具有不同的民主化路径和制度体系，也具有各自不同的民主界定，但"民主政治"这一概念的共同核心，就是这种参与——公民的政治参与。②

现代民主的成长史就是政治参与的扩展史。在经济社会结构变革的基础上，经过公民运动的持续抗争及国家与社会的反复政治博弈，各种限制性、歧视性的公民身份和公民参与的制度规定被废除，政治参与也随之不断地扩大到下等阶层，③ 直至全体公民平等享有政治权利和自由。

然而，在后发民主化国家，由于部落性封闭文化、薄弱的经济基础、分离性势力集团，加上传统掌权者的蛮横独裁，民主法治的规则体系和公民文化并没有深入人心并得到普遍认同。在国际和国内政治势力的博弈较量中，"一夜之间"的民主化激变，导致政治体系和参与机制的颠覆性改变，"井喷式爆发"的政治参与，则可能突破政治制度的吸纳能力，导致权力失控和政治动乱。④ 其中，不幸陷入民主化陷阱的国家，之所以长期困于"政治衰败"，根源就是政治制度无法适应现代化变革，即新社会群

---

① ［美］乔万尼·萨托利：《民主新论》，冯克利、阎克文译，上海人民出版社 2009 年版，第 129 页。

② 参见郭永秋《当代三大民主理论》，新星出版社 2006 年版，第 73、10 页。

③ 参见 ［美］塞缪尔·亨廷顿、琼·纳尔逊《难以抉择——发展中国家的政治参与》，汪晓寿等译，华夏出版社 1989 年版，第 78 页。

④ 参见 ［美］塞缪尔·亨廷顿《变化社会中的政治秩序》，王冠华等译，生活·读书·新知三联书店 1988 年版，第 51 页。

体的崛起及其政治参与的诉求。①

虽然很多发展中国家在发展与民主、参与与稳定、现代化与民主化之间还有漫长艰难的道路要走，但现代化蕴含的民主化指向非常明确：政治参与的制度化法治化的推进过程，也即民主化品质提升和深化巩固过程。

四　当代中国政治参与的结构性失衡

当代中国的政治参与，是在现代化快速推进的历史性转型中发生的，是在保证政治稳定和发展秩序的渐进民主化架构下展开的，是指公民及其组织试图影响政治活动和公共决策的行为。②

不断扩展和深化的公民政治参与，在保证经济发展、社会秩序和表达利益诉求等方面，发挥了巨大的政治输入和民主监督功能。但由于体制性和主体性原因，加上各个层级的政治参与之间也存在不同程度的体制性不平衡，影响当代中国政治参与扩展的结构性失衡问题普遍存在，严重制约和阻碍着政治参与的提升和民主化的推进。简言之，主要有以下类型。

（一）过度代表和代表不足

根据人民主权原则和公民权利人人平等的宪法规定，在代议制民主下的"代表原则"，应是各个类别在政治参与中的代表人数与其类别的总人数成比例，各个类别的代表比例大致相当。

但由于政治参与与各个类别人群的政治地位、经济资源及文化素质等密切相关，社会经济地位愈高者，具有愈高的政治功效感和资源动员能力，所以相较于社会经济地位较低者，具有较高的参与量及参与比例。这可以作为民主化发展中的一个通则性规律。③

代表过度与代表不足的问题，在中国政治参与的不同层级不同程度地存在，随着参与层次越高，参与比例失衡性问题也越严重。相对而言，在基层或小的共同体中，比例失衡问题可能较轻。

---

① 参见［美］弗朗西斯·福山《政治秩序与政治衰败——从工业化到民主全球化》，毛俊杰译，广西师范大学出版社 2015 年版，第 420 页。

② 参见房宁主编《中国政治参与报告（2011）》，社会科学文献出版社 2011 年版，第66 页。

③ 参见郭永秋《当代三大民主理论》，新星出版社 2006 年版，第 73、68 页。

如在中共十二届全国人大 2987 名代表中，只有 31 位农民工代表，而相应的农民工总数高达 2.6 亿人，人数占到城市劳动力的 1/3 以上。而在十一届全国人大代表中，仅有 3 位农民工代表。

其实，在人大代表和政协委员中，官员和老板的比例过高，属于代表过度，而工人、农民及农民工的代表比例过低，存在严重代表不足。这一问题不仅涉及政权的阶级基础，而且使城市化和农村发展中一些严重问题得不到及时表达和回应。

（二）个体化参与和组织化参与

个体化参与，是以个人或代表家庭的个人参与政治和公共事务，反映个人及其家庭的政策建议或利益诉求。组织化参与，是指公民自愿加入政治经济性、社会文化性和公益慈善性的组织，以组织主体或组织代表反映组织的建议和诉求，是一种"自组织模式"的参与。[1] 组织化参与，能够首先在组织内部凝聚和化解成员间意见分歧，把不同价值偏好和利益诉求集中提炼并明确表达。组织化参与集中表达诉求，不仅减少了国家直接面对的利益表达的多元纷乱性，也以组织的中介性身份减少了国家与社会（公民）的直接对抗性。因此，社会组织是公民意见的集中器、社会秩序的稳定器，也是民主进步的推进器。

在日益开放多元的现代社会，公民生活的专业化、组织化程度愈来愈高。公民组织的数量增加及其专业化程度不断提高，增进了社会发展的生机和活力，也提升了民主化的公民组织基础。

当前，中国登记在册的社会组织已达 50 多个，也在各个领域和各个层级的公共事务中发挥着重大作用。[2] 但相较于庞大的公民数量和日益发展的市场化进程，国家还应大力推进社会组织的发展壮大，信任社会组织，与其合作并协同发展。

由于社会组织的相对滞后，中国的政治参与大多以公民个体化参与为主，只是表达一人一户的个私性利益诉求，公共性和公益性的意见表达还不充分。特别在农民土地权益、房屋权益等根本利益受侵犯时，农民多以

---

① 参见赵刚印《现代化进程中的公民政治参与》，上海人民出版社 2010 年版，第 200—201 页。

② 参见周庆智《当代中国的政治参与——政治现代化意义上的讨论》，《哈尔滨工业大学学报》（社会科学版）2015 年第 3 期。

个体化的抗争或上访来表达诉求，缺乏农民协会、农地保护协会或农民物业委员会等组织来组织化缓冲和解决。这也是个体化进京上访多发的体制性原因。

（三）个案性参与和制度性参与

在现代化和城市化推进中，涉及复杂的社会结构变革和利益关系调整，也就出现了各式各样利益性纠纷的公共事件。特别是在涉及土地征用、房屋拆迁和库区移民等问题时，利益纠纷更具冲突性。

但目前利益性事件中的政治参与，多为一事一议型的个案性参与，也就是在土地征用、房屋拆迁中发生了重大利益纠纷，甚至出现群体性抗争或人员伤亡后，经过网络媒体曝光、形成公共舆论压力，地方政府和基层组织才不得不举行公众参与的协调性会议。

此种由问题及压力引发的协调性公共会议，多为要求利益相关方参加，由党政部门主持，尽量满足各方利益要求，尽快平息事态的蔓延扩散，甚至控制或威胁主要闹事的民间领袖。在政府主导会议议题和议程的情况下，通过利益利诱、威胁诱导、背后谈话等多种方式，在政府与各方参与者博弈妥协后，形成一次性解决问题的方案，此后事态得以平息和稳定，本次的政治参与也就到此完结。

个案性的一次性参与，由于没有制度赔偿和补充标准，也没有公共协商规则和会议程序规则，只是根据事态性质和问题大小，临时性地确定参与者。同时，为了尽快平息事态，政府也往往尽量满足闹事者的利益要求。这反而给类似事件的参与者以"正向激励"：闹得越大，问题解决得越快，赔偿可能越高。这也是个案性解决土地征用和房屋拆迁中，赔偿标准越来越高的体制性内在逻辑。

个案性参与多是由于没有法律规定和政策标准，或者实践进程发展太快，无法制定统一的法律和政策标准。也有可能，虽有法律和政策的一般性规定，但规定太宽泛不好执行，或太严格无法执行，或由于利益等考虑而故意不执行。如《劳动合同法》被虚置和虚化导致全国落实不到位，等出现罢工问题才仓促举行劳资协商会议。

为了加强依法治国，必须推进制度性参与，在全国各地多次出现、反复出现的群体性问题和事件中，设定法律性或政策性的制度化参与规定，以期类似问题能够得到及时协调和解决。

（四）片段性参与和全过程参与

从民主政治的展开逻辑来看，公民参与应是在从权力的授予、权力的运行、权力运行的绩效评估、对权力运行的监督等全过程中，都有公民及组织的积极参与和有效参与。

从公共事件的发生及解决逻辑来看，公民参与应就公共事务的性质、政府的权力和职责、公共协商会议的参与主体和参与程序、赔偿和补充的标准、政府职责的履行监督等各项议题，在各个阶段的政府会议和公共协商中都能参与其中，提出公民及组织的建议和诉求，并得到政府主导的法律和政策的有效回应。

当前的政治参与，大多表现为"片段性参与"。如在代议体制下，在乡镇、县（区）的人大代表选举中，公民可以凭借一人一票进行某种程度的政治参与，而对县乡人大代表当选后的代表职能，对代表的权力行使和代表作用，由于体制原因，选民根本无法行使有效的政治监督参与。各位代表提出什么提案、反映什么问题、问题交办给什么政府部门、如何解决和解决得怎样等过程，选民基本处于事不关己的政治冷漠和政治无力状态。对于县以上的省市级和全国人大代表，广大选民更是不知情状态，更别提政治参与和民主监督了。

而在土地征用补偿等公共事务中，涉及利益纠纷的公民及其家庭，也只是在最后解决问题的一次性个案协商会议中参与一下，而关于补偿标准如何制定、补偿出现如克扣等问题如何解决、政府哪些部门有职责解决、补偿如何全额落实到位、谁来监督等规则的制定，基本处于不可能参与和监督的状态。

没有公共权力和公共事务的全过程参与，不仅损害了公民的知情权、参与权，也损害了公民的选择权和监督权，使得公共权力的运行和公共政策的执行无法得到公民衷心的认同和支持。这不仅动摇国家治理的社会民意基础，也使基层政府化解矛盾、协调纠纷的治理能力被削弱。全过程的政治参与的实现，需要顶层设计的制度性变革支持，需要切实保障公民权利的法律体系的健全和执行。

（五）形式化参与和实质性参与

形式化参与，是指公民出于法律义务、政治动员、利益诱惑等原因，而参与没有多少实质内容和实际功效的公共活动。从公民参与的主观方面来说，参与者可能没有多少积极性和自主性，或多或少具有不情愿的因素。从参与的客观效果来看，参与结果可能在参与前早已决定，或虽参与者表达了意见但没有得到多少回应，或虽有表面回应但最终决定还是由主导方来定夺。形式化参与类似于象征性参与、符号化参与、礼仪性参与。改革开放前，群众集体参加的大规模政治游行，是政治表态性的动员型政治参与，也多是形式化参与。

实质性参与，是指基于公民参与的权利和要求，参与过程具有实质内容，参与者诉求和意见也能得到实质回应和考量，参与结果具有实质功效。当然，从形式化参与到实质性参与也并非截然两分，而是存在一个从完全形式化到部分实质性再到充分实质性的连续层级。

参与的基本趋向是，越是基层、越是较小的共同体，越是利益联系更加紧密的公共事务，参与的实质性和功效性就越强，反之亦然。农村村民委员会选举就比城市社区居委会选举具有更多实质性，乡镇人大代表选举就比县级及以上的人大代表选举得到选民更多认同。

浙江温岭的"乡镇财政的民主恳谈会"，由于产生于基层实际发展需要，出于公民主动自觉参与，而且民主恳谈会有否决工程项目和公共事务的权利，其实质性可能远高于形式化参与。而在一些政府部门举行价格听证会，举办方操纵"谁来参与、参与什么、如何参与"，使听证会变成了涨价会，形式意义可能大于实质意义。

形式化参与的大量存在，反映出传统动员型参与的历史遗续、公民参与权利的保障不力，折射出国家主导的参与渠道的制度性约束，以及公民权利及公民组织的软弱无力。从形式化参与走向实质性参与，还有大量艰难的制度创新和民主提升的基础工作。

（六）非制度化参与和制度化参与

制度化参与，是指公民有法律和政策规定的参与渠道和参与机制，公民意见和诉求可以通过制度化途径来表达，是国家和政府支持和需要的参与路径。如村民参与村委会选举、选民参加县乡人大代表的直接选举、发生利益纠纷公民到法院提起诉讼、地方政府定期举行政策议事会和公民对政府绩效的考评等。

非制度化参与，是指公民需要意见表达和利益诉求时，没有遵循法律和政策规定的表达渠道和表达机制，以个体或群体性抗争的方式表达诉求，往往处于非法边缘，是国家和政府不支持甚至加以严控打压的参与形态。

由于处于经济社会急剧转型时期，各种各样的利益冲突事件大量发生，不仅数量上逐渐增长，而且冲突性质时有激化。近年来每年处于10万件左右高位的群体性事件，急切呼唤政治参与制度体系的健全和完善。而公民解决此类问题的参与方式，大多是非制度化参与，公民个体或公民群体往往以威胁跳楼、点火自焚、冲击政府、围堵交通、"集体散步"、聚集游行等方式，通过制造公共舆论向政府施压，以求得问题的解决。

同时，大量发生的上访事件，往往处于制度化参与和非制度化参与的中间地带。按法理来说，公民有信访权利，国家也有信访条例，就近逐级信访应为合法的制度化参与。但信访者出于对地方信访部门及政府的不信任，而且惧怕地方政府的打击报复，大多采取越级上访、进京上访的方式，甚至采取自杀、自焚等极端行为，如果因此引发公共安全事件和扰乱公共秩序，信访者的行为就可能滑入非法边缘。

通过法律和制度体系的健全和落实，切实保障公民各项权利，遏制和减少非制度化参与，拓宽制度化参与的渠道，加强制度化参与的实效，是迈向法治社会的民主之路。

（七）压力推动型参与和权利本位型参与

当代中国的政治参与，是典型的压力推动型参与，如哪些形式的政治参与需要开放、什么时间开放、在什么层级开放、开放到多大范围和广度、深度，基本上由经济社会发展中产生的问题性质及大小，以及由此产生的解决问题的压力大小来决定。所以，压力推动型参与也称为"问题推动型参与"。[①]

压力推动型参与之所以产生，是国家主导的现代化推进类型和体制逻辑决定的。"问题倒逼改革"的现代化之路、优先发展经济的中心任务、由边缘到中心的改革路径、由增量改革到存量改革的改革策略、由体制外到体制内的执政逻辑等，都决定了政治参与的开放和扩展，是服务于改革

---

① 蔡定剑主编：《公众参与——风险社会的制度建设》，法律出版社2009年版，第15—16页。

策略和执政逻辑的。问题产生的压力到了倒逼政治改革不得不为之时，才迫不得已地顺势推进政治参与。

压力推动型参与，可以分为两个层次。在地方和基层，个案性问题的发生产生了极大舆论压力和民众参与要求，甚至引起中央高层的责令和批示，地方政府才不得不举行协商性会议，开放公众参与渠道。如果问题得以解决，一次性的参与形式不再延续，压力推动的参与没有形成制度化的参与渠道。如果类似问题在全国或一些地方重复性出现，开放公众参与就可能得到制度化总结和提升。在省级层次上，某种参与形式如果得到地方性法规或政策的确认和批准，就形成地方性参与制度；在中央层级加以确认，以法律或条例的形式法治化，就能形成全国性的制度化参与渠道。如村民委员会直选的选举参与就是在大包干后农村基层治理的问题和压力推动下，在广西河池地区自发产生，鉴于问题的全国普遍性，后在全国逐渐推开并深化巩固。

当代中国的深化改革和政治参与，已经到了亟须顶层设计的战略机遇期，压力推动型参与由于仓促性、临时性及局部性等限制，也必须转型到权利本位型参与的战略布局和制度设计。

从中国现代化发展内在需要民主化的大局出发，以公民的权利为本位构筑公民政治参与的制度体系，这就要基于公民知情权、参与权、选择权和监督权的权利体系，从政治参与的全过程链条，如公共权力的授予、运行、评估、监督等全过程，设计公民政治参与的制度平台，使制度体系内在衔接、上下一体。同时，在全社会推进法治化水平，提升公民民主文化素质，巩固中国民主化进程的政治参与基础。

以上七种二元并立的类型，并不是截然对立和界限分明的，各自都存在很多过渡性的中间类型，各个类型之间也有交叉和重叠，突出类型的对比分析，只是为了更好凸显结构性失衡问题的分析架构。

五　推进政治参与及民主化发展的制度路径

当前中国的现代化进程，处于内涵全面深化的转型时期。市场化的推进改变着经济发展的运作体系，法治化的推进改变着社会运转的行为规则，民主化的推进改变着政治权力的民意基础。市场化、法治化和民主化是中国全面现代化文明指向的内在构成，也是中国全面现代化水平提升的根本标志。

在国家主导型的现代化进程中，切实推进民主化水平，根本的制度路径是扩大和深化政治参与。这需要在国家与社会合作共进的战略视野下，从政治现代化和政治革新的高度，以顶层设计的执政党力量，制定全面推进政治参与的国家战略。具体来说，有以下路径选择。

（一）制定政治参与的国家发展规划

为了稳步有序推进政治发展，必须制定国家政治发展与政治参与的发展规划（5—10年），这应是政治建设的重大国家工程。

着眼于党和国家、国家与社会、政治参与和民主化发展的制度环节，从政治现代化顶层设计的布局出发，对政治参与的权利保障体系、重大制度体系、地方政府支持系统、组织化发展、制度法治基础等，做出全国统一的部署和规划，并通过深化改革，切实加以落实。

（二）提高政治参与的组织化水平

国家、市场与社会协同合作、共同发展，是中国现代化转型与政治现代化的关键，必须充分发挥社会组织对民意表达和利益诉求的集中汇聚作用。在加强对境内外社会组织管理的同时，充分相信社会组织的建设性力量，制定全国性的社会组织发展规划。同时，鼓励地方政府积极扶持社会组织发展，推广和健全社会组织培育（孵化）中心，发挥社会组织在政治参与中的组织主渠道功能，使个体性参与归类集中成组织化参与，提高全社会政治参与的组织化水平和实效。

（三）加强政治参与的制度化程度

非制度化参与的突发性、对抗性以及不可管控性，都亟须加强合法正规的制度化参与。

开放更多的制度化参与平台，使民众有充分表达意愿的制度机制，保障公民知情权和参与权的实现。

健全利益矛盾化解和协调制度体系，如完善"三方协调机制"，促使政府、资方与劳工协商解决劳资纠纷，利益矛盾化解于萌芽之时。

加强司法调解和司法仲裁的公信力和权威性，使民众利益诉求能够通过司法途径加以解决，坚决排除政府对司法公正的干扰，保障司法权威成为保护公民权利和利益的最后堡垒。

同时，通过总结概括全国范围、普遍发生的个案性参与解决利益纠纷的成果案例，将其提升为制度化参与的程序机制，并尽快推广为地方性和全国性的政策或法律。

（四）健全政治参与的全过程体系

政治参与是公共权力运行的整个环节和权力链条的参与，从权力赋予、权力职责、权力运作、权力程序到权力评估，都有公民对全过程的参与和监督，这不仅是全面落实公民权利的体现，也是保障公民参与充分和实效的制度保障。

例如对反腐倡廉制度体系的公民参与，如果公民只有对腐败分子的检举权，而对官员如何选任、权力如何运作、政绩如何考评等环节参与甚少，或者只是形式化、表层化的象征性参与，那么公民参与的实效就会大打折扣。同样，如果只有公民对反腐倡廉的片段性参与，甚至是官员腐败的事后参与，仅依靠中纪委的"单兵突进"，反腐倡廉的制度链条就是不完整的，反腐的制度合力也难以持久有效。

从碎片化、片段化参与，走向法治化的全过程参与，需要制度设计的系统考量。把公民知情权、参与权、选择权、监督权在各个制度环节真正落实到位，则需要政治参与和政治发展的规划，从政治现代化和民主化的高度做出战略性的全面部署。

（五）巩固政治参与的法治化保障

法治化需要民主化推动，民主化则需要法治化保障。政治参与的主体、路径、过程、程序和实效都需要法治化的坚强支撑。

政治参与的核心和基础是公民参与的权利，参与权利的落实则需要宪法权利的实施和法律体系的完善。

政治参与的开放广度和深度，即开放什么参与、什么人参与、参与到什么层次，都需要法律规定做出明确保障。推动一次性、个体性的个案性参与尽快提升到制度化法治化的参与水平。

政治参与过程是否公开、公正，民众参与是否充分、有效，谁来评估参与的功效；如果政治参与被形式化、虚置化，公民权利被漠视和践踏，谁来解决，同样需要一个明确的规则体系。政治参与和民主发展的法治化保障则是国家治理体系现代化的基本路径取向。

六　余论

当代中国的政治参与，是在现代化进程中展开和推进的，也必将随着现代化革新而进一步深化。这是经济社会现代化发展对政治上层建筑提出的必然要求，也是公民权利意识和民主意识不断高涨的强烈愿望，还是解读当代中国政治参与进程的时代背景和内在逻辑。

政治参与的进一步开放和扩展，对国家治理体系和治理能力提出了结构性挑战，也带来了国家治理转型的历史性机遇。不断扩大、充实、全面、有效的政治参与，将带来国家与社会的平衡合作，激发社会组织的自由和活力，厚植壮大国家治理的社会基础和民意根基。

未来政治参与如何全面、充实、有效，基础性政治工程将是政治参与的组织化、制度化和法治化，这需要政治现代化和政治发展的战略性部署和谋划，用健全的法治体系和法治保障，切实推进从个体性参与走向组织化参与、从非制度化参与走向制度化参与、从压力推动型参与走向权利本位型参与。

政治参与全面有效，是政治发展和政治现代化的核心内容，是民主化有序推进的基础工程，是保证政治秩序和社会自由的长治之道。

以政治参与为基础的民主化和法治化建设，是驱动国家治理现代化的双轨巨轮，民主化与法治化的是否到位、有力和平衡，事关全面现代化的平稳推进，事关全体公民的自由和幸福。

主要参考文献

一 中文著作

1. 李路曲:《东亚模式与价值重构——比较政治分析》,人民出版社 2002 年版。

2. 朱云汉等:《台湾民主转型的经验与启示》,社会科学文献出版社 2012 年版。

3. 李剑鸣主编:《世界历史上的民主与民主化》,上海三联书店 2011 年版。

4. 罗荣渠、董正华编:《东亚现代化:新模式与新经验》,北京大学出版社 1997 年版。

5. 王振锁、徐万胜:《日本近现代政治史》,世界知识出版社 2010 年版。

6. 田禾、周方冶编:《列国志——泰国》,社会科学文献出版社 2009 年版。

7. 《东亚三国的近代史》共同编写委员会:《东亚三国的近代史》,社会科学文献出版社 2005 年版。

8. 戴宝村:《台湾政治史》,(台北)五南图书出版公司 2006 年版。

9. 梁英明:《东南亚史》,人民出版社 2010 年版。

10. 马燕冰、张学刚、骆永昆编:《列国志——马来西亚》,社会科学文献出版社 2011 年版。

11. 马燕冰、黄莺编:《列国志——菲律宾》,社会科学文献出版社 2007 年版。

12. 刘军宁等编:《经济民主与经济自由》,生活·读书·新知三联书店 1997 年版。

13. 房宁等：《自由、威权、多元——东亚政治发展研究报告》，社会科学文献出版社2011年版。

14. 姜万吉：《韩国近代史》，东方出版社1993年版。

15. 尹保云：《韩国为什么成功——朴正熙政权与韩国现代化》，文津出版社1993年版。

16. 尹保云：《民主与本土文化——韩国威权主义时期的政治发展》，人民出版社2010年版。

17. 苏嘉宏：《我们都是外省人——大陆移民渡海来台四百年》，（台北）东华书局2008年版。

18. 孙代尧：《台湾威权体制及其转型研究》，中国社会科学出版社2003年版。

19. 卢正涛：《新加坡威权政治研究》，南京大学出版社2007年版。

20. 陈祖洲：《新加坡："权威型"政治下的现代化》，四川人民出版社2001年版。

21. 张伯玉：《日本政党制度政治生态分析》，世界知识出版社2006年版。

22. 陈佩修：《军人与政治——泰国的军事政变与政治变迁》，（台北）"中央"研究院人文社会科学研究中心亚太区域研究专题中心2009年版。

23. 郭定平：《韩国政治转型研究》，中国社会科学出版社2000年版。

24. 陈鸣钟、陈兴唐主编：《台湾光复和光复后五年省情》上册，南京出版社1989年版。

25. 黄俊杰：《台湾意识和台湾文化》，（台北）正中书局2000年版。

26. 李金河主编：《当代世界政党制度》，中央编译出版社2011年版。

27. 王瑞贺：《新加坡国会》，华夏出版社2002年版。

28. 杨鲁慧、杨光：《当代东亚政治》，山东大学出版社2010年版。

29. 周方冶：《王权、威权、金权——泰国政治现代化进程》，社会科学文献出版社2011年版。

30. 郑继永：《韩国政党体系》，社会科学文献出版社2008年版。

31. 茅家琦、徐梁伯、马振犊、严安林等：《中国国民党史》上、下，鹭江出版社2009年版。

32. 周育仁、谢文煌主编：《台湾民主化的经验与意涵》，（台北）五南图书出版股份有限公司2011年版。

33. 李非：《台湾经济发展通论》，九州出版社 2004 年版。

34. 李振广：《当代台湾政治文化转型探源》，中国经济出版社 2010 年版。

35. 贺圣达、王文良、何平：《战后东南亚历史发展 1945—1994》，云南大学出版社 1995 年版。

36. 李文主编：《东亚：政党政治与政治参与》，世界知识出版社 2007 年版。

37. 周东华：《战后菲律宾现代化进程中的威权主义起源研究》，人民出版社 2010 年版。

38. 李文、赵自勇、胡澎等：《东亚社会运动》，社会科学文献出版社 2009 年版。

39. 张应龙：《马来西亚国民阵线的组成与华人政党的分化》，《华侨华人历史研究》2002 年第 2 期。

40. 王新生：《现代日本政治》，经济日报出版社 1997 年版。

41. 李文主编：《东亚：宪政与民主》，中国社会科学出版社 2005 年版。

42. 曹中屏、张链瑰等：《当代韩国史》，南开大学出版社 2005 年版。

43. 车哲九：《南朝鲜四十年》，中国展望出版社 1991 年版。

44. 董正华主编：《世界现代化历程——东亚卷》，江苏人民出版社 2010 年版。

45. 孙云：《台湾政治生态的变化与两岸关系》，厦门大学出版社 2009 年版。

46. 郑振清：《台湾：本土化推进民主转型》，内部交流稿，2011 年 5 月。

47. 赵勇：《台湾政治转型与分离倾向》，中央编译出版社 2008 年版。

48. 王长江、姜跃主编：《世界执政党兴衰史鉴》，中共中央党校出版社 2005 年版。

49. 温北炎、郑一省：《后苏哈托时代的印度尼西亚》，世界知识出版社 2006 年版。

50. 应克复等：《西方民主史》，中国社会科学出版社 1997 年版。

51. 郭忠华、刘训练编：《公民身份与社会阶级》，江苏人民出版社 2007 年版。

52. 施雪华：《政治现代化比较研究》，武汉大学出版社 2006 年版。

53. 刘军宁编：《民主与民主化》，商务印书馆 1999 年版。

54. 潘维：《法治与"民主迷信"》，香港社会科学出版社有限公司 2003

年版。

55. 蔡定剑：《民主是一种生活方式》，社会科学文献出版社 2010 年版。

56. 潘维、玛雅主编：《人民共和国六十年与中国模式》，生活·读书·新知三联书店 2010 年版。

57. 刘军宁编：《民主二十讲》，中国青年出版社 2008 年版。

58. 刘军宁、王炎主编：《直接民主与间接民主》，生活·读书·新知三联书店 1998 年版。

59. 刘军宁：《共和、民主、宪政》，上海三联书店 1998 年版。

60. 李慎之：《弘扬北大的自由主义传统》，载刘军宁主编《北大传统与近代中国》，中国人事出版社 1998 年版。

61. 王绍光：《祛魅与超越》，中信出版社 2010 年版。

62. 王绍光：《民主四讲》，生活·读书·新知三联书店 2008 年版。

63. 王绍光：《安邦之道——国家转型的目标与途径》，生活·读书·新知三联书店 2007 年版。

64. 顾肃：《自由主义基本理念》，中央编译出版社 2003 年版。

65. 房宁：《民主政治十论——中国特色社会主义民主理论与实践的若干重大问题》，中国社会科学出版社 2007 年版。

66. 俞可平：《政治与政治学》，社会科学文献出版社 2003 年版。

67. 闫健编：《民主是个好东西——俞可平访谈录》，社会科学文献出版社 2006 年版。

68. 俞可平：《思想解放与政治进步》，《北京日报》2007 年 9 月 17 日。

69. 俞可平：《增量民主与善治》，社会科学文献出版社 2005 年版。

70. 王长江、赵灵敏：《中国到了非大力推进民主不可的地步——对话王长江教授》，《南风窗》2009 年第 22 期。

71. ［澳］何包钢：《协商民主：理论、方法和实践》，中国社会科学出版社 2008 年版。

72. 许纪霖、罗岗等：《启蒙的自我瓦解——1990 年代以来中国思想文化界重大论争研究》，吉林出版集团有限公司 2007 年版。

73. 郑永年：《中国模式：经验与困局》，浙江出版联合集团、浙江人民出版社 2010 年版。

74. 余逊达、徐斯勤主编：《民主、民主化与治理绩效》，浙江大学出版社 2011 年版。

75. 林震：《东亚政治发展比较研究——以台湾地区和韩国为例》，九州出版社 2011 年版。

76. 张凡：《当代拉美政治研究》，当代世界出版社 2009 年版。

77. 燕继荣主编：《发展政治学》，北京大学出版社 2010 年版。

78. 陈尧：《新兴民主国家的民主巩固》，上海人民出版社 2011 年版。

79. 陈尧：《新权威主义政权的民主转型》，上海人民出版社 2006 年版。

80. 蔡东杰：《民主的全球旅程——从欧洲走向世界》，（台北）五南图书出版股份有限公司 2009 年版。

81. 王浩昱：《欧美民主宪政之源流》，台湾三民书局股份有限公司 2011 年版。

82. 王振锁等：《日本政治民主化进程研究》，上海三联书店 2011 年版。

83. 从日云：《当代世界的民主化浪潮》，天津人民出版社 1999 年版。

84. 李景鹏：《权力政治学》，北京大学出版社 2008 年版。

85. 李景鹏：《挑战、回应与变革——当代中国问题的政治学思考》，北京大学出版社 2012 年版。

86. 周少来：《人性、政治与制度》，中国社会科学出版社 2004 年版。

87. 周少来：《制度之规、和谐之道——当代中国政党、国家与社会》，世界知识出版社 2010 年版。

88. 周少来：《东亚民主生成的历史逻辑》，中国社会科学出版社 2013 年版。

89. 郭秋水：《当代三大民主理论》，新星出版社 2006 年版。

90. 郭定平主编：《文化与民主》，上海人民出版社 2010 年版。

91. 刘国深：《当代台湾政治分析》，九州出版社 2002 年版。

92. 杨贵言：《当代东亚问题研究简论》，人民出版社 2004 年版。

93. 青木昌言、吴敬琏编：《从威权到民主》，中信出版社 2008 年版。

94. 吴志攀、李玉主编：《东亚的价值》，北京大学出版社 2010 年版。

95. 贝淡宁：《超越自由民主》，上海三联书店 2009 年版。

96. 吕元礼：《亚洲价值观：新加坡政治的诠释》，江西人民出版社 2002 年版。

97. 李光耀：《李光耀 40 年政论选》，现代出版社 1996 年版。

98. 范若兰等：《伊斯兰教与东南亚现代化进程》，中国社会科学出版社 2009 年版。

99. 郭道晖：《社会权力与公民社会》，凤凰出版传媒集团、译林出版社 2009 年版。

100. 潘一禾：《生活世界的民主》，社会科学文献出版社 2010 年版。

101. 谢岳：《社会抗争与民主转型》，上海人民出版社 2008 年版。

102. 房宁等：《民主与发展——亚洲工业化时代的民主政治研究》，中国社会科学出版社 2015 年版。

103. 朱嘉明：《中国改革的歧路》，联经出版公司 2013 年版。

104. 王绍光：《国家治理》，中国人民大学出版社 2014 年版。

105. ［美］黄宗智：《明清以来的乡村社会经济变迁》3 卷本，法律出版社 2014 年版。

106. 李炜光：《权力的边界——税、革命与改革》，九州出版社 2015 年版。

107. 华生：《城市化转型与土地陷阱》，东方出版社 2014 年版。

108. 周庆智：《在政府与社会之间》，中国社会科学出版社 2015 年版。

109. 周庆智：《县政治理》，中国社会科学出版社 2014 年版。

110. 赵秀玲主编：《中国基层治理发展报告（2015）》，广东人民出版社 2015 年版。

二　中文译著

1. ［美］乔万尼·萨托利：《民主新论》，冯克利、阎克文译，世纪出版集团、上海人民出版社 2009 年版。

2. ［英］乔纳森·沃尔夫：《政治哲学导论》，王涛等译，吉林出版集团有限责任公司 2009 年版。

3. ［美］罗伯特·A. 达尔：《民主及其批评者》，曹海军、佟得志译，吉林人民出版社 2006 年版。

4. ［美］科恩：《论民主》，聂崇信、朱秀贤译，商务印书馆 1988 年版。

5. ［英］杰弗里·托马斯：《政治哲学导论》，顾肃、刘雪梅译，中国人民大学出版社 2006 年版。

6. ［美］霍伊：《自由主义政治哲学：哈耶克的政治思想》，刘峰译，生活·读书·新知三联书店 1992 年版。

7. ［美］查尔斯·蒂利：《欧洲的抗争与民主（1650—2000）》，陈周旺等译，格致出版社、上海人民出版社 2008 年版。

8. ［美］亚当·普沃斯基：《民主与市场——东欧与拉丁美洲的政治经济改革》，包雅钧等译，北京大学出版社 2005 年版。

9. ［美］胡安·J. 林茨、阿尔弗莱德·斯泰潘：《民主转型与巩固的问题：南欧、南美和后共产主义欧洲》，孙龙等译，浙江人民出版社 2008 年版。

10. ［美］塞缪尔·P. 亨廷顿：《变化社会中的政治秩序》，王冠华等译，生活·读书·新知三联书店 1988 年版。

11. ［美］塞缪尔·P. 亨廷顿：《第三波——20 世纪后期民主化浪潮》，刘军宁译，上海三联书店 1998 年版。

12. ［美］霍华德·威亚尔达：《新兴国家的政治发展——第三世界还存在吗?》，刘青、牛可译，北京大学出版社 2005 年版。

13. ［美］霍华德·威亚尔达：《比较政治学导论：概念与过程》，娄亚译，北京大学出版社 2005 年版。

14. ［美］西摩·马丁·李普塞特：《政治人——政治的社会基础》，张绍宗译，上海人民出版社 1997 年版。

15. ［美］禹真恩编：《发展型国家》，曹海军译，吉林出版集团责任有限公司 2008 年版。

16. David Potter, David Goldblatt, Margaret Kiloh, Paul Lewis：《最新民主化的历程》，王谦等译，（台北）韦伯文化国际出版有限公司 2003 年版。

17. ［美］霍华德·威亚尔达主编：《民主与民主化研究》，榕远译，北京大学出版社 2004 年版。

18. ［英］迈克尔·曼：《社会权力的来源》第 2 卷上、下，陈海宏等译，上海世纪出版集团 2007 年版。

19. ［俄］弗拉季斯拉夫·伊诺泽姆采夫主编：《民主与现代化——有关 21 世纪挑战的争论》，徐向梅等译，中央编译出版社 2011 年版。

20. ［澳］约翰·芬斯顿主编：《东南亚政府与政治》，张镇锡等译，北京大学出版社 2007 年版。

21. ［美］詹姆斯·F. 霍利菲尔德、加尔文·吉尔森主编：《通往民主之路——民主转型的政治经济学》，何志平、马卫红译，社会科学文献出版社 2012 年版。

22. ［日］安世周：《漂流的日本政治》，高克译，社会科学文献出版社 2011 年版。

23. ［印度尼西亚］巴哈鲁丁·尤素夫·哈比比：《决定命运的时刻——印度尼西亚走向民主之路》，李豫生等译，世界知识出版社 2008 年版。

24. ［美］斯迪芬·海哥德、罗伯特·R. 考夫曼：《民主化转型的政治经济分析》，张大军译，社会科学文献出版社 2008 年版。

25. ［澳］约翰·芬斯顿主编：《东南亚政府与政治》，张镇锡等译，北京大学出版社 2007 年版。

26. 芭芭拉·沃森·安达娅、伦纳德·安达娅：《马来西亚史》，黄秋迪译，中国大百科全书出版社 2010 年版。

27. ［韩］徐仲锡：《韩国现代史 60 年》，朱政、孙海龙译，民主化运动纪念事业会 2007 年版。

28. ［美］戴维·K. 亚特：《泰国史》，郭继光译，东方出版中心 2009 年版。

29. ［日］升味准之辅：《日本政治史》第 4 册，董果良、郭洪波译，商务印书馆 1997 年版。

30. ［新加坡］冯清莲：《新加坡人民行动党：它的历史、组织和领导》，苏婉蓉译，上海人民出版社 1975 年版。

31. ［美］易劳逸：《毁灭的种子》，王建朗等译，江苏人民出版社 2010 年版。

32. 史蒂文·德拉克雷：《印度尼西亚史》，郭子林译，商务印书馆 2009 年版。

33. ［德］戈特弗里特—卡尔·金德曼：《中国与东亚崛起——1840—2000》，张莹等译，社会科学文献出版社 2010 年版。

34. ［日］富永健一：《日本的现代化与社会变迁》，李国庆、刘畅译，商务印书馆 2004 年版。

35. ［美］阿图尔·科利：《国家引导的发展——全球边缘地区的政治权力与工业化》，朱天飚等译，吉林出版集团有限责任公司 2007 年版。

36. ［美］安德鲁·戈登：《日本的起起落落——从德川幕府到现代》，李朝津译，广西师范大学出版社 2008 年版。

37. ［意］G. 萨托利：《政党与政党体制》，王明进译，商务印书馆 2006

年版。

38. ［美］熊彼特:《资本主义、社会主义和民主主义》,绛枫译,商务印书馆 1979 年版。

39. ［美］拉里·戴蒙德、理查德·冈瑟主编:《政党与民主》,上海人民出版社 2012 年版。

40. ［英］戴维·赫尔德:《民主的模式》,燕继荣等译,中央编译出版社 1998 年版。

41. John Dunn:《为什么是民主?》,王晶译,联经出版事业股份有限公司 2008 年版。

42. ［美］约瑟夫·斯蒂格利茨、沙希德·尤素福编:《东亚奇迹的反思》,王玉清、朱文晖等译,中国人民大学出版社 2003 年版。

43. ［美］达龙·阿塞莫格鲁、詹姆斯·A. 罗宾逊:《政治发展的经济分析——专制与民主的经济起源》,马春文等译,上海财经大学出版社 2008 年版。

44. ［美］巴林顿·摩尔:《民主与专制的社会起源》,拓夫、张东东等译,华夏出版社 1987 年版。

45. ［英］约翰·邓恩编:《民主的历程》,林猛等译,吉林人民出版社 1999 年版。

46. ［美］道格·麦克亚当、西德尼·塔罗、查尔斯·蒂利:《斗争的动力》,李义中、屈平译,凤凰出版传媒集团、译林出版社 2006 年版。

47. ［美］查尔斯·蒂利、西德尼·塔罗:《抗争政治》,李义中译,凤凰出版传媒集团、译林出版社 2010 年版。

48. ［美］西德尼·塔罗:《运动中的力量——社会运动与斗争政治》,吴庆宏译,凤凰出版传媒集团、译林出版社 2005 年版。

49. ［美］查尔斯·蒂利:《民主》,魏洪钟译,上海世纪出版集团 2009 年版。

50. ［澳大利亚］琳达·维斯、约翰·M. 霍布森:《国家与经济发展——一个比较及历史性的分析》,黄兆辉、廖志强译,吉林出版集团有限责任公司 2009 年版。

51. ［美］塞缪尔·P. 亨廷顿等:《现代化:理论与历史经验的再探讨》,张景明译,上海译文出版社 1993 年版。

52. ［美］拉里·M. 巴特尔斯:《不平等的民主》,方卿译,上海人民出版社 2012 年版。

53. ［阿根廷］吉列尔莫·奥唐奈：《现代化与官僚威权主义》，王欢、申明民译，北京大学出版社 2008 年版。

54. ［德］奥斯卡·内格特：《政治的人——作为生活方式的民主》，郭力译，漓江出版社 2015 年版。

55. ［美］迈克尔·舒德森：《好公民——美国公共生活史》，郑一卉译，北京大学出版社 2014 年版。

56. ［英］汤姆·米勒：《中国十亿城民》，李雪顺译，鹭江出版社 2014 年版。

57. ［美］法里德·扎卡里亚：《自由的未来》，孟玄译，上海译文出版社 2014 年版。

58. ［美］拉里·戴蒙德：《民主的精神》，张大军译，群言出版社 2013 年版。

59. ［美］伊恩·夏皮罗、卡西亚诺·海克考登主编：《民主的价值》，刘厚全译，中央编译出版社 2015 年版。

60. ［美］弗朗西斯·福山：《政治秩序与政治衰败》，毛俊杰译，广西师范大学出版社 2015 年版。

61. ［澳］约翰·基恩：《生死民主》上、下，安雯译，中央编译出版社 2016 年版。

三　英文著作

1. Adam Przeworski, "The Game of Transition", in Scott Mainwaring, Guillerno O'Donnell and J. Semuel Valenzuela, *Issues in Democratic Consolidation*: *The New South American Democracies in Comparative Perspective*, Indiana: University of Notre Dame, 1992.

2. Richard Gunther, Hans Jurgen Puhle and P. Nikiforos Diamandouros, *The Politics of Democratic Consolidation*: *Southern Europe in Comparative Perspective*, Baltimore: The Johns Hopkins University, 1995.

3. Guillerno O'Donnell and Philippe C. Schmitter, *Transition Form Authoritarian Rule*: *Tentative Conclusion about Uncertain Democracies*, Baltimore: The John Hopkins University, 1986.

4. Dankwart Rustow, "Transitions to Democracy", *Comparative Politics*, Vol. 2, 1970, pp. 337 – 363.

5. Peter Evens, *Embedded Autonomy: States and Industrial Transformation*, Princeton: Princeton University Press, 1995.

6. Temario C. Rivera, "Transition Pathways and Democratic Consolidation in Post-marcos Philippines", *Contemporary Southeast Asia*, Vol. 24, No. 3, 2002.

7. Rai Vasil, *Governing Singapore: Democracy and National Development*, St Leonards: Allen and Unwin, 2000.

8. Andreas Ufen, "The 2008 Elections in Malaysia Uncertainties of Electoral Authoritarianism", *Taiwan Journal of Democracy*, Vol. 4, No. 1, 2008.

9. Jon S. T. Quah, Chan Heng Chee, Seab Chee Meow (eds), *Government and Politics of Singapore*, Singapore: Oxford University Press, 1985.

10. Stanley Karnow, *In our Image: America's Empire in the Philippines*, New York: Random House, 1989.

11. Sukarno, "Let Us Bury the Parties", in *Indonesian Political Thinking 1945 – 1956*, Herbert Feith and Lance Castles Ithaca: Cornell University Press, 1970.

12. The Supreme Council for National Reconstruction (SCNB), *History of the Korea Military Revolution*, Seoul: Publication Committeem, 1961.

13. C. I. Eugene Kim and Young Whan Kihl (eds), *Party Political and Elections in Korea*, The Research Institute on Korean Affairs 1976.

14. Gregory Henderson, *Korea: The Politics of the Vortex*, Harvard University Press, 1968.

15. C. M. Tumbull, *A History of Singapore* 1819 – 1988, Singapore: Oxford University Press, 1998.

16. Gregory Henderson, *Korea: The Politics of the Vortex*, Harvard University Press, 1968.

17. Anderson, Lisa (ed.), *Transition to Democracy*, New York: Columbia Univiesity Press, 1999.

18. Young, Iris Marion, *Inclusion and Democracy*, New York: Oxford University Press, 2000.

19. Guillermo O'Donnell and Philippe C. Schmitter, *Transitions from Authoritarian Rule: Tentative Conclusions about Uncertain Democracies*, Baltimore: John Hopkins University Press, 1986.

20. Steven Levitsky and Lucan Way, *Competitive Authoritarianism*, New York: Cambridge University Press, 2009.

21. Larry Diamond, *Developing Democracy: Toward Consolidation*, Baltimore: John Hopkins Universiuty Press, 1999.

22. Geraint Parry and Michael Moran (eds), *Democracy and Democratization*, New York: Routledge, 1994.

23. David Potter (ed.), *Democratization*, Polity Press, 1997.